UTOPIA XXI

Du même auteur

No steak, Fayard, 2013 ; J'ai Lu, 2014.
Envoyé spécial, Pluriel, 2014.
Incorrect : pire que la gauche bobo, la droite bobards, Fayard, 2014.
Antispéciste : réconcilier l'humain, l'animal, la nature, Don Quichotte, 2016 ; Points, 2017.

Aymeric Caron

UTOPIA XXI

Flammarion

© Flammarion 2017
ISBN : 978-2-0813-8376-0

IL SERA UNE FOIS

I

Il sera une fois un monde nommé Utopie qui aura pour priorités le bonheur de chacun et la progression morale de l'humanité. Sur cette terre, plus aucun être humain ne manquera de l'essentiel pour vivre décemment, car chacun recevra, de la naissance à la mort, l'assurance de sa subsistance, c'est-à-dire de quoi se loger, se nourrir et se vêtir. Grâce aux révolutions technologique et numérique, le travail sera limité à quelques heures par semaine, le reste du temps étant consacré à l'apprentissage, aux loisirs, aux amis et à la famille. Chacun occupera un emploi qu'il apprécie et dont il pourra changer plusieurs fois dans sa vie, en optant pour une activité entièrement nouvelle. Les travailleurs seront ainsi libérés des chaînes du labeur et de la tyrannie de l'employeur. L'argent ne régnera plus en despote : il sera privé de son pouvoir destructeur en étant distribué équitablement à tous. La spéculation sera interdite. La croissance et la productivité auront cessé d'être des objectifs politiques. Afin de préserver le rythme de régénération des ressources naturelles, une autre logique économique aura été instaurée, déconnectée de l'impératif de consommation. Toute forme d'exploitation évitable sera bannie : exploitation des ressources naturelles, des travailleurs et des animaux non humains [1]. À la place dominera en tous ces

---

1. La différenciation communément admise homme/animal n'est plus pertinente car la science a démontré que l'homme est lui-même un animal qui fait partie de la famille des grands singes. Par conséquent, il convient de remplacer le couple homme/animal par le couple humain/animal non humain. À ce sujet, voir *Antispéciste*, Don Quichotte, 2016.

domaines le principe de la collaboration, à savoir un échange équilibré entre partenaires. Nous ne puiserons donc dans la nature que le minimum vital, en nous assurant d'en prendre soin en retour. Toute atteinte non justifiée au vivant sera criminelle et sanctionnée comme telle. Les élevages, les zoos, les cirques seront fermés. La vivisection et la chasse seront interdites. Plus personne ne mangera de viande ni de poisson. Les animaux non humains sensibles seront tous protégés par nos lois : plus aucun d'entre eux ne sera tué par la main de l'homme, sauf absolue nécessité, c'est-à-dire dans un cas de légitime défense.

Ce monde réinventé sera celui d'une démocratie réelle, en lieu et place des oligarchies et ploutocraties actuelles. D'abord, les politiciens professionnels n'existeront plus. Les postes de pouvoir seront occupés par des citoyens désintéressés libérant rapidement leur mandat pour laisser la place à d'autres. Il n'y aura donc plus ni carrière ni enrichissement possibles dans la politique. Plus de puissants, mais des passants. Ensuite, le gouvernement garantira pour tous l'accès à la connaissance la plus large possible, ainsi que la circulation d'une information indépendante. Enfin, le citoyen inculte et irresponsable n'aura plus voix au chapitre. Personne ne pourra plus participer à la vie de la communauté sans avoir apporté les preuves qu'il en est digne. À cet effet, un permis de voter sera instauré.

Tout sera mis en place pour assurer que la recherche individuelle d'épanouissement ne se fasse au détriment d'autrui et de la collectivité. Le gouvernement sera le garant de la liberté maximale pour chacun : liberté de penser, de s'exprimer, de disposer de son corps, d'user son temps comme il le souhaite. Pour cela, les lois seront limitées au strict minimum. En revanche, afin de protéger la communauté des nombreux travers humains et de notre propension naturelle à la violence, les services de police et de justice seront dotés de tous les moyens nécessaires. Les actes d'incivilité réelle, quels qu'ils soient, ne seront plus tolérés, ni aucune forme de corruption. La délinquance sera de toute façon en forte baisse, puisque chacun bénéficiera de l'essentiel pour vivre et que toute forme d'inégalité sera bannie.

Cette société inédite valorisera l'éthique et la morale, auxquelles on préfère aujourd'hui la concurrence, la tricherie et l'hypocrisie.

L'effort sera porté sur l'éducation fournie par la famille et le gouvernement.

Ce monde nous rendra libres, enfin. Libres de devenir qui nous sommes, sans devoir sacrifier notre âme pour un boulot pitoyable. Libres de ne plus subir la loi d'un supérieur incompétent et vicieux comme le sont presque tous les supérieurs hiérarchiques qui ont hérité d'un titre comme autrefois les nobles de leur particule ridicule. Libres de dire non aux barbants, aux fats, aux sans imagination, aux rapaces, aux menteurs, aux usurpateurs, aux manipulateurs, aux prétentieux, aux esclavagistes, aux salauds, aux autocentrés, aux fourbes, aux perfides, à tous ceux qui nous parasitent. Libres de devenir de meilleurs humains, plus généreux, plus altruistes, plus justes. Libres de faire fructifier nos vies pour les rendre décentes. Nous serons libres d'être dignes.

II

Il y a très exactement cinq cents ans, l'Europe découvrait le livre *Utopia* de Thomas More. L'humaniste anglais venait d'inventer un mot et mettait pour la première fois en forme une espérance universelle : celle d'une société idéale où l'argent et la propriété seraient abolis, où les hommes seraient vertueux et tempérés, où régneraient paix, solidarité, partage des richesses, tolérance religieuse et respect des animaux. Cinq siècles plus tard, l'utopie, c'est-à-dire la proposition d'un mieux universel, est dans l'impasse. Le communisme a échoué, le libéralisme également, et aucune autre idéologie de remplacement n'est encore parvenue à émerger. La crise que nous traversons depuis trente ans est une crise idéologique avant d'être économique. Nous sommes cruellement en manque d'utopie mobilisatrice.

Dans le contexte d'un capitalisme naissant qui avait déjà plongé dans la misère des paysans chassés de leurs terres, Thomas More avait voulu dénoncer le régime autoritaire et injuste du roi Henry VII ainsi que le pouvoir inique de l'Église. Cinq siècles ont passé, Henry VII et ses sbires ont été remplacés par Theresa May, Emmanuel Macron, Pierre Gattaz, Angela Merkel, Donald Trump,

Jean-Claude Juncker ou Christine Lagarde. Les personnages ont changé, mais les symptômes demeurent. Le livre de More a été oublié, il n'est plus lu de nos jours que par les universitaires, et pourtant ce pamphlet révolutionnaire s'impose comme une analyse indémodable des manquements flagrants de l'homme à ses devoirs d'humain qui fait société. En se replongeant dans cette œuvre aujourd'hui, on ne peut qu'être interloqué par l'avant-gardisme du propos et par la contemporanéité des maux identifiés par More : le capitalisme destructeur, l'argent corrupteur, le travail qui enchaîne, les institutions défaillantes, la guerre, la concurrence, le déficit d'éducation et d'information, ainsi que l'absence de liberté réelle. Sur tous ces points, nous n'avons quasiment pas progressé en cinq cents ans. Vous rendez-vous compte que l'utopie de More militait déjà pour le droit à mourir dans la dignité, c'est-à-dire pour l'euthanasie, et que ce droit n'est toujours pas instauré aujourd'hui en France ?

Les propositions de More, étonnamment visionnaires, ont servi d'inspiration à tous les courants politiques épris de justice sociale et de pacifisme qui ont marqué l'histoire, à commencer par le socialisme. Elles souffrent néanmoins aujourd'hui de deux défauts. D'une part, quelques-uns des points de vue défendus par More sont logiquement dépassés, car même le plus précurseur des hommes ne sait s'extirper totalement de son époque ni rêver au-delà de lui-même. D'autre part, l'utopie de More nécessite d'être réactualisée en y intégrant une prise de conscience récente : l'écologie. L'humaniste anglais avait certes eu l'intuition de la décroissance, il avait par ailleurs anticipé l'importance du respect de l'animal non humain, mais sur ces différents points sa réflexion ne constitue qu'un point de départ. La pollution généralisée, la surpopulation, les élevages intensifs ou l'usure trop rapide des ressources naturelles sont des problématiques apparues récemment.

Or l'utopie nouvelle ne peut s'écrire qu'autour de l'écologie. Non pas une écologie superficielle, mathématique, telle que portée par les partis en France depuis trente ans, mais une écologie essentielle, métaphysique, qu'une nouvelle force politique aura bientôt pour mission d'incarner. Cette écologie qui lie étroitement les questions sociales, environnementales et éthiques est actuellement la seule voie originale porteuse d'espérance. Elle s'incarne parfaitement à mes yeux dans le courant nommé « antispécisme ». Après l'échec du communisme et du capitalo-libéralisme, l'antispécisme et l'écologie essentielle s'imposent comme la seule alternative politique aujourd'hui envisageable.

III

Après avoir été inventé par Thomas More, le mot « utopie » est devenu un nom commun qui revêt désormais deux sens : il désigne soit un projet politique inédit, soit une idée qui refuse de tenir compte de la réalité. Or c'est cette dernière acception qui s'est imposée dans le langage courant. L'utopiste est généralement identifié comme un extravagant, un lunaire, un inadapté, un inefficace, un amateur de chimères, un type qui vit dans son monde, sympathique certes, mais à la ramasse. « Le socialisme démocratique, cette grande utopie des dernières générations », écrit par exemple l'économiste ultralibéral Friedrich Hayek (1899-1992) dès 1946 pour discréditer toute tentative d'organisation économique cherchant à atténuer les inégalités et à promouvoir la solidarité.

Or l'histoire nous enseigne que les rêveurs politiques sont au contraire ceux qui ont permis à l'espèce humaine de tendre vers le meilleur d'elle-même, en gommant certaines de ses laideurs. Et que, contrairement à l'idée reçue, celui que l'on désigne comme un utopiste appréhende très souvent le monde avec plus de clairvoyance que ses contemporains. Il identifie avant les autres un dysfonctionnement profond et s'évertue ensuite à le faire comprendre à la majorité. L'utopiste s'autorise à voir le monde tel qu'il est vraiment, afin de pouvoir le changer. Ainsi l'antispéciste qui réclame pour tous les animaux non humains sensibles le droit de ne pas être tué, emprisonné, torturé ou vendu est profondément ancré dans la réalité : il demande à la société d'accepter les vérités scientifiques sur l'intelligence et la sensibilité animales. Il exige que nos lois reconnaissent et tirent les conclusions de notre proximité génétique avec les espèces que nous avons réduites en esclavage et que nous exterminons. Tous les progrès sociaux de l'humanité, et nombre de progrès scientifiques, sont le fruit d'utopistes qui ont montré le chemin. Ce sont des hommes et des femmes que l'on a moqués, marginalisés, emprisonnés, assassinés pour avoir osé remettre en cause l'ordre établi en pointant ses aberrations ou sa stupidité. Tant qu'il est seul ou presque, l'utopiste est rangé dans la catégorie des fous ou des marginaux. Mais un jour ses idées infusent et la vérité se modifie : le guignol était en fait un visionnaire et son nom fait son entrée dans les encyclopédies. Platon, Montaigne, Bartolomé de Las Casas, Anthony Benezet, James Ramsay, Thomas Clarkson, William Wilberforce, Montesquieu, Condorcet, Voltaire, Robert Owen, Victor Schoelcher, Olympe de Gouges, Lydia Becker, Hubertine Auclert, John Stuart Mill, Henry David Thoreau, Bertrand Russel, Simone de Beauvoir, Gisèle Halimi mais aussi Toussaint Louverture, Nelson Mandela, Martin Luther King, Marcus Garvey, Harvey Milk, Peter Singer, Jane Goodal, Théodore Monod, Henri Grouès et tant d'autres. Nommez les rebelles et les penseurs qui ont osé dénoncer une discrimination acceptée de presque tous : ce sont les porte-drapeaux d'une utopie nécessaire dont s'est toujours nourrie l'humanité pour avancer. Repensez à ces précurseurs qui ont choisi de combattre l'iniquité des traitements réservés aux esclaves, aux Noirs, aux femmes, aux homosexuels ou aux animaux non humains. Des fous ? Tout le contraire : ils dénonçaient justement la démence qui pousse les humains à mépriser une partie de leurs semblables. Toute idée qui chamboule les certitudes sur l'organisation de notre destin commun est une utopie, en tant qu'*espoir d'un mieux*. Mais ce n'est pas pour autant un délire. Martin Luther King a fait un rêve, mais ce rêve reposait sur une vérité incontestable : celle de l'égalité naturelle entre tous les hommes, quelle que soit la couleur de leur peau. Contrairement à l'idée traditionnellement véhiculée, cette utopie n'a donc rien de naïf, elle se caractérise par une clairvoyance supplémentaire et une meilleure préhension du réel. En moquant cet utopisme, on dénigre par ailleurs l'imagination. Or attaquer l'imagination, c'est attaquer ce qui nous rend humains et c'est oublier un peu vite que l'imaginaire mène au réel. Sinon, nous habiterions toujours au milieu des forêts en frottant des silex pour nous chauffer. La science, l'art et même la politique sont des épreuves de traduction et d'anticipation. Où serions-nous aujourd'hui sans tous les rêveurs qui nous ont guidés et qui ont su nous élever à nous-mêmes ? Qui aurait cru il y a mille ans que nous volerions un jour dans les airs et que nous irions marcher sur la Lune ? Qui pensait sérieusement il y a trois siècles que l'esclavage serait officiellement aboli partout dans le monde et qu'un Noir deviendrait président des États-Unis ? Combien croyaient il y a un siècle en France que les femmes auraient le droit de voter et de se présenter à des élections ? Que deux personnes de même sexe obtiendraient le droit de se marier ? Que nous inventerions la sécurité sociale et l'assurance chômage ? Que nous trierions nos déchets en différentes poubelles pour les recycler ? Qui aurait pu imaginer qu'un mouvement d'ampleur mondiale pour les droits des animaux allait voir le jour ?

IV

Le mensonge ne se situe pas en Utopie, mais partout autour de nous en Néolibéralie. Regardez attentivement, faites fi des apparences : tout ce qui nous entoure et dans quoi nous baignons est faux ou presque. L'argent, le travail, la démocratie, le terrorisme, la liberté, l'égalité, la fraternité, l'exploitation animale et même l'amour. Sur tous ces sujets qui déterminent notre quotidien, nous sommes submergés de contre-vérités orchestrées et relayées par ceux qui ont le droit à la parole publique. Les « experts », les philosophes médiatiques, les journalistes, les politiques, les industriels : ils se trompent et nous trompent, ils enfument, ils assènent sans savoir, ils détournent l'attention, bref ils passent à côté du vrai ou ils le rejettent car ce vrai dérange leurs intérêts. Ce sont eux qui cultivent le déni de réalité, pas les utopistes.

L'argent est une escroquerie : il n'existe pas vraiment, ne représente plus de valeur réelle, et pourtant il décide des hiérarchies humaines. Surtout, contrairement à l'idée reçue, il ne permet pas d'acheter des choses mais il permet à ces choses de nous acheter. Il est le poison qui pollue.

L'esclavage n'a pas été aboli. Le travail présenté comme libérateur et émancipateur est en réalité source de souffrance pour la majorité. Il emprisonne, contraint et asservit. Par ailleurs, alors que l'on exige des citoyens qu'ils travaillent davantage, l'emploi disponible disparaît en raison du progrès.

Notre démocratie n'en est pas une. Nous votons, certes. Nous râlons, certes. Nous commentons, certes. Mais cette démocratie de façade est organisée de manière à exclure le peuple des grands choix qui le concernent. Comment ? Soit en le coupant de l'information nécessaire à un avis éclairé, soit en outrepassant sa volonté, soit en évitant de l'associer directement aux décisions. À chaque fois cependant, des précautions donnent aux processus de décision une allure respectable. Sont organisés des votes, des commissions, des réunions, des débats télévisés. Les apparences sont sauves. Mais voilà la réalité : lors de la dernière élection présidentielle, deux candidats défendaient l'idéologie néolibérale, en opposition aux programmes sociaux-démocrates ou antilibéraux fort différents de leurs adversaires. Au premier tour, ces deux candidats ont réuni un total de 44 % des voix exprimées, soit moins de la majorité. Pourtant, aujourd'hui, la politique économique de notre pays est bien guidée par les dogmes néolibéraux rejetés par plus de la moitié des Français.

Le terrorisme, qui nous est présenté depuis plusieurs années comme la principale menace sur notre société, n'est en réalité qu'un phénomène mineur. Il mérite évidemment qu'on s'en inquiète, il convient de l'éradiquer sans états d'âme, mais ses conséquences réelles sur la population sont anecdotiques en regard des dégâts causés par notre modèle économique et industriel, lequel tue bien davantage que le terrorisme officiel.

Le triptyque *liberté-égalité-fraternité*, censé représenter nos priorités républicaines, n'est plus qu'un slogan qui sonne creux et qui rappelle vaguement que notre pays a été celui des révolutions, plus ou moins réussies. En France la liberté est toute relative, l'égalité n'existe pas, et la fraternité deviendra bientôt un gros mot, tant elle est attaquée et discréditée par nos représentants politiques. On pourrait en dire autant de la justice, de l'empathie, de la compassion, de la générosité, de la non-violence. Tous ces mots circulent toujours dans les discours officiels. Mais ils ne sont plus que des coquilles presque vides. Les concepts qu'ils incarnent sont combattus et niés chaque jour par l'égoïsme et le cynisme des privilégiés qui ont pris le pouvoir et qui l'utilisent à leur unique profit.

La manière dont nous traitons les animaux est elle aussi guidée par le déni. Pour continuer à les exploiter et à les tuer sans remords, nous refusons de les voir tels qu'ils sont réellement, à savoir des individus intelligents, sensibles, qui ressentent des émotions semblables aux nôtres, et qui ont besoin de bouger, d'échanger et de s'amuser. Comme nous.

Même les relations entre congénères humains ne sont généralement que tromperie et jeux de rôle. Les faux amis se multiplient à la vitesse de la lumière grâce aux autoroutes de la virtualité, et les « vrais » amis détalent souvent à la moindre averse. Les amitiés imaginaires ou intéressées sont le symptôme d'un mode de pensée qui encourage à aimer utile, et non à aimer sincère.

Le tour de force des dictateurs aux petits pieds qui nous dirigent est d'avoir instauré un régime à leur service sans que nous, citoyens anonymes et tranquilles, nous soyons aperçus du coup d'État : nous avons doucement basculé vers un *totalitarisme soft*, bon teint, un totalitarisme 2.0 où le costume-cravate remplace l'uniforme militaire. L'oligarchie au pouvoir a réussi avec brio son hold-up sur nos vies, en imposant son modèle politique et économique unique et en persuadant une grande partie d'entre nous qu'aucun autre n'est possible. Les dirigeants des « grandes démocraties riches et modernes » prospèrent sur l'illusion d'un monde qui n'existe pas. Ils refusent de reconnaître que leur modèle a depuis longtemps révélé son inefficacité et sa dangerosité, que ce soit à travers les crises financières, l'augmentation inéluctable des inégalités, les guerres liées au contrôle des énergies et des minerais, les migrants, le réchauffement climatique, l'érosion des sols, la perte de la biodiversité ou les massacres de masse d'animaux non humains. En ce début de XXIe siècle, alors que les néolibéraux s'enferment dans leur réalité virtuelle dictée par la sottise et l'avidité, les utopistes sont des résistants de la vérité.

LIVRE I

SONGE

De : aymeric caron <aymeric.caron1517@hotmail.com>
Date : vendredi 21 octobre 2016 à 16:03
À : Camille Hythlodée <chythlodee@utopia.org>
Objet : interview

Cher Monsieur,

Je me permets de vous contacter sur les conseils de mon ami Guillaume R., qui m'a transmis votre adresse mail. Jusqu'à la semaine dernière, j'ignorais tout de votre existence. Guillaume avait bien gardé le secret. Mais vous l'avez autorisé, m'a-t-il dit, à parler de vous à quelques personnes de confiance dont il m'a fait l'honneur de considérer que je pouvais faire partie.
Pour être tout à fait franc, j'ai d'abord eu beaucoup de mal à le croire lorsqu'il m'a raconté votre histoire. J'ai pensé qu'il s'amusait de moi en testant ma crédulité.
Après avoir réalisé qu'il ne s'agissait nullement d'une plaisanterie, j'ai été fasciné par ses révélations et je suis maintenant extrêmement curieux d'en savoir plus sur vous-même et sur ce lieu d'où vous venez. C'est pourquoi je vous écris aujourd'hui afin de savoir si vous accepteriez de me rencontrer. D'après ce que Guillaume m'a appris, vous êtes actuellement à Anvers et vous passerez prochainement à Paris. Ce serait l'occasion parfaite.
Si vous doutez du bien-fondé de ma sollicitation, je suis certain que Guillaume saura vous convaincre de la nature bienveillante de mes intentions. Dans l'espoir de vous lire et de vous voir bientôt,

Aymeric Caron

De : Camille Hythlodée <chythlodee@utopia.org>
Date : vendredi 21 octobre 2016 à 22:26
À : aymeric caron <aymeric.caron1517@hotmail.com>
Objet : Re: interview

Cher Monsieur Caron,

Je profite en effet des derniers moments de mon séjour en Belgique. J'arrive en France dès demain. J'y passerai quelques jours avant de rejoindre le Portugal pour y rencontrer ma famille.
J'ai échangé tout à l'heure avec Guillaume, qui m'a également parlé de vous, et j'accepte avec plaisir de vous rencontrer, dès dimanche si vous le souhaitez.
La superstition ne perturbe pas mes jugements mais, au-delà des assurances que m'a données notre ami, votre prénom m'apparaît comme un sympathique présage. Il me rappelle celui d'Amerigo Vespucci, avec lequel mon ancêtre Raphaël a navigué avant de suivre un destin plus personnel qui le guida vers où vous savez. « Amerigo » se dit bien « Améric », en français, n'est-ce pas ? Même si cet Amerigo était un homme quelque peu fantasque et parfois trop bavard, je n'oublie pas ce que Raphaël lui doit, et donc moi aussi.
À très bientôt.

Bien à vous,

Camille

De : aymeric caron <aymeric.caron1517@hotmail.com>
Date : samedi 22 octobre 2016 à 01:45
À : Camille Hythlodée <chythlodee@utopia.org>
Objet : Re: Re: interview

Cher Camille,

Merci pour votre réponse. Je me réjouis.
Que diriez-vous de dimanche, 18 heures, au café du Nouveau Monde, place de la République ?

Bien à vous,

Aymeric

De : Camille Hythlodée <chythlodee@utopia.org>
Date : samedi 22 octobre 2016 à 16:13
À : aymeric caron <aymeric.caron1517@hotmail.com>
Objet : Re: Re: Re: interview

C'est parfait cher Aymeric.
À demain.

Camille

Des origines

Merci beaucoup d'avoir accepté de me rencontrer Camille, j'imagine que vous avez mille autres choses à faire pendant votre séjour. Vous voyez, j'ai apporté mon exemplaire du livre de Thomas More, dont les pages commencent à tomber tant je les ai tournées, annotées et surlignées. Cela facilitera nos échanges. Vous aimez le vin? Ils ont ici un excellent saint-émilion, le château-bellevue. Je nous commande deux verres. J'ai beaucoup de questions à vous poser, je vais essayer de ne pas être trop désordonné. Commençons par le début...

Le début? Cela va être compliqué puisque « le » début n'existe pas en tant que tel. Seuls coexistent une multitude de débuts possibles, qui dépendent non pas de la chose elle-même, mais de celui qui la considère. Votre début n'est pas forcément le mien, comme votre vérité n'est pas forcément la mienne.

Il y a pourtant des débuts clairement identifiables. Tenez, si je vous dis : « L'invincible roi d'Angleterre, Henry, huitième du nom, remarquable par tous les dons qui distinguent un prince éminent, eut récemment avec le sérénissime prince Charles de Castille un différend portant sur des questions importantes », ne s'agit-il pas d'un début on ne peut plus précis?

Vous venez de lire la première phrase du livre que vous avez posé devant vous, qui peut en effet être considérée comme son début. Néanmoins, cette porte d'entrée officielle n'est pas forcément celle de tous les lecteurs. Certains préfèrent ouvrir les livres au hasard, tourner les pages, et se laisser happer par un paragraphe. D'autres choisissent de faire la connaissance d'un ouvrage en découvrant d'abord sa table des matières ou en lisant d'emblée la dernière page. Pour tout lecteur, le début du livre est simplement celui qu'il choisit. Son début à lui, qui dépend de son expérience propre, n'est donc pas forcément celui de l'auteur. D'ailleurs, même le début « officiel » d'un recueil n'est jamais le vrai début. Prenons l'exemple que vous avez choisi, à savoir le livre de Thomas More consacré à mon pays. C'est un livre qui se compose de deux grandes parties, le livre I et le livre II. Or More a en réalité écrit le second avant le premier, puis il les a inversés au moment de la publication. L'*incipit* d'un livre n'est jamais le vrai début de celui-ci : un ouvrage naît longtemps avant que sa première phrase ne soit écrite, lorsqu'un événement particulier en inspire l'idée à son futur auteur. Tenez... Ce livre dans lequel vous me convoquez, et qui est en train de s'écrire sur votre ordinateur au moment où je prononce ces mots, pensez-vous qu'il commence vraiment par : « Il sera une fois un monde nommé Utopie... » ?

C'est pourtant ce qui est écrit en page 7 et que je considère comme le commencement de ce livre...

Le commencement, vraiment ? *Utopia XXI* est un voyage que vous avez commencé lorsque vous étiez enfant, et sans doute même quand vous n'étiez pas encore né : vos parents et grands-parents l'ont probablement initié pour vous. Ce qui est écrit dans ces pages a été porté, réfléchi et a mûri pendant des années ou des décennies. J'irai même beaucoup plus loin : *Utopia XXI* ne commence-t-il pas en réalité il y a cinq siècles, en 1516, lorsque Thomas More publie son *Utopia*, dont vous venez de me lire les premiers mots ? L'ouvrage de More n'est-il pas l'hypotexte du vôtre, et donc son origine et son début ?

Ce n'est pas faux. Dans ce cas, nous pouvons remonter quelques années en arrière encore, jusqu'à la publication en 1511 de l'Éloge de la folie *qu'Érasme avait dédié à son ami Thomas More et qui représenta sans nul doute pour ce dernier un encouragement à l'écriture.*

On peut aussi citer les livres de l'explorateur Amerigo Vespucci, *Nouveau Monde* et *Quatre Navigations*, qui ont eu un vif écho au début du XVIe siècle et qui ont inspiré More puisqu'il y fait très explicitement référence. N'est-ce pas passionnant ? La vérité se trouve dans le début, donc l'origine ou la cause, qui sont souvent insaisissables... L'Histoire est la science des causes, et voyez comme elle est incertaine. Les versions s'affrontent, cohabitent, se contredisent...

Certes, mais l'Histoire s'appuie sur des faits et des dates. Elle relie entre eux des événements avérés pour donner un sens objectif à notre société.

C'est en effet son but, mais cette tentative aboutit toujours à un résultat imparfait ou provisoire. Il est déjà difficile d'appréhender le présent, alors comment espérer comprendre le passé, dès lors qu'à la complexité de la lecture immédiate s'ajoute la patine du temps qui passe et qui trouble la vision ? Voyez combien les débuts de l'humanité sont entourés de mystère... La science ne cesse de modifier ses diagnostics. Il y a eu Darwin, évidemment, qui a bouleversé notre vision des choses en publiant *De l'origine des espèces* en 1859, dans lequel il établissait la continuité de l'espèce humaine avec les autres espèces animales. Puis pendant longtemps on a pensé que les premiers hommes sont apparus sur Terre il y a environ trois millions d'années (ce qui correspond à l'apparition du genre *Homo* avec l'*Homo habilis*). Aujourd'hui, on fait remonter l'apparition de la lignée humaine à six ou sept millions d'années – au fait, faut-il parler de « lignée », de « famille », de « genre » ? Même le vocabulaire nous pose problème. L'analyse actuelle sur nos origines sera peut-être bientôt réévaluée. Jusqu'à peu, nous pensions que la plus récente de nos espèces, l'*Homo sapiens*, c'est-à-dire l'homme moderne, était apparue il y a 200 000 ans. Mais nous venons de découvrir les preuves de la présence d'*Homo sapiens* 100 000 ans plus tôt, il y a donc 300 000 ans. Lucy, australopithèque dont l'origine est datée de 3,2 millions d'années environ, a longtemps été considérée comme la grand-mère de l'humanité. Et puis en 2001, au Tchad, on a découvert le crâne de Toumaï, dont on pense qu'il date de sept millions d'années, et qui pourrait être l'ancêtre commun des hommes et des chimpanzés. Puis on a trouvé en Espagne un primate vieux de treize millions d'années, Pierola, qui pourrait être le dernier ancêtre commun à l'homme et aux grands singes. Que s'est-il passé entre Pierola et Toumaï ? et avant Pierola ? Un jour sans doute nous en saurons plus. Ce qui est certain, c'est l'incertitude. Nous ne savons même pas vraiment ce qu'est l'humanité. Combien y a-t-il exactement d'espèces que l'on peut qualifier d'humaines ? Qu'est-ce qui caractérise vraiment les espèces *Homo* ? La bipédie, contrairement à ce qu'on a longtemps cru, n'est pas exclusivement humaine, puisqu'elle a été inventée par les grands singes, de même que le rire ou l'empathie qui sont d'abord apparus chez une espèce antérieure à l'homme, sans doute chez Pierola, en l'occurrence. D'ailleurs on a pensé longtemps que les espèces d'*Homo* étaient toutes distinctes et voilà qu'on découvre qu'en réalité il y a eu métissage : les populations non africaines portent entre 1 % et 4 % de gènes néandertaliens... La génétique nous a aussi récemment appris que même si les chimpanzés sont plus proches physiquement des gorilles que des humains, ils sont en réalité génétiquement plus proches des humains – au point que certains considèrent que les humains sont eux-mêmes des chimpanzés. Et ne s'y perd-on pas entre les catégories dans lesquelles on range des espèces ? Homininés, hominidés, hominoïdes : les noms sont presque identiques pour désigner des familles qui sont très similaires elles aussi. Bref, vous le constatez comme moi : les débuts ne sont jamais certains.

Nous pouvons au moins dater nos débuts respectifs en tant qu'individus puisque nous connaissons notre date de naissance...

Savez-vous que les molécules d'ADN que contiennent une cellule, mises bout à bout, représentent un filament d'environ deux mètres ? Et que, étant donné que le corps humain est constitué de 50 000 milliards de cellules, cela signifie que nous avons 100 milliards de kilomètres d'ADN en nous ? Comme la distance de la Terre à la Lune est d'environ 400 000 kilomètres, cela veut dire que tout l'ADN de notre corps, déplié, équivaut à 250 000 allers-retours de la Terre à la Lune. N'est-ce pas fascinant ? Pardonnez-moi, j'adore les chiffres, dès lors qu'ils nous permettent de mieux comprendre le monde !

Ne vous excusez pas, je n'ai rien contre les chiffres, au contraire. Cela ne m'empêche pas d'être toujours surpris par ces projections un peu surprenantes auxquelles se prêtent certains statisticiens. Qui aurait envie de dérouler tout l'ADN d'un humain et de faire des allers-retours jusqu'à la Lune avec ce truc au bout de la main ? Et quel est l'intérêt de cette information ? Pardonnez-moi, je ne voulais pas vous blesser. En fait, je crois que je ne vois pas vraiment où vous voulez en venir...

L'acide désoxyribonucléique contient notre génome qui est lui-même le fruit des milliers d'histoires qui ont permis la nôtre. Nos cellules contiennent tous nos ancêtres, en tout cas des fragments d'eux. Les génies, les crétins, les gentils, les salauds, les voleurs, les intellectuels, les cancres, les courageux et les pleutres qui habitent notre arbre généalogique sont tous là en nous, discrètement ou non : nous sommes le résultat d'un bon paquet d'expériences génétiques plus ou moins heureuses dont nous portons la mémoire. Dès lors, où situer notre début ? Certainement pas le jour de notre naissance. Dans la mesure où nous continuons l'histoire de nos parents, qui eux-mêmes poursuivent celle des leurs et ainsi de suite, il est impossible de désigner un irréfutable début qui caractériserait les individus que nous sommes. L'hérédité est la preuve de cet indéfinissable commencement. Nos traits physiques, une partie de notre intelligence et de notre caractère, et même certaines de nos maladies, sont des cadeaux de nos ancêtres – l'autisme ou la schizophrénie ont un caractère génétique. Des chercheurs expliquent même que les traumatismes psychologiques se transmettent aux descendants par les gènes. Ce qui évidemment ne facilite pas la tâche des psys habitués à chercher l'origine de nos troubles dans notre petite enfance ou dans l'éducation choisie par les parents. La génétique du comportement cherche aujourd'hui à savoir dans quelle mesure notre humeur psychologique, c'est-à-dire notre optimisme ou notre résistance au stress, dépend elle aussi de nos gènes. Ce qui veut dire que nous devons nos aptitudes – ou notre nullité – en grande partie à nos ancêtres. Celui qui se révèle à cinq ans excellent musicien ou dessinateur n'est en rien responsable du don qui lui est tombé sur la tête ! Notre société glorifie trop les gens doués ou courageux et accable trop les lâches et les minables. Les uns et les autres n'y sont pas pour grand-chose. Je suis persuadé que ce que la génétique nous apprendra dans les prochaines années révolutionnera complètement notre approche philosophique et juridique de la responsabilité. Quel est, chez tout être vivant, la part d'inné et la part d'acquis ? Que choisissons-nous vraiment ? Beaucoup moins que ce que l'on croit. Il est évident que l'éducation et l'environnement social influencent fortement les comportements d'un enfant et donc d'un futur adulte. C'est pourquoi, pour des raisons de justice et d'égalité, nous devons offrir à tous les citoyens les mêmes conditions d'évolution. En revanche, même placés dans des conditions identiques, jamais deux individus ne réagiront de manière similaire, en raison de leur caractère, de leur sensibilité ou de leur vision du bien et du mal, qu'ils n'ont pas forcément choisis. Tenez, pourquoi certaines personnes naissent-elles en aimant les animaux non humains, en refusant de leur faire du mal ou de les tuer, tandis que d'autres personnes sont indifférentes à leur sort ou, pire, se complaisent à les faire souffrir ? Aucune personne n'est un début. Nous sommes tous le prolongement d'histoires commencées il y a longtemps. Connaissez-vous les Border Collie ?

Pardon ?

Le border collie est une race de chiens venue du pays de Thomas More, la Grande-Bretagne. C'est un chien qui aurait été très utile aux éleveurs de moutons décriés par More. Vous vous souvenez qu'il en voulait aux éleveurs ?

Oui, je me souviens... Le début du XVIe siècle coïncide avec le développement du système des enclosures en Angleterre : les champs ouverts et partagés entre les paysans cultivateurs sont transformés par les riches propriétaires en champs de pâturage pour les moutons, parce que le commerce de la laine commence à rapporter beaucoup d'argent. C'est en quelque sorte le vrai début du capitalisme. Thomas More y fait référence dans Utopia, pour dénoncer la misère qui touche les paysans expulsés des champs et obligés de gagner la ville pour tenter de trouver un travail. Je ne peux pas avoir oublié ce passage, c'est l'un des plus importants puisque More montre qu'il a déjà tout compris des ravages à venir du capitalisme...

Exactement. Je vous parlais donc du border collie, chien de troupeau qui de toute façon n'existait pas au début du XVIe siècle. Savez-vous ce que fait un chiot border qui n'a reçu aucune éducation particulière, lorsqu'il se retrouve en face d'un groupe de poules ?

Il les mange ?

Non, il les rassemble et les ramène au poulailler. Il ne peut pas s'en empêcher. D'où lui viennent cette aptitude et ce besoin si particuliers ? Ils sont inscrits dans ses gènes, après y avoir été introduits par l'homme à force d'injonctions et d'entraînements. Le comportement d'un border collie est donc en partie déterminé par ses caractéristiques biologiques. Il n'en va pas autrement pour les humains. Nous ne sommes que des compilations d'informations passées, et il en découle que notre marge de manœuvre pour nous extirper de notre condition est beaucoup moins importante que ce que l'on imagine. On pourrait dire en fait que nous ne sommes que des dominos en équilibre qui se meuvent sous le poids des autres, jamais seulement par eux-mêmes. Ce n'est pas un hasard si la généalogie passionne tant de personnes. En voulant rencontrer ceux dont le sang coule dans nos veines, nous voulons nous rencontrer nous-mêmes. Vous voyez : il n'est pas simple de situer le début des choses. Et cela peut vite devenir un énorme problème, une source de tensions et de violence. Tentez de comprendre le début d'un conflit, par exemple, c'est-à-dire son origine et donc sa cause : immédiatement, vous vous rendrez compte que les arguments de chacun des protagonistes puisent leur légitimité dans des causes sur lesquelles personne ne parvient réellement à s'accorder, dans la mesure où chacun refuse d'être associé à la faute initiale, celle qui a tout déclenché. Le *début* d'un conflit est toujours rejeté sur l'autre. Les enfants traduisent cela par : « c'est pas moi qui a commencé, c'est lui ». Les humains occupent une bonne partie de leur temps à se disputer sur l'origine des choses. Si cette chose est condamnable, ils tentent par tous les moyens de s'exonérer d'en être la cause. Si en revanche elle est flatteuse, ils tentent alors de prouver qu'ils l'ont provoquée. L'un des plus gros défauts de l'espèce humaine est son irresponsabilité, c'est-à-dire son incapacité pathologique d'assumer les conséquences de ses actes et de reconnaître ses torts. C'est pourquoi ils seront toujours en désaccord sur l'identification des débuts, puisque identifier un début, c'est identifier un coupable. Les guerres le prouvent parfaitement. Le conflit israélo-palestinien en est l'illustration parfaite. S'il perdure officiellement depuis 70 ans, c'est bien parce que vous refusez de vous accorder sur l'identification d'une origine au désaccord entre Israéliens et Palestiniens. Pourtant, l'histoire paraît simple si on l'explique ainsi : en 1948, des habitants d'un territoire modeste mais porteur d'histoire ont été expulsés de chez eux, privés de leurs terres, car des dirigeants étrangers réunis au sein de l'Organisation des Nations unies ont décidé d'installer sur ces terres des réfugiés issus d'un peuple persécuté depuis toujours, et qu'un dictateur malade venait de tenter d'exterminer. La « communauté internationale » a donc mis en présence deux populations victimes qu'elle a rendues ennemies à force de maladresse, d'inhumanité, de cynisme et d'aveuglement. L'origine du conflit entre ces deux peuples pourrait donc être attribuée aux conditions mêmes de la création de l'État d'Israël, injustes et discriminatoires pour la population arabe de Palestine, sacrifiée pour expier un péché collectif à l'égard du peuple juif. N'oublions pas que la création d'Israël a chassé de chez eux 700 000 Palestiniens arabes. Mais cette version sera contestée par certains, qui refuseront de considérer qu'une injustice a été commise à l'égard de l'une ou l'autre des parties. Certains considéreront que les Israéliens sont les seules victimes du conflit, d'autres au contraire que les Palestiniens sont les seuls réellement discriminés et s'appuieront notamment sur le nombre de victimes beaucoup plus élevé du côté arabe. Pour expliquer qui est victime et qui est coupable, les uns évoqueront les tirs de roquettes sur les villes israéliennes, les autres rétorqueront que des interventions militaires israéliennes récurrentes tuent de manière disproportionnée des innocents. Ils parleront des enfants palestiniens emprisonnés sans raison, des violences régulières à l'encontre de la population palestinienne, des colonisations illégales poursuivies par le gouvernement israélien et des discriminations multiples constatées par les organisations défendant les droits de l'homme. Bref, chacun mettra en avant des causes différentes, et donc des débuts distincts. D'ailleurs, l'origine du conflit israélo-palestinien ne se situe sans doute pas en 1948. Il faut évidemment considérer 1967, la guerre des Six Jours et l'occupation par Israël de la bande de Gaza, de la Cisjordanie et de Jérusalem-Est. Mais pourquoi ne pas remonter en arrière jusqu'à la trahison, en 1916, de l'accord Sykes-Picot, par lequel la France et le Royaume-Uni se sont partagé le Proche-Orient en bafouant le droit des peuples arabes à choisir leur destin ? Ou alors à la fin du XIXe siècle, lorsque Theodor Herzl, le père du sionisme, a commencé à militer pour l'établissement d'un foyer juif en Palestine ? Ou deux millénaires en arrière, en 70 après J.-C. précisément, avec la destruction par les Romains du Second Temple à Jérusalem, qui entraîna le second exil des Juifs loin de leurs terres, après celui qui avait eu lieu en Babylonie au VIe siècle avant J.-C. ? Ces événements sont loin d'être anodins : si le peuple juif a vraiment été chassé de « sa » terre, de « sa » Palestine qui n'aurait été occupée par les Arabes que par le fruit du hasard, alors voilà toute trouvée l'origine et donc la justification du poison qui tue ce sol depuis des décennies : l'éviction des populations non juives qui s'y sont installées depuis ne serait que la réparation d'une injustice originelle faite à un peuple contraint à l'exil il y a près de deux mille ans. Et alors, autant regarder plus loin encore, et revenir au XIIIe siècle avant J.-C., au moment où, selon la Bible, Moïse fait sortir les Hébreux d'Égypte pour les guider vers Canaan, terre promise, « pays ruisselant de lait et de miel ». Problème : les historiens – du moins une partie d'entre eux – réfutent cette version et contestent la véracité des faits présentés dans les textes religieux. Et en réalité, affirme par exemple l'Israélien Shlomo Sand, de l'université de Tel-Aviv, il n'y a jamais eu d'exode massif des Hébreux en 70, qui expliquerait ensuite l'apparition d'une diaspora dispersée. Contrairement à une vision romancée et arrangée de l'histoire développant le mythe d'une nation éternelle qui doit se rassembler sur la terre de ses ancêtres, le judaïsme aurait été une religion prosélyte, qui s'est développée par des conversions en Afrique du Nord, en Europe du Sud et au Proche-Orient, comme celle du royaume Khazar au VIIIe siècle. Vous voyez, la recherche de l'origine, qui est la recherche de la vérité, est forcément dérangeante puisqu'elle redistribue les cartes, ébranle les certitudes, fait vaciller les hiérarchies et désigne les coupables. Cela concerne tous les chapitres de notre vie. Prenons l'exemple de l'imprimerie, puisque nous parlions tout à l'heure de littérature. L'histoire a retenu que l'Allemand Gutenberg a inventé – ou perfectionné – l'imprimerie au XVe siècle, en 1454 exactement. Mais pourquoi l'a-t-il précisément inventée à ce moment-là ? Quelles sont les circonstances qui l'y ont poussé ? Savez-vous qu'un historien néo-zélandais de l'université d'Oxford prétend que Gutenberg y a été encouragé par la pénurie de main-d'œuvre provoquée par la Peste noire de 1347 ? Un tiers au moins de la population européenne avait été décimée en cinq ans. Sans ouvriers disponibles, le coût de la main-d'œuvre avait explosé, ce qui a encouragé le développement de techniques permettant d'économiser le travail humain et d'augmenter la productivité. La copie manuelle des livres a été l'une de ces tâches que l'on a cherché à alléger. Un siècle après les effets dévastateurs de la peste, l'apparition de l'imprimerie en Allemagne en serait donc l'un des effets directs. D'accord, mais quelle est la cause de la peste ? Apparemment elle a été introduite en Europe par les bateaux génois de retour de Caffa, une ville de Crimée où les Italiens avaient un comptoir qui a été attaqué en 1346 par des Mongols contaminés par la maladie. On peut en conclure que la Peste noire en Europe aurait pu être évitée si les Génois ne s'étaient pas établis en Crimée ou si les Mongols ne les avaient pas attaqués, ou encore si ces derniers n'avaient pas été porteurs du virus. Trois pistes différentes qu'il faut explorer, car ce sont trois causes donc trois débuts. Pourquoi les Génois se sont-ils installés en Crimée ? Pourquoi les Mongols les ont-ils attaqués ? Et pourquoi étaient-ils malades ? Il serait trop long de répondre à toutes ces questions. Arrêtons-nous simplement sur la dernière : il semblerait que les Mongols aient contracté le virus au contact des Chinois, dans des guerres dont les conditions sanitaires auraient favorisé le développement de l'épidémie. Mais pourquoi les Chinois et les Mongols se sont-ils affrontés ? Là encore, il faut identifier une cause. En quelques instants, on se rend compte que Gutenberg n'aurait peut-être pas réinventé l'imprimerie sans cette guerre asiatique qui pourtant, *a priori*, n'a aucun rapport. On pourrait remonter ainsi indéfiniment la liste des causes... La difficulté d'identifier ou d'admettre pour toute chose des débuts clairs, donc des causes indiscutables, participe activement au trouble de l'existence individuelle et collective, car ce flou génère une multitude d'erreurs et d'injustices qui constitue l'une des souffrances essentielles de l'humanité. De ce fait, la question de l'origine et de la cause nous obsède tout autant que la question de la fin. La fin, évidemment, c'est la mort. L'angoisse qu'elle génère est clairement identifiée depuis longtemps. En revanche, l'angoisse des débuts n'est que trop peu analysée. Pourtant l'histoire, l'archéologie, la paléoanthropologie, les sciences humaines et sociales ou encore la psychanalyse ne sont-elles pas avant tout des quêtes de débuts ? Par ailleurs, les causes d'une chose étant bien souvent multiples, cela rend les investigations particulièrement délicates. Cela dit, cette complexité est passionnante, elle donne tout son sens à l'exercice de la pensée.

Paradoxalement, le début des débuts, à savoir la naissance de l'Univers, a été clairement identifié : c'était il y a 13,7 milliards d'années, avec le Big Bang.

... environ. Là encore, nous sommes condamnés à l'incertitude sur ce moment originel qui permet de commencer à raconter l'histoire du vivant. Il y a un siècle encore, on considérait que l'Univers n'avait pas de date de naissance : on pensait qu'il avait toujours existé, qu'il était statique et infini. Même Einstein croyait en ce modèle, alors que ses propres équations réfutaient cette hypothèse – le fait que l'un des plus grands génies humains a pu se tromper si lourdement me console toujours un peu lorsque je dois affronter l'une de mes propres erreurs. Et puis il y eut les travaux du mathématicien Alexander Friedmann et du physicien Georges Lemaître, lesquels ont donné corps au Big Bang et à l'idée que l'Univers grandit constamment. On a alors admis comme vérité ce scénario incroyable qui veut que tout ait commencé par un minuscule point condensant toute la matière, « un atome primitif » pour Lemaître, et que l'Univers s'étende depuis en permanence. Edwin Hubble a confirmé cette théorie en apportant la preuve de l'expansion de l'Univers en 1929. Aujourd'hui, nous affirmons que l'Univers est né il y a 13,7 milliards d'années, mais peut-être ce scénario sera-t-il un jour remis en cause. Il est déjà des scientifiques qui considèrent que cette estimation est surévaluée. La science affinera peut-être bientôt son jugement et apportera des modifications à la théorie du Big Bang qui a d'ailleurs déjà été corrigée depuis qu'on a découvert la matière noire ou le fait que l'Univers a d'abord connu une expansion rapide, « l'inflation », avant que celle-ci ralentisse puis accélère à nouveau... La théorie du Big Bang a surtout le défaut de ne pas pouvoir expliquer le plus important : comment quelque chose a pu naître à partir de rien ? Et donc : quel était le contenant de ce point de matière et d'énergie concentrée ? Comment et quand cette matière initiale, ratatinée sur elle-même, est-elle apparue ? Si une énergie a provoqué la dilatation et l'expansion de l'Univers, cela suppose que les éléments nécessaires à ce processus étaient bien préexistants. Les premiers atomes d'hydrogène ne sont pas apparus *ex nihilo*. En réalité, on ne sait finalement que peu de choses encore des origines de l'Univers... Ici réside l'un des problèmes essentiels de l'espèce humaine : pour comprendre une chose, nous devons bien identifier les circonstances qui entourent son apparition. Mais cette quête est infinie et insoluble, dans la mesure où toute origine a elle-même une origine qui la remplace dès qu'elle est identifiée. On peut sans peine imaginer Sisyphe en chercheur de début. Il roule inexorablement sa pierre en haut d'un sommet qu'elle n'atteint jamais complètement, puisqu'elle roule en bas de la colline juste au moment où elle semblait toucher au but. En répétant inexorablement la même tâche laborieuse, sans chance de succès, Sisyphe tend vers un but voué à l'échec, soit un dé-but.

Mais le but est une fin, et non un commencement...

La fin et le début se rejoignent car ils ont en commun le vide, celui qui précède et celui qui succède. Avant nous il n'y a rien, après nous il n'y a rien non plus : nous réintégrons le néant. C'est le destin de tout individu, de toute espèce, de toute civilisation, de toute planète, et peut-être de l'Univers lui-même. Pour demeurer vivant, nous ne devons atteindre ni l'origine ni le but. C'est pourquoi, lorsqu'un rêve est accompli, il nous faut en inventer immédiatement un nouveau. Et contrairement à l'idée commune, il n'est pas facile de rêver pour de bon. Beaucoup rêvassent, mais peu songent.

Je vous confirme que le début s'oublie rapidement : je vous avoue que je serais incapable de dire comment nous en sommes arrivés à évoquer Sisyphe.

En naviguant.

De More, de Hythlodée et des utopistes

Si nous naviguons, alors vous êtes un marin comme votre illustre aïeul, puisque notre ami commun, Guillaume, m'affirme que vous êtes un descendant de Raphaël Hythlodée...

Oui, Raphaël est mon arrière-arrière-arrière-arrière-quelque chose... Je ne suis pas un spécialiste de généalogie et cela remonte à si longtemps que je serais incapable de vous détailler notre lien exact.

Hythlodée aurait donc réellement existé... Je suis sur le cul. Enfin, les bras m'en tombent. Raphaël Hythlodée, avec ce drôle de nom, n'a jamais été pour moi – comme pour tout lecteur d'ailleurs – qu'un procédé littéraire un peu grossier pour permettre à Thomas More de contourner la censure et de critiquer impunément le pouvoir royal anglais qui le désolait sur de nombreux points. Le procédé est classique : on invente un personnage d'explorateur, on invente un territoire dont on prétend qu'il est dirigé par la meilleure des politiques possibles, et le tour est joué !

Je comprends. Et pourtant...

*Permettez-moi de résumer, pour que j'y voie bien clair. Thomas More est anglais, juriste, avocat, homme politique, humaniste, ami d'Érasme... Il deviendra conseiller de Henry VIII en 1517, puis chancelier d'Angleterre en 1529. Mais avant cela, il y a la publication d'*Utopia*, en 1516 –* Utopie *en français. Thomas More est alors vice-shérif de Londres. Nous sommes au début du XVIe siècle, une période tourmentée, en proie aux guerres, à l'Inquisition, à la Réforme, mais aussi une période de découvertes scientifiques, géographiques, littéraires et philosophiques, puisque nous sommes en pleine Renaissance. Il a toujours été admis que le mot-titre du livre de More est une invention de sa part, un néologisme formé de τοπος, qui veut dire « lieu » en grec, et du « ου » privatif. « Utopie » signifierait donc « lieu qui n'existe pas » ou « lieu de nulle part ».*

Pour être précis, le livre de Thomas More s'intitule exactement De optimo reipublicae statu deque nova insula Utopia, Traité de la meilleure forme de gouvernement et de l'île nouvelle d'Utopie.

Oui, car ce livre est la description d'un pays aux institutions idéales, et ce pays est une île nommée Utopia*, soit* Utopie *en français. Dans son ouvrage, Thomas More va rapporter des faits parfaitement avérés de son existence. Ainsi, il avait détesté le règne de*

Henry VII, mais jugeait avec beaucoup plus de bienveillance son successeur Henry VIII. En 1515, il est envoyé en mission dans les Flandres, à Bruges, pour des affaires commerciales. Il se rend ensuite à Anvers où il retrouve un ami nommé Pierre Gilles. Cette mission et ces retrouvailles, parfaitement authentiques, sont rapportées dans le livre, qui est donc rempli d'éléments biographiques tout à fait exacts. Mais More semble ensuite basculer dans la fiction en faisant le récit d'une rencontre à Anvers avec ce Raphaël Hythlodée de retour de l'île d'Utopie.

Ce n'était pas une fiction. La rencontre a bien eu lieu.

Cette histoire est réellement incroyable, et je ne vous cache pas que je me demande encore si je dois la prendre au sérieux... Pardonnez-moi, mais je ne vous connais pas et j'ai tendance à être assez méfiant, surtout face à l'improbable.

Vraiment ? Les habitants de votre monde ont pourtant reçu de nombreuses preuves de l'existence de l'île d'Utopie. D'abord, au cours des siècles derniers, plusieurs d'entre vous ont visité notre île et sont repartis transformés. Ensuite, beaucoup d'Utopiens sont venus chez vous. Ils ne se sont pas contentés d'observer ou d'écouter. Ils ont tenté de vous sensibiliser à notre mode de vie en l'expliquant à vos écrivains, philosophes ou activistes politiques. Connaissez-vous les huttérites ?

Les huttériens, voulez-vous dire ?

Il me semble que l'on peut les appeler des deux manières. Il s'agit donc de ces communautés pacifistes anabaptistes que l'on trouve aujourd'hui en Amérique du Nord qui font reposer leur organisation sur l'entraide. Comment pensez-vous que ce mouvement est né ?

J'avoue que je n'en ai aucune idée...

Le fondateur des huttériens s'appelle Jakob Hutter, c'était un anabaptiste né en Italie qui s'est installé plus tard au Tyrol, puis en Moravie. Il a été brûlé en 1536 après avoir été torturé. Il était accusé d'hérésie. Quand il avait à peine une vingtaine d'années, il a rencontré Raphaël Hythlodée alors que celui-ci était en mission à Florence. Raphaël Hythlodée a été le premier des émissaires utopiens. Il a passé cinq ans sur Utopie et il est rentré en Europe dans l'unique but de promouvoir les préceptes dont il avait découvert les bienfaits. Il souhaitait les voir appliqués à d'autres territoires, à commencer par le continent qui l'avait vu naître – il était portugais, comme vous l'avez rappelé. Raphaël n'était pas un simple aventurier. Il avait étudié le latin et le grec et il se destinait à la philosophie. Puis il a eu envie de découvrir le monde. Il a embarqué avec le navigateur Amerigo Vespucci et l'a suivi dans plusieurs de ses expéditions. Comme More le raconte, une vingtaine de marins de Vespucci avaient choisi, lors du dernier périple, de ne pas rentrer en Europe : ils préféraient continuer à voyager de leur côté. Parmi eux, il y avait Raphaël. Celui-ci a donc visité de multiples contrées avant de rentrer à son tour chez lui. Parmi les pays qu'il a découverts, il y a l'île d'Utopie, du nom du roi Utopus qui l'a conquise et organisée. Raphaël a été immédiatement séduit par cet endroit qui ne ressemblait à aucun des autres où il avait accosté. L'île d'Utopie n'a pourtant rien d'un endroit idyllique bénéficiant de la bénédiction des dieux. Chez nous il n'y a ni nature luxuriante, ni climat idéal, ni paysages féeriques. Ce n'est pas un genre de paradis originel qui aurait échappé à la perversion des hommes ou qui en serait revenu. Non, elle n'est qu'une terre comme les autres. Mais elle est régie d'après les lois du bon sens et de l'intérêt général. Pour Raphaël qui avait tant voyagé et comparé les mœurs et les institutions, l'île d'Utopie est devenue sa référence en matière politique.

Raphaël Hythlodée a visité l'île d'Utopie, puis il est rentré chez lui au Portugal. Mais vous, j'ai cru comprendre que vous êtes né sur l'île et que vous êtes donc un Utopien ?

C'est exact.

DE MORE, DE HYTHLODÉE ET DES UTOPISTES

Je ne comprends pas bien...

Après son retour au Portugal, Raphaël s'est rapidement ennuyé. Il avait cédé tous ses biens et avait besoin de travailler. Il a suivi l'avis de son ami Vasco de Gama et, malgré ses réticences naturelles, il a accepté d'entrer à la cour de Lisbonne comme conseiller au service du roi Manuel Ier. Mais rapidement les intrigues de pouvoir et l'inhumanité des décisions royales ont eu raison de sa patience. La politique de l'Inquisition, qu'il n'a jamais réussi à infléchir, lui était insupportable et contraire à ses principes. Il a rapidement abandonné sa charge et décidé de retourner en Utopie pour y finir ses jours. Il y a rencontré une femme, fondé une famille, et cinq cents ans plus tard, me voici devant vous...

Et justement, que faites-vous ici, en France ?

Il est d'usage pour les Utopiens de partir quelques mois, ou quelques années, à la rencontre de l'autre monde. Nous voyageons, nous nous mêlons à vous, nous nous installons dans un endroit qui nous intéresse, puis nous repartons chez nous. On se déplace seul ou en groupe, cela dépend. Nous ne révélons presque jamais notre pays d'origine car nous savons que nous ne serons pas pris au sérieux si nous disons d'où nous venons. Une parole venue d'Utopie est presque systématiquement moquée ou ridiculisée. Parfois, lorsqu'il nous semble que notre interlocuteur est plus audacieux que les autres, nous lui disons la vérité – comme je l'ai fait avec Guillaume et aujourd'hui avec vous.

Peut-être les Utopiens cherchent-ils à se protéger en cachant leur véritable identité ?

En ce qui concerne la tranquillité d'Utopie, nous ne sommes pas très inquiets. Notre île est bien cachée et l'endroit est difficile à trouver. Et puis elle ressemble davantage à l'Angleterre qu'à Maurice. Nous ne disposons pas de longues plages de sable fin que des promoteurs immobiliers pourraient avoir envie de polluer. En revanche, il est vrai qu'il peut être dangereux de révéler l'existence d'Utopie. Ceux qui en disent trop à son sujet sont pris pour des fous ou assassinés : la divulgation de nos secrets d'Utopie menace beaucoup d'intérêts ici, dans votre monde.

Il est vrai que vos règles de vie et votre organisation politique n'ont rien à voir avec les nôtres, du moins si j'en crois les explications fournies par Raphaël Hythlodée. J'imagine cependant que depuis le temps, pas mal de choses ont dû évoluer, d'autant qu'avec la distance des siècles, on se rend compte que certaines dispositions de l'époque sont aujourd'hui complètement dépassées ou réactionnaires. D'ailleurs, et cela me trouble quelque peu, avez-vous remarqué l'étonnante coïncidence ? Le livre Utopia *est sorti pour la première fois en décembre 1516, en latin, et il a commencé à être lu et connu en Europe en 1517, c'est-à-dire il y a pile poil cinq cents ans. Quel surprenant anniversaire pour notre rencontre, vous ne trouvez pas ?*

Est-ce vraiment un hasard ? Je n'en suis pas si sûr...

Ne me dites pas que vous croyez à ces sornettes sur le destin, sur ce qui serait « écrit » et ce genre de choses...

En tant que fervent athée et rationaliste patenté, je ne vous entraînerai pas sur ce terrain. Nous avons simplement tous observé des coïncidences troublantes dans nos vies, des liens surprenants, d'heureux hasards : ce sont les fameuses « synchronicités » de Jung : deux événements que nous associons en leur donnant un sens. C'est l'une de ces synchronicités que nous expérimentons aujourd'hui en nous rencontrant cinq cents ans exactement après la découverte d'*Utopia*. Celle-ci se manifeste à nous à l'occasion de son anniversaire afin de nous rappeler sa nécessité, au moment où elle affronte de furieux adversaires.

Des villes et de la nature

C'est fort possible. En tout cas, j'ai envie de vous croire. Alors justement, puisqu'elle se rappelle à nous, pouvez-vous me dire à quoi ressemble l'Utopie aujourd'hui ? Commençons par l'organisation administrative et architecturale, si vous êtes d'accord. L'île d'Utopie décrite par Raphaël se composait de cinquante-quatre villes, parfaitement identiques : « *les cinquante-quatre villes sont bâties sur le même plan, et possèdent les mêmes établissements, les mêmes édifices publics* ». *Est-ce toujours le cas ? Et la ville d'Amaurote est-elle toujours la capitale ?*

Amaurote est toujours la capitale mais la population a énormément augmenté et nous avons quatre fois plus de cités, deux cents environ. Mais surtout, l'architecture de nos villes n'a plus grand-chose à voir avec ce qu'elle était il y a plusieurs siècles. Les villes ne sont plus toutes identiques et, surtout, elles se mélangent aujourd'hui à la nature...

Il y a cinq cents ans, votre aïeul expliquait que chaque cité était entourée de vastes champs. C'est toujours le cas ?

Oui, bien sûr, nous avons tenté de conserver les champs autant que possible, mais aussi les forêts, les plaines, et toutes les manifestations de la nature. Mais chez nous comme partout ailleurs, les villes ont pris de plus en plus d'importance. Savez-vous qu'au début du XVIIIe siècle, il n'y avait, sur l'ensemble de la Terre, que 650 millions d'habitants et que seulement 7 % d'entre eux habitaient dans des villes ? Aujourd'hui la planète supporte 7,5 milliards d'humains et plus de la moitié d'entre eux sont des citadins. Et l'exode rural n'est pas terminé. En Utopie nous faisons face aux mêmes évolutions démographique, technique et professionnelle que vous, mais nous y répondons différemment. Nous n'avons par exemple pas entretenu le mythe d'une campagne bienfaitrice opposée à une ville carnassière et vicieuse. Nous aimons nos villes car elles présentent d'énormes avantages, à commencer par la concentration d'infrastructures essentielles telles que les écoles, les hôpitaux, les centres de loisirs ou les magasins. De plus elles rapprochent les individus, favorisent les échanges et, si elles sont bien organisées, elles évitent des heures perdues dans les transports. Pourtant la ville n'a pas bonne réputation chez vous, et je le comprends. Paris, où je suis avec vous en ce moment, offre une architecture splendide mais c'est une ville insupportable. Je peine à respirer depuis que j'y ai atterri, je n'entends que bruits de moteurs et de klaxons, j'observe à chaque instant des cyclistes et des piétons à deux doigts de se faire ratatiner et... les arbres, où sont-ils ?

Vous exagérez un peu... Tenez, il y a un arbre, là.

Le philosophe et mathématicien Bertrand Russel, qui est des nôtres, a écrit que l'ennui dont souffre la population des villes modernes « est lié intimement à leur séparation d'avec la vie de la terre ». Il ajoutait que cette séparation rend leur vie « étouffante, poussiéreuse et aride ».

Comment ça, Bertrand Russel est « des vôtres » ? Il est gallois ! Quel rapport avec les Utopiens ?

Comme je vous l'ai dit il y a plusieurs minutes, les Utopiens ont beaucoup voyagé au cours des siècles derniers, et ils ont convaincu beaucoup des gens de chez vous. Un converti à la philosophie utopienne devient automatiquement l'un des nôtres. On l'appelle simplement « Utopien d'adoption ». Bertrand est l'un de ceux-là.

Tiens, au fait, comment désignez-vous les non-Utopiens ? Nous appelez-vous simplement « étrangers » ?

On ne peut pas vous appeler « étrangers », car cette notion n'a pas de sens pour nous. C'est l'incompréhension qui nous sépare, pas les frontières. En revanche, par commodité, pour parler des habitants du reste du monde, nous avons en effet un mot. Nous vous appelons les Tristes.

Tristes ? Mais nous ne sommes pas tristes !

Ah bon ? Savez-vous comment nous avons surnommé votre système économico-social ?

Évidemment non...

Nous l'appelons la « société de consolmation » : la consommation pour consoler d'un quotidien abêtissant... Mais nous y reviendrons plus tard, si vous êtes d'accord. Comme vous, j'adore les digressions, mais nous allons perdre le fil de notre conversation si nous ne maîtrisons pas quelque peu notre enthousiasme. Vous m'interrogiez sur l'organisation urbaine d'Utopie, et je venais de vous expliquer les avantages de la ville. J'en viens à la campagne. Celle-ci possède également des vertus indiscutables, dont la plus fondamentale : elle est créatrice de vie. On y fait pousser ce qui nous nourrit et les arbres nous permettent de respirer. Nous avons eu à cœur de réconcilier ces deux univers : l'urbain et le rural. En Utopie, les villes et les campagnes ne sont plus complètement séparées, mais mêlées l'une à l'autre dès que la géographie et l'organisation économique le permettent. Notre architecture urbaine a considérablement évolué : le végétal se marie à la pierre, au métal et au verre à peu près partout, de manière à créer des villes-forêts. Les rues et les immeubles sont recouverts d'arbres et de plantes, ce qui permet à chaque ville d'absorber des milliers de tonnes de CO_2 par an et de produire de l'oxygène. Cette végétation favorise en outre la conservation et le développement de la biodiversité, et se révèle une excellente isolation phonique puisqu'elle absorbe une grande quantité du bruit produit par l'activité urbaine – or le bruit est une pollution insupportable que nous avons trop longtemps négligée. Il y a quelques siècles, nous avions découvert les énergies fossiles et le nucléaire, mais nous les avons abandonnés depuis parce qu'ils sont trop polluants ou dangereux : nous ne produisons plus que de l'énergie 100 % renouvelable. Nos villes sont donc auto-alimentées grâce au vent, à l'eau, à la biomasse ou au soleil. L'énergie solaire est celle qui domine toutes les autres : des cellules photovoltaïques sont installées dans nombre de matériaux et d'appareils. Nos routes, par exemple, sont entièrement équipées de panneaux solaires recouverts d'un verre trempé très résistant. Elles récupèrent l'énergie du soleil qui alimente les véhicules en circulation, sachant que l'énergie dégagée par les voitures en mouvement est elle aussi récupérée. Les cellules photovoltaïques nourrissent également des diodes électroluminescentes intégrées au verre. Ces diodes sont de couleurs différentes, ce qui permet de définir le marquage au sol, mais aussi de dessiner les panneaux de circulation qui s'affichent directement sur la route. Nous n'avons plus de problème de verglas ou de neige puisque le revêtement des routes est chauffant et reste à température constante, toujours au-dessus de 5 °C.

Oui, je connais le principe. Nous avons des projets similaires ici...

Les immeubles sont aussi équipés de briques et de tuiles qui ont les mêmes propriétés. En ce qui nous concerne en tout cas, le temps de l'essence et de l'asphalte est assimilé à la préhistoire. On ne parle pas d'âge de pierre, mais d'« âge du pétrole » pour qualifier ce moment où nous n'avons compté que sur les hydrocarbures pour assurer notre développement, sans nous soucier des dégâts causés.

Avions-nous le choix ? Sans le pétrole ou le charbon, nous n'aurions jamais pu entrer dans l'ère du progrès. Et ces progrès ont soulagé beaucoup d'hommes et de femmes de tâches pénibles et avilissantes. Ils ont permis aussi d'épargner un bon paquet d'animaux qui étaient jusque-là condamnés à des travaux de traction, comme les chevaux...

C'est tout à fait exact. En Utopie, nous ne condamnons pas les progrès techniques, bien au contraire. Nous ne rêvons pas d'un paradis perdu qui nous renverrait au mythe du bon sauvage et de la pacifique nature originelle. Nous croyons au « progrès intelligent », c'est-à-dire aux innovations techniques dont l'utilisation est maîtrisée. Pour être approuvées, ces innovations doivent être génératrices de bien-être et bénéficier au plus grand nombre. Suivant ce principe, nous avons développé des « villes intelligentes » qui autorégulent en permanence leur consommation d'énergie et dont toutes les infrastructures communiquent avec les citoyens pour les aider à adopter les comportements les plus vertueux.

Les Utopiens sont surveillés par des machines qui les réprimandent s'ils se comportent mal ?

Non, pas vraiment. Mais par exemple, nos routes sont munies de capteurs liés aux ordinateurs des voitures. Ces capteurs contrôlent la circulation et les mouvements des autres véhicules. Dès qu'une configuration dangereuse est repérée – imaginons une voiture qui va trop vite et risque d'en percuter une autre –, les ordinateurs prennent le contrôle et rétablissent la situation en faisant ralentir le conducteur dangereux ou en décalant sur la voie d'à côté le véhicule qui risque d'être embouti... Si vous oubliez de boucler votre ceinture, une voix vous le signale, mais elle ne vous colle pas une amende. De la même manière, dans votre salle de bains, si vous faites couler un bain trop chaud ou trop longtemps, un signal sonore et une voix se déclenchent pour vous alerter... Il ne s'agit pas de punir, mais de prévenir.

Et si je jette un mégot dans la rue, il y a aussi une voix qui sort du trottoir pour me faire la morale ?

Ça ne risque pas : il est interdit de fumer en Utopie.

Ah bon ? Et la liberté individuelle dans tout ça ?

Nous ne pouvions pas continuer à laisser nos citoyens s'abîmer la santé avec un produit dont nous connaissons la nocivité.

Et pourquoi pas ? Si j'ai envie de m'abîmer la santé, c'est mon problème !

Vous fumez ?

Non.

Alors inutile de vous inquiéter de cette restriction... D'ailleurs, pourquoi ne fumez-vous pas ?

Parce que c'est dégueulasse, ça pue, ça abîme la santé, ça enrichit des industriels qui se payent des villas en vous filant le cancer... Mais ce n'est pas la question ! Chacun doit avoir le droit de mener son existence comme il l'entend... Si un type est prêt à perdre dix ou vingt ans de vie en clopant, ça le regarde !

Oui, je comprends votre point de vue. Vous savez, nous sommes libertaires en Utopie, et beaucoup d'entre nous préconisent ce qu'ils nomment l'éthique minimale : « ne pas nuire aux autres, rien de plus ». D'ailleurs c'est pour cela que le nombre de nos lois est réduit au minimum. Donc si vous avez envie de vous faire du mal, en effet, cela ne regarde que vous. Mais sur notre île, toute prise en charge médicale est gratuite. Notre sécurité sociale paie les soins de tout le monde, quel que soit leur montant. Cela implique en retour de la part de chacun un comportement responsable puisque ce sont les autres qui payent pour celui qui s'abîme la santé. Si vous développez un cancer du poumon à cause du tabac que vous avez choisi d'ingurgiter pendant vingt ans, en étant parfaitement conscient des risques, il n'y a aucune raison que vous fassiez supporter vos frais de traitement à la société. C'est pourquoi nous avons interdit quelques produits dont nous savons tous les dégâts qu'ils causent. En revanche, le cannabis thérapeutique est autorisé car ses vertus sur les patients sont énormes. En Utopie chacun est responsable à l'égard de tous les autres. C'est un principe essentiel de notre Constitution. Cela vaut pour les individus mais aussi pour les industriels. Tous ont pour obligation d'étudier l'implication réelle de leurs productions et d'en tenir compte pour éviter de porter préjudice à autrui. Dans le livre de Thomas More, il y a cette phrase qui résume bien notre état d'esprit : « la nature t'enjoint de renoncer à t'assurer des profits qui se solderaient par des pertes pour autrui ».

Il y a cinq cents ans, en Utopie, tout citoyen devait aller travailler aux champs à un moment : « Une seule industrie leur est commune à tous, hommes et femmes, c'est l'agriculture, que personne ne peut ignorer. » Les Utopiens des villes étaient obligés de s'expatrier à la campagne pour des périodes de deux ans : « Les citadins y viennent habiter à tour de rôle. Un ménage agricole se compose d'au moins quarante personnes, hommes et femmes, sans compter deux serfs attachés à la glèbe. » Tout cela est terminé alors ?

Pour commencer, il n'existe évidemment plus de serfs en Utopie. Et plus personne n'est mobilisé de force pour les travaux des champs. Ceux qui le souhaitent peuvent toujours venir prêter main-forte aux agriculteurs pendant leurs vacances ou leur temps libre, mais seulement sur la base du volontariat. Nous avons donc aujourd'hui des paysans à plein temps. Simplement, ils sont suffisamment nombreux pour qu'aucun n'ait à se tuer à la tâche en travaillant du soir au matin, et même le week-end, comme c'est le cas chez vous. Pas d'inquiétude pour leurs revenus : ils sont payés par l'État et non par l'industrie qui achèterait leurs productions au prix le plus bas possible. Les paysans travaillent délestés du poids de l'incertitude. Puisqu'ils n'ont pas à se soucier des comptes et qu'ils n'ont pas de couteau sous la gorge, ils peuvent se consacrer pleinement à leur mission naturelle, à savoir nourrir le mieux possible la population. Nous considérons le rôle des agriculteurs aussi crucial pour la bonne marche de la société que celui des médecins ou des professeurs. Et puis chacun peut devenir agriculteur à temps partiel s'il le souhaite : nous faisons tout pour encourager les citoyens à cultiver leur jardin. Nous souhaitons qu'ils puissent faire pousser eux-mêmes leurs légumes et leurs fruits. Nous encourageons non seulement toujours les jardins collectifs, comme c'était le cas il y a cinq siècles, mais nous apprécions aussi les jardins individuels, car l'expérience nous a prouvé que, même si la collectivité doit être privilégiée, chacun doit posséder un jardin secret. Les Utopiens qui habitent en immeuble peuvent eux aussi faire pousser leurs plantes. Nous avons créé des fermes urbaines dans lesquelles les fruits et légumes sont cultivés à la verticale, sur des hauteurs de dizaines d'étages. Nous utilisons des systèmes de rayonnages coulissants – des sortes d'ascenseurs si vous préférez – pour permettre à ces étages d'être amovibles et rapatriés au rez-de-chaussée. Ces fermes urbaines sont gérées par des agriculteurs professionnels mais des espaces sont réservés aux cultures des particuliers.

Des droits des animaux

Puisqu'on parle d'agriculture... Les Utopiens élèvent-ils toujours des animaux ? À son époque, Raphaël raconte ceci : « Les bœufs, lorsqu'ils ont cessé de travailler, peuvent encore être utilisés comme nourriture. » Ou encore : « Les paysans cultivent la terre, élèvent des bestiaux, procurent du bois et l'acheminent vers la ville par la voie la plus facile par terre ou par mer. Ils élèvent des quantités incroyables de volailles, par une méthode curieuse. Les œufs ne sont pas couvés par les poules, mais tenus en grand nombre dans une chaleur égale où les poussins éclosent et grandissent. Dès qu'ils sortent de leur coquille, ils considèrent les hommes comme leur mère, courent après eux et les reconnaissent. »

Dans le passage que vous citez, Raphaël évoque ces poussins qui s'attachent aux humains comme à leur mère. Je crois que, chez vous, ce phénomène n'a été constaté que très récemment par les travaux du biologiste autrichien Konrad Lorenz sur les oies cendrées. Mais en Utopie cela fait longtemps que le processus d'*empreinte psychologique* figure dans nos livres de sciences naturelles. Des naturalistes utopiens ont mené au

XVe siècle des travaux sur le comportement et les caractéristiques psychologiques des poussins. Ils ont constaté qu'ils s'attachent au premier objet mobile qu'ils voient juste après leur naissance : il peut bien s'agir de leur mère, mais aussi d'un humain ou d'un ballon qui roule. Cela fait longtemps que nous accordons une importance capitale à cette discipline encore si peu considérée dans votre monde, l'éthologie, c'est-à-dire l'étude des animaux dans leur milieu naturel. Au fil des siècles, nos scientifiques ont voulu en savoir le plus possible sur tous les animaux non humains que nous côtoyons, non par simple effet de curiosité, mais par nécessité éthique : nous nous sommes assez vite rendu compte que nous avions besoin de connaître les autres êtres vivants sensibles qui nous entourent afin de savoir ce que nous pouvons nous autoriser à leur égard. Est-il normal de les tuer ? de les forcer à des travaux pénibles ? d'en faire des objets de divertissement ? de les torturer pour expérimenter des médicaments ou des produits cosmétiques ? Déjà à l'époque de Raphaël et de More, ces questions nous préoccupaient...

Oui, je l'ai constaté en relisant le livre de More – j'ai même pris des notes à ce sujet. D'abord, il y est rapporté qu'une bonne partie des Utopiens défendait déjà au XVIe siècle l'idée que les animaux non humains ont une âme, c'est-à-dire, si l'on transpose cela à aujourd'hui, un esprit, une personnalité, de l'intelligence et la capacité d'éprouver des sentiments. Les Utopiens étaient contre les sacrifices d'animaux non humains : « *Ils se refusent à admettre qu'un Dieu de bonté trouve plaisir au sang et à la mort, alors qu'il a fait présent de la vie à ses créatures afin qu'elles en jouissent.* » *Ils mangeaient encore de la viande à l'époque, mais la chasse de plaisir, considérée comme* « *un exercice indigne des gens libres* »*, était interdite. Raphaël raconte :* « *Trouver du plaisir à voir mourir, ne fût-ce qu'un animal, suppose, pensent-ils, une disposition naturelle à la cruauté, ou bien y conduit, par l'exercice constant d'une volupté si sauvage.* » *De la même manière, l'abattage des animaux de boucherie,* « *un spectacle hideux* »*, posait aux Utopiens un gros problème de conscience. Les animaux destinés à la consommation étaient tués loin des villes, et donc loin des regards, et seuls les esclaves étaient* *autorisés à nettoyer et à dépecer les bêtes car le métier de boucher était interdit aux citoyens, « de peur que l'habitude du massacre ne détruise peu à peu le sentiment d'humanité ». Les Utopiens ont fait le lien depuis longtemps entre la cruauté qui s'exerce à l'égard de nos cousins animaux et celle que l'on s'autorise sur nos congénères humains...*

Oui, déjà au XVIᵉ siècle les Utopiens avaient conscience de nos devoirs à l'égard des animaux non humains. Ils ne comprenaient pas qu'on puisse trouver un quelconque plaisir dans la mort d'un animal. Ce qui a amené l'un de nos plus éminents émissaires, Théodore Monod, à poser un jour cette question : « Un pays qui n'ose pas interdire la chasse à courre, les combats de coqs ou les courses de taureaux a-t-il le droit de se prétendre civilisé ? On peut en douter. » Seule la croyance en un impératif biologique nous a autorisés pendant longtemps à tuer des animaux : nous étions persuadés que la nature nous oblige à manger d'autres animaux pour vivre. Mais plusieurs Utopiens ont rapporté de leurs voyages des recettes venues de régions où les habitudes alimentaires différaient des nôtres. En Asie, ils ont découvert des peuples qui refusent de se nourrir d'animaux depuis des millénaires et qui sont en parfaite santé. Les jaïns, en Inde, sont l'un d'eux. Nous nous sommes inspirés de leur sagesse et l'avons affinée avec des arguments philosophiques et scientifiques. Il y a bien longtemps que nous avons modifié nos lois afin qu'elles interdisent toute forme d'exploitation animale. Nous avons fermé les zoos et interdit aux cirques de proposer des numéros qui utilisent des animaux sauvages ou domestiques. Par ailleurs nous avons accordé des droits fondamentaux à tous les animaux non humains sensibles : tout animal qui naît en Utopie dispose de quatre droits essentiels : le droit de ne pas être tué, torturé, emprisonné ou vendu. Les animaux ont chez nous le statut de « citoyens alpha » – α pour animaux. Ce sont des citoyens avec une palette de droits différents de ceux accordés aux humains, et ils n'ont évidemment aucun devoir en retour. « Le jour viendra où le reste de la création animale acquerra ces droits qui n'auraient jamais dû leur être refusés si ce n'est de la main de la tyrannie » : vous connaissez, j'imagine, ces mots de Jeremy Bentham. Lorsqu'il nous a rendu visite, il a été très impressionné par notre mode de vie en général, mais tout particulièrement par notre traitement des animaux.

Le philosophe Jeremy Bentham s'est rendu en Utopie ?

Oui, en quelle année était-ce ? Je ne me souviens pas précisément, pardonnez-moi, j'ai un peu oublié mes cours d'histoire... Je crois que c'était aux alentours de 1787 ou 1788. En tout cas c'était juste avant la publication de son livre le plus connu, son *Introduction aux principes de morale et de législation*. Il était alors en voyage en Europe : France, Allemagne, Italie, Pologne, Russie, ce genre de pays, et il avait prolongé son périple jusqu'à notre île. Il était déjà obsédé par l'« utilité », l'affaire de sa vie. Mais je crois qu'à notre contact il a développé des points de vue plutôt originaux pour son époque : la défense des droits des homosexuels, l'abolition de l'esclavage et de la peine de mort, la suppression des châtiments corporels pour les enfants, l'égalité des sexes, et donc les droits des animaux. En tout cas, vous l'aurez compris, tous les Utopiens sont véganes, puisque plus aucun élevage n'existe sur notre île. La consommation de chair animale est interdite et tuer un animal est considéré comme un crime.

De l'argent et de la propriété privée

Vous dites de Jeremy Bentham qu'il a été inspiré par la vie utopienne... Pardonnez-moi mais, sauf erreur de ma part, il est l'un des pères du libéralisme économique. Il a même écrit un texte assez connu qui s'intitule Défense de l'usure*... Cela ne correspond pas vraiment à l'idéal utopien qui rejette l'argent et l'accumulation des richesses...*

C'est le principe de nos échanges avec les non-Utopiens : nous n'endoctrinons personne et chacun est libre de ne puiser dans nos coutumes que ce qu'il désire. Les Utopiens d'adoption que vous croiserez dans votre monde ne sont donc pas d'accord sur tout. À côté des visions les plus sensées qu'ils défendent cohabitent même parfois des analyses qui contredisent la raison. Cela arrive. Les Utopiens d'adoption se trompent parfois en interprétant les principes moteurs du mode de vie utopien, ou peinent à abandonner certaines de leurs habitudes de pensée. Par ailleurs, comme vous l'avez constaté, nous-mêmes en Utopie sommes ouverts à la critique et à la remise en cause. C'est pourquoi les mœurs sur notre île évoluent au gré des connaissances, et dans cent ans elles auront probablement encore changé sur différents points. L'Utopie ne sera jamais un pays figé, car la vie n'est pas figée. Comme mon aïeul Raphaël le disait, « aiguisé par les lettres, l'esprit des Utopiens est éminemment propre à inventer des procédés capables d'améliorer les conditions de la vie ». Jeremy Bentham a été fortement influencé par son séjour en Utopie, mais lui-même nous a inspirés sur la question économique. Il nous a longuement parlé des inéluctables implications de la révolution industrielle sur les circuits de production et d'échange, et nous avons considéré qu'il pouvait être utile d'instaurer une monnaie sur l'île.

Il y a désormais de l'argent en Utopie ? Je suis extrêmement étonné de ce que vous m'apprenez ! C'est donc pour cela que vous me disiez il y a un instant que parmi les quatre droits fondamentaux que vous avez accordés aux animaux, il y a celui de ne pas être vendu. J'avoue que je ne comprenais pas bien, étant donné que j'en étais resté à l'idée qu'en Utopie la propriété privée n'existe pas. Tenez, j'ai devant les yeux un passage où votre aïeul raconte que pour faire ses courses sur votre île, il suffisait d'aller sur un marché et de se servir, sans rien payer, « car pourquoi rien refuser à personne lorsqu'il y a abondance de tous biens et que nul n'a à redouter que son voisin demande plus qu'il ne faut » ? L'idée que les fruits de la production sont mis en commun et que personne ne doit jamais débourser un centime pour se procurer quoi que ce soit est l'un des grands et beaux idéaux qui faisaient de l'Utopie un lieu si particulier et précieux. Pourquoi avoir renoncé à ce principe ?

DE L'ARGENT ET DE LA PROPRIÉTÉ PRIVÉE

Nous n'y avons pas du tout renoncé. La propriété privée existe désormais sur notre île, mais dans un cadre très limité. Vous avez raison de rappeler que l'absence de propriété privée est initialement une idée forte de l'Utopie. Gracchus Babeuf, l'un de nos plus éminents représentants, en avait fait une revendication singulière pendant la Révolution française. Il était alors bien seul face à tous les autres révolutionnaires qui voyaient dans la propriété privée l'un des « droits naturels » de l'homme et l'une des expressions de sa liberté. Cet argument n'est d'ailleurs pas inintéressant. Il a même convaincu un autre Utopien d'adoption célèbre, Pierre Joseph Proudhon. Lui aussi avait été séduit par notre organisation communautaire où tout s'échange et où rien ne s'achète. « La propriété, c'est le vol » demeure sa citation la plus emblématique, et elle est directement inspirée de ce que nos émissaires lui avaient enseigné. Mais cette phrase définitive ne peut à elle seule résumer la complexité de l'analyse de notre ami Proudhon sur la question. Proudhon, on le sait moins, nous avait demandé de considérer la différence entre « propriété » et « possession ». Il estimait qu'il est anormal qu'un homme soit propriétaire d'un champ qu'il loue à un fermier. En revanche, selon lui, la terre doit appartenir à celui qui la cultive, en tant que « possession ». Proudhon distinguait donc la propriété capitaliste de la possession d'usage. De nos jours, le sociologue Bernard Friot, un autre Utopien adoptif, a repris cette idée puisqu'il établit une différence entre « propriété lucrative », à laquelle il s'oppose, et « propriété d'usage ». La propriété lucrative est celle du propriétaire qui possède une chose qui lui est extérieure, simplement parce qu'il a l'argent qui lui permet de s'en déclarer propriétaire. La propriété d'usage est celle du propriétaire qui utilise la chose qu'il possède. Pour Bernard Friot tout citoyen doit être propriétaire du logement qu'il occupe, de la voiture qu'il utilise mais aussi des outils de travail. En ce qui concerne Proudhon, on oublie souvent que sa pensée a évolué au fil des années, tout comme la nôtre. Il existe par exemple un texte où il défend la liberté sous toutes ses formes, même économique. Il prend fait et cause pour la libre concurrence, il prône le « laissez-faire, laissez-passer », il soutient des penseurs capitalistes comme Quesnay, Turgot ou Say, et il affirme finalement être en faveur de la propriété, en ce qu'elle découle de la liberté absolue qu'il défend envers et contre tout. Vous voyez, la question est loin d'être aussi simple que nous l'avons cru à un moment, peut-être un peu naïvement. De fait, nous nous sommes par ailleurs rendu compte que la propriété existe, qu'on le veuille ou non, et qu'une société qui interdit la propriété privée est par conséquent illusoire ou totalitaire.

Comment ça ?

Prenez des objets du quotidien comme un pull, un stylo, un livre, une lampe, une brosse à dents ou des chaussettes : nous constatons que, même si l'on décrète que tout appartient à tout le monde, nous aurons toujours tendance à nous approprier ces objets du quotidien et à les considérer comme les nôtres, dès lors que nous en avons l'usage – c'est la fameuse « possession » de Proudhon. Et nous n'apprécierons pas qu'un inconnu nous les enlève. L'absence totale de propriété privée implique que rien de ce que j'utilise ne m'appartient, à la manière d'un trottoir qui appartient à tout le monde. Mais c'est impossible : certaines choses deviennent malgré nous le prolongement de nous-mêmes et, de fait, nous en sommes les propriétaires. Imaginez la société la plus primitive, avec des hommes habillés en peau de bête qui chassent le gibier à la massue. Chacun de ces hommes considère que la fourrure qu'il porte sur les épaules est la sienne, et il ne viendrait à l'idée d'aucun d'entre eux de la refiler à un autre. *Idem* pour la massue. À l'époque où la propriété privée n'existait pas en Utopie, tout le monde était habillé de manière identique, avec un uniforme rudimentaire. Mais pourtant, chacun considérait qu'il portait « son » uniforme et personne n'aurait voulu qu'on le lui prît. L'absence totale de droit de propriété est donc un leurre. Par ailleurs, à partir de la révolution industrielle, lorsque nous avons été capables de fabriquer beaucoup plus de choses en plus grosses quantités, les échanges se sont complexifiés. Il ne s'agissait plus seulement de fournir à chacun sa nourriture quotidienne, des habits et quelques babioles. À partir du moment où le choix d'objets disponibles s'est démultiplié, il devenait compliqué de continuer à dire à tous : « servez-vous, prenez tout ce que vous voulez », d'autant que beaucoup ont commencé à « demander plus qu'il ne faut ». Les biens, qu'on devrait en réalité appeler des maux, rendent fous les hommes les plus sages. Nous avons un temps utilisé le système du troc, mais il a bien vite été dépassé. Alors, afin de contrôler et de rendre plus juste ce système d'échange des marchandises, nous avons mis en place notre monnaie, le florin utopien.

« Florin utopien » ? C'est joli. Mais je suis néanmoins très étonné. Les Utopiens décrits par Raphaël n'avaient que mépris pour l'or et l'argent. Votre ancêtre raconte qu'en Utopie on faisait de ces matières des pots de chambre et des chaînes pour les esclaves. On comprend immédiatement la symbolique : ces richesses ne valent pas plus que des excréments, et rendent prisonniers ceux qui y attachent de l'importance. Il est même écrit, dans le livre de More : « l'or est puissant pour inciter au crime ». La nouvelle génération d'Utopiens a donc radicalement changé !

Non, pas du tout. Notre monnaie nous sert uniquement d'unité de compte, de réserve de valeur et de moyen d'échange. L'absence de monnaie ne fonctionne que dans une société aux possibilités limitées. Mais à partir du moment où chacun peut choisir de s'adonner à des activités très diverses ou de posséder des choses variées, la monnaie devient indispensable pour servir de juge. Si une famille du sud de l'Utopie veut partir en vacances deux semaines dans un hôtel très confortable du nord de l'île, avec massages à volonté, il lui faut de l'argent pour s'offrir ce service. Car tout le monde ne va pas choisir de partir deux semaines en vacances dans ce genre d'hôtel. D'autres vont préférer utiliser leur temps libre à faire de l'escalade et du camping en montagne, ou ils vont rester chez eux à regarder des films. Ce sont des activités qui requièrent un investissement de temps et de matières premières très variable de la part de ceux qui vont fournir le service – l'hôtelier, le guide de montagne, le gérant de camping... Et puis, dans une société d'abondance comme la nôtre, le risque est que les plaisirs à volonté détournent les esprits du droit chemin. Si tout était gratuit, alors certains passeraient toutes leurs heures de congé dans les meilleurs hôtels et restaurants à se laisser servir comme des maîtres. L'argent sert donc chez nous, paradoxalement, à limiter la consommation. Chacun dispose chaque mois d'un crédit, et il ne peut pas dépenser plus, car les revenus sont limités. Cela l'oblige à la modération. De plus, et c'est un point fondamental, il persiste une différence fondamentale entre votre monde et le nôtre : en Utopie, la spéculation et l'usure sont interdites.

Je comprends, en effet, cela fait sens. Et sur quoi votre monnaie est-elle indexée ? Sur l'or ?

Ni l'or, ni l'argent, ni aucun minéral. Notre florin est indexé sur l'eau.

L'eau ?

Oui, l'eau est le bien le plus précieux sur Terre. L'un des Sept Sages de Grèce, Thalès de Milet, faisait de l'eau le principe de toute chose. D'un point de vue scientifique, ce n'est pas tout à fait exact, mais l'intuition était juste. L'eau est ce qui nous constitue, elle est l'aliment indispensable sans lequel notre corps ne peut continuer à exister, elle permet les récoltes, elle est le berceau de la vie. En comparaison l'or, l'argent, le diamant ou l'émeraude n'ont aucune valeur.

Du logement

Vous m'expliquez que la propriété privée est désormais autorisée en Utopie, mais de manière restreinte. C'est-à-dire ? En ce qui concerne le logement, par exemple, peut-on aujourd'hui devenir propriétaire ? Il y a cinq siècles c'était impensable. Votre aïeul avait raconté : « *Pour anéantir jusqu'à l'idée de la propriété individuelle et absolue, ils changent de maison tous les dix ans et tirent au sort celle qui doit leur tomber en partage.* » Donc, à l'époque, non seulement chacun était locataire d'une maison tirée au sort, mais en plus il devait la libérer au bout de dix ans...

Et toutes les maisons étaient identiques, ce qui n'est plus le cas aujourd'hui. En revanche, la propriété immobilière est toujours interdite. Personne en Utopie n'est propriétaire de son logement car la privatisation des terrains, des maisons et des immeubles est toujours source d'injustices.

Je ne partage pas tout à fait votre avis. Si quelqu'un a travaillé toute sa vie et qu'il a investi ses économies dans la construction de sa maison ou de son appartement, il est juste qu'il soit récompensé en ayant un endroit à lui à la fin de sa vie. Il l'a bien mérité.

Je vois que vous avez bien intégré la leçon capitaliste : travail, investissement, mérite...

... qu'y a-t-il d'injuste là-dedans ?

J'en discutais justement hier soir avec Jacques, l'ami qui m'héberge à Paris, et qui n'est que locataire de son appartement car il ne gagne pas suffisamment pour devenir propriétaire. Cela pose un énorme problème démocratique. Tant que la location est une liberté, une manière de s'épargner toute attache, elle est un choix appréciable. Mais vous avez engendré un système où les citoyens aux revenus les plus modestes sont exclus de l'accès à la propriété et condamnés à payer les logements de plus riches qu'eux. Car c'est bien de cela qu'il s'agit. Pour résumer, le locataire est locataire parce qu'il n'a pas les moyens d'acheter le logement qu'il occupe. Il paye un loyer. Ce loyer part dans les poches du propriétaire du logement et lui sert à rembourser tout ou partie de l'emprunt contracté pour acquérir ce logement. La règle est acceptée de tous, alors qu'elle est fondamentalement injuste. Je crois même que vos gouvernements successifs encouragent ce système en offrant des déductions d'impôts aux plus riches qui feraient construire un appartement dans l'intention de le louer...

En effet...

Le système locatif qui en découle est violent. Jacques m'a raconté la complexité des démarches que vous devez remplir pour devenir locataire d'un logement : un dossier de candidature très précis dans lequel vous révélez tous les détails de votre vie, des « garants » qui eux aussi doivent livrer les secrets de leurs comptes bancaires, la mise en concurrence des dossiers... Tout cela n'est-il pas complètement fou ? Comment peut-on créer une compétition entre des citoyens qui cherchent simplement à remplir l'un de leurs besoins vitaux, à savoir se loger ?

Je vous l'accorde, ce que vous dites est frappé du sceau du bon sens.

Je vois aussi que votre politique de logements exclut les travailleurs des villes où ils travaillent, en les repoussant toujours plus loin en banlieue. Résultat : ils mettent plus d'une heure, parfois une heure trente ou deux heures, pour se rendre au bureau, en saturant les transports en commun et les axes routiers. Ces déplacements énormes représentent non seulement du temps de vie perdu pour les travailleurs mais aggravent le phénomène de pollution. N'est-il pas plus logique que les personnes qui travaillent à un endroit aient la possibilité d'y vivre ? Sans offense, permettez-moi de vous dire que la manière dont vous gérez le logement sur ce continent confine à la stupidité. En Utopie, personne n'est propriétaire de son logement. Tous les bâtiments appartiennent à l'État qui les loue pour un prix modeste, après avoir simplement vérifié le profil des requérants. Nous ne pouvons concevoir que quiconque soit propriétaire d'une parcelle de planète puisque, par définition, celle-ci appartient à tous. Lorsque les humains actuels sont apparus sur Terre, animaux débiles parmi tous les autres animaux, rien n'appartenait à personne. Chacun avait juste le droit de se servir pour ses besoins vitaux. Aucun bout de nature, aucun terrain, aucun arbre, aucun ruisseau ne peut en bonne conscience devenir la propriété d'un individu. Tout arrangement qui octroie à une personne un morceau de vivant est une escroquerie qui repose sur une violence. Celui qui clôture son champ en disant « *c'est à moi* » est un voleur.

Vous citez Jean-Jacques Rousseau presque mot pour mot.

Cela vous étonne ? Où pensez-vous que Rousseau a vécu avant de se faire connaître ?

Euh... En Suisse ?

Oui, évidemment, il y est né, mais je ne parlais pas de ça. Dans ses *Confessions*, Rousseau n'a pas tout confessé. Lorsqu'il avait une vingtaine d'années il est allé passer quelques années aux Charmettes, près de Chambéry. Il raconte qu'il n'y a pas fait grand-chose à part lire et rêver. Ce que Rousseau n'a pas raconté, c'est que, pendant cette période, il s'est éclipsé un temps : certaines de ses promenades solitaires n'ont pas eu lieu en Savoie mais en Utopie. Ne me demandez pas comment il est arrivé chez nous, je n'en ai aucune idée, mais toujours est-il qu'il a accosté un jour, il s'est installé un certain temps, il a observé les mœurs de notre peuple et il est reparti transformé. N'avez-vous jamais remarqué combien la critique que fait Rousseau de l'État ressemble en de nombreux points à celle de mon aïeul Raphaël sur la monarchie anglaise ? Après leur passage en Utopie, les analyses et les conclusions de ces deux hommes ne pouvaient qu'être identiques lorsqu'ils se sont retrouvés à nouveau immergés dans leur société d'origine, à savoir la vôtre... À l'école nous apprenons certains passages des livres de Rousseau par cœur, comme celui-ci, sur la propriété privée, tiré du *Discours sur l'origine et les fondements de l'inégalité parmi les hommes* : « Le premier qui, ayant enclos un terrain, s'avisa de dire : Ceci est à moi, et trouva des gens assez simples pour le croire, fut le vrai fondateur de la société civile. Que de crimes, de guerres, de meurtres, que de misères et d'horreurs n'eût point épargnés au genre humain celui qui, arrachant les pieux ou comblant un fossé, eût crié à ses semblables : Gardez-vous d'écouter cet imposteur ; vous êtes perdus, si vous oubliez que les fruits sont à tous, et que la terre n'est à personne. »

Bravo pour l'exercice de mémoire. Mais Rousseau a mis de l'eau dans son vin par la suite. Il a écrit plus tard des choses beaucoup moins radicales sur la propriété privée...

Il a dû les écrire lorsque les effluves d'Utopie ont commencé à s'estomper dans sa mémoire... Ce qui n'a jamais changé chez lui en revanche, c'est sa dénonciation des inégalités et du pouvoir de l'oligarchie. D'ailleurs, les choses n'ont pas vraiment évolué chez vous depuis trois siècles. Certes, vous êtes passés de la monarchie à la république et vous avez instauré le droit de vote pour tous. Après la Seconde Guerre mondiale, le programme du Conseil national de la Résistance, directement inspiré de la vie en Utopie, a lui aussi permis d'indéniables progrès pour l'égalité et la solidarité entre les hommes. Mais depuis, j'ai le sentiment d'un retour en arrière. Les injustices se sont réintroduites et les riches ont renforcé leur pouvoir. Mon aïeul Raphaël faisait le constat suivant dans le livre de More : « Quand je considère ou que j'observe les États aujourd'hui florissants, je n'y vois, Dieu me pardonne, qu'une sorte de conspiration des riches pour soigner leurs intérêts personnels sous couleur de gérer l'État. » Je pense que cette conspiration des riches pour soigner leurs intérêts personnels est toujours à l'œuvre chez vous...

De la liberté

Pourtant, vous l'avez dit vous-même, beaucoup de progrès ont été accomplis chez nous depuis la Révolution française : le suffrage universel direct a été instauré, les femmes ont le droit de vote, nous avons des syndicats pour défendre les salariés, il existe aujourd'hui l'assurance maladie, les retraites, les indemnités chômage...

N'est-ce pas la pire des prisons que celle dont vous ne voyez pas les barreaux, puisque vous ne songez pas à vous en échapper ? La démocratie que vous avez installée ressemble en de nombreux points à une monarchie maquillée. Avez-vous vraiment l'impression que vous avez éradiqué la société des privilèges et des héritiers ? Croyez-vous que l'opinion des citoyens est plus considérée aujourd'hui que sous l'Ancien Régime ? Pardonnez mon jugement qui n'est que celui d'un étranger, mais ce que j'observe depuis que je suis arrivé chez vous ne donne pas l'impression d'une société égalitaire ou fraternelle, et les gens que je croise ne respirent pas la joie de vivre. Peut-être que tous ces progrès dont vous me parlez n'ont servi à rien ou presque, sinon à vous offrir l'*impression* de liberté au lieu de la liberté elle-même ?

Il vous semble que nous ne sommes pas libres ici ? Nous votons, nous disons tout haut ce que nous pensons, nous nous déplaçons comme bon nous semble. Qu'est-ce donc que cela, sinon la liberté ?

La liberté consiste à ne pas être dominé ou exploité. Devenir celui que l'on choisit. S'instruire. Vivre sans obéir à des ordres indigents. Pouvoir claquer des portes et prendre des avions. N'être obligé de rien, ou presque. Vous connaissez le principe de nos lois ?

Le livre de More ne dit pas beaucoup de choses à ce sujet. J'ai noté ces phrases : « leurs lois sont peu nombreuses : il n'en faut guère avec une telle Constitution », « ils voient une suprême iniquité à tenir les hommes liés par des lois trop nombreuses pour que personne puisse les lire d'un bout à l'autre, et trop obscures pour que le premier venu puisse les comprendre », ou encore « chacun chez eux connaît les lois puisqu'elles sont en petit nombre ».

En effet, et cela n'a pas changé. Nous avons toujours un *corpus* de lois minimal. Nous sommes autorisés à faire absolument tout ce que nous voulons, dès lors que cela ne nuit à la liberté de personne. « La nature t'enjoint de renoncer à t'assurer des profits qui se solderaient par des pertes pour autrui », dit notre Constitution. Chacun peut donc chercher son plaisir comme il l'entend, avec pour seule limite la nuisance qu'il pourrait occasionner à quelqu'un d'autre.

La liberté, pour vous, c'est aussi celle de disposer de son corps. Il y a cinq siècles, et c'était d'une clairvoyance étonnante, les Utopiens avaient déjà autorisé l'euthanasie. À un moment, dans le livre de More, Raphaël évoque ceux qui sont atteints d'un « mal sans espoir » auquel s'ajoutent « des tortures perpétuelles ». Et il dit : ils « se laissent mourir de faim, ou bien sont endormis et se trouvent délivrés sans même avoir senti qu'ils meurent. On ne supprime aucun malade sans son assentiment et on ne ralentit pas les soins à l'égard de celui qui le refuse ». En France, cinq siècles plus tard, l'euthanasie est toujours interdite, ce qui est quand même dingue... Mais tenez, puisque nous parlons de mœurs, il y a en revanche dans le livre de Thomas More des propos choquants sur les femmes. Attendez, je cherche... Oui, voilà... Ici, je lis qu'elles sont « données en mariage » sans avoir forcément exprimé leur accord. Et puis là, que « les femmes sont soumises à leur mari ». J'ai lu aussi que les femmes n'étaient pas admissibles à tous les métiers, car elles sont moins fortes que les hommes, ou que c'était forcément elles qui devaient préparer les repas...

Quand les femmes ont-elles obtenu le droit de vote en France, pouvez-vous me le rappeler ?

1945.

Et quand ont-elles eu le droit de travailler sans l'autorisation de leur mari et d'ouvrir un compte en banque à leur nom ?

En 1965, je crois.

Exactement. Et j'ajouterai que ce n'est qu'en 1970 que votre législation a supprimé la notion de « chef de famille » appliquée au mari. Alors, vous voyez ! Évidemment la société utopienne était patriarcale au début du XVIe siècle et il y avait encore des progrès à faire pour l'émancipation féminine... Mais c'était il y a cinq cents ans, et non cinquante ans ! Et puisque vous connaissez par cœur le témoignage de Thomas More, il ne vous a pas échappé qu'en Utopie, déjà à l'époque, les femmes et les hommes disposaient exactement des mêmes droits. Peu de gens dans votre monde avaient un tel projet politique à ce moment-là.

Du communisme

Savez-vous que le livre de Thomas More est souvent cité comme une inspiration du communisme ?

Oui, je le sais. Lénine appréciait ce livre et les bolcheviks de la révolution russe de 1917 y ont sans doute puisé quelques idées, qu'ils ont malheureusement fourvoyées. Est-il encore besoin de préciser à quel point Staline, Krouchtchev, Brejnev en URSS ou Mao en Chine ont trahi et perverti de multiples façons l'ambition communiste ? Par ailleurs, le projet du collectivisme et du partage était déjà présent chez Platon, avec sa vision de la « belle cité » qu'il expose dans la *République*. Du coup, Platon peut lui aussi être considéré comme l'un des pères du communisme !

Il y a cinq cents ans existait déjà en Utopie l'équivalent d'un système de sécurité sociale, puisque les retraités et les malades étaient pris en charge gratuitement. Le récit que fait Raphaël est surprenant. Il écrit que les Utopiens sont soignés dans des hôpitaux publics extrêmement confortables : « Des soins si délicats, si attentifs, y sont prodigués, la présence de médecins expérimentés y est si constante que, bien que personne ne soit obligé de s'y rendre, il n'y a pour ainsi dire personne dans la ville qui ne préfère, lorsqu'il tombe malade, être soigné chez lui plutôt qu'à l'hôpital. » Ces moyens détonnent avec ceux dont disposent actuellement les hôpitaux en Occident, qui manquent de personnel et qui renvoient de plus en plus vite les malades, sans parfois qu'ils aient été correctement diagnostiqués. La santé garantie pour tous, sans distinction sociale, voilà un idéal communiste, non ?

Des Utopiens ont visité les hôpitaux d'URSS et de Chine au siècle dernier, et je peux vous garantir qu'ils n'avaient rien d'accueillant. En revanche, je ne comprends pas comment un gouvernement peut privatiser le système de soins de son pays. Y a-t-il chose plus précieuse à un homme que sa santé ? Non. Il est donc évident qu'il est du devoir du gouvernement de garantir la vie, la sécurité et les soins à tout individu dont il gère les intérêts. Comme il est de notre devoir de donner à boire à quelqu'un qui a soif, car cela relève de la plus élémentaire humanité, nous nous devons de soigner tout malade ou tout blessé, gratuitement, sans rien demander en retour. Quelle démocratie digne de ce nom oserait exiger de ses concitoyens qu'ils payent tout ou partie de leurs médicaments, frais d'examen ou d'hospitalisation ? Ils ont automatiquement droit à ce service à partir du moment où ils assument leur rôle de citoyen actif en contribuant, d'une manière ou d'une autre, au fonctionnement de la communauté.

Il y a cinq siècles en Utopie, tous les biens produits étaient mis en commun, partagés équitablement, les citoyens s'habillaient de la même façon... Est-ce toujours le cas ?

Non, plus d'uniformes de nos jours. Chacun s'habille comme il l'entend. Nos entreprises fabriquent toutes sortes de vêtements. Simplement, contrairement à ce qu'il se passe chez vous, les collections ne changent pas tous les trois mois. Et comme aucun Utopien n'est encouragé à la consommation inutile puisque la publicité commerciale est interdite chez nous dans la mesure où elle est source de désinformation, chacun garde ses vêtements aussi longtemps qu'ils lui plaisent et qu'ils ne sont pas usés. La notion de « mode » n'existe pas. Seuls comptent le beau, le durable, le pratique. Ainsi la mode, qui n'est qu'une irrationalité commerciale née du capitalisme, est-elle bannie en Utopie. Par ailleurs, nous vivons aujourd'hui dans des maisons ou des immeubles aux styles très variés. Les surfaces diffèrent en fonction des logements. Certaines maisons possèdent des jardins, d'autres non. Nous faisons en sorte qu'il n'y ait pas trop de promiscuité entre les voisins, car nous tenons beaucoup à l'intimité et nous considérons que chacun, chez soi, a le droit à la tranquillité. Ce n'est pas contradictoire avec les notions de partage et de mise en commun, toujours essentielles dans notre philosophie politique. Dans un ouvrage que tous nos écoliers lisent, *La Conquête du bonheur*, Bertrand Russel dit qu'une vie heureuse « doit être, dans une grande mesure, une vie paisible, car c'est seulement dans une atmosphère de calme que la vraie joie peut se développer ». Les constructions sont donc espacées les unes des autres, les jardins sont entourés de grands murs qui ne laissent pas passer les bruits extérieurs et les appartements sont tous parfaitement insonorisés. Comme les logements sont différents les uns des autres, nous les attribuons en fonction des souhaits et des besoins réels des demandeurs. Certains préfèrent une maison et des voisins proches, d'autres au contraire cherchent l'isolement, certains veulent résider dans un centre urbain très actif, d'autres préfèrent la campagne, certains ont besoin d'une petite surface parce qu'ils sont célibataires, d'autres ont des enfants... Nous traitons les demandes au cas par cas et nous satisfaisons tout le monde car il y a plus de logements disponibles que de familles à loger. Chaque ville dispose donc de milliers de logements vacants qu'elle peut attribuer facilement si c'est nécessaire. Les locataires paient un loyer qui varie, évidemment, en fonction de la taille de l'habitation. Comme tout le parc urbain appartient à l'État ou aux municipalités – souvent les deux –, l'argent des loyers ne sert qu'à entretenir les logements existant et à financer la construction de nouveaux. Par ailleurs chaque ville gère son urbanisme comme elle l'entend. Nos ancêtres utopiens pensaient en effet que pour réaliser l'égalité parfaite entre les citoyens il fallait qu'ils habitent tous des logements semblables et qu'ils s'habillent tous de la même façon, avec une sobriété extrême. Ils insistaient aussi sur l'importance de la vie en commun, c'est pourquoi il était d'usage que des familles différentes se retrouvent pour prendre leurs repas ensemble. Nous sommes depuis longtemps revenus de cette vie communautaire forcée.

Pour quelle raison ?

Nos anciens ont commis une erreur en confondant *égalité* et *uniformité*. Ce faisant, ils ont parfois nié ce qui fait de nous des individus, à savoir notre singularité. Nous avons tous nos propres envies et nos propres goûts. Certains aiment le bleu, d'autres préfèrent le rouge. Certains aiment le jazz, d'autres le hard rock ou le rap – il en est même qui sont insensibles à la musique. Certains apprécient le tumulte des villes, d'autres ont besoin du silence de la campagne. Certains se sentent bien dans un petit appartement au dixième étage d'une tour, d'autres ont besoin au contraire des grands espaces. Certains aiment le mobilier rétro, d'autres ne jurent que par le contemporain. Certains aiment le footing, d'autres les échecs... Il arrive aussi qu'une même personne ait des envies qui évoluent au cours de son existence : ce qui plaisait à vingt ans ne plaît plus trente ans plus tard. Il y a cinq siècles, lorsque Thomas More a recueilli les propos de Raphaël, l'humanité sortait littéralement du Moyen Âge. La psychologie ou la psychanalyse étaient inconnues, tout comme les droits de l'homme. Les notions d'individu et de libre arbitre étaient encore très limitées, en particulier dans un contexte religieux où tout le monde s'accordait sur l'existence d'un Être supérieur qui dictait sa loi à *ses* créatures. Il n'est pas étonnant que dans un tel contexte, l'ambition généreuse d'une société plus juste se soit transformée en volonté d'uniformisation. Nous savons tous aujourd'hui que cela n'a aucun sens et qu'une telle politique est préjudiciable aux hommes et aux femmes puisqu'elle les empêche de s'exprimer et de s'épanouir. Il n'est donc plus question d'imposer à tous les citoyens les mêmes conditions de vie, les mêmes murs, les mêmes surfaces, les mêmes couleurs, les mêmes tissus. Sinon pourquoi ne pas imposer à tous les mêmes lectures et les mêmes activités ? Je vous le disais :

en Utopie, nous défendons un modèle libertaire où chacun est libre de toutes ses actions tant qu'elles ne nuisent pas à autrui. Chacun doit avoir la possibilité de s'épanouir de la manière qui lui convient, dès lors que cette manière ne cause aucun préjudice. L'humain est un animal créatif et imaginatif qui doit vivre en groupe puisque, comme l'a expliqué Aristote, c'est un animal politique. Il éprouve cependant le besoin de se distinguer de ses camarades, afin de s'affirmer comme individu. Une société juste est une société qui permet à tous ses citoyens d'exprimer leurs qualités personnelles, leurs goûts et leurs envies. Ce qui nous amène à un autre désaccord fondamental entre notre philosophie et le communisme : le travail.

Du travail et du revenu universel

Vous n'aimez pas le travail ?

Nous n'avons pas à l'aimer ou à le détester. Le travail est nécessaire, dans une certaine mesure. Et il peut être source de plaisir s'il est choisi, modéré et agréable. Autant d'impératifs que le communisme a oubliés, tout comme le capitalisme, ce qui leur fait un point commun essentiel. Ces deux idéologies ont pareillement exalté la valeur travail comme expression de la dignité humaine. Les classes dirigeantes de votre monde, à l'ouest ou à l'est, apparemment opposées, ont paradoxalement toujours partagé ce discours sans comprendre en quoi il est erroné. Stakhanov était non seulement un traître aux classes populaires soviétiques, mais il était en plus le défenseur d'un projet profondément inhumain. Travailler plus, produire plus... C'est exactement l'inverse de ce que nous prônons en Utopie. En fait, ce qui vous a perdus dans votre monde, c'est que vos deux modèles de pensée officiellement antinomiques, capitalisme et anticapitalisme, ou libéralisme et antilibéralisme, ne s'opposent finalement pas sur grand-chose. Ils diffèrent sur la façon de distribuer les richesses, et c'est à peu près tout. En revanche, ces deux ennemis officiels se rejoignent sur l'essentiel, à savoir le modèle productiviste qui fait du vivant une matière à exploiter sans restrictions et où chacun n'acquiert son identité que par le travail. L'erreur que vous avez commise depuis des siècles, si vous m'autorisez ce jugement, a été de définir chaque individu comme un producteur-consommateur. Comme vous avez par ailleurs privilégié la logique de l'égoïsme et de l'argent, vous avez multiplié les besoins artificiels et inutiles, et donc tout misé sur un accroissement de production. En Utopie en revanche, nous essayons de définir l'individu en fonction de ses désirs et non de ses besoins. Connaissez-vous le « convivialisme » ?

Évidemment. J'ai pour habitude d'être très convivial avec mes amis...

Je n'en doute pas. Mais ça n'a rien à voir avec la convivialité. L'un de nos émissaires actuels dans votre monde est un sociologue nommé Alain Caillé. Il promeut un modèle de société appelé « convivialisme » qui considère que le moteur de chacun n'est pas la satisfaction matérielle mais la reconnaissance. Il est un porte-parole intéressant du mode de vie utopien lorsqu'il parle de la « prospérité sans croissance », d'économie collaborative, de revenu minimum et maximum...

J'ai souligné dans le livre de Thomas More plusieurs passages qui évoquent la nécessité de la solidarité et du partage : « Tout a été calculé pour ceux qui ont travaillé autrefois et qui en sont à présent incapables aussi bien que pour ceux qui travaillent à présent » ; la nature nous incite « à aider tous les autres, en vertu de la solidarité qui nous lie, et à en obtenir autant » ; « chez eux toutes les choses sont à tous, un homme est sûr de ne pas manquer du nécessaire pourvu que les greniers publics soient remplis » ; « le résultat est une abondance de tous les biens qui, également répandue sur tous, fait que personne ne peut être ni indigent ni mendiant ». Il me semble que vous avez finalement inventé l'ancêtre du revenu universel, car il y a cinq siècles, vous fournissiez déjà gratuitement à chaque citoyen de quoi se loger, se nourrir et se vêtir. Personne ne pouvait manquer de rien.

C'est vrai. Le principe a été conservé, mais nous l'avons évidemment modifié depuis que nous utilisons l'argent. Désormais, les Utopiens touchent une indemnité appelée « équisolde ». Elle est de 4 000 florins par mois pour les adultes, ce qui équivaut environ à 2 000 euros, et moitié moins pour les enfants qui vivent chez leurs parents. Les loyers étant maintenus à des niveaux assez bas, chacun peut se loger, s'acheter des habits et se nourrir correctement avec cette somme. En échange de l'équisolde, l'Utopien doit toutefois fournir à la collectivité un certain nombre d'heures de travail. Ce nombre d'heures est révisé tous les ans, mais depuis longtemps il n'a pas excédé 15 heures par semaine. Mais attention, il ne s'agit pas d'emplois prétextes destinés à occuper les gens. Chacun remplit un rôle nécessaire.

Quinze heures par semaine, trois heures par jour ? Dites-moi, c'est nettement moins qu'à l'époque de Raphaël. De son temps, les journées de travail en Utopie n'excédaient pas six heures, le reste de la journée devant être consacré aux loisirs et à la vie de famille car, je l'avais noté, le gouvernement veillait à ce que chacun « s'adonne activement à son métier, non pas cependant jusqu'à s'y épuiser du point du jour à la nuit tombante, comme une bête de somme, existence pire que celle des esclaves, et qui est cependant celle des ouvriers dans presque tous les pays, sauf en Utopie ». Il y a cinq siècles, limiter la journée de travail à six heures par jour était une idée révolutionnaire et semblait impossible dans un monde où l'on travaillait facilement le double. Et maintenant que nous vous rejoignons doucement, avec une journée de travail officiellement limitée à sept heures dans un pays comme la France, vous m'apprenez que vos journées à vous ne font plus que trois heures !

Oui, même si les choses ne sont pas si rigides : nous pouvons très bien effectuer nos quinze heures hebdomadaires sur deux journées seulement, en travaillant deux fois sept heures et demie. Mais il est vrai que nous travaillons moins aujourd'hui qu'à l'époque de Thomas More. C'est tout à fait normal puisque, grâce aux robots et à l'informatique, notre productivité a été démultipliée. Mais la logique n'a pas changé : comme au XVIe siècle, le travail exigé des Utopiens est calculé en fonction des nécessités de la collectivité. Nous répertorions tous nos besoins : cultiver la nourriture, construire des logements, des routes, des hôpitaux, des écoles, les entretenir... Nous avons bien évidemment besoin de personnel dans de nombreux domaines tels que l'éducation, la santé, la justice ou la police. Les plombiers, les coiffeurs ou les mécaniciens sont tout aussi indispensables. Il nous faut également investir beaucoup de temps et de moyens dans la recherche scientifique et philosophique. Tous les cinq ans nous établissons donc un plan concernant nos besoins des années à venir et nous répartissons les tâches entre tous les Utopiens en âge de travailler. Nous faisons en sorte que chacun trouve sa juste place, et que personne ne reste inactif. Pour cela, nous prenons soin de partager le mieux possible la charge globale. À cette fin nous formons un nombre d'étudiants précis. Chaque filière a son *numerus clausus* : ni trop d'élèves, ni trop peu. Nous assurons également la reconversion des travailleurs dont les tâches doivent évoluer. Comme nous limitons la production de biens et de services à ce qui nous semble utile et nécessaire, et comme l'effort est justement réparti entre tous, nul n'a besoin de sacrifier beaucoup de son temps – comme je vous le disais, pas plus d'une quinzaine d'heures par semaine et par personne. Quel que soit le travail effectué pendant ces quinze heures, agriculteur, plombier, journaliste ou médecin, les Utopiens touchent la même indemnité de 4 000 florins. Nous considérons en effet que toutes les tâches que nous partageons sont nécessaires à la communauté de manière égale. Le professeur a besoin d'une maison, le chercheur a besoin d'être soigné, l'ingénieur a besoin de se nourrir. Aucun ne peut se passer des autres. Il est donc hors de question de rémunérer certaines professions plus que d'autres, au motif par exemple que l'une est intellectuelle et l'autre manuelle. Chez vous, un avocat est payé jusqu'à 400 euros de l'heure, un huissier va demander

500 euros pour un constat qui ne lui prend que trente minutes de « travail », tandis qu'une infirmière ou un enseignant ne vont toucher que 2 000 euros par mois... Rien, absolument rien, ne justifie de tels écarts.

Mais que se passe-t-il si un Utopien veut travailler plus de quinze heures par semaine ?

Eh bien, il travaille davantage ! Nous n'avons pas de durée maximale légale. Une fois que nous nous sommes acquittés de notre devoir à l'égard de la collectivité, nous pouvons effectuer des heures supplémentaires, qui seront rémunérées, ou cumuler d'autres activités qui n'ont aucun rapport. Notre économie repose sur deux marchés. D'abord une activité économique planifiée que je viens de vous décrire, qui dépend entièrement du gouvernement et qui couvre tous les besoins essentiels qui entrent dans les objectifs de la politique utopienne. Nous l'appelons « marché primaire ». Mais il existe aussi en Utopie une activité économique libre où chacun peut initier le commerce de son choix, dès lors que celui-ci n'est pas en contradiction avec les lois générales – personne ne sera autorisé par exemple à ouvrir une boucherie. Nous appelons cela le « marché secondaire ». Celui-ci regroupe des sociétés de biens et de services qui ne sont pas indispensables au bien-être des Utopiens mais que nous n'avons aucune raison d'interdire. Le marché secondaire comprend aussi tout un pan de l'activité culturelle qui n'est pas entièrement subventionné par la collectivité. Donc, vous voyez, les Utopiens peuvent gagner plus que 4 000 florins. Et si quelqu'un veut louer un logement plus grand, mieux situé, s'il veut posséder trois ordinateurs, s'il veut une garde-robe très fournie et des vacances trois fois par an, il lui suffit de travailler en conséquence. Chacun se consacre à ses activités professionnelles autant qu'il le désire, dans les limites toutefois de la quantité de travail disponible. Notre code de déontologie empêche par ailleurs qu'une personne cumule les heures dans une activité agréable et convoitée qui peut être partagée par plusieurs. Nos animateurs télé et radio, par exemple, ne présentent chacun qu'une seule émission. Il serait injuste de procéder autrement et cela n'aurait par ailleurs aucun sens, car dans ce domaine il existe des milliers de personnes tout aussi capables. Je n'ai encore jamais rencontré d'Einstein du prompteur.

En effet, il y a des boulots qui attirent plus que d'autres. Mais alors, pour obtenir une répartition parfaite des activités entre tous les Utopiens, vous devez forcément imposer à certains des postes dont ils ne veulent pas vraiment.

Il arrive que nous ayons des difficultés à trouver le nombre adéquat de volontaires pour certains métiers qui manquent d'attrait. Nous faisons donc appel au sens civique, qui est une valeur très développée chez nous. Par ailleurs, nos citoyens savent que ce métier ne sera que provisoire. Chez nous, tout est fait pour favoriser la mobilité professionnelle. Nous considérons qu'il est logique qu'une personne ait envie de se réaliser à travers différents métiers dans sa vie. Beaucoup d'Utopiens changent souvent de profession : un professeur devient boulanger puis écrivain puis infirmier puis pilote d'avion... Comme le temps de travail hebdomadaire obligatoire est limité à une quinzaine d'heures, nous avons beaucoup de temps pour nous former et apprendre des choses nouvelles. Et si, malgré cela, il nous manque toujours des volontaires pour certains métiers, nous tirons au sort parmi des candidats qui nous semblent adaptés et nous leur assurons qu'ils ne passeront pas plus de quatre années dans cet emploi.

Vous me dites que chacun doit fournir quinze heures de travail correspondant à sa part dans la répartition des tâches nécessaires au bon fonctionnement de la collectivité. Mais comment font les artistes ou les sportifs qui doivent se concentrer pleinement sur leur activité pour la pratiquer le mieux possible ?

Ceux qui souhaitent s'exonérer de leur obligation de travail communautaire le peuvent. Dès lors ils ne reçoivent plus l'équisolde et ne peuvent plus compter que sur leurs revenus privés pour vivre. Mais dès qu'ils le souhaitent, sur simple demande, ils réintègrent le système collectif. Par ailleurs nous avons des bourses spéciales pour toutes les personnes qui présentent des aptitudes particulières dans les domaines artistique et sportif, afin qu'elles puissent développer sereinement leur talent.

Votre système a tout de même une dimension un peu gênante : si la tâche de chacun est programmée et calculée longtemps à l'avance comme partie d'un tout, alors nul ne peut se dérober à l'activité qui lui a été assignée puisqu'il mettrait en péril l'équilibre collectif. Que reste-t-il de la liberté individuelle ? Que se passe-t-il si quelqu'un ne souhaite plus occuper le poste qu'il avait d'abord accepté ou s'il désire le quitter plus tôt que prévu ?

Vous n'avez pas bien écouté. Je vous disais d'abord que les changements de métier sont encouragés. À l'instant je vous racontais que chacun peut renoncer à son équisolde s'il le souhaite pour suivre un chemin professionnel de son choix. Tout cela est possible car nous avons, pour tous les corps de métier, des remplaçants. Ce sont des citoyens qui sont qualifiés pour une fonction mais qui n'ont pas d'assignation. Ils sont en réserve. On les appelle simplement en cas de désistement. Bien évidemment, la réserve est tournante : tous les quatre ans, chacun intègre la réserve de son corps de métier où il passe une année entière. Il est payé, mais aucun travail n'est exigé de sa part. Il est simplement mobilisé si nécessaire. Vous voyez, notre système est en réalité très souple.

Du salaire maximum

Y a-t-il beaucoup de milliardaires en Utopie ?

Aucun ! Il est impossible d'être milliardaire chez nous. Les revenus sont limités à 20 000 florins par personne et par mois, et ce, afin de ne pas favoriser les inégalités insupportables. Donc aucun chef d'entreprise, aucun sportif, aucun élu évidemment, aucun salarié ne peut gagner plus que 20 000 florins, même s'il cumule plusieurs emplois.

Les entreprises privées ne sont-elles pas libres de fixer les salaires qui leur conviennent, pour les dirigeants par exemple ?

Non. Toutes les entreprises doivent se soumettre aux règles du gouvernement. Par ailleurs, dès qu'une entreprise emploie plus de dix personnes, elle est automatiquement sous contrôle direct du gouvernement.

Évidemment, ça simplifie les choses. Mais dites-moi, si les revenus sont limités à 10 000 euros par mois (enfin, 20 000 florins), comment fait un artiste qui a du succès ? Par exemple un chanteur qui vend des millions de disques ? Mathématiquement, il gagne forcément plus de 20 000 florins et cet argent lui revient, il ne l'a pas volé !

Un chanteur peut vendre autant de disques qu'il le souhaite. Nous calculons combien ses disques lui rapportent sur une période donnée, nous établissons une moyenne par mois, et tout ce qui dépasse 20 000 florins repart directement dans les caisses de l'État.

Ce n'est pas un peu exagéré ? D'autant que l'artiste qui vend beaucoup de disques a un talent qui le distingue des autres citoyens. C'est normal qu'il en soit récompensé.

Mais à quoi lui servirait tout cet argent ? Comme je vous le disais, tout Utopien peut vivre avec les 4 000 florins minimum que lui verse l'État tous les mois. Alors, cinq fois plus, vous imaginez ? On peut louer une ou deux villas supplémentaires, acheter quelques véhicules, passer ses vacances dans des endroits luxueux, et après ? Laissons un instant de côté la morale kantienne que nous apprécions tant en Utopie et réfléchissons en utilitaristes : prenons en compte le critère du bonheur maximal du plus grand nombre. Savez-vous que des études ont montré qu'au-delà d'un certain niveau d'enrichissement, un individu ne ressent plus de plaisir proportionné aux revenus accumulés ? C'est logique puisque, au-delà d'un certain seuil, l'argent accumulé ne change plus le quotidien de son propriétaire. Imaginez que vous ayez un petit creux et qu'on pose devant vous un excellent gâteau. Si l'on vous sert une trop petite part, vous ne serez pas rassasié. On vous sert alors une deuxième part, et cette fois vous n'avez plus faim. En revanche la gourmandise vous pousse à vous resservir. Vous en reprenez une part, puis une deuxième et enfin une troisième. À chaque nouvelle part engloutie, votre plaisir diminue. Les économistes appellent cela « l'utilité marginale décroissante ». Arrive un point où vous n'éprouverez plus aucune satisfaction du tout. Peut-être même serez-vous écœuré. Eh bien l'argent fait le même effet, sauf aux boulimiques. Mais dans ce cas, pourquoi autoriser une minorité à s'empiffrer pour n'en retirer qu'un plaisir minime, tandis qu'en conséquence une majorité doit se serrer la ceinture, ce qui lui cause une souffrance essentielle ? Cet argument n'est même pas pour nous le plus important. Notre société, comprenez-le bien, refuse tout luxe ostentatoire, exagéré, indécent. Si nous acceptons et revendiquons les différences entre les individus, qui ne sont que l'expression de la diversité des caractères et des capacités, nous ne tolérons pas des écarts de statut social qui n'ont pas la moindre justification naturelle. Aucun homme dans la nature n'est cent fois plus intelligent ou cent fois plus costaud qu'un autre. Dès lors, pourquoi, dans une société dite civilisée, autoriserions-nous un individu à posséder cent fois plus qu'un autre ou à détenir un pouvoir cent fois supérieur ? Voyez-vous, nous parlons ici de l'un des énormes mensonges du libéralisme économique, qui se fonde sur les concepts de liberté et de nature. Les libéraux expliquent que l'État devrait laisser les hommes sans entraves afin que leurs différences naturelles, de talent et d'aptitudes, puissent s'exprimer. Mais le système économique libéral a au contraire donné le pouvoir à des malingres et à des types sans envergure intellectuelle particulière qui, laissés seuls dans la nature, se seraient fait dévorer ou assassiner en moins de deux. Ces types ont au contraire eu besoin de la société pour être protégés. Ils ont bénéficié de ce cadre protecteur pour commettre leurs méfaits en toute impunité. Comment expliquez-vous que dans une société économiquement libérale, beaucoup de talents sont étouffés, beaucoup de bonnes volontés sont découragées, et que de nombreux esprits brillants mènent une existence des plus modestes ? Tout simplement parce qu'on les a empêchés d'éclore ou parce qu'ils n'ont pas voulu tricher et se compromettre. Regardez l'histoire du libéralisme économique : ceux qui se sont enrichis sous ce régime ne sont que des voleurs, des massacreurs, des filous qui ne respectent pas les règles ou qui cherchent des « combines » pour contourner l'ordre. De ce fait, une énorme erreur d'appréciation est commise lorsqu'on juge une société qui promeut la solidarité entre ses membres. Les adversaires de ce que vous appelez l'État providence expliquent qu'il est injuste d'aider les plus faibles car, d'une part, la nature crée des inégalités qu'il faut respecter et, d'autre part, parce que les plus démunis sont responsables de leur sort. Notez d'ailleurs la contradiction entre les deux arguments. Si c'est la nature qui crée les inégalités, alors les moins intelligents ou les moins courageux ne peuvent être tenus responsables de leur réussite inférieure ou de leurs échecs, et le rôle de la société est précisément de réparer cette injustice. Mais revenons à cette notion d'inégalité naturelle. À l'état de nature, aucun individu, disais-je, ne pourrait réunir à lui seul cent fois plus de gibier qu'un autre. Aucun individu ne pourrait s'octroyer seul un territoire cent fois plus grand que celui de ses congénères. C'est la vie en groupe et l'utilisation de la force d'hommes associés qui ont permis à quelques-uns de s'octroyer un pouvoir et un patrimoine démesurés, sans relation avec les différences « naturelles ». Aussi, lorsqu'une société organise la prise en charge des pauvres, des chômeurs ou des travailleurs à la retraite, elle ne fait pas preuve de charité. Elle se contente de réparer *a minima* les dégâts qu'elle a causés sur certains ou de récompenser, comme ils le méritent, ceux qui ont contribué pendant qu'ils le pouvaient au bien-être général. Et elle redistribue aux mal-lotis une très faible partie de ce qui leur a été dérobé, à eux ou à leurs ancêtres.

Voilà pourquoi il est inconcevable en Utopie qu'un homme ou une femme ait dix ou vingt fois plus de richesses qu'un autre. Nous avons maintenu l'écart de revenus à un ratio de un à cinq, cela nous paraît bien suffisant.

Du temps libre

Si vous ne travaillez que quinze heures par semaine, que faites-vous le reste du temps ? Il y a cinq siècles les Utopiens étaient très critiques à l'égard de l'oisiveté. Raphaël racontait que votre peuple ne supportait pas l'inactivité et le temps perdu. Selon son témoignage, le temps libre devait essentiellement être consacré à l'étude et accessoirement au loisir. Sauf qu'à l'époque tous les loisirs n'étaient pas autorisés, car certains étaient jugés trop dégradants pour l'esprit. Pas de jeux de hasard, pas de tavernes, pas de cabarets... Un peu austère tout de même, ce programme !

En effet, mais c'était il y a longtemps ! Je vous rassure, les possibilités de loisirs se sont développées et comprennent aujourd'hui toutes sortes de jeux, même les moins intelligents. Nous veillons simplement à ce qu'ils n'abîment pas la moralité de ceux qui s'y adonnent. Toutes les simulations de guerre dites « ludiques » sont par exemple interdites, car elles banalisent la violence et créent un trouble entre virtualité et réalité. De la même manière, les sports de combat qui portent atteinte à l'intégrité du corps de l'adversaire sont publiquement interdits. La boxe, qui détruit les visages et les cerveaux, est donc prohibée, ce qui n'est pas le cas du judo, par exemple. Frapper et chercher à faire souffrir un être sensible est inacceptable chez nous, même dans un cadre prétendument ludique.

Je croyais que vous étiez favorable à la plus grande liberté possible pour chacun, même celle de se faire mal si on le désire ?

Oui, vous avez raison. C'est pourquoi nous n'interdisons pas le fait de recevoir des coups, mais celui d'en donner. Il est hors de question pour nous de tolérer qu'une foule puisse prendre du plaisir à voir un homme en frapper un autre. En revanche, si deux types veulent se retrouver dans leur garage pour se taper dessus, libre à eux, tant que ce n'est pas en public. Mais cela ne viendrait pas à l'esprit des Utopiens, tant ce comportement est jugé dégradant chez nous. Quant à l'oisiveté, nous avons changé notre opinion à son sujet. Nous considérons aujourd'hui que l'inactivité a aussi ses vertus qu'il ne faut pas négliger. J'aime cette réflexion de l'un de nos Utopiens d'adoption, Robert Louis Stevenson, vantant les mérites de l'école buissonnière : « Si l'on passe son temps à lire, il en reste bien peu pour penser. » Le temps libre se partage donc entre la flânerie, l'étude, la formation, les loisirs de toutes sortes, et l'information. Nous passons au moins deux heures par jour à nous tenir informés de l'actualité. Notre Constitution établit qu'un citoyen utopien n'est véritablement citoyen que s'il est parfaitement au courant de ce qu'il se passe sur l'île et en dehors, et s'il connaît les enjeux scientifiques de son temps. Sinon, comment pourrait-il émettre des avis pertinents ? Un homme non informé n'est qu'un pantin au milieu d'une société organisée. Et c'est encore pire lorsque la technologie abreuve les gens de nouvelles plus inintéressantes les unes que les autres. J'ai passé quelques heures sur vos « réseaux sociaux » et sur vos chaînes de télévision. Ne le prenez pas mal, mais c'est une catastrophe... Je n'y ai lu et vu qu'un flot de superficialité et de sujets anecdotiques. J'ai le sentiment que les vérités du monde ne vous intéressent pas vraiment. Sans doute sont-elles trop embarrassantes ?

De l'écologie

Vous exagérez. Vous n'avez pas regardé les bonnes chaînes You-Tube ou satellites, vous ne vous êtes pas connecté aux bons comptes Twitter et Facebook. Il est vrai que nous sommes abreuvés d'idioties à longueur de journée dans de nombreux médias. Mais n'avez-vous pas vu toutes ces émissions ou ces blogs qui au contraire essayent de nous alerter sur l'essentiel et qui tentent justement de nous ouvrir les yeux ? N'avez-vous pas lu ou visionné les excellentes enquêtes qui agissent comme autant de piqûres pour nous tenir éveillés ? Il existe chez nous une information de résistance tenue par des gens qui semblent tout droit débarqués de votre île.

Alors j'en suis heureux. Vous avez raison, je ne vous livrais qu'une impression générale, et je n'en connais probablement pas assez pour juger correctement... Il me semble simplement, lorsque je vois votre mode de vie, que la plupart d'entre vous sont ignorants de la gravité de ce que vous faites subir à la planète et à ses habitants. Vous vivez comme si de rien n'était, en méprisant la catastrophe que vous provoquez et les quantités de souffrance que vous infligez à des innocents. L'écologie est le seul projet politique contemporain qui regarde la réalité en face et qui y apporte des réponses à la hauteur.

Mais tout le monde parle d'écologie, aujourd'hui ! Tous les partis ont intégré les urgences : le réchauffement climatique, la pollution de l'air, les pesticides dans la nourriture... Je vous assure, tout le monde est conscient des urgences. Vous avez forcément entendu parler de la Cop 21 ?

Oui, mais il ne suffit pas de parler d'un mal pour l'éradiquer. Il faut le combattre. Et votre dernière conférence sur le climat n'a pas débouché sur des engagements ambitieux. Par ailleurs, il n'y a pas que le réchauffement climatique : que faites-vous contre la perte de biodiversité, contre l'érosion des sols, contre les perturbateurs endocriniens, contre la disparition des abeilles et de toutes les autres espèces animales, contre la surexploitation des ressources de la planète ? Allons, l'écologie ne peut pas être un sujet annexe comme le cinéma ou le sport. C'est le cœur de tout. C'est la seule économie aujourd'hui réaliste, et c'est la seule philosophie morale qui nous grandisse. En Utopie, cela fait longtemps que nous l'avons compris. Je pense que dans le livre de Thomas More vous pouvez déjà en trouver des traces, même si notre réflexion à l'époque était beaucoup moins avancée qu'aujourd'hui.

Exact ! Déjà il y a cinq siècles, les Utopiens prônaient une société de la modération qui refusait le productivisme et ce que nous appelons aujourd'hui la société de consommation. Tenez, il y a cette phrase que j'avais pointée et qui le prouve : « tout le monde travaille à des ouvrages utiles qui ne sont nécessaires qu'en nombre limité ». Et puis il y avait la lutte contre le gaspillage : les habits devaient être portés jusqu'à l'usure, et vous préfériez rénover les anciens bâtiments plutôt que d'en construire de nouveaux...

Nous avons intégré depuis longtemps la nécessité de modérer notre consommation afin de ne pas prélever inutilement à la nature ce dont nous n'avons pas besoin et afin de ne pas nous laisser corrompre par le goût de l'accumulation. Avant l'apparition de l'industrie, cette approche était plus philosophique qu'économique. Nos coutumes nous commandaient de vivre avec peu et de privilégier la vie intellectuelle. Depuis la révolution industrielle et l'apparition de la production de masse, la protection de nos ressources s'est imposée comme une nécessité mathématique qui n'a fait que renforcer nos convictions spirituelles. Cette frugalité heureuse est aussi liée à notre obsession de justice. Notre ami Gracchus Babeuf disait avec raison : « Tout ce qui excède les besoins de l'individu est un vol fait aux coassociés. » Votre monde me surprend par sa propension à nier le réel. Chaque année je lis dans les journaux que vous consommez de plus en plus rapidement la totalité des ressources que la planète est capable de régénérer en un an. Maintenant, vous émettez en huit mois la quantité de carbone que vos arbres et vos océans sont capables d'absorber en une année. Actuellement, vous consommez chaque année les ressources d'une planète et demie. Si vous continuez comme ça, en 2030, il vous faudra deux planètes pour vivre. Vous avez des habitudes alimentaires qui défient le bon sens : vous videz les océans de leurs poissons et vous élevez des milliards d'animaux pour les manger alors que c'est complètement inutile, puisque vous pouvez vous passer de protéines animales. Vous savez bien que les élevages sont responsables de 80 % de la déforestation en Amazonie, notamment à cause des cultures de soja OGM pour nourrir les animaux, et que l'agriculture utilise 70 % de l'eau consommée sur la planète. Mais vous continuez comme si de rien n'était. Quelle inconscience...

Il est vrai que les Utopiens n'élèvent plus d'animaux pour les manger. Lorsqu'on regarde comment vous considériez déjà la nature il y a cinq siècles, avec notamment votre modèle agricole, je pense qu'on peut estimer que vous avez été les précurseurs de l'écologie.

Tous les écologistes sérieux ont visité un jour l'Utopie ou ont fait connaissance avec l'un des nôtres. Vous souvenez-vous de René Dumont ?

Oui, il a été le candidat écologiste à l'élection présidentielle de 1974. Il avait marqué les esprits en buvant un verre d'eau à la télévision pour alerter sur sa possible raréfaction.

Absolument, cela faisait partie de la communication qui avait été mise en place par le ministère des Affaires étrangères utopien. Nous savons que dans votre société d'images et de slogans, il faut trouver des moyens spectaculaires pour défendre un message. Comme vous vous en doutiez sûrement, René Dumont est un Utopien d'adoption, et même l'un des plus prestigieux. Il a passé lui aussi plusieurs mois chez nous, lorsqu'il était un jeune ingénieur agronome. Il a débarqué sur l'île au début des années 1930, au retour d'une mission en Indochine, si je me souviens bien. Il est ensuite revenu nous voir plusieurs fois, notamment après la Seconde Guerre mondiale. Il a raconté ce qu'il a appris chez nous dans un livre qui nous rendait hommage, *L'Utopie ou la Mort*.

Vous a-t-il lui aussi influencés ?

Il nous a alertés sur la nécessité de limiter les naissances. Il y a plusieurs siècles, le nombre d'enfants par famille n'était pas limité. Pour régler d'éventuels problèmes de surpopulation, nous établissions des colonies en dehors de l'île et nous y transférions des Utopiens si nécessaire.

De la démographie

J'ai lu dans le livre de Thomas More que vous vous empariez de territoires par la force : « Si les indigènes refusent d'adopter leurs lois, les Utopiens les chassent du territoire qu'ils ont choisi et ils luttent à main armée contre ceux qui résistent. » C'est extrêmement choquant et cela n'a rien d'humaniste.

Les Utopiens ne s'emparaient que de terres « vacantes », en friche, et qui pouvaient être utiles à un autre peuple pour lui assurer sa subsistance. Les richesses de la nature appartiennent à tous.

Ces terres étaient tout de même situées dans le périmètre de vie d'un autre peuple. Qu'est-ce qui peut justifier qu'une population en soumette une autre à ses us et coutumes, qui plus est par la force ?

Absolument rien, vous avez raison. C'est pourquoi la politique de colonisation a été abandonnée il y a bien longtemps. Je vous l'ai répété, la vie en Utopie n'est pas immobile. De nouvelles exigences se font jour régulièrement. Nous avons donc dû trouver d'autres moyens pour faire face à la surpopulation, d'autant plus que le nombre d'Utopiens sur l'île s'est multiplié par quinze en cinq siècles. À partir de la fin du XVIIIe siècle, avec la révolution industrielle puis les progrès de la médecine, notre population a soudainement décollé en flèche et ça ne s'est jamais arrêté depuis. À un moment, elle a carrément doublé en trente ans. Ça devenait intenable car notre île, par définition, est un territoire fini avec des ressources finies. Pour certaines d'entre elles, nous avons résolu le problème. Le soleil, le vent et la mer nous fournissent l'intégralité de nos besoins en énergie. Comme ces sources sont renouvelables et infinies, du moins tant que la Terre existe, nous sommes tranquilles et nous avons suffisamment pour tout le monde, car nos technologies sont très efficaces. Il n'en reste pas moins vrai que l'espace disponible n'est pas extensible et que nous n'allons pas entasser les gens dans des tours de cent étages. La surpopulation est source de mal-être et de conflit. Par ailleurs, même en limitant la production, en évitant le gâchis et en essayant d'appliquer les process les plus respectueux de l'environnement, on ne peut éviter la pollution engendrée par chaque humain. Donc, moins on est nombreux, moins on pollue.

Alors ?

Alors, avant que notre petit bout de terre ne craque sous le poids des habitants et de leurs déchets à recycler, nous avons instauré le contrôle des naissances. Nous avons limité la population totale sur l'île à un chiffre précis et le nombre de naissances autorisées y est adapté. En ce moment, chaque famille a le droit à un enfant. Je sais, cela n'a rien de romantique mais la vie réelle n'est pas romantique. Cela dit la limitation des naissances a ses défauts. Elle entraîne provisoirement un vieillissement de la population qui nuit au dynamisme de la société, surtout lorsque les progrès médicaux sont prodigieux. Désormais en Utopie on remplace un cœur, des poumons, un bras, des jambes ou des yeux en quelques heures. Nous avons un taux de cancers très faible en raison de notre mode de vie et nous progressons sans cesse en ce qui concerne le ralentissement du vieillissement cellulaire. Et puis les gènes porteurs de maladies héréditaires sont corrigés dans l'embryon. Du coup, la plupart des Utopiens vivent jusqu'à 110 ans, et certains atteignent maintenant 130 ou 140 ans. Comment continuer à avoir une population homogène, équilibrée, alors que sa proportion la plus âgée ne cesse de grandir, et que le territoire sur lequel nous hébergeons tout ce monde n'est pas extensible ? Nous n'avons pas mille réponses possibles. En Utopie, nous en avons privilégié deux : nous avons construit des îles artificielles qui prolongent notre territoire. Mais cette solution n'est pas non plus extensible à volonté. Nous avons donc déjà commencé à organiser la conquête et la colonisation d'une nouvelle planète. Nous sommes encore loin d'avoir réuni la technologie nécessaire pour qu'un déménagement soit envisageable, mais nous avons bon espoir d'y parvenir un jour. Ce sera de toute façon la seule solution pour prolonger la vie de l'humanité puisque dans 1,75 milliard d'années environ, la planète que nous occupons actuellement ne sera plus viable.

D'accord, mais avouez que nous avons encore largement le temps d'y réfléchir...

Nous devons réfléchir dès aujourd'hui aux technologies qui nous permettront de déménager ailleurs. À l'heure où nous parlons, nous n'avons pas encore connaissance des procédés scientifiques que nous développerons pour coloniser une autre planète. Je suis persuadé que d'ici quelques millions d'années, si nous survivons jusque-là à nos turpitudes, nous saurons voyager très loin par des biais aujourd'hui inaccessibles à notre entendement.

De la biodémocratie

Nous n'avons pas encore parlé de la démocratie et des institutions en Utopie. Il y a cinq siècles l'organisation politique de l'île reposait sur un système de démocratie représentative dans lequel des magistrats élus appelés « syphograntes », « tranibores », « philarques » et « protophilarques » formaient un sénat, lequel choisissait à bulletins secrets le maire ou le préfet de chaque ville, appelé « prince ». Les tranibores étaient renouvelés chaque année mais le prince était élu à vie. Il pouvait cependant être démis s'il était soupçonné « d'aspirer à la tyrannie »...

Oui, c'est à peu près ça... Pour tout vous dire, le temps a quelque peu gommé la clarté de l'histoire institutionnelle de notre pays, et la description fournie par mon aïeul Raphaël est me semble-t-il plutôt confuse. Lorsqu'il parle du Prince, parle-t-il du Prince de l'île ou de chaque ville ? Thomas More a failli à rendre sa pensée limpide. Comment s'organisaient les villes autonomes avec le pouvoir central ? Raphaël raconte que tous les ans, chaque ville désignait trois députés parmi ses citoyens les plus sages pour la représenter lors d'un rassemblement à Amaurote. Mais, encore une fois, je trouve ces explications assez floues. Ce qui est certain, c'est que nous avions bien des princes élus à vie. L'élection à vie d'un représentant du peuple semble contradictoire avec l'idée de démocratie réelle. Mais souvenez-vous qu'il y a cinq siècles, alors que la monarchie régnait dans une bonne partie du monde, même le plus révolutionnaire des esprits avait du mal à imaginer qu'on puisse tout à fait se passer d'une figure de tutelle solidement posée. Et puis, l'élection à vie d'une incarnation forte du peuple peut se comprendre dans le contexte d'une société parfaite qui a trouvé la meilleure organisation pour garantir le bonheur de tous. Ce modèle politique parfait n'ayant pas à être remis en cause, il n'y a pas de raison de changer de magistrat, si celui-ci respecte ses engagements de probité au fil des années.

Pardonnez-moi de vous contredire, mais cette vision présente deux défauts majeurs. D'une part, même si l'intention politique ne varie pas avec l'âge, l'Histoire fait son chemin. Le temps n'est pas immobile, la science et la philosophie non plus, et heureusement. La société parfaite n'existe qu'en fonction d'une époque et d'un contexte. Par conséquent, aucune politique, aucun modèle ne peut être tout à fait immuable. Et n'importe lequel des représentants du peuple ne peut être que de passage puisqu'il dépend lui aussi de ces circonstances.

Vous avez raison, nous l'avons nous-mêmes constaté puisque au fil des siècles nous nous sommes adaptés à une réalité qui nous avait échappé plus tôt. Le plus grand bonheur du plus grand nombre, dont nous avons fait un principe démocratique vital, est toujours le cœur de notre projet politique mais ce dernier a évolué. Nous incluons désormais dans ce plus grand nombre les animaux non humains. Voilà bien la preuve que le programme d'Utopie n'est pas un morceau de marbre : nous avons mis en place une biodémocratie qui tient compte des intérêts du vivant dans son ensemble, qu'il soit humain ou non humain. Ce qui signifie qu'en Utopie les animaux et les végétaux ont des droits, tout comme les fleuves et les mers. Ces droits ne sont pas identiques entre eux – on ne peut pas donner les mêmes droits à la Seine et à un chien –, et diffèrent évidemment des droits humains. La république que nous avons instaurée est nommée république du Vivant, et son socle idéologique est l'écologie essentielle.

L'écologie essentielle ?

Je crois que vous savez bien de quoi nous parlons. L'écologie essentielle est une écologie métaphysique, et non mathématique, qui accorde une valeur intrinsèque à la nature et aux êtres qui la composent. Elle est une écologie du respect de la vie qui veut vivre, une écologie qui interroge la place de l'homme dans l'univers et incite au développement d'une humanité renouvelée où chacun travaille au dépassement de soi.

Mais je connais ces mots ! Ils figurent dans mon ouvrage précédent !

C'est normal puisque nous sommes dans votre rêve...

C'est vrai, j'oubliais... Avant que vous développiez votre regard sur l'écologie, je souhaitais compléter mon argumentation sur cette étrange idée qui consiste à élire un représentant du peuple à vie. Cette idée est selon moi mauvaise pour une seconde raison : la folie s'empare de tous ceux qui conquièrent un pouvoir. La puissance et la notoriété modifient les comportements des hommes et des femmes. Aucune sphère idéologique n'est épargnée. La défense des opprimés, quels qu'ils soient, mobilise des cœurs nobles que la roture rattrape dès qu'ils se voient offrir un pouvoir quelconque. La jalousie, l'ambition, la prétention, l'ingratitude, la bêtise ou la folie étaient contenues : elles se révèlent soudain et s'épanouissent au grand jour. Nous devons donc créer les garde-fous qui protègent la communauté des citoyens des insuffisances de chacun d'entre nous.

Je suis d'accord. Tous les Utopiens partagent aujourd'hui ce point de vue. Nos ancêtres ont été trop optimistes en pensant que nous pourrions dompter la nature humaine au point que des êtres d'exception protégés des passions perverses sauraient nous servir de guides. Nous avons constaté la force corruptrice du pouvoir, à laquelle même le plus vertueux des hommes a beaucoup de peine à résister. C'est pourquoi les institutions ont évolué sur Utopie. Il n'y a plus d'élus à vie. Nous avons conservé le principe des assemblées locales et régionales, composées de représentants du peuple démocratiquement élus. Ces assemblées sont autonomes en de nombreux points et autogèrent leurs particularismes géographiques et économiques. Mais elles sont soumises à la loi nationale qui s'applique sur toute l'île pour tout ce qui concerne les droits fondamentaux des individus, c'est-à-dire les droits de l'homme, des animaux, du travail, l'éthique médicale et ce genre de choses.

Comment les élus sont-ils désignés sur Utopie aujourd'hui ?

Je crois que vous le savez bien. Vous l'expliquez dans ce livre un peu plus loin, à la page 197.

Comment le savez-vous ?

Simplement parce que je suis vous, tout comme Raphaël Hythlodée était Thomas More...

Comment ça ? Je ne suis pas bien sûr de comprendre... Je me demande si l'alcool ne me joue pas des tours...

« Il faut être toujours ivre. Tout est là : c'est l'unique question. Pour ne pas sentir l'horrible fardeau du temps qui brise vos épaules et vous penche vers la terre, il faut vous enivrer sans trêve. Mais de quoi ? De vin, de poésie, de vertu, à votre guise. »

Charles Baudelaire ?

Bien vu ! Avez-vous l'alcool triste ?

Du bonheur

Je... non, enfin je ne crois pas... Je n'en sais rien en fait. Quelle étrange question. C'est une obsession chez vous, la tristesse ! Vous ne m'avez pas donné l'explication tout à l'heure : pourquoi votre peuple surnomme-t-il les non-Utopiens « les Tristes » ?

Parce que la société que vous avez mise en place ne semble pas vous rendre heureux. Regardez dehors : ces visages fermés, ces regards fatigués, ces corps qui s'évitent et se méfient... Chacun d'entre vous porte un fardeau.

N'est-ce pas le destin de tout humain ?

Certes. Mais la mission du gouvernement est d'alléger ce fardeau, et non de l'alourdir. Un gouvernement qui met en concurrence à chaque instant ses citoyens, qui les pousse à la faute, qui accuse de fainéantise ou d'inadaptabilité les victimes de sa propre politique, ce gouvernement-là ne sert pas correctement son peuple. Vous êtes acculés parce que la seule logique qui prévaut dans votre monde est l'économie, et la mauvaise économie, une économie dont des petits malins ont fait une fausse science au service d'une minorité de privilégiés. Vos politiques sont des Diafoirus qui baragouinent un langage incompréhensible et qui préconisent des purges et des saignées là où une nourriture saine et du repos suffiraient à guérir. Et bien entendu, ces charlatans vous facturent leurs traitements au prix fort. En plus des saignées et des purges, ils vous bourrent de drogues qui vous bousillent le cerveau. Des petites pilules qui vous font regarder des émissions stupides, remplir des caddies à ras bord et dévaliser les magasins au moment de

Noël. Non seulement nous vous appelons « les Tristes », mais en plus, comme je vous le disais tout à l'heure, nous appelons votre société la « société de consolmation », c'est-à-dire la société de la consolation par la consommation. En Utopie, nous ne comprenons pas comment vous en êtes arrivés à oublier l'essentiel, à savoir le bonheur. Le nom Utopie-ουτοπος vient du grec ου, non, et τοπος, lieu. Littéralement, l'Utopie est un lieu qui n'existe pas, un non-lieu, un nulle part. Nous en avons déjà parlé. Mais l'Utopie peut également être ευτοπος, soit le pays du bonheur. Notre pays est celui du gouvernement parfait qui assure le bonheur de tous.

Assurer le bonheur de tous ? Ouh la ! Mais on a vu ce qu'ont donné les régimes qui prétendent choisir le bonheur de leurs concitoyens : le totalitarisme...

La meilleure des intentions peut se révéler catastrophique si elle est brandie par un esprit faible qui en perd le sens ou la détourne à son profit. Malheureusement, les idéaux sont bien plus beaux que ceux qui les portent. Nous parvenons, intellectuellement, à concevoir des projets magnifiques mais rares sont les hommes et les femmes capables de les incarner. Votre remarque fait sans doute référence aux échecs du communisme et aux flots de crimes commis en son nom. Mais vous savez bien que ce n'est pas l'idéologie socialiste ou communiste qui a mené à la catastrophe, ce sont ceux qui s'en sont réclamés. D'ailleurs ceux qui ont emprisonné, torturé ou tué au nom du socialisme d'État ont commencé par éliminer d'autres socialistes qui étaient censés partager les mêmes idées. Leur but était surtout de prendre le pouvoir. La grande erreur de ces régimes est d'avoir favorisé les cultes personnels tout en sacrifiant la démocratie et la liberté. Le diagnostic posé par Hobbes sur l'espèce humaine est juste, mais il peut être affiné. Même si l'analogie me gêne, car elle stigmatise un animal qui ne le mérite pas, disons que l'homme est un loup pour l'homme. Il nous faut donc créer une société pour nous protéger les uns des autres. Sauf que tous les hommes n'ont pas la même volonté dominatrice ou destructrice. Certains n'aspirent qu'à une existence tranquille, sans d'autre désir que celui, justement, du bonheur personnel. Pardonnez-moi d'insister, mais que racontent une grande partie des philosophes, d'Épicure à Pascal, en passant par Aristote ? Que le but de l'existence est la recherche du bonheur. Comment y parvenir ? Voilà la grande question. Sur la façade de la bibliothèque d'Amaurote nous avons gravé cette pensée de John Stuart Mill que j'aime avoir à l'esprit : « Ceux-là seulement sont heureux, qui ont l'esprit tendu vers quelque objet autre que leur propre bonheur, par exemple vers le bonheur d'autrui ; vers l'amélioration de la condition de l'humanité, vers quelque acte, quelque recherche qu'ils poursuivent non comme un moyen, mais comme une fin idéale. »

En ce qui me concerne j'aime une citation que j'ai entendue un jour dans un film : « Le bonheur n'est réel que s'il est partagé »... Ce qui signifie que nous avons besoin du regard de l'autre pour valider la joie qui nous étreint et pour la faire résonner.

Si le bonheur est la raison de vivre de tout individu, n'êtes-vous pas étonné qu'aucun de vos hommes politiques, jamais, n'en fasse mention ? J'ai écouté leurs discours : croissance, emploi, production, impôts, terrorisme, immigration, mais nulle trace du bonheur. Aucun de ceux qui prétendent diriger votre monde ne prononce jamais ce mot, alors que c'est pourtant le but le plus important ! Comment ne vous rebellez-vous pas devant tant d'inhumanité et de cynisme ? Ne vous étonnez pas si nous vous surnommons « les Tristes ». Votre monde est profondément triste. J'espère ne pas vous choquer.

De la justice

Vous n'avez pas tort. Mais permettez-moi, à mon tour, d'être sévère. La vie que vous me décrivez en Utopie semble assez proche de la perfection : les richesses sont redistribuées, les gens travaillent peu, l'emploi qu'ils occupent les épanouit, vous ne connaissez pas la pollution, vous avez réussi à créer un équilibre parfait entre le monde urbain et la campagne, vous mangez sainement, les animaux vivent en totale liberté et sans risque d'être tués... Mais je crois que vous exagérez ou que vous affabulez. Il n'y a donc pas de crime en Utopie, pas de malhonnêteté, pas d'humeur néfaste, pas d'escroquerie ? Ne me cachez-vous pas une partie de la vérité ?

Non, je ne vous cache rien. Notre taux de criminalité est en effet extrêmement bas, et pour une raison simple : l'assurance qu'a chacun de ne manquer de rien et de ne subir aucune injustice flagrante apaise considérablement les esprits. Les voleurs n'ont pas de raison de voler, et les assassins sont rares puisque nos penchants à la méchanceté sont anesthésiés. Les Utopiens, en devenant criminels, auraient beaucoup plus à perdre qu'à gagner. Ils abandonneraient le confort et l'assurance d'une vie gratifiante pour connaître la punition et l'opprobre.

L'opprobre, l'opprobre... L'apprenti dictateur ou le mafieux se moquent bien de l'opprobre. Que vous ayez mis sur pied les institutions les meilleures qui puissent être, je vous en fais le crédit. Mais vous n'avez pas fabriqué des hommes parfaits : ceux qui naissent en Utopie sont les mêmes que ceux qui naissent ici. Ils peuvent donc être envieux, arrivistes, menteurs, violents, ils peuvent être dominés par des ambitions personnelles de pouvoir... Même si ces tendances sombres qui habitent de nombreux hommes sont atténuées par l'environnement que vous leur offrez, elles ne disparaissent pas pour autant complètement.

Je vais vous répondre franchement, et vous allez être surpris : vous avez raison. L'être humain est une créature sournoise qui abrite deux personnalités : l'une est guidée par la bienveillance, l'autre par la rage. Ces sœurs ennemies cohabitent en proportions inégales. Les circonstances favorisent la domination de l'une sur l'autre. Nous faisons tout pour décourager l'égoïsme, la cruauté, la bêtise, l'avidité, le sadisme, la jalousie, et toutes ces plaies qui suppurent dans le cerveau humain. Nous n'avons donc aucune tolérance pour les comportements criminels et délictueux, et pas plus pour des actes d'incivilité. Les citoyens qui agressent leurs congénères, les blessent ou les tuent volontairement sont sévèrement punis tout comme ceux qui simplement les importunent en méprisant les règles de vie commune. Nous sommes d'autant plus intransigeants que ces actes sont inexcusables dans une société où le gouvernement offre à chacun les mêmes possibilités d'épanouissement.

En Utopie, il y a cinq siècles, vous aviez choisi une justice plus douce que celle alors appliquée dans le reste du monde. Vous vous insurgiez contre le fait qu'un simple voleur puisse être exécuté. Vous préfériez condamner les criminels aux travaux forcés. La peine de mort existait toujours cependant, pour punir un complot contre l'État ou, et cela paraît insensé, pour punir un adultère récidiviste ! Vous ne plaisantiez pas avec les mœurs, dites-moi.

Notre société a été très longtemps traditionaliste et pour tout dire... coincée. Mais cela a énormément changé depuis.

En tout cas, la dénonciation de la peine capitale pour des délits comme le vol était absolument inédite à l'époque. Et aujourd'hui vous me dites que vous défendez une justice particulièrement sévère. N'est-ce pas contradictoire ?

Je vous dis juste que nous comptons beaucoup sur l'autodiscipline des citoyens, sur l'éducation, mais qu'hélas cela ne suffit pas car même dans une société idéale, les humains restent sous la menace de leurs passions et de leurs travers funestes. Nous avons supprimé la peine de mort aujourd'hui. Pourtant la question fut âprement débattue car le cas des criminels les plus terribles et sanguinaires a divisé jusqu'aux plus sages de l'île. Lorsque le cerveau est atteint d'un dysfonctionnement qui transforme l'individu en monstre, et qu'il est évident que ce monstre sera toujours un danger pour la communauté, il est normal de s'interroger sur la manière de le neutraliser. La peine de mort a été supprimée dans beaucoup de pays pour deux raisons. D'une part, on considère qu'une société ne peut faire subir à un homme ce qu'elle lui interdit par ailleurs et pour quoi, précisément, elle le condamne. D'autre part, le risque d'erreur judiciaire est trop grave : on a envoyé à la guillotine ou sur la chaise électrique beaucoup trop d'innocents. Sauf que le premier argument, en fait, ne tient pas la route. La société s'autorise bien à faire subir à un citoyen un traitement que ce même citoyen n'a pas le droit de faire subir à un autre. Il est interdit à quiconque de séquestrer chez lui un individu non consentant et pourtant celui qui est déclaré coupable de ce délit sera bien emprisonné. Et cela ne choque personne. Par ailleurs, chez nous, le développement des preuves scientifiques a rouvert le débat de la légitimité de la peine capitale. Désormais, dans de nombreux cas qui auraient laissé planer le doute il y a longtemps, l'ADN est venu apporter des réponses qui réduisent considérablement la possibilité d'une erreur judiciaire. Lorsque la science, et non pas la conviction, nous assure à 100 % que l'individu accusé est le coupable, et que son crime le fait sortir de la sphère de l'humanité, alors, et seulement lorsque ces deux conditions sont réunies, la question de la peine capitale mérite d'être posée. En ce qui nous concerne, nous y avons répondu en développant des traitements qui rendent inoffensifs les malades ayant développé une irrépressible appétence pour le meurtre et le viol. Et tant que nous ne sommes pas certains que ces traitements font effet, ces criminels sont maintenus à l'écart de la population dans des centres fermés. Mais cette méthode est contestée par une partie d'entre nous, qui juge inhumain de transformer un individu en « légume ». Notre espoir repose en fait sur la recherche. Puisque nous offrons à tous nos concitoyens un cadre de vie parfait, aucun ne peut invoquer des circonstances extérieures à lui-même pour justifier un crime odieux. Le mal est donc en lui. Et nous espérons pouvoir un jour corriger les programmations génétiques qui provoquent ces pulsions barbares.

Cela n'irait pas sans poser de gros soucis d'ordre éthique...

Évidemment. C'est pourquoi beaucoup d'Utopiens refusent que notre gouvernement intervienne sur les gènes qui déterminent le comportement des individus. Seules sont autorisées les corrections génétiques qui permettent d'éviter certaines maladies physiques. De toute façon, comme je vous le disais, les grands criminels sont extrêmement rares chez nous. En ce qui concerne les autres condamnés, soit la quasi-totalité de ceux qui sont sanctionnés par la justice, nous essayons au maximum d'éviter la prison et nous privilégions les peines d'intérêt général, c'est-à-dire un travail pour la communauté. Nous réservons l'emprisonnement pour les cas les plus graves. Nous avons par ailleurs une peine alternative à l'enfermement qui est l'étude. Nous proposons au condamné de commuer sa peine de prison en formation diplômante dans un domaine que nous choisissons pour lui, en fonction de ses goûts, de ses aptitudes et des besoins de la société. Si le condamné dont la peine est en sursis obtient son diplôme, il évite la prison. La méthode est très efficace. Nombreux sont ceux qui préfèrent étudier d'arrache-pied plutôt que de passer un séjour derrière les barreaux. Nous sommes persuadés que la meilleure réponse à la délinquance est l'éducation. Comme l'avait compris Victor Hugo, nous préférerons toujours ouvrir des écoles plutôt que des prisons.

Tout cela n'est pas si sévère, finalement.

Nous sommes sévères dans le sens où toutes les infractions sont condamnées. Nous ne laissons rien passer. Nous ne supportons la violence sous aucune forme : nous considérons que tout humain qui se laisse aller à en frapper un autre abîme la dignité du groupe auquel il appartient. Tout acte de mépris à l'égard d'un concitoyen est par ailleurs réprimandé. Un coup de poing, un tapage nocturne ou diurne volontaire ou des insultes valent systématiquement une condamnation. C'est ainsi et seulement ainsi que nous pouvons vivre en paix : en obligeant les uns et les autres au respect.

Du mariage

M'autoriseriez-vous une question personnelle ?

Je vous en prie...

Êtes-vous marié ?

Il n'y a plus de mariage en Utopie.

Comment ça ? Chez vous les gens ne souhaitent plus se marier ?

Non seulement ils ne le souhaitent pas, mais ils ne le peuvent pas. Nous avons définitivement rompu avec cette institution plus religieuse que sociale. Elle nous apparaissait finalement inutile et, surtout, en décalage avec la réalité naturelle.

Et pourquoi ?

Comme vous me l'avez rappelé tout à l'heure, les mœurs utopiennes ont longtemps été régies par une morale paralysante qui nuisait aux libertés individuelles les plus intimes. Depuis, une révolution culturelle a tout bouleversé. Nous avons supprimé le mariage car nous avons constaté le taux très important de divorces au sein de notre communauté. Avec la disparition des religions, les gens agissaient selon leurs sentiments, et non plus sous la pression sociale. C'est une règle quasi générale : au bout de quelques années, les amants se lassent l'un de l'autre. L'amour se transforme dans le meilleur des cas en tendresse, mais il n'est plus le feu ardent qui avait fait fondre les cœurs et ramolli les esprits. L'ennui se répand, l'aigreur pointe son nez, la complicité devient confrontation. Oh, il y a des exceptions, je vous l'accorde, et il arrive toujours aujourd'hui que des couples ne soient séparés que par la mort.

Mais ils sont peu nombreux. Pourquoi conserver une institution, si statistiquement elle apporte plus de désagréments que de bienfaits ? Et puis en Utopie, vous l'avez compris, nous n'aimons pas le principe de propriété. Et cela s'étend aux relations humaines. Or le mariage est, sinon une acquisition, du moins une appropriation. L'union conjugale, sous ses oripeaux de romantisme et d'altruisme, n'est rien d'autre qu'un contrat marchand : deux personnes s'achètent mutuellement l'exclusivité sentimentale et locative. « Tu es *ma* femme, je suis *ton* mari » : le mariage est la définition d'un droit de propriété de deux êtres l'un sur l'autre.

Vous avez dit : « exclusivité locative » ?

Oui, dans le sens où deux époux sont censés vivre sous le même toit, se retrouver le soir après le travail, partir en vacances ensemble, etc. Par « location » j'entends donc cette proximité géographique obligée. Deux personnes qui se marient souhaitent généralement exercer un droit de propriété sur le corps et l'esprit de l'autre. Mais l'autre raison d'une union matrimoniale peut être purement administrative, notamment lorsque des enfants sont nés de cette union, afin de protéger les uns et les autres en cas de décès d'un des parents. N'est-il pas dommage de se marier pour une simple affaire de droits de succession ? En Utopie nous avons fait les choses simplement : il suffit d'écrire ses volontés et de les déposer chez un notaire.

Mais existe-t-il encore des familles en Utopie ? Y a-t-il toujours des couples qui vivent sous le même toit ? Avec des enfants ou sans enfants ?

Oui, évidemment !

Comment sont-ils identifiés, s'ils ne sont plus liés par aucun contrat ?

Comme sont identifiées chez vous toutes les familles dont les parents ne sont pas mariés ! Vous voyez bien que ce n'est vraiment pas un problème. Au contraire, cela aide même parfois à éviter des tensions ou des souffrances dans un couple. Comme chacun est libre, personne ne se sent étouffé par les contraintes matérielles qu'imposerait un divorce s'il devait avoir lieu.

Avez-vous un mot qui remplace « mari » ou « femme » pour désigner le conjoint ?

Pas vraiment. Comme vous venez de le dire, « conjoint » est suffisant. Mais on a coutume de dire de deux membres d'un couple qu'ils sont « en annexe ». L'un est l'« annexé » de l'autre. Du coup on donne aussi ce nom à leur logement : leur « annexe ». Par ailleurs, la monogamie n'est plus du tout une norme de référence. Chacun est libre d'être annexé à autant de conjoints qu'il le souhaite, quel que soit leur sexe. Nous avons donc des couples qui sont en réalité des trios ou des quatuors. Tout se fait sur le consentement des uns et des autres, et sur l'assurance que les enfants ne pâtissent pas de situations sentimentales compliquées qui impliquent leurs parents. Nos juges familiaux sont particulièrement actifs et vigilants sur ce point. La bonne éducation des enfants est le critère déterminant de toutes leurs décisions.

Les mœurs sont très libres chez vous, à ce que je comprends. C'est un peu une grande communauté hippie en quelque sorte ! Cela ne ressemble pas une société très stable.

Détrompez-vous. Nous essayons d'éradiquer le mensonge et l'hypocrisie dans les relations humaines. Comme nous nous opposons évidemment à un contrôle policier sur les individus, nous comptons sur l'autodiscipline. Chez nous il est discourtois et très mal vu de déformer la vérité à son profit ou dans le but de cacher un acte inavouable. Pour que chacun se conforme au principe de sincérité, il suffit qu'il n'ait plus aucun intérêt à mentir. Si une grande surface ne vend plus ses produits, mais les donne, alors vous supprimerez le vol. Pour le mariage, c'est le même principe : les annexés n'ont plus à se mentir puisque le cadre qui les unit leur permet une grande latitude. Les relations sexuelles sont libres, c'est un principe partagé par la majorité. Je ne parle pas bien sûr que d'un point de vue légal, mais aussi et surtout d'un point de vue moral. Il y a évidemment en Utopie une frange disons, traditionaliste, qui est encore choquée par cette philosophie, mais elle est minoritaire. Pour la plupart, le sexe est vécu comme un plaisir qui n'entraîne pas un contrat d'exclusivité entre partenaires. Tout simplement parce que l'un de nos grands principes constitutionnels est que chacun est maître de son corps et qu'aucun autre individu n'a de droits sur celui-ci, de quelque nature que ce soit. Nous essayons de faire régner l'amour joyeux et harmonieux, pas celui des pièces de boulevard avec les portes qui claquent.

De la religion

Vous disiez tout à l'heure que la religion a beaucoup perdu en influence en Utopie. L'une des particularités étonnantes du régime utopien il y a cinq siècles, c'était sa grande ouverture d'esprit à l'égard des croyances autres que le catholicisme. Ce n'était pas du tout l'habitude de l'époque puisque le protestantisme avait fait son apparition et que ses adeptes étaient discriminés ou persécutés. En Utopie, chacun était libre d'adorer qui il voulait, même si tout le monde semblait par ailleurs d'accord sur l'existence d'un dieu créateur dénommé Mythra. J'ai souligné deux phrases en particulier dans le livre de More : « ceux qui n'adhèrent pas à la religion chrétienne n'en détournent personne et ne gênent aucun de ceux qui la professent » et « une de leurs lois, et l'une des plus anciennes, interdit de faire tort à personne à cause de sa religion ». Je suis étonné de constater que ce principe fort simple que vous avez énoncé il y a cinq siècles ne soit toujours pas appliqué chez nous.

Ce principe figure pourtant dans vos lois.

Comme vous le savez, malgré l'officialisation de ce devoir, la tolérance envers les croyances et les rites de toutes sortes a toujours posé problème dans notre société. Pour des motifs que j'associe à la bêtise et à la peur, notre république remet sans cesse en question, de manière plus ou moins sournoise, la liberté religieuse. Sous couvert de combat pour la laïcité, nous faisons la chasse aux différences : nous n'aimons pas ceux qui prient dans d'autres postures que nous et dans une autre langue, ni ceux qui s'habillent différemment. Il paraît qu'ils menacent notre civilisation. C'est ce que prétendent beaucoup d'entre nous.

Je pense que vous faites référence au rejet d'une religion en particulier. C'est celle dont se réclament les terroristes qui vous attaquent sur votre sol depuis plusieurs années maintenant, n'est-ce pas ? Je ne suis pas sûr que ceux qui font couler le sang des innocents au nom d'un Dieu aient compris grand-chose à la religion qu'ils prétendent servir. Je crois même que les criminels qui mitraillent la foule ou qui foncent dessus en camion sont de parfaits ignares en matière religieuse. Ce qui menace votre civilisation, ce n'est pas le Livre qu'ils brandissent et qu'ils n'ont pas lu, c'est leur profonde stupidité. Mais est-ce l'unique raison pour laquelle la religion que vous mentionnez est si impopulaire chez vous ? N'est-ce pas aussi et surtout parce qu'elle est celle d'un peuple que vous avez colonisé, parfois massacré et ensuite offert à l'esclavage de vos industries ? Mais je ne voudrais pas m'avancer davantage, je ne suis pas présent depuis assez longtemps parmi vous pour me permettre un jugement assuré.

Votre point de vue me semble pourtant très juste. Et chez vous, où en est-on ? Quelle place la religion occupe-t-elle aujourd'hui en Utopie ?

La religion a été complètement abandonnée par les Utopiens. Mythra est devenu pour nous une référence mythologique et littéraire, mais plus personne n'oserait croire un seul instant qu'il a jamais existé. Dieu est une invention de l'homme, et personne de sensé n'affirmera aujourd'hui le contraire.

J'aurais tendance à vous donner raison. Mais comment pouvez-vous en être si certain ?

Il y a déjà un certain temps, nos théologiens se sont interrogés sur l'aspect le plus étrange de la création : pourquoi la mécanique du vivant s'orchestre-t-elle autour de ce principe cruel qui consiste à devoir tuer pour survivre ? Pourquoi chaque chose qui naît est-elle vouée à disparaître, souvent dans des conditions brutales ? Le fait que toute vie sur Terre se doit de détruire d'autres vies ou des parcelles de vivant pour continuer à exister est une bizarrerie qui nous a beaucoup intrigués. Car ce principe biologique fondateur est le mystère qui est la cause de tout : nos angoisses existentielles, nos sociétés inégalitaires et nos guerres. Nos scientifiques essayent toujours de trouver les explications rationnelles à la logique mise en place par la nature pour la perpétuation d'elle-même. Ils ne sont parvenus à aucun résultat concluant pour l'instant. Mais c'est un fait que les mécanismes qui permettent la vie auraient pu être différents : imaginons, par exemple, que les créatures qui naissent sur notre planète n'aient nul besoin d'énergie pour continuer à être. Pas de calories brûlées, de protides, de glucides ou de lipides à recharger chaque jour, pas d'acides aminés et de vitamines, rien de tout ça. Et donc, aucun animal à tuer ni aucune plante à arracher pour survivre. Cela remettrait évidemment en cause les lois physiques et biologiques actuelles liées à l'énergie et au mouvement. On pourrait aussi imaginer, tout en conservant ces mêmes lois, que chaque entité vivante puisse s'autorégénérer en emmagasinant une énergie renouvelable comme le soleil. On pourrait encore imaginer un monde où ce qui est créé, même avec une conscience, ne meurt pas, à la manière du rocher. Il y aurait eu tant d'autres manières possibles d'organiser ce foutu mécano. Au lieu de ça, notre monde est soumis à des lois cruelles et impitoyables, et notre vie ne consiste qu'à essayer de contrer le malheur qui tente à chaque instant de s'abattre sur nous. Rien ne dit qu'il en est ainsi dans tout l'Univers. Si d'autres formes de vie existent ailleurs, ce dont nous sommes convaincus, celles-ci ne s'appuient pas forcément sur les modèles propres à la Terre ou au système solaire. Peut-être se trouve-t-il quelque part une planète qui abrite une forme de vie immuable, dotée de conscience, qui n'a pas besoin de détruire pour continuer à exister. Cette spéculation permet de comprendre que notre monde n'est pas *tous les mondes* et que nous pouvons envisager des millions de schémas biologiques possibles, dont certains absolument pacifiques et non destructeurs. Nos théologiens en ont conclu que la logique de destruction généralisée qui organise la vie terrestre confirme l'inexistence de Dieu.

Cela n'a rien de très original. Vos savants se sont contentés de reformuler l'objection traditionnelle qui consiste à demander : « Si Dieu existe, pourquoi autorise-t-il tant d'injustice et de cruauté ? »

Pas tout à fait, car l'objection que vous me citez manque de développement. Il faut aller plus loin. En effet, il est possible d'imaginer que les épreuves imposées par Dieu aux membres de la communauté humaine représentent des punitions ou des apprentissages. Mais si c'est le cas, il s'agit d'une méthode éducative stupide, en contradiction avec les principes prônés dans la Bible – la non-violence, la tolérance, le pardon, et ainsi de suite. En revanche, si l'on reconnaît que le principe moteur de la vie sur Terre – et donc Dieu pour les croyants – est la cruauté, alors on est obligé d'admettre que ce principe est un Dieu-brutalité incompatible avec le Dieu-amour tel qu'il nous est présenté par les religions monothéistes au moins. Les valeurs prônées par le christianisme n'ont rien à voir avec ce que la nature nous impose, à savoir la mort, la douleur, la souffrance et les catastrophes naturelles. « Tu ne tueras point », aurait soi-disant commandé le Dieu de la Bible. Mais ce simple commandement ruine à lui seul la crédibilité de ce livre sacré. Comment un Dieu aurait-il pu ordonner aux hommes de s'abstenir d'une action dont il a fait le principe moteur de toute sa création ? Non, aucun Dieu n'a pu créer un monde qui impose au lion de massacrer la gazelle, à l'araignée de piéger la mouche, au renard de tuer le lapin, et ainsi de suite. Non, aucun Dieu n'a pu concevoir un monde où chacun de ses sujets est voué à une fin certaine, souvent dans d'atroces souffrances. Donc non, Dieu n'existe pas. Ou alors c'est vraiment un sale bonhomme, et il ne mérite pas qu'on lui rende hommage.

Du coup, la religion est interdite en Utopie ?

Non, pas du tout, cela serait contraire à la liberté de conscience à laquelle nous sommes si attachés. Si d'aventure l'un d'entre nous entreprenait de prêcher un Dieu, pacifiquement, nous le laisserions évidemment faire au nom de sa totale liberté de conscience et d'expression. Mais il se rangerait assurément parmi les originaux, tant la superstition est contraire à nos préceptes, car elle repose sur l'ignorance et la peur. Connaissez-vous l'analogie de la théière, de notre ami Bertrand Russel ?

Non.

Bertrand Russel trouvait incompréhensible que l'on exigeât des agnostiques et des athées qu'ils prouvassent l'inexistence de Dieu. Imaginez, disait-il, que j'affirme qu'une théière en porcelaine tourne en orbite autour du Soleil, entre Mars et la Terre. Et j'ajoute que cette théière est si petite qu'on ne peut pas l'observer, même avec le plus puissant des télescopes. On me prendrait assurément pour un fou si j'affirmais simplement cela, en demandant qu'on me croie sur parole. Mais si des livres anciens rapportaient l'existence de cette théière et que la vérité de la théière était enseignée dans les écoles, alors ce sont les sceptiques qui passeraient pour des illuminés, comme au temps de l'Inquisition. On le voit, tout cela ne fait pas sens. Donc si des hommes rationnels ne peuvent croire en l'existence d'une théière en porcelaine en orbite dans l'espace que personne ne voit, pourquoi devraient-ils croire à l'existence des dieux et des miracles qu'aucun témoin sérieux n'a jamais vus ? Si vous voulez croire en quelque chose, prouvez au moins l'existence de cette chose. Bertrand Russel résumait ainsi notre point de vue : « Un monde humain nécessite le savoir, la bonté et le courage ; il ne nécessite nullement le culte et le regret des temps abolis, ni l'enchaînement de la libre intelligence à des paroles proférées il y a des siècles par des ignorants. »

Bertrand Russel vous a donc inspiré l'athéisme ?

Non, Russel l'a découvert en Utopie, c'est différent. Chez nous la méfiance à l'égard de la religion est devenue une règle depuis le XVIIIe siècle. Plusieurs de vos philosophes ont alors très bien relayé notre évolution. Mais je crois qu'à ce jour celui qui a le mieux résumé notre pensée sur la religion est Mikhaïl Bakounine qui nous a visités au XIXe siècle. Il avait lu les écrits de plusieurs Utopiens d'adoption, comme Fourier et Proudhon, et il voulait tout savoir de nous. Je crois me souvenir qu'il venait alors de quitter Bruxelles. Il n'avait pas encore croisé Marx et Engels à l'époque. Toujours est-il qu'après son passage chez nous il est devenu l'un des plus virulents opposants à l'idée de Dieu. Il a exprimé mieux que nous-mêmes les raisons pour lesquelles nous rejetons les croyances religieuses. Je connais ce passage d'un de ses livres par cœur : « Est-il besoin de rappeler combien et comment les religions abêtissent et corrompent les peuples ? Elles tuent en eux la raison, ce principal instrument de l'émancipation humaine, et les réduisent à l'imbécillité, condition essentielle de leur esclavage. » Quel caractère ce Bakounine ! Comme tant d'Utopiens, vous l'avez mis en prison et vous l'avez même condamné à mort, avant de finalement le gracier. C'est le danger, trop souvent sous-estimé, que courent ceux qui souhaitent voyager en Utopie : en accostant chez nous, ils prennent le risque de tout perdre s'ils retournent ensuite dans le Monde Triste et qu'ils essayent d'y expliquer ce qu'ils ont appris.

De l'esclavage

Il faut croire qu'il n'est jamais bon d'avoir raison trop tôt... Mais je me rends compte que nous parlons déjà depuis plus de deux heures... J'imagine que vous devez être fatigué et que vous avez bien d'autres choses à faire pendant votre séjour ici. Encore une question si vous le permettez : vous parliez à l'instant de traditions et d'ignorance ; cela m'amène à la question de l'esclavage. J'ai toujours été surpris que cette pratique n'ait pas été abolie sur l'île d'Utopie au XVIe siècle. Thomas More ne semblait d'ailleurs pas y voir de problème. Pour un humaniste, c'est pour le moins curieux.

C'est vrai... Lorsque Thomas More a rencontré Raphaël, il y avait toujours des esclaves en Utopie et More n'était pas choqué, car l'esclavage n'y était pas héréditaire mais résultait d'un châtiment. Il était une peine réservée aux condamnés et aux prisonniers de guerre. Mais il faut se replacer dans le contexte de l'époque : l'esclavage n'a officiellement été aboli en Europe et aux États-Unis qu'au milieu du XIXe siècle, ce qui est donc très récent. Cela prouve que même le plus généreux des projets porte sans le savoir une part d'obscurantisme liée à la période qui le voit naître : il est très difficile de rêver contre son époque. Bien évidemment, l'esclavage a disparu chez nous depuis bien longtemps puisque c'est précisément notre exemple qui a inspiré votre monde. Où croyez-vous que les quakers de Pennsylvanie et Montesquieu ont puisé leurs arguments et la force de leur engagement précoce ? Ils avaient bien évidemment connaissance des évolutions en Utopie et désiraient les appliquer chez vous.

L'esclavage en Utopie ne concernait pas que les condamnés et les ennemis. Raphaël évoquait également une catégorie d'esclaves très particulière. Il écrit, je l'ai surligné : « Une troisième espèce d'esclaves est composée de manœuvres étrangers, courageux et pauvres, qui choisissent spontanément de venir servir parmi eux. » Raphaël parle là des migrants du travail, ceux qui fuient leur pays *par nécessité, en espérant trouver un endroit où survivre. C'est incroyable, cela se passait il y a cinq siècles et rien n'a changé... Nous continuons à réduire en esclavage des millions d'hommes et de femmes qui ont quitté leur pays ravagé par la guerre ou par la pauvreté.*

Cela a toujours existé et cela existera encore longtemps hélas : les humains se sont toujours déplacés vers des endroits qui leur offraient un espoir de vie meilleure, ou juste la possibilité d'échapper à la mort. Inutile de vous rappeler ici comment les États-Unis se sont peuplés, ni le profil des migrants. Ce qui a changé aujourd'hui en Utopie, c'est que, bien évidemment, ces malheureux voyageurs ne sont plus réduits en esclavage. Lorsqu'un bateau rempli de réfugiés aborde par hasard nos côtes, ce qui arrive de plus en plus fréquemment, nous les accueillons, nous les hébergeons, nous les soignons, ils obtiennent l'accès à l'équisolde et nous leur fournissons un emploi, après les avoir formés si nécessaire. En Utopie il y a une place et du travail pour tous.

Vous acceptez tous les migrants ?

Oui.

Mais imaginez qu'ils soient des centaines de milliers à apprendre la position de votre île et qu'ils s'y rendent tous. Que feriez-vous ?

Nous les accueillerions de la même manière et nous nous organiserions pour supporter le surplus démographique. On ne quitte pas par plaisir son pays, sa terre, sa famille et ses habitudes. On ne se met pas en danger sans une bonne raison. Nous aiderons toujours tous les voyageurs qui fuient la misère ou les persécutions. Ils sont chez eux en Utopie.

Merci beaucoup Camille de vous être confié sans réserve, du moins je l'espère, et de m'avoir raconté les secrets de votre pays. Je ne vais pas abuser davantage de votre temps. M'autorisez-vous à retranscrire publiquement notre conversation ?

Si vous voulez, mais je crains que ce ne soit pas d'une grande utilité.

Pourquoi donc ?

Personne ou presque ne vous croira. Beaucoup s'interrogeront même sur l'origine de votre délire.

Je prends le risque.

Alors je vous dis à la fois au revoir, et bienvenue.

LIVRE II
MENSONGES

Utopie & Réalité

Les utopies se sont tues. Elles ont été bâillonnées après la chute du mur de Berlin, lorsque le projet marxiste a officiellement vacillé après avoir été trahi par ses représentants emblématiques. Désormais, interdiction de rêver. Interdiction d'imaginer. Un seul monde possible, une seule vision, un seul projet résumé par ces mots : consommation, travail, argent, bénéfice, concurrence, exploitation. On l'appelle néolibéralisme, ultralibéralisme, capitalisme moderne, peu importe, il nous est présenté comme l'indépassable modèle. Débarrassé de toute concurrence sérieuse, il s'épanouit sans entrave en promettant le bonheur général, alors qu'il sème le malheur. Petit à petit, nous nous sommes laissé piéger par un nouveau totalitarisme, particulièrement pernicieux car il se dissimule derrière de respectables paravents tels que la démocratie et la liberté.

Et puis le mot a ressurgi lors de la dernière campagne présidentielle, brandi comme une arme de décrédibilisation massive : « utopie ». Le candidat du Parti socialiste désigné par la primaire de son parti en fut la victime. Certaines de ses idées allaient à rebours des habitudes idéologiques. Il proposait par exemple un revenu universel pour tous, il alertait sur la nécessité de repenser la place du travail en pointant la diminution inéluctable de la masse d'emplois à se partager, et il voulait accorder une large place à l'écologie. Ces propositions affolèrent les commentateurs des plateaux télé et des journaux de référence, c'est-à-dire les éditorialistes autorisés. Étonnamment, malgré leurs différences politiques officielles, il y eut unanimité entre eux pour flinguer l'importun empêcheur de capitaliser en rond qui entendait remettre en cause le fantasme de la croissance. Ils décrétèrent qu'il existait aujourd'hui au Parti socialiste une scission entre des représentants « réalistes », « sérieux », dignes de gouverner, et des « utopistes », irresponsables et incompétents. Entendez par là : d'un côté des gens crédibles, de l'autre de doux mais dangereux rêveurs.

Le Monde : « Primaire à gauche : "sérieux" et "utopistes" dans le même bateau. »
Libération : « D'un côté une social-démocratie avant tout réaliste, de l'autre un socialisme renouvelé et en partie utopique. La gauche qui gère contre la gauche qui rêve. »
Europe 1 : « La gauche réaliste contre la gauche utopiste : [...]. Avec ce troisième débat, les concurrents ont enfin eu leur grande explication, car c'est bien de la fracture entre une gauche réaliste et visionnaire d'un côté, et une vision idéaliste et égalitaire de l'autre, dont il a été question. »
Le Temps : « Benoît Hamon, l'utopiste triste. »[1]

Difficile après cet étalage de continuer à croire en l'équilibre des points de vue dans les médias. Difficile encore de ne pas comprendre que les journalistes qui ont le droit à la parole sont intimement liés aux pouvoirs politique et économique et qu'ils défendent bec et ongles le système qui les a fait princes.

Puis le candidat du PS sombra dans les sondages, et un autre candidat de gauche se rapprocha du peloton de tête en frôlant les 20 % dans les sondages. Lui se déclarait « insoumis » et voulait pêle-mêle limiter les salaires les plus élevés, taxer davantage les riches, sortir complètement du nucléaire, sortir de l'Otan et renégocier les traités ultralibéraux qui dirigent l'Europe. Ce fut son tour d'être taxé d'utopiste, d'irréaliste, d'à côté de la plaque.

Il est logique que les idées neuves suscitent l'opposition. Car elles surprennent et effraient. Elles imposent un effort de conceptualisation particulier qui oblige à imaginer de nouveaux repères, et donc

---

1. F. Fressoz, « Primaire à gauche : "sérieux" et "utopistes" dans le même bateau », *Le Monde*, 20 janvier 2017. L. Joffrin, « Un impératif : rassembler », *Libération*, 22 janvier 2017. D. Doukhan, « Débat : la gauche réaliste contre la gauche utopiste », *Europe 1*, 20 janvier 2017. R. Werly, « Un combattant, un bonimenteur, un utopiste triste : le premier débat de la gauche française », *Le Temps*, 13 janvier 2017.

à accepter un voyage intellectuel inconfortable, et qui peut durer longtemps. Chaque changement moral majeur, dans notre Histoire, a commencé par un rêve solitaire, secret, qui s'est peu à peu révélé au plus grand nombre. Et, chaque fois, il s'est heurté à la même résistance, aux mêmes réactions d'incrédulité et de violence, avant que la majorité des esprits ne s'ouvre. L'entrepreneur philanthrope Robert Owen (1771-1858), inventeur du mouvement coopératif, a résumé la difficulté à laquelle se confronte tout révolutionnaire : « On est plein de préjugés en faveur des vieux principes. On s'opposera vivement à ce que vous voulez, et si vous osez combattre les idées préconçues du peuple, on vous tuera [1]. » Il est vrai que beaucoup de ceux qui ont ouvert le chemin sont tombés. C'est le lot de ceux qui sont en première ligne : ils se prennent les balles pour les suivants. Mais ils ouvrent la brèche dans laquelle la vague s'engouffre, qui balaie tout sur son passage, même le souvenir des éclaireurs.

Les idées neuves menacent par ailleurs les intérêts de nombreux individus qui se recroquevillent sur leurs avantages et refusent d'en céder un pouce. Ainsi une proposition qui a pour but de diminuer les inégalités aura forcément pour conséquence d'attaquer les privilèges des mieux lotis. Et ces mieux lotis, où se trouvent-ils ? Dans les sphères qui ont accès à la parole publique, à savoir la politique, les médias et la vie économique. Ils peuvent donc facilement organiser la riposte, en imposant l'idée que ceux qui cherchent à les déstabiliser sont des hurluberlus qu'il ne faut pas prendre au sérieux. Karl Marx (1818-1883) et Friedrich Engels (1820-1895) avaient résumé les choses à leur manière : « Les pensées de la classe dominante sont aussi les pensées dominantes de chaque époque, autrement dit la classe qui est la puissance matérielle dominante de la société est aussi la puissance dominante spirituelle. La classe qui dispose des moyens de la production matérielle dispose du même coup des moyens de la production intellectuelle, si bien que, l'un dans l'autre, les pensées de ceux à qui sont refusés les moyens de production intellectuelle sont soumises du même coup à cette classe

---

1. R. Owen, *Dialogue entre la France, le monde et Robert Owen, sur la nécessité d'un changement total dans nos systèmes d'éducation et de gouvernement*, Pautin et Le Chevalier, 1848, p. 19.

dominante[1]. » Après ces mots de l'ultragauche, je ne peux résister au plaisir de passer la parole à l'un des principaux théoriciens du libéralisme économique le plus dur, l'économiste américain d'origine autrichienne Friedrich Hayek, prix Nobel d'économie en 1974. Il vantait l'audace idéologique et donc, d'une certaine manière, l'utopie : « Ce sont des idées nouvelles, ce sont des volontés humaines qui ont rendu le monde tel qu'il est aujourd'hui[2]. »

L'utopie que je porte puise quant à elle sa source dans l'antispécisme, ce mouvement de pensée qui réclame entre autres des droits fondamentaux pour tous les animaux sensibles et qui englobe cette revendication dans une lutte générale contre l'exploitation des plus faibles, humains ou non humains. Cette utopie propose que plus aucun animal non humain sensible sur cette planète ne soit tué par la main de l'homme, ni emprisonné, ni torturé, ni vendu. Cette perspective est bien évidemment déclarée irréaliste par tous ceux qui la combattent. Or qui sont ces opposants ? Des éleveurs, des chasseurs, des bouchers, des industriels de la viande, du lait, du cuir et de la fourrure, des restaurateurs, des propriétaires de zoos et de cirques, des citoyens qui ne souhaitent pas être dépossédés de leur steak et de la jouissance gustative qu'il leur procure, et des élus qui représentent tout ce monde. Ces individus en apparence si différents ont en réalité un point commun. Ils protègent chacun un intérêt personnel en s'opposant à la révolution antispéciste : intérêt financier, hédoniste ou électoraliste. Pourtant, comme je l'ai expliqué longuement dans d'autres livres, les arguments qui justifient la fin de la viande sont imparables : impact négatif de la consommation de viande sur la santé, impact négatif des élevages sur l'environnement, non-sens économique des circuits de la viande, et bien évidemment contradiction philosophique majeure à manger certains animaux tandis que nous en câlinons d'autres qui ne sont ni plus intelligents, ni plus sensibles que ceux qui finissent dans nos assiettes. L'antispécisme appuie ses raisonnements sur des démonstrations scientifiques et morales imparables. Et ses adversaires font mine de ne pas les entendre ou de ne pas les comprendre. Déni de réalité, aveuglement, opportunisme, égoïsme,

---

1. K. Marx et F. Engels, *L'Idéologie allemande*, Éditions sociales, 1965, p. 52-55.
2. F. Hayek, *La Route de la servitude*, « Quadrige », PUF, 2013, p. 15.

déficit de logique : les raisons de l'obscurantisme opposé à l'argumentation antispéciste sont nombreuses. Je l'écris à nouveau ici avec une conviction qui confine à la certitude : la raison nous ordonne de cesser la torture et le sacrifice de nos cousins non humains. Un jour, une majorité le comprendra.

D'autres rêves que la libération animale sont aujourd'hui empêchés par des mensonges entretenus. Nos représentants politiques sont, consciemment ou non, réfractaires à la réalité. Leur monde n'est pas le vrai, et c'est ce qui explique la catastrophe dans laquelle ils nous entraînent depuis des décennies. Par manque d'honnêteté, de travail, ou simplement de lucidité, ils nous baratinent, nous engluent, nous noient, nous déroutent, nous endorment, nous empoisonnent, nous emprisonnent, nous enfument. Le philosophe Edgar Morin ne dit pas autre chose : « Les politiques aujourd'hui qui se croient dans le réalisme sont dans une bulle. Ils ne savent pas ce que vivent les gens, ce que sentent les gens. Ils se croient réalistes, et que les autres qui font de l'agriculture bio ou des coopératives sont des idéalistes. Au contraire[1]. » Pendant la dernière campagne présidentielle française, l'économiste Frédéric Lordon a dressé un constat identique dans un article du *Monde diplomatique* consacré à la candidature d'Emmanuel Macron. Après avoir fustigé le « candidat du vide », il explique que l'appel au « réalisme » des politiques est traditionnellement le signe d'une paradoxale déconnection à la réalité : « Ironie caractéristique de l'hégémonie au sens de Gramsci, le parti de ceux qui se gargarisent du "réalisme" se reconnaît précisément à ceci que son rapport avec la réalité s'est presque totalement rompu, alors même qu'il parvient encore à invoquer la "réalité" comme son meilleur argument. À l'époque du néolibéralisme, "réalisme" nomme la transfiguration continuée de l'échec patent en succès toujours incessamment à venir. Ce que la réalité condamne sans appel depuis belle lurette, le "réalisme" commande non seulement de le poursuivre mais de l'approfondir, donnant pour explication de ses déconvenues qu'elles ne sont que "transitoires", qu'on "n'est pas allé assez loin", qu'on s'est contenté de "demi-mesures" et que la "vraie rupture" est toujours encore à faire – et ça fait trente ans que ça dure[2]. »

---

1. *Le Gros Journal*, Canal+, 2 mars 2017.
2. F. Lordon, « Macron, le spasme du système », *Le Monde diplomatique*, 12 avril 2017.

Lordon pointe ici un aspect essentiel du mensonge politico-économique actuel. Car, le peuple des classes modestes et moyennes constate et subit l'évident échec des politiques néolibérales à l'œuvre depuis trente ans. Il voit le droit du travail qui rétrécit, les libertés individuelles qui sont grignotées, les difficultés grandissantes pour se loger, la pollution qui empoisonne, les salaires qui sont bloqués et l'emploi qui ne revient pas. Et tout en même temps il observe, médusé, les cadeaux consentis à ceux qui sont déjà plus riches que les autres. La réponse qui est adressée aux grincheux consiste à affirmer que les politiques néolibérales appliquées ne sont pas suffisamment efficaces en raison d'entraves persistantes qui les empêchent de produire tous leurs effets. Ils demandent toujours plus de dérégulation et toujours moins de protection des travailleurs, jurant leurs grands dieux que chacun sera gagnant. Mensonge, mensonge, mensonge. Les crises économique et financière de la dernière décennie ont apporté un cinglant démenti à ces promesses d'arracheurs de dents. Sans l'intervention des gouvernements et la mobilisation de l'argent des contribuables, le vôtre et le mien, l'économie mondiale se serait effondrée. Les banques et la plupart des grosses entreprises sont des tricheuses assistées.

Le mensonge qui nous ronge n'est pas seulement politique ou économique. Il suinte de tous les murs qui nous abritent car l'idéologie néolibérale contamine tous les lieux et tous les esprits qu'elle fréquente. Elle bâtit un monde en carton-pâte où rien ne sonne juste. D'abord les écrans qui nous écrasent. La vie que la télévision nous présente n'est pas la vie. La télévision nous endort avec des émissions de cuisine à gogo, des feuilletons policiers à la pelle, des journaux où les cadavres s'enchaînent entre deux interviews de ministres et de types en short qui courent après un ballon et qui, à en croire les commentaires, semblent porter le destin de l'humanité sur leurs épaules. Ces champions chloroformes nous commentent le but qu'ils n'ont pas mis ou celui que la providence leur a inspiré, des entraîneurs ânonnent en boucle qu'ils sont contents quand leur équipe a gagné, qu'ils sont déçus quand elle a perdu, qu'ils sont mitigés quand elle a fait match nul. Pourquoi leur tend-on le micro ? Tant de temps d'antenne gaspillé pour ne rien dire et ne rien montrer.

Les popularités fabriquées sont généralement corrélées à la capacité qu'elles ont d'anesthésier les esprits. La vedette d'aujourd'hui ne dit rien, édulcore, lisse et sourit sur commande. D'après le classement établi tous les six mois par *Le Journal du dimanche*, l'acteur Omar Sy aura été la personnalité préférée des Français en 2016. Il occupe le trio de tête de ce classement depuis 2011 et grâce au rôle qu'il jouait dans la comédie dramatique *Intouchables* – près de 20 millions d'entrées. La valeur d'un tel sondage de popularité est à relativiser grandement, tant la méthodologie du journal est douteuse dans la mesure où les quelque mille sondés se prononcent sur une liste préétablie de cinquante noms. Néanmoins, ce classement est un indicateur de l'air du temps. Comment expliquer qu'un acteur à la filmographie sympathique, mais banale, puisse figurer en tête des personnalités préférées de ce pays devant tant d'hommes et de femmes qui consacrent ou sacrifient leur vie à des missions utiles, dangereuses, altruistes ? Longtemps, l'abbé Pierre a occupé la tête de ce même classement. Cela n'avait rien d'illogique, tant l'homme s'est illustré dans sa vie par son combat pour les plus démunis. Avant lui, le « titre » a été détenu pendant des années par le commandant Cousteau : c'était tout aussi compréhensible, dans la mesure où l'explorateur français a été l'une des premières figures médiatiques associées au respect de la nature. Puis en 2000, le foot est devenu plus important que la nature ou les pauvres : Zinedine Zidane, plus connu pour ses excellents coups de pied et de tête que pour ses actions humanitaires, est devenu ce Français préféré de tous les autres. Il fut suivi six mois plus tard par un autre sportif, un homme de combat certes, mais sur tatami : David Douillet brillait alors au sommet du judo mondial. Depuis il a ouvert la bouche, s'est engagé en politique, et ses déclarations ont fait baisser sa cote d'amour. Zidane est revenu au top, Yannick Noah l'a remplacé plusieurs fois, puis Jean-Jacques Goldman et Omar Sy. Tous admirables pour leurs accomplissements, sans doute. Mais, hormis Jean-Jacques Goldman auquel il faut reconnaître, en plus de certaines chansons engagées, l'énorme travail au profit des Restos du Cœur, les derniers des lauréats ne brillent pas franchement par leur investissement au service de la communauté. L'air du temps n'est que du vent.

Tout est faux : l'« esprit sportif » est un slogan derrière lequel on dissimule des valises de cash pour s'attribuer l'organisation d'une compétition internationale, l'« esprit de compétition » est une excuse qui sert à mieux tricher en dissimulant de l'argent dans des paradis fiscaux, les sourires sont commerciaux, les bonheurs sont factices, les talents sont fabriqués, les amitiés sont des utilités... la liste est interminable. Mais certains mensonges sont plus graves que d'autres, car ils sont les piliers qui organisent notre existence individuelle et collective : la démocratie, le travail, l'économie, la liberté, l'égalité, la fraternité et la lutte contre le terrorisme.

Non, nous ne vivons pas en démocratie. Non, nous n'avons pas besoin de travailler comme des forcenés pour vivre. Non, le néolibéralisme n'est pas un modèle de société bienveillant et efficace. Non, les économistes influents et médiatiques ne sont pas compétents. Non, l'argent ne récompense pas le mérite. Non, nous ne sommes ni libres, ni égaux, ni fraternels et solidaires. Non, le terrorisme dont on parle dans l'actualité n'est pas le plus grave. En revanche, les vérités les plus essentielles sont sciemment étouffées : oui, il est urgent de freiner la destruction de la planète, de mettre un terme à la barbarie infligée aux animaux non humains, d'établir les conditions de la justice réelle entre les hommes, de faire du bonheur un objectif politique prioritaire. Derrière chacun des mensonges qui nourrissent la société de ce début de XXIe siècle se cache une réalité sur laquelle bâtir des contre-propositions. Appelons-les utopies.

Le mensonge de la démocratie

Urnes funéraires

Un couple danse sous les yeux du monde. Lui adipeux, rougeaud, surmonté d'un toupet platine. Elle fine, entretenue, enrubannée dans une robe satinée parfaitement coupée qui ne parvient pas à dissimuler le vide qu'elle contient. Tout chez cet homme est obscène, gras, vulgaire, et ce soir il révèle que même ses pieds manquent d'intelligence. Dans son smoking hors de prix, il se dandine avec l'élégance d'un oncle aviné au petit matin d'une soirée de mariage. Sa morgue autoritaire dégouline sur la peau de sa partenaire qui tente des sourires de podium pour masquer sa gêne et donner une contenance au pitoyable spectacle qu'ils sont en train d'offrir au monde entier. Lui vient d'être investi 45ᵉ président des États-Unis. Elle est sa femme, et donc désormais la First Lady. Ils ouvrent le bal qui inaugure leur règne. Ces deux-là sont sur le toit du monde, à la tête de la plus grande puissance économique et militaire de la planète. Comment en sommes-nous arrivés là ? Comment sommes-nous passés d'Adam et Ève à Donald et Melania ? Quel péché collectif avons-nous commis pour mériter pareil châtiment ? Le sacre de ce couple de téléréalité obsédé par l'argent ne peut être qu'une épreuve divine. Nous avons merdé quelque part. Ça recommence. Un nouveau déluge, de feu peut-être, se prépare pour punir les humains de leur déchéance. Le perruqué et sa poupée de luxe sont les archanges annonciateurs du désastre, il ne peut en être autrement.

Au lendemain de ce tour de piste, la punition allait commencer. Parmi les premières mesures frappées du poing de Donald Trump sur la table du bureau ovale, un décret interdisant l'entrée des États-Unis aux ressortissants de sept pays majoritairement musulmans. Le racisme revendiqué et officialisé, l'obscurantisme comme programme politique. Et le népotisme. Sans le moindre complexe, Trump nomme son gendre Jared Kushner haut conseiller à la Maison Blanche. Il est chargé, entre autres, de la politique du Moyen-Orient. Kushner est-il un spécialiste de politique et de relations internationales ? Non, c'est un jeune businessman qui a hérité de l'empire de son père. Son épouse Ivanka, fille de Trump, devient elle aussi proche conseillère du président. Son CV ? Jusqu'à présent elle aidait papa dans l'entreprise familiale, tout en ayant créé sa propre société de vêtements et de bijoux. Elle sera désormais l'une des interlocutrices des dignitaires étrangers. Au fait, cet homme qui dirige aujourd'hui le pays le plus puissant de la planète a été intronisé alors que son adversaire a recueilli 2,7 millions de suffrages supplémentaires. Étrange efficacité de la démocratie.

J'aimerais croire à un mauvais rêve qui va s'interrompre dès que j'ouvrirai les yeux. Hélas non, tout cela est réel.

Le cauchemar ne revêt pas que les couleurs du drapeau américain. En France il s'est manifesté ces dernières années à travers de multiples émissaires : un ancien président de la République doublement mis en examen pour écoutes illégales et financement de campagne non autorisé, un ancien Premier ministre mis en examen pour avoir fourni des emplois fictifs à son épouse et à ses enfants mais briguant tout de même la présidence, un ancien ministre de l'Intérieur condamné pour avoir piqué dans la caisse afin d'arrondir ses fins de mois, un ancien ministre du Budget condamné pour avoir caché son argent dans des paradis fiscaux, un président du Fonds monétaire international englué dans des scandales de prostitution et d'agression sexuelle, sa successeure condamnée par la Cour de justice de la république pour avoir permis un cadeau de plusieurs centaines de millions d'euros à un homme d'affaires sulfureux alors qu'elle était ministre de l'Économie, des sénateurs mis en examen pour avoir détourné des fonds publics à leur profit, des députés européens qui mettent de faux assistants parlementaires au service de leur parti... Ils devaient nous servir, ils se sont bien servis.

La dernière élection présidentielle française a représenté à elle seule un condensé de désespérance citoyenne. Les Français ont eu le droit de choisir entre un menteur-tricheur réac, une menteuse-tricheuse raciste, un jeune banquier opportuniste souhaitant incarner la rupture avec une politique qu'il avait lui-même aidé à mettre en place, un socialiste choisi par les militants de son parti mais lâché par ses dirigeants, un fan des régimes autoritaires et des révolutions coupeuses de têtes récemment reconverti dans l'écologie, et quelques autres venus en candidats libres répéter, souvent avec sincérité, des choses mille fois entendues. Des idées neuves ont parfois émergé, mais de manière si timide qu'elles n'ont suscité aucun débat véritable. Quant à l'éthique et à la morale, elles ont été les grandes absentes de ce scrutin.

Pour le candidat Les Républicains, François Fillon, outre la mise en examen évoquée plus haut en raison d'emplois fictifs accordés à ses proches, les révélations embarrassantes se sont multipliées tout au long de la campagne : costumes de luxe offerts par un gentil ami au lendemain de sa victoire aux primaires, prêt sans intérêt consenti par un autre ami par ailleurs généreux employeur de son épouse pour une fonction imaginaire, et découverte d'activités de conseils grassement rémunérées. La candidate du Front national, Marine Le Pen, s'est quant à elle réfugiée derrière son immunité parlementaire pour éviter de répondre aux convocations des juges en vue d'une mise en examen dans une enquête portant sur des soupçons d'emplois fictifs d'assistants du Front national au Parlement européen[1]. Dans le même temps, Marine Le Pen faisait l'objet de deux procédures de redressement fiscal pour avoir largement sous-évalué ses biens immobiliers, ce qui la dispenserait d'avoir à s'acquitter de l'impôt sur la fortune[2]. Aucun souci de justice pour Emmanuel Macron, même si le décalage entre les millions engrangés dans sa carrière et son patrimoine déclaré a pu en étonner certains. En revanche, le candidat En marche a marqué les esprits au fil des mois par son incapacité pathologique à défendre avec conviction un seul et unique point de vue sur un même sujet. Est-il socialiste ? Oui, répondait-il un jour, pour affirmer le contraire le lendemain. Lorsqu'il qualifie soudain la colonisation française en Algérie de « crime

---

1. Dans cette affaire Marine Le Pen a finalement répondu à la convocation des juges le 30 juin 2017. Elle a été mise en examen pour abus de confiance.
2. O. Faye, A. Michel et S. Piel, « Le Patrimoine de la famille Le Pen est sous-évalué, selon le fisc », *Le Monde*, 14 mars 2017.

contre l'humanité », on se souvient alors que quelques mois plus tôt il attribuait pourtant à cette colonisation « l'émergence d'un État, de richesses, de classes moyennes [...], des éléments de civilisation[1] ». Duplicité ? Une anecdote pourrait le laisser penser : alors qu'il était encore banquier d'affaires chez Rothschild, Macron avait offert ses services de conseil bénévole aux journalistes du *Monde*, alors en difficulté, afin d'étudier différentes propositions de rachat du quotidien. Prétendant agir en toute indépendance, Macron avait pourtant été surpris un peu plus tard dans un immeuble au sortir d'un rendez-vous avec Alain Minc (né en 1949), conseiller de l'un des repreneurs potentiels. L'un des journalistes du *Monde* qui l'avait reconnu lui avait couru après, mais Macron s'était enfui.

Le 7 mai 2017, les Français sont allés se recueillir devant une urne. Emmanuel Macron a été élu président de la République après avoir trahi son mentor, François Hollande. Ce jour-là, la démocratie est officiellement décédée en France.

Les citoyens de France

ont la douleur de vous faire part
du décès de

LA DÉMOCRATIE

Survenu le **7 mai 2017**,
après une longue maladie et plusieurs absences,
dans sa 228ᵉ année.

La cérémonie officielle aura lieu le 14 mai 2017 lors d'une passation de pouvoir entre un président qui a trahi ses électeurs de gauche et son successeur, élu par défaut et rejeté dès son élection par une majorité de Français.

---

1. V. Graff, « Macron sur la colonisation : la dernière d'une longue série de polémiques », *France 24*, 16 février 2016.

Mai 2017 : autopsie d'une déroute démocratique

Depuis qu'il a été élu, notre actuel président s'amuse bien. Il porte une combinaison d'aviateur, se fait hélitreuiller en mer pour visiter un sous-marin, joue au tennis, joue au foot, répond à des inconnus au standard de l'Élysée, s'entretient de pauvreté avec la chanteuse pop Rihanna... Il semble chercher à chaque instant son inspiration chez Kennedy et Obama. Il entend imposer le *french swag*, la *coolitude intransigeante*, la *modernité antique*. Le monde qu'il nous vend est doux en apparence. Mais derrière des slogans éculés et creux vantant la réussite pour tous, l'actuel chef de l'État français défend un modèle terrifiant de société qui allie *totalitarisme soft* et lavage de cerveau. Avec lui, le pouvoir est pris en otage par des hauts fonctionnaires quadras qui court-circuitent tous les leviers de la démocratie pour consolider le règne de la finance et de la banque. À la tête de son bataillon de représentants commerciaux faussement modernes, notre président s'est autoproclamé « jupitérien », sans que l'on sache vraiment ce qu'il entend par là, si ce n'est que l'adjectif semble exprimer une volonté de toute-puissance et d'autoritarisme contraire à l'esprit d'une démocratie éclairée. De fait, notre régime hyperprésidentiel n'est plus parlementaire qu'en apparence, tout étant décidé au plus haut sommet de l'État par le président et son équipe rapprochée. La séparation des pouvoirs a fait long feu. En affirmant vouloir renouveler le personnel politique, le président a installé une assemblée faite de nouveaux venus qui lui doivent tout et qui n'oseront jamais élever la voix pour contredire celui qui les a fait princes et princesses. Toute parole dissidente est étouffée, à l'image du chef d'état-major des armées, limogé pour avoir osé critiquer la baisse de son budget. Le peuple, ramené à sa dimension la plus modeste, est prié d'admirer ce nouveau maître du monde qui met en scène son improbable succès dans des postures destinées à glorifier son intelligente virilité politique. Mais a-t-il seulement été réellement choisi par les Français ? Les chiffres attestent que non.

Le 7 mai 2017, Emmanuel Macron a été élu président de la République française à la majorité absolue des suffrages exprimés au second tour, avec 66,1 % des voix. Ainsi synthétisée, cette élection paraît parfaitement respectueuse de la volonté populaire. Pourtant, cette séquence a confirmé la mort clinique de la démocratie dans notre pays. Cette dernière est maintenue en vie sous respiration artificielle, grâce à des échéances électorales régulières qui perpétuent l'illusion que les citoyens ont leur destin entre les mains. Les apparences sont donc sauves, mais elles sont très trompeuses. Car, presque toujours, les votants sont condamnés à des choix par défaut. Pire, les projets majoritaires dans l'opinion sont étouffés dès qu'ils bouleversent l'ordre établi. Le président Macron a pour sa part été élu en étant rejeté par une majorité de Français.

Au premier tour, Emmanuel Macron est arrivé en tête avec 24,01 % des voix. Juste derrière lui, la candidate du Front national, Marine Le Pen, a obtenu 21,3 % des voix. Suivent : François Fillon, 20,01 % et Jean-Luc Mélenchon, 19,58 %. Très loin derrière, on retrouve le candidat socialiste Benoît Hamon, avec 6,36 %, et tous les autres candidats à moins de 5 %. Ces résultats sont ceux que l'on retient, qui sont commentés, et sur lesquels s'appuie la légitimité des qualifiés. Pourtant ils sont loin de résumer à eux seuls l'opinion du peuple. Il faut leur adjoindre les résultats de l'abstention, les votes blancs et les votes nuls. Le taux d'abstention de ce premier tour a été de 22,23 %. Les votes blancs ont représenté 1,78 % des suffrages et les votes nuls 0,78 %[1]. À titre de comparaison, notez que le candidat arrivé en tête, Emmanuel Macron, a rassemblé 24,01 % des suffrages exprimés mais seulement 18,19 % des voix des inscrits.

---

1. Résultats de l'élection présidentielle 2017, ministère de l'Intérieur, interieur.gouv.fr.

Une majorité relative mais importante de Français inscrits sur les listes électorales a donc affirmé qu'aucun prétendant à la présidence ne lui convenait. On peut certes admettre l'hypothèse qu'une partie de ces non-exprimés considérait que, à l'inverse, n'importe quel candidat ferait l'affaire. Il n'en reste pas moins vrai que même dans ce cas, cela voudrait dire qu'aucun candidat n'aurait été assez convaincant pour faire naître un désir préférentiel chez eux, et cette perte de libido électorale ne saurait être ignorée comme symptôme d'une démocratie malade. Quelles que soient les raisons des uns et des autres, la position majoritaire des électeurs, lors de ce premier tour, a en tout cas consisté à ne se prononcer pour aucun des candidats en lice. Aussi incroyable que cela puisse paraître, cette colère ou ce désintérêt ont pourtant été passés sous silence, comme s'ils n'avaient jamais existé. Ce rejet est d'autant plus significatif que les électeurs pouvaient choisir parmi onze candidats, ce qui, selon certains, obligeait chacun d'entre nous à trouver satisfaction parmi eux – cet argument n'a pourtant aucun fondement logique, puisque la quantité ne garantit pas la qualité.

Emmanuel Macron a rassemblé au premier tour 8 656 346 voix, soit moins d'un Français sur cinq inscrit sur les listes électorales (on comptabilisait alors 47 582 183 inscrits)[1]. Un sondage réalisé par OpinionWay a fait ressortir que 45 % des électeurs de Macron au premier tour ne l'ont pas choisi en fonction de son programme, mais qu'ils ont « voté utile », considérant qu'il était le mieux placé pour accéder au second tour. Il n'a donc aucunement bénéficié d'un vote d'adhésion[2]. Ce constat se confirme avec une autre question du même sondage. L'institut a demandé à ses interlocuteurs s'ils pensaient que celui ou celle pour qui ils avaient voté améliorerait leur quotidien en cas de victoire. Marine Le Pen, par exemple, a obtenu 74 % de réponses positives. En revanche, Emmanuel Macron a réalisé le plus faible score de tous les candidats : seuls 39 % de ceux qui ont déposé un bulletin à son nom espéraient que leur situation s'améliorerait s'il devenait président. Ces indications attestent qu'en réalité seuls 4 ou 5 millions de Français ont choisi

---

1. *Ibid.*
2. H. Mathoux, « Les électeurs de Macron ne comptent pas sur lui pour… améliorer leur sort », *Marianne*, 25 avril 2017.

Macron avec enthousiasme ou conviction, soit un sur dix environ. Dès lors, avec si peu de soutien populaire, comment a-t-il réalisé l'exploit d'être porté à la tête de l'État à l'issue du second tour ? Il a été aidé par une chance de mari trompé.

Sur sa droite, Emmanuel Macron pouvait logiquement s'attirer des sympathies grâce à son programme très libéral – une partie des électeurs de François Fillon lui a tout de même préféré Marine Le Pen au second tour. Sur sa gauche, en revanche, Macron ne disposait d'aucune réserve naturelle de voix, puisque tous les candidats de ce spectre (Hamon, Mélenchon, Poutou, Artaud) combattaient précisément son modèle économique. Du coup, le total des électeurs pouvant approuver les mesures portées par Macron n'aurait pas pu dépasser, dans le meilleur des cas, 40 % des votants du premier tour. Mais heureusement pour lui, l'autre qualifiée pour le second tour, Marine Le Pen, était là pour lui venir en aide. Pour un homme ou une femme de la gauche antilibérale et écologiste, voter Macron, candidat de l'oligarchie et de la finance, signifiait voter contre soi-même. Mais tout humaniste féru d'histoire déteste encore plus le Front national, parti fondé par des nostalgiques de Vichy et toujours pétri de nationalisme et de xénophobie. Un parti englué dans des affaires de détournement d'argent public, accusé entre autres d'avoir payé les salaires de certains de ses employés avec les fonds du Parlement européen, en inventant de faux emplois d'assistants parlementaires, pour un montant total de 5 millions d'euros. Un parti régulièrement épinglé pour les déclarations racistes ou homophobes de ses membres. Là encore, il s'agit d'une formation détestée par une majorité de votants, malgré son succès grandissant. Même si beaucoup d'électeurs fatigués du chantage au FN ont préféré s'abstenir au second tour, les démocrates lucides n'ont eu d'autre choix que d'aller déposer un bulletin contre la candidate Front national. Pas par goût, répétons-le, mais par refus du pire, et sous les insultes des abstentionnistes « de gauche » décidés à « faire péter le système », fut-ce au prix de cinq ans de chaos et de violence.

La conséquence est la suivante : Emmanuel Macron est à ce jour président de la République, alors qu'une majorité de Français rejettent et combattent son programme économique, c'est-à-dire le poumon de sa politique. En effet, au premier tour, seuls deux candidats portaient en étendard le libéralisme économique dans sa version la plus *hard* : Macron et Fillon. À eux deux, ils ont totalisé 33,35 % des voix des inscrits et 44,02 % des exprimés. Inscrits ou exprimés, on le constate, ils sont une minorité à avoir souhaité la poursuite et l'extension du néolibéralisme dans notre pays. Pourtant c'est bien cette politique qui est aujourd'hui à l'œuvre. Peut-on appeler cela la démocratie ?

Mais ce n'est pas tout. Il convient également d'analyser la manière dont Emmanuel Macron, totalement inconnu des Français trois ans auparavant, est parvenu à se hisser en tête du premier tour. Nulle adhésion enthousiaste et spontanée des Français, on l'a bien compris, mais une improbable succession de coups de bol. Le grand favori du scrutin, François Fillon, aurait probablement gagné s'il ne s'était pas retrouvé embourbé dans des affaires judiciaires inattendues. En révélant les emplois fictifs accordés par Fillon à différents membres de sa famille depuis une vingtaine d'années, et tout particulièrement à son épouse Pénélope, *Le Canard enchaîné* a fait exploser la candidature du représentant des Républicains. Puis d'autres affaires secondaires se sont greffées à la première. Rapidement mis en examen et discrédité, Fillon aurait pu choisir de se retirer et de laisser la place à un autre candidat de son parti. Au lieu de ça, l'ancien Premier ministre s'est obstiné jusqu'au bout, transformant sa campagne en aventure personnelle dont l'issue, pensait-il, pourrait notamment le sauver de l'ire de la justice. Sans la mollesse des Républicains qui n'ont pas osé débarquer d'autorité le forcené ayant pris place dans leur cockpit, Macron n'aurait probablement pas passé le premier tour. Mais ce n'est pas tout. Le benjamin des présidents de la Ve République a bénéficié d'un autre coup du sort très favorable : l'élimination de Manuel Valls, battu lors de la primaire socialiste. Si Valls avait été qualifié, celui-ci aurait en effet représenté une concurrence directe pour Macron, puisque les deux hommes étaient à peu près sur la même ligne idéologique. Contrairement à ce qui était prévu par les sondages et la logique, Macron s'est retrouvé le seul candidat de centre droit de cette campagne, face à une droite dure engluée dans les affaires et à une gauche radicale divisée. Sans ce concours de circonstances improbable, il n'aurait jamais été élu. La chance, évidemment, fait partie de notre vie et explique en bonne partie le destin de chacun. Mais une organisation politique qui prétend garantir la justice entre les hommes a justement pour fonction, entre autres, de réparer autant que possible les accidents du destin. Enfin, on n'insistera jamais trop sur le rôle de cette presse qui a choisi et favorisé Macron, en tentant par tous les moyens de transformer un piètre orateur sans notoriété et un mauvais ministre en candidat crédible. S'il s'est présenté à la présidentielle, c'est bien parce qu'il avait eu l'assurance d'être soutenu par un système qui avait besoin d'un homme tel que lui pour continuer à ronronner en paix. Alors au plus bas dans les sondages, Macron a bénéficié d'une couverture médiatique en totale disproportion avec son importance réelle. Des unes à n'en plus finir, sous toutes les coutures, seul ou en duo avec Madame, tout était bon à prendre. Des articles et des éditos laudateurs, par ceux-là mêmes qui avaient pendant des années descendu François Hollande dont Macron avait pourtant été l'une des éminences grises. Les médias sont détenus par des industriels et des financiers et ce sont eux qui, aidés par le destin, ont élu Macron. Nous y reviendrons plus loin.

Le cas Mélenchon, dans cette élection, mérite lui aussi d'être évoqué pour les leçons qu'il permet d'en tirer. Se présentant en « candidat libre », en dehors de tout parti ou de toute primaire, Jean-Luc Mélenchon a lancé le mouvement la France insoumise, pour soutenir sa candidature. Son programme mêlait antilibéralisme et écologie. Benoît Hamon, le candidat désigné par les sympathisants du Parti socialiste, était exactement sur le même créneau. Les deux hommes se disputaient donc les mêmes électeurs. Au lendemain de la désignation d'Hamon, les sondages le créditaient de 15 % des voix, contre 10 % pour Mélenchon. Le candidat écologiste, Yannick Jadot, était quant à lui à 2 % d'intentions de vote [1]. Nous étions en janvier 2017, soit quatre mois avant le premier tour. Les électeurs « naturels » de la gauche radicale et de l'écologie représentaient donc dans leur ensemble 27 % des intentions de vote. Au soir du premier tour, les votes qui se sont portés sur ces trois candidats (dont deux avaient fait alliance, Jadot et Hamon)

---

1. G. Bonnefoy, « Présidentielle : bond de Hamon dans un sondage, qui passe devant Mélenchon », *L'Express*, 29 janvier 2017.

s'élevaient à 19,58 % pour Mélenchon + 6,36 % pour Hamon = 25,94 % de voix, soit quasiment ce qui avait été prévu plusieurs mois auparavant. Contrairement aux commentaires hâtifs ne se focalisant que sur le score élevé de Mélenchon, la gauche radicale écolo n'a pas élargi sa base électorale pendant la campagne. Elle a finalement recueilli les suffrages d'électeurs déjà convaincus, qui se sont contentés pour beaucoup d'entre eux de se reporter sur Mélenchon alors que leur premier choix était Hamon. Comment expliquer ce changement de monture en plein voyage ? D'une part, évidemment, par la bonne campagne de Mélenchon qui a su tirer profit de sa gouaille populiste et de son amour du *one man show*. D'autre part, par la timidité de son adversaire, trop poli dans les débats et effacé dans les médias. L'attitude des cadres du Parti socialiste a de surcroît nettement handicapé Benoît Hamon, candidat désigné par la base, mais rejeté par la direction à cause de son antilibéralisme : le PS n'a donc fourni aucun effort pour soutenir son représentant. Au contraire, de nombreuses figures socialistes ont choisi de rallier Macron, le désignant ainsi comme le favori des sociaux-libéraux, courant incarné par le président sortant François Hollande. L'effet fut dévastateur auprès des électeurs historiques du PS qui ne se reconnaissaient plus depuis longtemps dans les choix de leur parti. Ceux-ci avaient espéré, en désignant Hamon comme candidat, que le Parti socialiste tirerait les leçons du message qu'ils venaient de leur envoyer. Au contraire, le parti répondit qu'il ne changerait rien à ses récentes orientations économique et sécuritaire marquées « à droite » : la plupart des dirigeants ou des élus socialistes prirent leurs distances avec la possibilité d'un socialisme français à nouveau social et ouvert aux problématiques environnementales. Dès lors, le PS devint le boulet d'Hamon : nombre de ceux qui s'apprêtaient à voter pour lui choisirent finalement de ne pas le faire, afin de sanctionner le parti qu'il représentait et qui refusait de prendre acte des critiques qui lui étaient légitimement adressées. Voter pour Hamon signifiait l'acceptation du retour au pouvoir d'un Parti socialiste englué dans ses trahisons et compromissions idéologiques, dans la mesure où Hamon n'aurait pu gouverner sans l'appui de ce parti. Ce n'est donc pas seulement le talent de Mélenchon qui a détourné des électeurs socialistes vers lui, c'est aussi le PS qui les lui a envoyés, preuve que les partis, dans leur fonctionnement actuel, sont eux aussi une entrave à la démocratie.

Le score cumulé de la gauche radicale écolo – près de 26 % au premier tour – mérite d'être questionné : les électeurs de Mélenchon, d'Hamon et de Jadot ont-ils voté pour un programme ou pour un individu ? En clair, se sont-ils laissé convaincre par un projet de société ou par la personnalité qui portait ce projet ? Il semble évident que ce sont les propositions des uns et des autres qui ont prioritairement guidé le choix de ces électeurs. Ce qui importait, c'était bien que la gauche radicale écolo l'emporte, quel que soit son porte-parole. Hamon et Jadot ont tout de suite compris l'intérêt qu'ils avaient à une campagne commune. Mais comment expliquer qu'ils ne soient pas parvenus à s'unir dès le premier tour à Mélenchon et assurer ainsi à leurs idées, non seulement une qualification pour le tour suivant, mais aussi probablement une victoire finale ? Si réellement Mélenchon et Hamon avaient comme priorité le combat contre les ravages sociaux et environnementaux du libéralisme, alors leur alliance s'imposait. Un tel pacte nécessitait évidemment de sacrifier un destin personnel à une cause supérieure, puisqu'il n'y avait pas de place pour deux à l'Élysée. Le souhaitaient-ils ? En ce qui concerne Mélenchon, son parcours et son caractère attestent que non. Il préférait que les idées qu'il prône perdent avec lui, plutôt qu'elles s'imposent sans lui. Lorsque l'alliance était possible et que les sondages le donnaient derrière Hamon, jamais il n'a sérieusement envisagé de céder le leadership au candidat socialiste sur la base d'un programme commun. Il était d'accord pour qu'Hamon se désiste à son profit, mais refusait catégoriquement d'imaginer l'inverse. Après tout, il avait refusé de participer à la primaire de gauche ou à celle des écologistes, il avait annoncé sa candidature sans consulter ses alliés communistes habituels, pourquoi aurait-il tout à coup accepté de donner l'impression que les belles idées qu'il défend avec fougue à longueur de meeting sont plus importantes que son aventure personnelle ? Il fallait refuser la dictature des sondages, affirmait-il, ce en quoi on ne pouvait lui donner tort. Il fallait que chacun votât en son âme et conscience, précisait-il, pour son candidat préféré. Cette tactique s'annonçait pourtant suicidaire, puisqu'elle impliquait une division des voix de la gauche radicale écolo, annonçant ainsi l'élimination des deux candidats aux idées cousines. C'est ce qui arriva.

La vraie démocratie est celle qui permet aux idées, et non aux hommes, de triompher. Sur ce point également, la dernière élection présidentielle a été un camouflet, puisque les idées ont été prises en otage par les considérations égotiques de quelques-uns. Avec 25,94 % des voix, la gauche radicale écolo est arrivée en tête de ce premier tour devant Emmanuel Macron. Mais elle a été éliminée, parce qu'elle était divisée en deux. Grâce à un phénomène de vases communicants, Mélenchon a siphonné une grande partie des voix d'Hamon, mais pas suffisamment pour terminer dans les deux premiers.

Au lendemain du premier tour, Facebook et Twitter devinrent le terrain de pugilats féroces entre électeurs à la recherche de boucs émissaires. Les électeurs de la France insoumise mais démise furent les plus visibles. Leur champion n'avait raté la finale que de 600 000 voix, il avait montré son dépit à la télévision le soir des résultats, et il refusait d'indiquer à qui irait son vote au second tour, malgré la qualification de la candidate du Front national. L'attitude du chef – qui officiellement refusait ce qualificatif alors que tout dans son mouvement était organisé autour de sa seule personne – avait semé le trouble dans la classe politique et parmi les électeurs. Nombre de ceux qui avaient voté Mélenchon au premier tour s'en prirent aux abstentionnistes : s'ils avaient voté, répétaient-ils en chœur, Marine Le Pen n'aurait pas été qualifiée. L'entendement s'éteint parfois sur commandement de la passion. En effet, les abstentionnistes n'auraient en réalité rien changé, sauf à leur ordonner de voter pour Mélenchon. S'ils avaient voulu faire barrage à Le Pen, ils auraient aussi bien pu choisir François Fillon, lui aussi très haut dans les sondages. En réalité les abstentionnistes, s'ils avaient été contraints de voter, auraient probablement réparti leurs suffrages entre les onze candidats. Peut-être auraient-ils gonflé le score de Hamon ou celui de Poutou de 2, 3 ou 4 points, voire celui de Marine Le Pen, qui sait ? Mais ils n'auraient pas forcément favorisé celui de Jean-Luc Mélenchon. Peut-être même l'auraient-ils fait baisser en proportion.

Certains supporters de Mélenchon fustigèrent également Hamon, accusé de n'avoir maintenu sa candidature que pour nuire à leur candidat. Ils attaquèrent au passage les Français qui avaient voté Hamon alors que les sondages le donnaient largement perdant, ce qui avait selon eux consisté en un « vote inutile » qui aurait pu profiter à Mélenchon et contribuer à sa qualification. Pourtant, pendant cette campagne, Jean-Luc Mélenchon lui-même s'était insurgé contre le vote-calcul, au point d'annoncer que les sondages devraient être interdits en période électorale. C'était, il est vrai, au moment où les études d'opinion le plaçaient plusieurs points derrière son concurrent direct. Pour finir, Mélenchon peut remercier le vote utile, puisqu'il a attiré à lui de nombreux sympathisants socialistes dépités par la dégringolade de leur candidat dans les sondages.

Il ne faudrait pas croire que seule la dernière élection présidentielle illustre l'échec du processus démocratique en France. Repensez un instant au pouvoir de Manuel Valls, entre 2014 et 2016, lorsqu'il était Premier ministre. Quelle était alors sa légitimité réelle pour diriger le gouvernement français et donc la politique du pays ? Lors de la primaire socialiste de 2011, seuls 5,63 % des « sympathisants de gauche » avaient voté pour lui et ses idées. Comment a-t-il pu devenir peu de temps après le deuxième personnage le plus puissant de l'État ? On pourra rétorquer à cela que l'opinion avait pu évoluer entre la primaire de 2011 et l'année de sa nomination à Matignon, trois ans plus tard. Peut-être les positions de Valls étaient-elles entre-temps devenues populaires ? Peut-être sa vision s'était-elle finalement imposée ? Que nenni. En janvier 2017, lors de la primaire pour l'élection présidentielle, il n'a obtenu que 31,9 % des voix au premier tour et il a été battu au second avec seulement 41,31 % des suffrages. La vérité ne fait plus de doute : notre pays a été dirigé pendant deux ans et demi par un homme qui n'a jamais obtenu la moindre majorité populaire, pas même au sein de son camp. Démocratie ?

Les considérations à géométrie variable sur l'abstention, le vote blanc, le vote utile ou le vote de conviction sont une preuve supplémentaire de la nécessité de remettre à plat le mode de désignation de nos représentants, qui génère frustrations et antagonismes parmi les électeurs déçus. Ceux qui voient leur candidat éliminé ont par ailleurs tendance à ne pas accepter le verdict des urnes, en ruminant les causes de l'échec de leur favori : manque de visibilité dans les médias, désinformation de la part de ces mêmes médias, soutiens financiers plus importants pour les adversaires... Et s'ils se sentent autorisés à remettre en cause la légitimité du scrutin, c'est précisément parce que nos modes de représentation sont effectivement mauvais et injustes. Une démocratie apaisée est celle où chacun peut exprimer un choix réfléchi, où il a le droit de rendre ce choix public et de l'argumenter sans qu'on l'agresse, et où il accepte ensuite le verdict des urnes sans se répandre lui-même en insultes et en accusations. Une démocratie efficace est celle où tout porte-parole du peuple est élu par conviction, et non par dépit. Or notre démocratie n'est ni apaisée ni efficace. Il est donc temps de prononcer l'oraison funèbre de notre système politique et d'en enfanter un autre.

Une ambition Commune

COMMUNE DE PARIS 1871
APPEL AUX ELECTEURS

Citoyen-nes,

Ne perdez pas de vue que les hommes qui vous serviront le mieux sont ceux que vous choisirez parmi vous, vivant votre vie, souffrant des mêmes maux.

Défiez-vous autant des ambitieux que des parvenus ; les uns comme les autres ne consultent que leur propre intérêt et finissent toujours par se considérer comme indispensables.

Défiez-vous également des parleurs, incapables de passer à l'action ; ils sacrifieront tout à un beau discours, à un effet oratoire ou à mot spirituel.

Evitez également ceux que la fortune a trop favorisés, car trop rarement celui qui possède la fortune est disposé à regarder le travailleur comme un frère.

Enfin, cherchez des hommes aux convictions sincères, des hommes du peuple, résolus, actifs, ayant un sens droit et une honnêteté reconnue.

Portez vos préférences sur ceux qui ne brigueront pas vos suffrages ; le véritable mérite est modeste, et c'est aux électeurs à choisir leurs hommes, et non à ceux-ci de se présenter.

Citoyens,

Nous sommes convaincus que si vous tenez compte de ces observations, vous aurez enfin inauguré la véritable représentation populaire, vous aurez trouvé des mandataires qui ne se considèrent jamais comme vos maîtres.

Hôtel de Ville, mars 1871.

Ploutocratie & Oligarchie

Le gouvernement actuel ne me représente pas. Celui qui l'a précédé non plus, ni sans doute celui qui lui succédera. Et vous ? Avez-vous le sentiment que les équipes qui se relaient à la tête de l'État dans un mouvement d'immobilisme et dans une alternance de continuité expriment vos aspirations ? Êtes-vous satisfaits de leurs propositions et réalisations ? Considérez-vous que les hommes et les femmes qui nous dirigent sont les meilleurs pour élaborer la société dont vous rêvez ? En ce qui me concerne, je réponds « non » à toutes ces questions. Depuis que je suis né il y 45 ans, je n'ai expérimenté que deux formations politiques différentes au pouvoir, lesquelles se sont au fil des ans rapprochées l'une de l'autre au point de préconiser aujourd'hui les mêmes recettes, à peu de chose près. Et même si l'équipe qui a conquis le pouvoir en France en mai dernier se réclame d'une logique politique nouvelle, elle se contente de recycler les recettes libérales les plus banales. L'élection de François Mitterrand au début des années 1980 avait pourtant suscité un espoir. Réduction du temps de travail, abolition de la peine de mort, dépoussiérage de la politique culturelle... il s'est bien passé des choses et il s'est passé des choses bien. Mais l'intermède fut de courte durée. Rapidement, le libéralisme dans sa version la plus *trash* s'est imposé comme le chemin unique et indépassable. Le rêve a reculé, il s'est rétréci, pour finalement céder face au cynisme d'une fausse réalité présentée comme un état des choses inéluctable et indépassable. Les gouvernements successifs ont donné raison à Nietzsche et à son *Zarathoustra* : « L'État, écrit l'auteur allemand, est le plus froid des monstres froids. Il ment froidement et voici le mensonge qui s'échappe de sa bouche : "Moi l'État, je suis le peuple". [1] »

Affirmer que nous ne sommes pas en démocratie en France résonne comme le point de vue d'un enfant gâté. Comparée à celle des citoyens d'Arabie saoudite, de Corée du Nord, d'Ouzbékistan, d'Érythrée, du Venezuela ou de Turquie, notre situation est en effet très enviable. Nous votons très régulièrement pour élire des représentants à de multiples échelons, les candidats qui se présentent sont issus d'une dizaine de formations différentes, nous exprimons à peu près librement nos avis dans la rue et sur les réseaux sociaux, les syndicats et les journaux de tout type sont autorisés, et personne n'est emprisonné parce qu'il s'oppose ouvertement au gouvernement. Notre régime politique a donc la couleur de la démocratie, ses institutions sonnent comme les institutions de la démocratie, mais pourtant ce n'est pas la démocratie. D'ailleurs, que veut dire exactement ce terme ?

Officiellement, selon les mots d'Abraham Lincoln, la démocratie est le « gouvernement du peuple, par le peuple et pour le peuple » (ces mots sont inscrits dans l'article 2 de la Constitution française). C'est logique : δημος, *peuple*, et κρατος, *domination, puissance, pouvoir*. Le problème, c'est qu'à peu près tous les régimes dans le monde se revendiquent comme des démocraties. Les pays communistes ont par exemple inventé l'expression pléonastique de « démocratie populaire » pour désigner leurs régimes oppressifs à parti unique. Selon l'acception occidentale contemporaine, on peut toutefois admettre qu'une démocratie est un système politique dans lequel les citoyens choisissent leurs représentants en s'appuyant sur des propositions plurielles détaillées, et dans lequel ces citoyens prennent part directement aux décisions importantes grâce à des consultations directes ponctuelles. Dans un pays démocratique il est par ailleurs entendu que les citoyens doivent bénéficier de la plus large liberté de conscience et d'expression possible. D'après un tel système, le peuple est donc sujet, puisqu'il obéit aux lois mises en place par le gouvernement, mais il est aussi et surtout souverain, puisqu'il choisit ce gouvernement qui va lui donner des ordres à

---

1. F. Nietzsche, *Ainsi parlait Zarathoustra*, « De la nouvelle idole », « GF », Flammarion, 2006, p. 87.

travers des lois et des réglementations. Il est courant de confondre « démocratie » et « république », mais ces mots ne renvoient pas tout à fait à la même réalité. Une république est un régime où, officiellement, le pouvoir n'est pas aux mains d'un seul et où le chef de l'État est élu. En ce sens, « république » et « démocratie » semblent signifier la même chose. Mais la république désigne une forme d'organisation politique, tandis que le terme « démocratie » qualifie cette manière de gouverner qui permet une expression libre des citoyens. Une république peut donc être une dictature, comme l'Irak de Saddam Hussein, tandis qu'une monarchie peut être une démocratie, à l'image de l'Angleterre.

Aristote (384 av. J.-C.-322 av. J.-C.) a vu juste en établissant que « le principe du gouvernement démocratique, c'est la liberté ». Liberté de s'exprimer, d'entreprendre, de faire, d'être... À partir de ce mot dont le champ est si vaste, chacun peut décrire sa vision de la démocratie. Henry Ford (1863-1947) y voit un système qui accorde les mêmes chances de réussite à tous, mais où l'autorité repose sur le mérite et non sur le nombre. Albert Camus (1913-1960), pour sa part, estime que la démocratie « n'est pas la loi de la majorité, mais la protection de la minorité ».

Une vérité toute simple prouve que notre démocratie n'est pas réelle : il y a sur la planète, et dans tous les pays, beaucoup plus de pauvres que de riches ; étant donné que l'intérêt personnel est une motivation prioritaire pour beaucoup de votants, alors si nous étions en démocratie, les pauvres devraient diriger le monde ou, à tout le moins, les politiques mises en place devraient être favorables aux plus modestes. Or il n'en est rien : au contraire, les inégalités ne cessent de se creuser, comme le montrent toutes les études sur le sujet. La nécessaire domination politique des plus pauvres imposée par la démocratie avait déjà été soulignée par Aristote dans *Les Politiques* : « Aussi, dans la démocratie, les pauvres sont-ils souverains à l'exclusion des riches, parce qu'ils sont les plus nombreux, et que l'avis de la majorité fait loi[1]. » Curieusement, Aristote voyait là un défaut de démocratie, car ce principe conduisait selon lui à la discrimination des plus riches. Il proposait donc un système mixte où la décision serait emportée par une majorité tenant

---

1. Aristote, *Les Politiques*, Livre VII.

compte du nombre mais aussi du cens, c'est-à-dire de l'impôt payé par les votants. Un tel point de vue, qui donne plus de poids à l'opinion d'un riche qu'à celle d'un pauvre, serait difficilement défendable aujourd'hui. Qui pourrait imaginer rétablir le suffrage censitaire ? Pourtant, les élus du tiers état aux états généraux de 1789 ont bien été désignés suivant ce principe. A-t-il réellement été abandonné depuis ? Officiellement, bien sûr, mais dans les faits ce sont toujours les plus riches, et à travers eux l'argent lui-même, qui gouvernent.

Aux États-Unis, le Congrès est bourré de millionnaires. En 2014, le Center for Responsive Politics [1] a publié une étude qui montrait que la moitié des membres de la Chambre des représentants et du Sénat avaient un patrimoine supérieur à un million de dollars, alors qu'au même moment le patrimoine d'un Américain « moyen [2] » était inférieur à 100 000 dollars [3]. Par ailleurs, le revenu médian d'un ménage américain ne dépasse pas les 50 000 dollars par an, pour un revenu moyen à 90 000 dollars [4]. Conclusion : l'élu du Congrès est dix fois plus riche que la moyenne des citoyens qu'il est censé représenter [5]. Comment peut-on sérieusement croire que ces nantis sont les mieux placés pour prendre les décisions concernant le système de santé ou l'assurance chômage de la majorité ? En réalité, la démocratie américaine n'est qu'une *ploutocratie*, c'est-à-dire un régime où le pouvoir est détenu par les plus riches.

En 2010, le coût d'une campagne victorieuse pour le Sénat était estimé à 10 millions de dollars, contre 1,4 million pour la Chambre des représentants [6]. Le coût des campagnes présidentielles américaines atteint désormais des montants délirants. Depuis 2010, les

---

1. Association qui analyse l'influence de l'argent en politique.
2. En 2011, la classe moyenne représentait 51 % de tous les adultes américains.
3. « Aux États-Unis, la classe moyenne se réduit, en taille et en richesse », *Le Monde*, 23 août 2012.
4. Salaire médian : la moitié des Américains gagnent moins, l'autre moitié gagne davantage. Salaire moyen : la moyenne de tous les salaires. « Revenu des ménages américains : l'écart se creuse », *Libération*, 4 septembre 2014.
5. « États-Unis : la moitié des élus au Congrès sont millionnaires », *RFI*, 11 janvier 2014.
6. J. Maccaud, « Les élus du Congrès américain de plus en plus riches », *Le Figaro*, 28 décembre 2011.

fonds privés sont acceptés sans limitation. Les entreprises, les milliardaires ou les syndicats donnent ce qu'ils veulent. Résultat : des « surperdonateurs » versent des dizaines de millions de dollars. Selon le *New York Post*, Hillary Clinton a dépensé 1,2 milliard de dollars pour sa campagne perdue en 2016, contre 600 millions pour son adversaire et vainqueur Donald Trump [1].

Un candidat sans réseau, sans amis, sans notoriété n'a aucune chance d'y parvenir. Lincoln Chafee fait partie de ces « petits » qui ont voulu jouer dans la cour des grands. Cet ancien républicain, trop progressiste pour supporter les dérives droitières de Georges W. Bush, a rejoint les démocrates lorsqu'il a été élu gouverneur du Rhode Island en 2010. Chafee s'est présenté à la primaire démocrate pour la présidentielle 2016, en prônant le désengagement des soldats américains des conflits et la priorité à l'éducation et à la santé. Mais il a rapidement abandonné la compétition, faute de moyens, après le premier débat au cours duquel le modérateur s'était complètement désintéressé de lui. « Mon expérience politique a compté pour rien, explique-t-il. Comme je n'ai pas levé 50 millions de dollars dans les premiers mois, je n'ai reçu le soutien de personne. Sans argent, il est impossible aujourd'hui d'avoir une chance d'être entendu [2]. » De ce fait, l'énergie d'un candidat, pendant une campagne présidentielle américaine, est consacrée en bonne partie à engranger de l'argent lors de collectes de fonds appelées *fundraisers*. Ce sont des événements au cours desquels les candidats font de la lèche à tout ce que l'Amérique compte de friqués pour leur extorquer quelques millions : des patrons, des banquiers, des artistes... Ils dînent, parlent, sourient, prennent des photos, flattent le donateur potentiel. Oui, on peut appeler ça de la drague lourdingue. Les quantités de fric amassées ne servent pas réellement le débat démocratique : l'argent sert surtout à financer de la publicité qui est généralement utilisée pour dézinguer l'adversaire. Il faut affirmer sans cesse que celui d'en face est nul, malhonnête, incompétent, méchant et autres trucs du même genre. La perversité de ce système de matraquage saute immédiatement aux yeux. Si un

---

1. B. Fredericks, « *Hillary Clinton's losing campaign cost a record $1.2B* », *NYpost*, 9 décembre 2016.
2. G. Debré, *Washington*, Fayard, 2016, p. 23.

groupe pétrolier vous offre 100 millions de dollars, allez-vous ensuite, une fois élu, aller contre ses intérêts et courir le risque qu'il fasse le même chèque à votre adversaire la fois suivante ? Par ailleurs, pour qu'il signe le chèque, ne lui avez-vous pas promis deux ou trois choses ? Comment un candidat qui accepte de l'argent de la finance ou de l'industrie agrochimique pourra-t-il ensuite prendre des décisions qui les entravent ? En 2013, l'économiste américain Robert Reich résumait ainsi la gravité de la situation : « La concentration de la richesse entre un nombre limité de mains entraîne une concentration du pouvoir. Jamais, dans l'histoire de notre pays, l'argent du 1 % des plus nantis n'a tant nourri les campagnes électorales, influencé les médias et empêché les réformes qui seraient salutaires pour le plus grand nombre [1]. »

Le président des États-Unis, Donald Trump, est un magnat de l'immobilier qui possède une fortune estimée entre 4,5 milliards de dollars (selon le magazine *Forbes*) et 10 milliards de dollars (selon lui-même) [2]. Son prédécesseur, Barack Obama, faisait pâle figure à côté : une fortune évaluée à 10 millions de dollars en 2012, fruits de sa carrière d'avocat et des droits d'auteur de ses livres [3]. Son concurrent républicain à la présidentielle 2012, Mitt Romney, possède une fortune oscillant entre 190 et 250 millions de dollars [4], engrangés grâce à ses activités dans la finance et la restructuration d'entreprises en difficulté. La fortune de George W. Bush, président de 2000 à 2008, est quant à elle estimée à 35 millions de dollars, grâce à ses activités dans le pétrole. John Kerry, son adversaire démocrate à la présidentielle en 2004, serait à la tête de 125 millions de dollars. En 2013, le budget fédéral a été baissé de 85 millions de dollars et des centaines de milliers de fonctionnaires ou de contractuels en ont subi les conséquences – par exemple des congés sans solde. Généreusement, Kerry a offert 5 % de son salaire annuel

---

1. R. Reich, « Les Américains doivent partager la richesse », *L'Express*, 2 décembre 2013.
2. N. Ait-Kacimi, « Donald Trump, une fortune de 10 milliards de dollars et sans complexes », *Les Échos*, 12 octobre 2015.
3. D. Auciello, « Comment Barack Obama a fait fortune », *La Tribune de Genève*, 16 septembre 2012.
4. « Mitt Romney, au moins 30 fois plus riche qu'Obama », *Le Figaro*, 2 juin 2012.

de secrétaire d'État (183 000 dollars) à des œuvres de bienfaisance, en guise de solidarité [1]. Une manière de s'acheter une bonne conscience à bas prix. Bill Clinton, s'est quant à lui enrichi après ses deux mandats à la Maison Blanche, notamment grâce à des conférences facturées 500 000 dollars, au moment où son épouse était secrétaire d'État – on peut évidemment s'interroger sur les évidents conflits d'intérêts puisque la plupart de ces conférences ont été données à l'étranger. Résultat : une fortune estimée récemment à 55 millions de dollars. La famille de John Fitzgerald Kennedy était richissime. Thomas Jefferson, troisième président des États-Unis, rédacteur de la déclaration d'indépendance, possédait une fortune engrangée grâce aux plantations et aux esclaves de son père. Relevons dans cette longue liste de présidents très friqués le cas particulier de Franklin D. Roosevelt, issu d'une famille très aisée, mais qui n'a pourtant pas hésité à s'attaquer aux plus fortunés et aux entreprises en mettant en place une politique de redistribution des richesses, le New Deal, et en instaurant en 1941 un taux fédéral d'imposition marginal des revenus de 91 %, applicable au-delà de 200 000 dollars de l'époque, soit 1 million d'aujourd'hui [2].

En fait, il se passe aujourd'hui l'inverse de ce qu'avait craint Aristote : la minorité riche dirige la majorité pauvre. Et elle mène une politique en faveur d'elle-même : de 1993 à 2012, les 1 % d'Américains les plus riches ont vu leurs revenus grimper de 86,1 % contre 6,6 % pour le reste de la population. La crise financière de 2008 a causé la faillite de Lehman Brothers, mais pas celle des Américains les plus fortunés, dont le capital a continué à progresser ; 90 % des actions aux États-Unis sont détenues par les 10 % les plus riches. Les plus riches ont aussi profité, évidemment, de l'augmentation des bénéfices des entreprises qui a permis de reverser d'importants dividendes et d'augmenter la valeur des actions. Aux États-Unis, 10 % des actifs engrangent 50 % des revenus [3]. Et 85 % du patrimoine appartient à 20 % de la population.

---

1. « USA : Kerry reverse 5 % de son salaire », *Le Figaro*, 4 avril 2013.
2. T. Piketty, « Roosevelt n'épargnait pas les riches », *Libération*, 17 mars 2009.
3. P.-Y. Dugua, « Aux États-Unis, les inégalités se sont creusées », *Le Figaro*, 18 janvier 2014.

Résultat : malgré leur allure démocratique, les États-Unis sont une *ploutocratie de style monarchique*, puisque de riches dynasties familiales tiennent le pouvoir : les Roosevelt, les Kennedy, les Bush, et d'une certaine manière les Clinton – il s'en est fallu de peu pour que Hillary soit élue présidente comme son mari Bill l'avait été pendant huit ans, et rien ne dit que leur fille, Chelsea, ne prendra pas le relais un jour.

L'argent ne se contente pas d'influencer le pouvoir : il EST au pouvoir. Les banques font tout pour ne pas être régulées et contrôlées ; afin que leurs vœux soient exaucés, leurs dirigeants sont étroitement liés au personnel politique et administratif, et ce, dans tous les pays occidentaux. La banque Goldman Sachs, qui figure parmi les responsables de la crise des subprimes en 2008, dirige l'économie américaine et donc mondiale. Steven Mnuchin, l'actuel secrétaire du Trésor, est un ancien cadre de cette banque. Henry Paulson, ancien patron de Goldman Sachs, est devenu secrétaire du Trésor sous Georges W. Bush. Il a profité de son poste pour laisser couler Lehman Brothers, concurrente de son ancienne entreprise. Avant lui Robert Rubin, secrétaire au Trésor de Bill Clinton, avait passé vingt-six ans chez Goldman Sachs. Il est celui qui a organisé la dérégulation de la finance. La mainmise directe de Goldman Sachs s'étend aussi à l'Europe. Mario Draghi, qui est président de la Banque centrale européenne depuis 2011, est l'ancien vice-président pour l'Europe de Goldman Sachs. Rappelons que Goldman Sachs a aidé la Grèce à truquer ses comptes. Draghi est donc soupçonné d'être lié à cette opération de dissimulation.

En France, la collusion entre les banques et le pouvoir politique est moins visible, mais en 2012 plus de trois cents énarques exerçaient leur talent dans le secteur financier. Le cas Emmanuel Macron est à cet égard très illustratif. Diplômé de l'ENA, il est devenu banquier d'affaires chez Rothschild & Cie, ce qui lui a permis de devenir millionnaire en dirigeant le rachat par Nestlé d'une filiale de Pfizer, avant d'intégrer la sphère politique : conseiller général adjoint de l'Élysée, ministre de l'Économie puis aujourd'hui président de la République.

Chez nous aussi les riches sont au pouvoir. Le président fait partie des privilégiés, nous venons de le voir, mais il n'est pas le seul. La ministre du Travail, Muriel Pénicaud, est une ancienne

DRH du groupe Danone qui a empoché 1,13 million d'euros grâce à ses stock-options juste après avoir mis en place un plan social de 900 personnes qui a fait monter le prix de ses actions. Elle a ainsi gagné chez Danone 1,14 million d'euros en 2013 et 2,388 millions en 2014. Il est moralement incompréhensible qu'une personne qui a fait fortune dans le monde de l'entreprise, en licenciant des gens par dessus le marché, soit ensuite chargée de mener une réforme du droit du travail : il semble évident que son parcours personnel l'empêche d'avoir l'objectivité nécessaire pour travailler au bien-être maximal des salariés. Le dernier gouvernement de Manuel Valls, en 2016, comptait quant à lui 14 millionnaires parmi les 39 ministres et secrétaires d'État [1].

L'Assemblée nationale n'est pas non plus représentative des diversités sociales du pays. Sur les 577 députés qui la composent actuellement, plus de 70 % sont diplômés de l'enseignement supérieur, alors que la moyenne nationale est de 27 % [2]. Beaucoup ont fait des études de droit. L'Assemblée compte 17 énarques, soit 3 % des élus, alors que les anciens élèves de l'ENA, qui sont 6 000, ne représentent que 0,01 % de la population française. En revanche, les « petits diplômes » comme le BEP ou le CAP sont quasiment absents : ils ne concernent que cinq députés. Une cinquantaine d'élus ont été fonctionnaires de catégorie A, ce qui requiert un bac +3. Les avocats et les médecins sont une centaine, et 70 % des médecins de l'Assemblée sont des députés de la majorité présidentielle. On compte encore 16 députés qui ont travaillé dans l'agriculture. Point intéressant à relever : 187 de ces députés possèdent une société ou en sont actionnaires et 66 détiennent des parts d'une SCI. Là encore, c'est largement supérieur à la moyenne nationale.

L'illusoire représentativité du peuple français à l'Assemblée est évidemment aggravée par l'absence de proportionnelle au Parlement, déjà maintes et maintes fois pointée comme une aberration. Il n'est cependant jamais inutile de rappeler qu'elle exclut en effet des formations qui devraient siéger, telles que le Front national qui représente aujourd'hui entre 15 % et 25 % des votes spontanés.

---

1. « Patrimoine : 14 des 39 membres du gouvernement sont millionnaires », *La Tribune*, 10 août 2016.
2. L'état de l'Enseignement supérieur et de la Recherche n° 4, 2010.

En revanche, au nom d'accords électoraux, les écologistes ont été surreprésentés pendant cinq ans, de 2012 à 2017. Je dénonce avec d'autant plus de tranquillité cette iniquité que je m'oppose aux idées du FN tandis que je soutiens l'écologie.

Se pose ensuite, évidemment, la question de l'utilité de ce Parlement. Trop souvent, il ne sert qu'à entériner des lois décidées en détail par le Président, le Premier ministre et leurs conseillers. Lorsque ces derniers décident de légiférer par ordonnances, ils ne se donnent même plus la peine des apparences. Encore mieux : en cas d'entrée en guerre, acte d'une gravité extrême, le Parlement français n'a rien à dire. Chez nous le Président peut, tout seul, en tant que chef des armées, déclencher un conflit ou engager l'armée sans avoir à demander l'avis du peuple, que ce soit de manière directe ou indirecte, à travers ses députés. Le gouvernement est simplement tenu de demander l'autorisation du Parlement pour prolonger une intervention déclenchée quatre mois auparavant. En Grande-Bretagne par exemple, en 2013, le Parlement a refusé à David Cameron une participation à une action en Syrie. En France, on ne s'embarrasse pas de ces futiles arguties.

Autre anomalie flagrante : la manière dont nos représentants élus profitent du pouvoir que nous leur avons consenti pour offrir arbitrairement, en dehors de toute considération d'intérêt général, des places à des individus que nous n'avons pas choisis et dont nous ne voudrions probablement pas si nous avions notre mot à dire. Il y a évidemment tous ces copains et « fils de » qui remplissent les cabinets des ministères. Mais il y a surtout ces places qui correspondent aux emplois les plus « chic » de la République et qui assurent à leurs récipiendaires de très confortables rémunérations, sans peur réelle du lendemain puisque le système qui les a promus leur offrira toujours un filet de sécurité. Le président de la République est le premier à récompenser à tout va les potes, les serviables et les utiles. En 2014, *Le Canard enchaîné* rapportait que François Hollande avait trouvé du boulot à d'anciens chiraquiens qui avaient appelé à voter pour lui : l'une avait été nommée à la Cour des comptes, un autre décrochant le titre d'inspecteur général de la Jeunesse et des Sports. *Idem* avec ses camarades de promo à l'ENA ou HEC : pour l'un, la tête de la police de Paris, pour une autre, un job de conseillère d'État, pour un autre encore, la présidence d'une filiale de la Caisse des dépôts [1]. Avant de vider son bureau à l'Élysée en mai 2017, Hollande a bien sûr pris soin de recaser tous ses proches, dans des postes valorisants et bien payés. Les trucs et machins publics dans lesquels un petit bout de bureau est toujours disponible pour l'ami d'un « puissant » sont nombreux : le Conseil économique social et environnemental (CESE), les ambassades, les organisations économiques, environnementales ou encore une pléthore d'organismes culturels prestigieux. À Rome, la directrice actuelle de la villa Médicis, Muriel Mayette, a été désignée en 2015 sans pouvoir se prévaloir d'un parcours qui la destinait à cette fonction. Les mauvaises langues racontent qu'elle aurait obtenu la place grâce au soutien de l'actrice Julie Gayet, laquelle n'a été élue par personne, hormis le cœur de François Hollande, ce qui relativise hautement la légitimité démocratique de la dame. Quant à l'ancien secrétaire d'État Harlem Désir, compagnon de longue date du Parti socialiste, il a été recasé en juillet 2017 à l'Organisation pour la sécurité et la coopération en Europe (OSCE), avec rang de sous-secrétaire général de l'ONU. Salaire : 122 195 euros par an, non imposables.

L'audiovisuel public français mérite à lui seul un paragraphe explicatif, tant les magouilles qui dominent son organisation sont contraires à l'esprit d'une démocratie saine. Olivier Schrameck, actuel président du Conseil supérieur de l'audiovisuel (CSA), a été nommé par François Hollande en janvier 2013. Je rappelle que le CSA n'est pas un organe mineur : il décide de la nomination des présidents de France Télévisions, Radio France et France Médias Monde, et choisit les membres du conseil d'administration de ces entités, tout comme de celui de l'INA. Parmi ses autres fonctions, il gère et attribue les fréquences, ce qui est loin d'être une responsabilité secondaire. Schrameck connaît-il les médias ? Peut-il apporter une expertise particulière sur le sujet ? Non. En revanche, ce haut fonctionnaire est proche des socialistes : il a été directeur de cabinet de Lionel Jospin, lequel a été ministre de l'Éducation nationale puis Premier ministre. Il a par ailleurs été soutenu par David Kessler, conseiller de François Hollande pour les médias et l'audiovisuel,

---

1. « Quand François Hollande sait se montrer généreux avec des chiraquiens et des proches », *Challenges*, 19 août 2015.

qui avait travaillé sous l'autorité de Schrameck à Matignon. En 2015, le CSA a choisi Delphine Ernotte pour remplacer Rémy Pfimlin à la tête de France Télévisions, après une procédure classique : dépôt de candidatures, dossiers, auditions… Cette nomination a pourtant fait couler beaucoup d'encre, Delphine Ernotte ayant en commun avec Schramek de n'avoir aucune expérience dans les médias. Lorsqu'elle a été choisie, elle dirigeait Orange où elle traînait une réputation de *cost killer*, c'est-à-dire de réductrice des coûts. Ce choix a suscité de nombreuses protestations et interrogations, d'autant plus que Delphine Ernotte était en concurrence avec des CV beaucoup plus adaptés au poste. Mais elle était le choix de l'Élysée, tout simplement, comme le rapporte Laurent Mauduit dans *Main basse sur l'information*[1], qui décrit en détail les manœuvres pour assurer la victoire de la favorite de Hollande. Il relève notamment le rôle de David Kessler, qui a entre-temps quitté l'Élysée pour rejoindre Orange sous la direction de… Delphine Ernotte, qu'il va aider dans sa campagne. Une fois en place, Delphine Ernotte placera à la tête de la direction de l'information Michel Field, qui n'a jamais été journaliste mais qui lui a été recommandé par son conseiller, Denis Pingaud : ils appartiennent tous au même clan, proche de l'Élysée. La désignation de Delphine Ernotte n'était pas la première à poser problème sous l'« ère Schrameck ». L'année précédente, le choix de Mathieu Gallet pour diriger le groupe Radio France avait lui aussi surpris, à peu près pour la même raison que celui de Delphine Ernotte : l'inexpérience dans le domaine. Avant d'atterrir à Radio France, Gallet avait dirigé l'Institut national de l'audiovisuel (INA), où il avait été, là encore, « nommé » sur insistance de Frédéric Mitterrand, ministre de la Culture, auprès de Nicolas Sarkozy. Gallet, il est vrai, avait été membre des cabinets de Frédéric Mitterrand et de sa prédécesseure, Christine Albanel, ce qui lui donnait un avantage certain pour être choisi. Lors du quinquennat Sarkozy, le Président décidait officiellement de ces nominations. François Hollande avait promis de changer cela en redonnant ce pouvoir au CSA et en affirmant ne pas vouloir s'en mêler. Encore une promesse non tenue. Comme le remarque très justement Laurent Mauduit, « le pouvoir rendu au

---

1. L. Mauduit, *Main basse sur l'information*, Don Quichotte, 2016, p. 371.

CSA de nommer les P-DG de l'audiovisuel public, qui pouvait apparaître comme un progrès démocratique, s'accompagne tout aussitôt d'une régression majeure : tout se passe de façon secrète, à l'abri du regard des citoyens. Le nom des candidats n'est pas dévoilé ; leur projet pour l'avenir du service public pas davantage ; les auditions de ces candidats par le CSA, publiques sous Sarkozy, se tiennent désormais à huis clos [1] ».

On pourrait également s'attarder sur la manière dont les six membres du CSA autres que le président se retrouvent parachutés au sein de cette institution qui les rémunère confortablement pendant six années : trois d'entre eux sont désignés par le président du Sénat, les trois autres par le président de l'Assemblée nationale. Ils sont donc choisis par des élus. Sur quels critères ? Certaines nominations laissent là encore songeur. Le système en vigueur ne favorise pas la désignation d'esprits indépendants, détachés de toute amitié personnelle avec ceux qui ont le pouvoir de leur offrir une place enviable.

Tous, ils se tiennent et se soutiennent, membres d'un même réseau, celui d'une aristocratie française que l'on n'a jamais tuée. Comment attendre de ces individus qu'ils mettent en place une politique qui défende les démunis, les modestes et les précaires ? Comment s'étonner du fait que tous ceux qui occupent les postes importants de l'État et de ses organismes représentatifs sont coupés des réalités sociales du pays ? Ils vivent dans un monde à part, où l'on gagne très bien sa vie sans vraiment le mériter et où la peur du chômage n'a pas lieu d'être puisqu'un appel à un ami suffit pour décrocher un travail prestigieux. Combien de millions de salariés rêveraient des mêmes facilités ?

---

1. *Ibid.*, p. 372.

Le néolibéralisme est un totalitarisme, c'est Hayek qui le dit

Ils nous dirigent, mais nous ne les avons pas élus. Ils font la loi, mais n'ont pas de mandat. Ils sont craints, mais restent insaisissables. Ils épient les moindres décisions politiques prises par nos gouvernants officiels, ils décryptent les moindres discours, ils scrutent les mouvements de chaque entreprise d'importance, puis ils expriment leur humeur, dont les médias se chargent immédiatement de rendre compte. Cela ne vous évoque rien ? Ils sont ces dieux qui nous observent de l'Olympe et se jouent de nous au gré de leurs caprices et de leur bon vouloir. Mais puisque nous ne croyons plus aux créatures de la mythologie, nous les qualifierons plutôt de dictateurs éthérés qui contrôlent nos vies. Ce sont « les marchés ».

« Les marchés » sont ce que la biologie économique a construit de pire. Ils s'incarnent en un Golem maléfique dont le contrôle nous a échappé. Ils se composent d'une concentration d'individus et de structures disséminés dans le monde entier mais qui constituent un corps unifié sans cerveau capable de dicter à 7,5 milliards d'habitants leurs volontés les plus irrationnelles. Ils ne réfléchissent pas mais ont pourtant des goûts, des préférences, et même une sensibilité à fleur de peau. Ils sont vite inquiets et demandent sans cesse qu'on les cajole pour qu'ils se sentent mieux.

« Les marchés rassurés par le discours de François Fillon », annonce ainsi un article du *Figaro* en mars 2017. Que vient d'annoncer l'ancien Premier ministre ? Un chômage en baisse ? la fin d'un conflit ? une pandémie évitée ? Rien de tout cela. Le monsieur vient d'apprendre qu'il va être mis en examen. Il a dans la foulée donné une conférence de presse pour annoncer que cela ne l'empêcherait pas d'être candidat à la présidentielle. Il en a profité pour fustiger la justice française, coupable à ses yeux de partialité et d'acharnement. Tout individu normalement constitué a jugé cette déclaration indécente de bout en bout. Des soutiens de Fillon ont d'ailleurs annoncé leur retrait juste après. Mais les marchés, eux, sont rassurés. Le journal explique : « Le CAC 40 est en grande forme tandis que François Fillon vient de confirmer son engagement dans la campagne présidentielle. Depuis le début de la campagne, le candidat de la droite fait figure de favori des marchés. L'indice de la Bourse de Paris grimpe de 1,42 % à 4 927,50 points peu après le discours du candidat. Le CAC 40 a même atteint un plus haut en séance à 4 932,98 points, dépassant le record annuel à 4 932,35 points qui avait été touché le 15 février. L'indice parisien renoue ainsi avec ses niveaux du début décembre 2015 et repasse en territoire positif depuis le 1er janvier. [1] »

Même période et même enthousiasme à l'égard du furieux de la Maison Blanche, l'improbable et dangereux Donald Trump. Le nouveau président américain s'est exprimé devant le Congrès et, selon le site *boursier.com*, ses conseillers lui ont écrit une bafouille très chaleureuse à l'égard des susceptibles marchés. « Donald Trump devient plus présidentiel, les marchés apprécient », titre le site, qui développe : « Avant l'intervention de Donald Trump, les investisseurs étaient divisés sur les attentes des marchés. Selon certains, un discours vague serait susceptible de décevoir et de provoquer une correction boursière. D'autres estimaient à l'inverse que le Président avait plutôt intérêt à ne pas trop entrer dans les détails, afin de laisser la Bourse continuer à rêver sur les retombées de ses promesses, comme cela a été le cas jusqu'ici... » Dans la revue de presse du jour, un autre article attire l'attention. Il émane du site *boursedirect.fr* et il est titré : « Les marchés ne sont-ils pas surévalués ? » Son contenu est en grande partie incompréhensible pour le novice. Extrait : « En stratégie, le principal souci consiste donc à

---

1. H. Rousseau, « Les marchés rassurés par le discours de François Fillon », *Le Figaro*, 1er mars 2017.

gérer au mieux l'événementiel à venir. Ce timing sera sans nul doute anticipé par des mouvements spéculatifs piégeux. Compte tenu de la situation très particulière à fort niveau d'attente, il vaudrait mieux prendre le train en marche et surtout s'assurer d'un bien-fondé le moment venu. D'ici là, il faut garder une préférence pour l'arbitrage entre 4 935/4 735 avec la MM20 jours comme pivot pour privilégier le sens acheteur ou vendeur. » Hein ? Perso, je n'ai pas fait « marché deuxième langue » ! Mais c'est un autre passage qui retient mon attention : « L'indice parisien a réalisé la semaine passée une perte hebdomadaire de 0,46 % à 4 845,24. Après avoir gagné 9,31 % lors du dernier trimestre 2016, les deux premiers mois de l'année traduisent bien le manque de directionnel à quelques jours d'un timing événementiel jugé important (– 2,33 % en janvier et + 2,03 % en février à la veille de la clôture mensuelle). De toute évidence, les marchés ont surtout besoin de certitudes. »

Ces quelques articles nous révèlent donc la psychologie des « marchés » : ils ont des attentes, des rêves, ont besoin de certitudes, et aiment être rassurés. En gros, « les marchés » sont un gamin peureux, égocentrique et autoritaire. « Les marchés » ont des porte-parole aux noms étranges : CAC 40, Dow Jones, Nikkei 225, Nasdaq, FTSE... Et ils possèdent leurs soldats, des saigneurs en armure de laine qui se partagent le butin. Dans un documentaire de France 2 consacré à l'homme d'affaires Vincent Bolloré, son conseiller, Alain Minc, commente l'interventionnisme de l'homme d'affaires dans les médias dont il est devenu actionnaire. Le P-DG aime que les journalistes qui travaillent dans son groupe soient à ses ordres – preuve supplémentaire que le libéralisme économique a peu à voir avec le libéralisme des idées. Chez Canal+, une affaire en particulier a fait beaucoup de bruit : celle d'un documentaire interdit d'antenne parce qu'il mettait en cause le Crédit Mutuel, banque amie de Bolloré. Interrogé à ce sujet, Alain Minc allie litote et périphrase pour livrer une confession dont l'honnêteté peut surprendre : « C'est très compliqué pour des gens qui ont la toute-puissance des capitalistes de découvrir des univers où vous avez en face de l'argent, et du poids que ça donne, des forces qui résistent. » Autrement dit, Minc, ami des patrons, affairiste, néolibéral, reconnaît que non seulement l'argent offre un pouvoir démesuré, mais encore qu'il encourage ceux qui le détiennent à contredire la démocratie dès lors que celle-ci menace leurs intérêts. Dans un article récent, trois chercheurs en économie, Xavier Landes, Claus Strue Frederiksen et David Budtz Pedersen vont plus loin en pointant l'incompatibilité entre capitalo-libéralisme et démocratie : « Outre l'impact sur les budgets publics, la concentration du capital offre aussi à une poignée d'individus et d'organisations la possibilité d'influencer de manière décisive divers processus démocratiques (élections, décisions politiques, normes sanitaires et sociales, évaluation des politiques publiques) dans un sens favorable à leurs intérêts. Il s'agit d'un problème qui doit inquiéter n'importe quel libéral au niveau national, mais aussi européen. Si l'idéal libéral est celui d'une société dans laquelle les individus peuvent s'exprimer, échanger, s'associer ou entreprendre sans être soumis à l'arbitraire de qui que ce soit (entité publique ou privée), force est alors de reconnaître que la situation actuelle est très éloignée de cet idéal [1]. »

L'histoire a retenu deux totalitarismes : le nazisme et le stalinisme. Il est temps d'en reconnaître un troisième : le néolibéralisme. Il est plus insidieux que les autres puisqu'il n'exécute pas les réfractaires ni ne les enferme en camp de travail. C'est un *totalitarisme soft* qui, contrairement aux deux autres, maquille ce qu'il est sous de séduisants oripeaux. Revenons une fois encore au sens des mots. Le totalitarisme n'implique pas forcément des mares de sang et des prisons remplies d'opposants. Il peut trouver les moyens de faire taire les adversaires de manière beaucoup plus discrète. D'après mon ami Robert, un régime totalitaire est « un régime à parti unique, n'admettant aucune opposition organisée, dans lequel le pouvoir politique dirige souverainement et tend à confisquer la totalité des activités de la société qu'il domine [2] ». Or depuis les années 1980, les représentants du néolibéralisme ont fait de leur courant économico-politique un parti qui s'étend peu à peu sur l'ensemble de la planète en balayant tous les autres, sans contestation possible. Les généraux du néolibéralisme détiennent tous les leviers de pouvoir : FMI, OMC, Banque mondiale, Union européenne, mais aussi les grands médias, qui en sont la voix fidèle. Ils

---

1. X. Landes, C.S. Frederiksen, D.B. Pedersen, « Libéral ou capitaliste : ce n'est pas la même chose », *Slate*, 6 février 2015.
2. Le Robert, p. 2578.

imposent leur volonté à des peuples qui n'ont pas voté pour eux et à des pays qu'ils rackettent à la manière de mafieux : « Soit vous faites ce qu'on vous dit, vous nous versez ce qu'on vous demande, et vous n'aurez pas de problème, soit vous pouvez vous attendre au pire. » Toute opposition est par ailleurs réprimée dans la douleur, comme on l'a vu dans des contextes différents au Chili en 1973 ou plus récemment en Grèce.

Mais la définition d'un dictionnaire, fût-il Le Robert, paraîtra évidemment superficielle aux yeux des historiens et politologues qui s'écharpent sur le concept de « totalitarisme ». Hannah Arendt (1906-1975), première philosophe à y avoir consacré une étude approfondie, se refuserait probablement à ranger le néolibéralisme, qui n'existait pas à son époque, dans la catégorie des régimes totalitaires. Peut-être en revanche accepterait-elle de le définir comme une « dictature », puisqu'elle différencie les deux concepts et qu'elle met par ailleurs en cause « l'exigence d'un monopole dictatorial » de la part des bourgeois capitalistes au pouvoir. Pourtant, en parcourant son *Système totalitaire*[1], il est frappant de constater que nombre de caractéristiques que Hannah Arendt a dégagées pour définir le totalitarisme s'appliquent parfaitement au modèle dominant actuel.

D'abord l'adhésion des masses consentantes. C'est le point essentiel défendu par l'intellectuelle américaine d'origine allemande : ni Hitler ni Staline « n'auraient pu maintenir leur autorité sur de vastes populations [...] s'ils n'avaient bénéficié de la confiance des masses[2] ». De la même manière, le modèle néolibéral n'a pu s'imposer et perdurer aujourd'hui que par la volonté des masses qui y ont placé – et qui y placent encore – l'espoir d'un bénéfice personnel. Les très riches ne sont pas les seuls responsables de l'hégémonie actuelle de la doctrine ultralibérale. Le mouvement *Occupy Wall Street* avait pour slogan « Nous sommes les 99 % », par opposition aux 1 % les plus riches de la planète, c'est-à-dire ceux à qui la reprise économique a profité et qui possèdent désormais plus de la moitié des richesses de la planète. Mais il est trompeur de scinder

---

1. H. Arendt, *Le Système totalitaire*, « Points », Le Seuil, 2002, p. 39.
2. H. Arendt, *op. cit.*, p. 39.

ainsi la population en ces deux uniques catégories. Pensez-vous vraiment que 99 % des habitants de cette planète s'opposent unanimement et collectivement à ce 1 % de méga-favorisés ? Si tel était le cas, il y a fort à parier que les 1 % en question ne pourraient conserver longtemps leur trône. En réalité, les 99 % du camp d'en face sont composés de profils sociaux variés et parfois opposés : des très pauvres, des pauvres, des revenus modestes, des classes moyennes, des cadres supérieurs, des gens très aisés... Quel rapport entre un dirigeant de start-up français, un paysan malien, un acteur indien, un footballeur professionnel américain, un coiffeur thaïlandais, un ingénieur allemand, un ouvrier chinois, un trader russe, un épicier turkmène, un directeur de clinique britannique, un prix Nobel de chimie japonais et un chômeur de n'importe quel pays ? Ils appartiennent tous aux 99 % mais ils génèrent des revenus très différents. Parmi eux certains bénéficient de la mondialisation libérale tandis que d'autres n'en tirent pas le moindre avantage. Il en est d'ailleurs dans la liste qui peuvent caresser l'espoir de devenir eux-mêmes milliardaires et qui s'y emploient. Il y a donc parmi les 99 % de nombreux soutiens passifs ou actifs du néolibéralisme. Hannah Arendt parle d'une masse « atomisée et individualisée », c'est-à-dire de personnes « qui ne sont pas unies par la conscience d'un intérêt commun » : « Les masses existent en puissance dans tous les pays, et constituent la majorité de ces vastes couches de gens neutres et politiquement indifférents qui n'adhèrent jamais à un parti et votent rarement [1]. » Le néolibéralisme ne bénéficie-t-il pas lui aussi de l'indifférence des masses aux injustices, au creusement des inégalités et à la catastrophe écologique ?

Hannah Arendt relève également la nécessité pour le totalitarisme de s'appuyer sur « la possession, dans un seul pays, de tous les instruments du pouvoir gouvernemental et de ceux de la violence [2] », ainsi que son « mépris des faits, son adhésion exclusive aux règles d'un monde fictif [3] ». Le totalitarisme est destruction de la réalité, accaparement de tous les leviers de décision, délitement du lien social. Toutes ces caractéristiques se retrouvent dans le néolibéralisme.

---

1. *Ibid.*, p. 46.
2. *Ibid.*, p. 169.
3. *Ibid.*, p. 169.

Identifier le néolibéralisme comme le troisième totalitarisme n'est pas aussi osé que certains le prétendront. L'un des théoriciens néolibéraux les plus célèbres livre sans le vouloir tous les éléments pour parvenir à cette conclusion, tout en voulant défendre la thèse inverse. En 1944, l'économiste britannique d'origine autrichienne Friedrich Hayek publie son ouvrage le plus connu, *La Route de la servitude*, dont l'idée centrale consiste à affirmer que le socialisme et le nazisme (il parle également de *communisme* et de *fascisme*) ont en commun de mener tous deux au totalitarisme. La « route de la servitude » est donc pour Hayek celle que propose d'emprunter le socialisme, tout en promettant la liberté. Selon lui, l'intervention de l'État dans l'économie et le collectivisme aboutit à une restriction des libertés individuelles. Il reconnaît tout d'abord que « dans le système de la concurrence libre [...], les chances ne sont évidemment pas égales. [...] Le pauvre a beaucoup moins de possibilités que le riche, c'est entendu ». Mais il poursuit : « Il n'en est pas moins vrai que dans cette société le pauvre est quand même plus libre qu'une personne disposant d'un plus grand bien-être matériel dans un autre genre de société. [...] Nous avons oublié ce que signifie le manque de liberté. C'est pour cela que nous ne tenons pas compte d'un fait élémentaire : un ouvrier spécialisé a en Angleterre plus de possibilités d'organiser sa vie à son goût que, par exemple, un petit patron en Allemagne ou qu'un ingénieur bien payé en Russie. Qu'il s'agisse de changer de travail ou de résidence, de passer ses loisirs selon ses idées ou d'émettre ses opinions personnelles, notre ouvrier ne rencontre pas d'obstacles absolus, n'encourt pas de risques pour sa sécurité physique et pour sa liberté. Il paie plus ou moins cher pour satisfaire ses penchants, mais il n'est pas astreint, par l'ordre d'un supérieur, à s'employer à une certaine tâche et à vivre dans un endroit défini [1]. »

L'ultralibéral Hayek identifie clairement le totalitarisme au manque de liberté et à l'impossibilité pour l'individu de choisir son travail, son lieu de résidence, ses loisirs, et d'exprimer les opinions de son choix. Dans les chapitres suivants, nous verrons en détail que sur chacun de ces points précisément, le citoyen est aujourd'hui empêché. Il ne décide plus de son travail, il n'habite pas où il le

---

1. F. Hayek, *La Route de la servitude*, op. cit., p. 110.

souhaite car ses revenus ne le lui permettent pas, il se résout aux loisirs imposés et il est invité à taire ses sentiments politiques sous peine de sanction immédiate. Hayek a émis sa définition du totalitarisme il y a plus de soixante-dix ans, à un moment où le néolibéralisme n'avait pas encore envahi le monde. Sans doute n'a-t-il pas anticipé cette incarnation moderne du capitalo-libéralisme. Mais selon ses critères, aucun doute : le néolibéralisme restreint ou annihile les droits des individus comme le nazisme, le fascisme ou le communisme raté de l'URSS.

Qualifier le néolibéralisme de « *totalitarisme soft* » semblera exagéré à certains. À ceux-là je recommande de relire les propos du libéral Alexis de Tocqueville sur la démocratie. L'écrivain mettait en garde contre « le despotisme démocratique » ou « despotisme doux », engendré par un État qui déciderait à la place des citoyens, lesquels se seraient délestés de leur libre arbitre en échange d'une protection et de la possibilité de jouir de plaisirs futiles. Le résultat est « une apathie générale, fruit de l'individualisme », pour deux raisons : la peur du désordre et la quête de confort, fût-il médiocre. La crainte de Tocqueville est celle d'un État protecteur qui outrepasse son mandat initial pour contraindre les individus et les réduire à des rouages sans âme d'une machine à uniformiser. Pour éviter cela, Tocqueville préconise des contre-pouvoirs forts, des associations, la décentralisation et une presse libre. En alertant contre les dangers d'un despotisme doux, il visait alors le socialisme et l'État-providence, accusés de nier l'individu. Hayek a repris l'idée. Sauf que c'est bien notre système économique actuel qui anesthésie les citoyens et les maintient dans la servitude en échange de quelques plaisirs débilitants et d'une tranquillité minimale : un toit, un bout de salaire, des allocations, et des policiers pour les protéger. Le système tient aussi longtemps que les concernés estiment qu'en se rebellant ils ont plus à perdre qu'à gagner. Tout l'art des maîtres tient dans cette nécessité de mesurer le point de bascule, celui où le niveau d'injustice et d'asservissement serait tel que l'exaspération générale fédérerait les volontés révolutionnaires. N'avez-vous pas remarqué comment ils testent, non pas notre capacité de résistance, mais bien au contraire notre niveau de lâcheté et de couardise ? Depuis trente ans, ils vont toujours plus loin en détricotant les droits durement acquis des travailleurs et en détruisant la solidarité nationale. Ils observent la réaction, qui ne vient pas, alors ils continuent. Tant que la ficelle, tellement grosse, ne casse pas, il n'y a aucune raison qu'ils cessent. Avec perversité, ils jouent le froid et le chaud, *bad cop* et *good cop*. Pourquoi Emmanuel Macron a-t-il, pendant la campagne présidentielle, affirmé tout et son contraire sur à peu près tous les sujets ? Il faut divertir, dans tous les sens du terme, pour que s'étende le totalitarisme du néolibéralisme.

Le peuple ne décide de rien par les urnes

Les Français n'aiment ni la chasse ni la corrida et sont de plus en plus partagés sur le nucléaire. Pourtant la chasse et la corrida sont légales, et le nucléaire demeure l'un des indéboulonnables piliers de notre économie. Difficile dans un tel contexte de vanter l'efficacité de notre modèle démocratique. Observons les choses avec plus de précision.

En 2016, une étude IFOP a fait ressortir que huit Français sur dix souhaitent que la chasse soit interdite le dimanche, et que neuf Français sur dix désirent une réforme majeure de la chasse. Quelle fut la réaction du gouvernement ? Aucune. Il s'en foutait. Quel candidat a mis en avant une proposition en ce sens lors de la campagne présidentielle qui a suivi ? Aucun. Au lieu de ça, en 2017, comme l'année précédente d'ailleurs, la ministre de l'Environnement, Ségolène Royal, a choisi de prolonger de dix jours supplémentaires la chasse à l'oie cendrée. L'autorisation n'a pas été formulée par un arrêté, mais de manière orale *via* des instructions passées aux agents de l'Office national de la chasse et de la faune (ONCF) : pas de verbalisation pendant ces dix jours bonus. La manœuvre n'a rien d'anodin : en 2015, Ségolène Royal avait rédigé un formulaire à destination des agents de l'ONCF pour prolonger la chasse à l'oie, mais celui-ci avait été retoqué par le Conseil d'État. Cette mesure était donc illégale. Voilà donc l'exemple d'une ministre qui n'hésite pas à contourner la loi, en l'occurrence la directive Oiseaux, pour satisfaire le lobby de la chasse, qui représente tout de même quelques électeurs potentiels. Dans le cas cité,

Ségolène Royal n'a finalement pas eu gain de cause, puisque sa décision a été suspendue par… le Conseil d'État, alerté par la Ligue de protection des oiseaux (LPO) sur ce qui était en train de se tramer [1].

En 2015, un sondage IFOP a révélé que 73 % des Français sont opposés à la corrida avec mise à mort de l'animal. Dans les régions taurines du sud de la France, c'est-à-dire dans les seuls départements où cette pratique est autorisée, le niveau d'opposition est identique. Et pourtant, les gouvernements ont tous refusé jusqu'à présent d'envisager l'interdiction éventuelle de cette pratique rétrograde. Au lieu de ça, l'Assemblée nationale abrite un groupe d'études sur la tauromachie, réunissant des dizaines de députés de droite et de gauche qui militent en faveur de cette pseudo-tradition, tandis que l'argent de nos impôts finance la discipline.

Une autre étude IFOP a montré qu'en 2016 près d'un Français sur deux (47 % exactement) était favorable à l'arrêt des centrales nucléaires en France. N'est-ce pas assez pour lancer un grand débat national sur la question en exposant en détail toutes les données du dossier, notamment la dimension économique, la plus méconnue ? Il est courant (pardonnez le jeu de mots) d'entendre les politiciens nous vanter le faible coût du nucléaire. Sauf que leur démonstration s'appuie sur un coût qui ne tient compte que de la construction des centrales et de leur exploitation. Elle oublie le coût du démantèlement en fin de vie, aussi élevé que la construction, et les frais de stockage et d'enfouissement des déchets. La Cour des comptes estime qu'il faudra investir 110 milliards d'euros d'ici 2033 pour prolonger la vie de nos centrales au-delà de 40 ans, note qu'on ignore combien coûtera un kilowattheure issu d'un réacteur de troisième génération comme l'EPR de Flamanville et évoque le coût de l'assurance-risque pour l'instant prise en charge « gratuitement » par l'État [2]. Nos politiciens semblent avoir oublié Tchernobyl. Aucun ne rappelle qu'en 2011 l'Ukraine, la Biélorussie et la Russie annonçaient avoir dépassé les 1 000 milliards de dollars de

---

1. *Le Canard enchaîné*, 8 février 2017.
2. L. Morice, « Énergie : des députés sonnent l'alarme sur le vrai coût nucléaire », *Le Nouvel Observateur*, 10 juin 2014.

réparations[1]. Par ailleurs, comment se fait-il qu'après Fukushima, ceux qui ont les clés du pouvoir en France font encore mine de croire que nous sommes à l'abri d'une catastrophe écologique et humanitaire ? Quelle naïveté, quelle irresponsabilité, quelle stupidité ! Dans une démocratie réelle, les quelques chiffres qui alimentent ce paragraphe devraient être au cœur de nos préoccupations, tant les questions qu'ils soulèvent sont cruciales : il y va de notre sécurité, de notre approvisionnement énergétique, de notre environnement et de notre économie. Je ne suis pas sûr que les 53 % de sondés qui se sont déclarés en faveur de la poursuite des centrales nucléaires en France aient connaissance de ces vérités généralement ignorées.

Alors certes, nous votons. Nous élisons même beaucoup de monde : des maires, des conseillers régionaux et départementaux, des députés, des députés européens, des sénateurs, un président de la République. Nous avons donc le droit de choisir. Mais ce prétendu choix ne sert pas à grand-chose. D'une part beaucoup des candidats opposés défendent des idées beaucoup plus proches les unes des autres qu'ils ne le prétendent. D'autre part, une fois élus, ils ne tiennent généralement pas compte de ce que les citoyens voudraient vraiment. Ils mettent simplement en place des politiques qu'eux-mêmes jugent souhaitables ou dont ils tirent un bénéfice personnel. Dans les faits, les décisions importantes sont prises sans nous consulter. Il est vrai que l'avis des citoyens pourrait contrecarrer les projets de ceux qui nous dirigent, à commencer par celui de garder le pouvoir et d'enrichir les amis. Alors que je rédige ces lignes, la ministre de la Santé, Agnès Buzyn, annonce qu'elle souhaite étendre à onze le nombre de vaccins obligatoires, contre trois seulement jusqu'à présent – les huit autres étant seulement « recommandés ». Pourtant le sujet n'a pas été discuté avec les Français : le gouvernement entend simplement leur imposer sa volonté, une fois de plus. Il a des arguments : selon lui, une couverture vaccinale insuffisante a provoqué le retour de certaines maladies contagieuses dangereuses pour les enfants et les personnes fragiles. Et de citer la rougeole, dont 24 000 cas ont été recensés en France entre 2008 et 2016. Faire vacciner son enfant serait non seulement

---

1. M. Douillet, « Le vrai coût du nucléaire : une affaire d'État », *Médiapart*, 17 mars 2016.

une protection personnelle, mais aussi un geste de solidarité envers les autres, afin d'enrayer les épidémies. Cela s'entend. Par ailleurs, deux cents médecins lancent dans la foulée un appel pour soutenir le projet du gouvernement. Il n'empêche : la vaccination est par excellence une question qui mérite un débat public où se confrontent les avis des professionnels et des premiers concernés, à savoir les parents des enfants vaccinés. D'autant plus que, selon une étude publiée en 2016 par l'Observatoire sociétal du médicament, 52 % des Français considèrent les vaccins « peu sûrs ». De fait, ils peuvent être inquiets. Ainsi, en juin 2017, la Cour de justice de l'Union européenne a reconnu l'existence d'un lien entre le vaccin contre l'hépatite B et la sclérose en plaque – un vaccin seulement « recommandé », mais qu'Agnès Buzyn souhaite justement rendre obligatoire. Des doutes entourent également la présence dans ces vaccins d'adjuvants aluminiques pour renforcer la réponse immunitaire. Or, comme l'explique Romain Gherardi, le chef de service du Centre expert de pathologie neuromusculaire de l'hôpital Henri-Mondor à Créteil, cet aluminium contenu dans 60 % des vaccins est à l'origine d'une lésion musculaire, la myofasciite à macrophages : « Comprendre que, en matière de sécurité des adjuvants, tout était faux, fragmentaire et non pensé fut un choc », explique le docteur Gherardi, qui met en cause l'agence du médicament (l'Afssaps jusqu'en 2012, l'ANSM aujourd'hui), « un bastion de l'industrie pharmaceutique, s'évertuant à temporiser et à empêcher que la lumière soit faite sur les questions dérangeantes [1] ». Inquiétudes également sur la présence dans les vaccins de nanoparticules (chrome, tungstène, bayrum, silicium, titane…) qui pourraient favoriser les cancers, les maladies cardiovasculaires, les AVC et les infarctus du myocarde [2]. Évidemment, on ne peut s'empêcher de penser que la vaccination est avant tout devenue, comme tant d'autres choses, un lucratif business pour les firmes pharmaceutiques, surtout lorsqu'on sait que le chiffre d'affaires mondial de la vente de vaccins explose : il représente pas loin de 60 milliards

---

1. A.-S. Novel, « Adjuvants des vaccins : "Comprendre qu'en matière de sécurité tout était faux fut un choc" », *Le Monde*, 10 février 2017.
2. M. Rivasi, « Obligation vaccinale : la guerre est déclarée », *Reporterre*, 10 juillet 2017.

d'euros en 2017, contre 20 milliards seulement en 2012 et 6 milliards en 2006 : en dix ans, le chiffre d'affaires du marché du vaccin a donc été décuplé ! Quelles que soient les raisons qui motivent le gouvernement, n'importe quel Français devrait avoir le droit d'influer sur une décision aussi importante que celle de l'injection, dans le corps de son enfant, de substances qui auront des répercussions sur sa santé. Mais ceux qui dirigent le pays estiment que c'est inutile. Pire : la loi punit ceux qui se soustraient aux vaccinations obligatoires. Ils risquent jusqu'à deux ans de prison et 30 000 euros d'amende.

Les consultations officielles concédées aux citoyens sont minimes. Nous ne nous prononçons presque jamais sur les grandes questions qui engagent notre vie en société, et lorsque cela arrive néanmoins, notre avis peut être royalement ignoré, comme ce fut le cas en 2005 lorsque le Traité constitutionnel européen fut rejeté par référendum en France comme aux Pays-Bas, mais ratifié tout de même par le Congrès deux ans plus tard sous le nom de traité de Lisbonne. D'ailleurs, l'Europe incarne à elle seule l'un des plus beaux dénis de démocratie de l'ère politique moderne. Les peuples ne décident strictement rien des règlements et traités commerciaux mis en place par l'Union européenne. En février 2017, l'Union européenne a signé un accord de libre-échange avec le Canada (le CETA), et elle est en négociations avec les États-Unis pour un accord similaire (le TAFTA), ces deux accords devant permettre la mise en place d'un vaste marché transatlantique. Ces deux traités vont avoir des répercussions très fortes sur le quotidien de chacun d'entre nous puisqu'ils s'attaquent à ce qu'on appelle les « barrières non tarifaires », c'est-à-dire les normes qui gênent la circulation des produits. Or ces normes (sanitaires ou environnementales, par exemple) existent pour protéger les consommateurs. Les répercussions sur l'agriculture, la santé, l'alimentation et le climat seront conséquentes. Point particulièrement inquiétant : ces traités laissent la possibilité aux multinationales d'attaquer les États devant un tribunal spécial si elles ont le sentiment qu'une réglementation nationale lèse leurs intérêts. Le risque est que les entreprises fassent la loi, en profitant de tribunaux partiaux sans contrôle démocratique. Cela fait des années que les négociations ont été entamées pour ces deux traités. Nous n'en avons pourtant rien su pendant longtemps.

La Commission européenne, avec José Manuel Barroso hier et Jean-Claude Juncker aujourd'hui, a fait les choses dans son coin, sans juger utile d'en informer les citoyens. Au fait, que devient Barroso depuis qu'il n'est plus président de la Commission ? Il est aujourd'hui conseiller de la banque d'investissement américaine Goldman Sachs, laquelle porte une responsabilité énorme dans la crise des subprimes de 2007 et dans l'aggravation de la crise de la dette publique grecque puisqu'elle a aidé le gouvernement de ce pays à maquiller ses comptes. Et d'où vient Jean-Claude Juncker ? Du Luxembourg, pays qui a organisé l'évasion fiscale de centaines d'entreprises et dont il a été Premier ministre. Même avec la plus grande ouverture d'esprit, il est donc impossible d'avoir le moindre doute sur l'orientation politique de ces deux personnages dont on devine aisément le peu d'accointances avec Marx. Les traités très libéraux ont ainsi été négociés dans le plus grand secret par des hauts fonctionnaires de la Commission européenne au service d'une idéologie peu concernée par la justice sociale et la démocratie.

Et nous dans tout ça, pauvres citoyens gogos qui mettons des bulletins dans des urnes afin d'élire des députés grassement payés pour siéger à Strasbourg et à Bruxelles, et dont beaucoup ne relayeront jamais d'autre voix que la leur ? Nous sommes priés de nous soumettre, et de découvrir au fil du temps à quelle sauce nous allons être mangés. En juin 2016, un sondage Sum of Us et Harris Interactive montrait que 62 % des personnes interrogées étaient opposées au CETA et au TAFTA [1] : il n'eut aucun effet sur la Commission européenne. Si l'Europe est aujourd'hui rejetée par une partie grandissante de citoyens, ce n'est pas pour ce qu'elle symbolise, mais c'est en raison de ses méthodes de voyou. L'Union européenne telle qu'elle fonctionne aujourd'hui n'a rien d'une organisation démocratique au service des habitants des vingt-huit pays qu'elle représente. L'idée jolie a été défigurée. Des brigands l'ont prise en otage et la violent chaque jour. D'ailleurs, qui sait vraiment comment fonctionne l'Europe ? Le Parlement européen, la Commission européenne, le Conseil européen, le Conseil de l'Union européenne, le Comité économique et social européen, la Cour de

---

1. « Les citoyens majoritairement hostiles aux accords transatlantiques TAFTA et CETA », site officiel du collectif national unitaire Stop TAFTA.

justice de l'Union européenne, la Banque centrale européenne : demandez autour de vous qu'on définisse le rôle de chacun de ces organes. Cela m'étonnerait que vous obteniez des réponses très précises. Qui sait, par exemple, qu'il y a vingt-huit commissaires européens, soit un par nation ?

Le commissaire français, actuellement, est Pierre Moscovici, commissaire européen aux Affaires économiques et financières, à la Fiscalité et à l'Union douanière (occupation rémunérée environ 25 000 euros brut par mois, sans compter les frais de déplacement et quelques indemnités exceptionnelles)[1]. Il a été choisi par François Hollande puis accepté par le Parlement européen – en fait par Berlin. Juste avant cette nomination, entre 2012 et 2014, Moscovici avait occupé le poste de ministre de l'Économie et des Finances de son pays. Sous son égide, le chômage a augmenté et la France n'a pas respecté les normes européennes en matière de déficit. Pas grave, il a été promu quand même. Ça sert aussi à ça, l'Europe : à recaser des gens. Nombreux sont les hommes et les femmes qui sont passés par le Parlement européen ces dernières années, souvent comme députés, dans le seul but de se trouver un point de chute après la perte d'un ministère ou d'une circonscription. Le très bon salaire assuré permet de pantoufler tranquillement en attendant mieux. Pierre Moscovici, que donc aucun d'entre nous n'a choisi, a pour sa part une mission : faire respecter la fameuse règle des 3 % de déficit à ne pas dépasser et soutenir des réformes du code du travail qui permettent plus de « flexibilité » aux entreprises, c'est-à-dire une plus grande facilité pour licencier. Encore une fois, nous, citoyens, n'avons qu'à observer et à subir. Nous n'avons jamais été consultés sérieusement sur les orientations économiques de l'Europe. Notre avis n'intéresse pas, voire dérange.

Comme je le soulignais dans les pages précédentes, notre pseudo-démocratie refuse de laisser émerger les idées neuves. Les visions de société débattues publiquement sont le plus souvent relativement proches les unes des autres et ne se différencient que par quelques détails comptables. Ainsi, tous les leaders politiques défendent une société spéciste et la plupart acceptent le principe d'une économie

---

[1]. R. Geoffroy, « Pierre Moscovici n'assume pas sa rémunération… pourtant publique », *Le Monde*, 28 janvier 2015.

libérale. Ceux qui portent des projets réellement originaux ne bénéficient pas des relais financiers et médiatiques qui leur permettraient d'exister, de se développer et d'apparaître comme des alternatives crédibles. D'ailleurs, contrairement à ce que prévoit notre Constitution, chacun ne peut pas briguer tel ou tel mandat comme il l'entend. En effet, la démocratie française s'exprime à travers les partis. Sans organisation politique forte sur laquelle vous appuyer, vous n'avez aucune chance d'être élu, à moins de bénéficier d'un réseau puissant parmi ceux qui ont l'argent et le pouvoir médiatique, nous l'avons expérimenté avec Emmanuel Macron. Il faut de l'argent pour mener campagne et espérer gagner un mandat. L'indépendant, le rebelle ou l'iconoclaste n'ont pas leur place, quelles que soient leurs idées. À moins de disposer d'une fortune personnelle. C'est ce qui est arrivé aux États-Unis avec Donald Trump et qui se reproduira probablement de plus en plus. Jusqu'à présent les groupes industriels et financiers se cachaient plus ou moins pour faire élire leur poulain. Désormais la décomplexion est totale : le riche patron se présente directement, c'est encore plus efficace.

Donc, si on résume : nous élisons un Président, qui nomme un Premier ministre et des ministres. Nous élisons des députés. Nous élisons des maires. Tous ces gens nous doivent leur job. Nous sommes leur employeur : ils travaillent pour le peuple (en tout cas officiellement), ils sont payés avec nos impôts, et ils sont censés honorer des promesses qu'ils ont mises en avant pour être choisis. Mais sitôt élus, la plupart d'entre eux oublient comment ils sont arrivés là et les devoirs qui sont les leurs. Ils rendent service à des amis en espérant que ces derniers en feront autant à leur égard le moment venu. Et, surtout, ils négligent de relayer la parole du peuple. C'est pourquoi la guérison de notre démocratie semble logiquement passer par une démocratie directe qui multiplie les espaces de délibération dans lesquels l'avis de chaque citoyen sera pris en compte. Il s'agit là d'une intention politique louable et logique. Mais elle se révèle pourtant insuffisante et dangereuse en l'état. La démocratie n'a aucun intérêt si elle consiste à remplacer la ploutocratie et l'oligarchie par une dictature des imbéciles.

La dictature de la majorité : allégorie du fou, du myope et du sage

Imaginons trois passagers d'un navire de plaisance échoués sur une île déserte après le naufrage de leur embarcation. Le courant a charrié sur la plage quelques affaires, parmi lesquelles une fusée de détresse. Une seule. Les semaines passent, aucun bateau à l'horizon. Il n'y a presque rien à manger sur l'îlot : la faim affaiblit bientôt les naufragés. Un jour l'un d'entre eux, en proie à des hallucinations, est persuadé d'apercevoir enfin un navire à l'horizon. Il veut déclencher la fusée pour alerter l'équipage. Le deuxième naufragé s'y oppose fermement : il est encore lucide et se rend compte que son camarade divague. Le troisième est ennuyé car il est myope : il ne voit pas à plus de dix mètres et a perdu ses lunettes lorsqu'il a chaviré. Il ne sait trop à qui faire confiance, d'autant que celui qui délire est très persuasif : il décrit même la couleur et la forme du bateau qu'il croit voir. L'indécis se laisse finalement convaincre. Un vote a lieu qui donne deux voix contre une : malgré les protestations du plus lucide des trois protagonistes, sûr et certain que ses deux camarades se trompent, le feu de détresse est déclenché. En vain, évidemment. Le lendemain, un cargo apparaît pour de bon à quelques miles. Hélas, les naufragés n'ont plus aucun moyen de se faire remarquer de leurs éventuels sauveteurs. Ils n'ont plus aucune chance de s'en sortir. La décision de la veille était mauvaise, mais démocratique. Le naufragé qui avait raison, mais dont la proposition n'avait recueilli que 33,33 % des voix, est condamné par le manque de clairvoyance de ses concitoyens de l'île déserte. Voilà le résultat de la démocratie rêvée aujourd'hui, celle qui considère que la voix de chaque citoyen en âge de voter compte tout autant que celle de n'importe quel autre. Ce résultat, nous venons de le voir, peut être injuste ou stupide.

La démocratie idéale consiste pour beaucoup en un système où les citoyens sont associés sans intermédiaire à un maximum de lois et de décisions. On cite souvent en exemple la démocratie athénienne, qui n'a plus jamais existé depuis, et pour plusieurs raisons. Outre le fait qu'elle excluait de la vie politique les femmes, les étrangers, les esclaves, la démocratie athénienne fonctionnait sans la médiation d'élus. Mais ce qui était possible pour une cité grecque dans l'Antiquité semble beaucoup plus compliqué aujourd'hui à l'échelle d'une ville de taille moyenne, d'une région ou d'un État. Cependant le développement d'Internet change la donne et cet outil pourrait aider à contourner la difficulté du nombre et de la taille. Le principal obstacle à la démocratie directe demeure donc le citoyen lui-même car, en réalité, beaucoup de personnes sont heureuses de déléguer leur pouvoir de décision en échange d'une tranquillité, celle de pouvoir vaquer à leurs affaires personnelles en se délestant de la gestion quotidienne des affaires de la communauté. Tous les citoyens qui ont un métier, une famille et des loisirs ne trouvent pas le temps ou l'envie de s'impliquer quotidiennement dans la gestion de leur commune, ou de leur pays. Ils sont donc heureux qu'il y ait des individus qui le fassent à leur place. Contrairement à l'idée souvent répandue, les élus ne servent donc pas seulement à nous représenter, ils sont là aussi pour nous soulager : ils prennent des décisions que nous ne souhaitons pas prendre. Lorsque Aristote dit de l'homme qu'il est un *animal politique*, il ne suggère pas que tous les humains sont naturellement guidés vers la politique. Il fait ici référence à πολις, c'est-à-dire la cité. Aristote veut dire que les humains sont des êtres communautaires, qui éprouvent le besoin de se rassembler en couples, en familles, en villages, en cités et donc en États. Mais cela n'implique pas forcément qu'ils désirent tous s'impliquer avec la même énergie dans les choix de vie de ces groupes. Nous avons donc instauré la médiation d'élus dont nous avons vu dans une partie précédente qu'ils sont malheureusement particulièrement imparfaits. Cependant, nombreux sont les citoyens qui aimeraient s'impliquer davantage dans la gestion de leur communauté mais qui en sont empêchés par leur activité professionnelle bien trop chronophage. Cela constitue un autre manquement aux promesses de la démocratie – nous allons y revenir un peu plus loin. Quoi qu'il en soit, nous ne pouvons plus nous passer d'élus. La rénovation de la démocratie passe donc d'abord par une redéfinition du statut du personnel politique et par l'exigence d'une rigueur morale absolue à laquelle tout manquement serait immédiatement sanctionné. Parallèlement, il convient de renforcer les possibilités d'expression des citoyens et de multiplier les espaces de dialogue, les référendums, les consultations, bref, tout ce qui permet à n'importe quel individu de faire entendre son point de vue et de lui donner un pouvoir réel.

Mais cela ne suffit pas encore. En effet, la démocratie qui accorde à tout citoyen une voix équivalente à son voisin est, dans les conditions actuelles, particulièrement injuste. Ce n'est pas acceptable que tout avis compte à valeur égale, quelle que soit l'expérience de son émetteur, ses qualifications, sa santé psychique, ses capacités de raisonnement ou son caractère (est-il égoïste, altruiste, intègre ?). Il faut avoir l'honnêteté de l'écrire : les individus qui composent une société ne sont pas égaux dans leur capacité de juger et de décider pour le bien de la collectivité. Quatre critères l'expliquent : la culture, l'information dont il se nourrit, l'intelligence et la personnalité de chaque individu. La démocratie que nous promouvons ne tient pas compte de cet état de fait. Dans une élection ou un référendum, elle accorde autant d'importance à l'avis d'un citoyen non informé ou stupide qu'à celui d'un autre individu éclairé et qui sait raisonner. D'un point de vue éthique, cela pose un sérieux problème : 51 % d'imbéciles peuvent commander 49 % de personnes douées de raison – toute ressemblance entre ce scénario et des événements ou des personnages existant ou ayant existé ne serait pas que pure coïncidence. La mort de Socrate reste à cet égard la première remise en cause du principe démocratique : accusé de corrompre la jeunesse, le philosophe fut condamné à boire un poison, la ciguë, à l'issue d'un procès devant un tribunal composé de plusieurs centaines d'hommes tirés au sort. La décision a été motivée par l'obscurantisme et l'ignorance. Mais elle a été démocratique.

Dans un documentaire qui lui est consacré, le chorégraphe israélien Ohad Naharin, dont le pays est au cœur de l'une des plus graves crises géopolitiques contemporaines, résume le mal que l'inculture et l'ignorance font à la démocratie : « Quand on me demande pourquoi j'ai appelé ma dernière œuvre *Last Work*, l'une des réponses est que c'est peut-être ma dernière œuvre puisque nous vivons dans un pays qui est infesté de racistes, de tyrans, de beaucoup d'ignorance, d'abus de pouvoir, de fanatiques, et cela reflète la manière dont notre peuple choisit son gouvernement. Ce gouvernement met en danger non seulement mon travail en tant que créateur, mais aussi l'existence de chacun d'entre nous ici dans ce pays que j'aime tellement. »

La démocratie se veut le système politique le plus juste. Mais qu'est-ce que la loi du plus grand nombre, sinon la loi du plus fort ? On fait triompher la masse, la quantité, l'accumulation de chair et de muscles, et non le raisonnement ou l'intelligence. Est-il acceptable qu'une majorité d'ignorants puisse potentiellement dominer une minorité de plus sages qu'eux ? C'est pourtant bien ce qu'il se passe aujourd'hui en de multiples occasions. Des exemples ? Ma sensibilité antispéciste m'amène naturellement à évoquer le cas de la restauration collective en France qui impose des protéines carnées dans tous ses repas. Les véganes, qui refusent de consommer tout produit d'origine animale, sont priés d'aller manger ailleurs. Chez eux. Leur voix ne compte pas. *Idem* pour les végétariens qui ne peuvent que rarement compter sur une alternative sans viande ni poisson dans les cantines scolaires. La raison, j'en suis convaincu, est du côté des végétariens et végétaliens. Les motifs pour lesquels ils refusent la viande, le poisson, le lait ou les œufs sont moraux mais aussi sanitaires, environnementaux et économiques. Ce sont des arguments de bon sens que seule la mauvaise foi parvient à contrecarrer. Pourtant, la majorité des Français ne les entend pas encore et les lois d'aujourd'hui sur la consommation de viande (qui changeront bientôt, j'en ai la conviction) discriminent injustement ceux qui, sur ce sujet, ont la conscience la plus éclairée.

Montesquieu (1689-1755) avait déjà relevé les limites du scrutin majoritaire dans *De l'esprit des lois* : « Le grand avantage des représentants, c'est qu'ils sont capables de discuter des affaires. Le peuple n'y est point du tout propre : ce qui forme un des grands inconvénients de la démocratie[1]. » Au siècle suivant, Alexis de Tocqueville prolongera l'analyse dans *De la démocratie en Amérique*. Il a déjà compris que la démocratie, qui peut donner l'impression de nous protéger du despotisme, peut au contraire nous enfermer dans une prison dorée qui maintient dans la dépendance de l'enfance et dont nous nous consolons avec la satisfaction d'avoir choisi nos tuteurs. Tocqueville avait perçu le danger du « despotisme de la majorité » qui devient la « tyrannie de la majorité » pour John Stuart Mill (1806-1873). Platon (427-347 avant J.-C.) pensait, et je le suis inconditionnellement sur ce point, que le régime idéal est celui où le savoir et la raison sont au pouvoir. Il considérait par conséquent que les philosophes sont les meilleurs dirigeants possibles pour la cité : « À moins que [...] les philosophes n'arrivent à régner dans les cités, ou à moins que ceux qui à présent sont appelés rois et dynastes ne philosophent de manière authentique et satisfaisante et que viennent à coïncider l'un avec l'autre pouvoir politique et philosophie [...] il n'y aura pas [...] de terme aux maux des cités ni, il me semble, à ceux du genre humain[2]. »

Le point de vue de Platon m'apparaît particulièrement sensé dans la mesure où il consiste à affirmer que l'intérêt collectif est de laisser les plus érudits guider les citoyens. Mais il convient de le replacer dans le contexte historique où il a été émis, à savoir une époque où les connaissances étaient limitées et où le philosophe était aussi, au moins partiellement, scientifique. De nos jours, l'étendue des savoirs est telle qu'il serait irresponsable de confier le pouvoir à une catégorie d'hommes plutôt qu'à une autre. Seule la coopération entre de multiples expertises peut accoucher des meilleures décisions. Cela se fait déjà lorsque des médecins dialoguent avec des philosophes spécialistes de l'éthique pour cadrer la problématique de la fin de vie. Mais surtout, imaginez que nous mettions en place aujourd'hui le règne des rois philosophes cher à Platon : qui nommerions-nous ?

---

1. Montesquieu, *De l'esprit des lois*, livre XI, chap. IV, 1748.
2. Platon, *La République*, V, 473d, « GF », Flammarion, 2016, p. 301.

Les philosophes rois de la com

Les années 1970 et 1980 ont vu apparaître la figure de l'intellectuel médiatique, cet individu gourmand de plateaux télé qui adore exposer à la France ses certitudes sur l'actualité et la société. En France ils sont aujourd'hui quelques dizaines, hommes ou femmes, à remplir cet office. Plus qu'à leur CV ou à leur talent réel, ils doivent leur place au mystère combiné du hasard, de l'entregent et de l'opportunisme. Parmi eux, certains s'affublent du titre de « philosophe ». Des noms ? Dans un ordre purement aléatoire : Alain Finkielkraut, Bernard-Henri Levy, Michel Onfray, Luc Ferry, Raphaël Enthoven, pour ne citer que les cinq préférés des médias.

Est philosophe celui qui propose un renouvellement de la pensée en produisant des concepts novateurs ou en actualisant ceux qui existent déjà. Platon, Descartes, Spinoza, Kant, Schopenhauer, Nietzsche, Arne Naess ou aujourd'hui Peter Singer sont des philosophes : ils ont imaginé des lectures inédites de notre présence au monde, en prolongeant les analyses de leurs prédécesseurs ou en s'y opposant. Leur capacité de réfléchir a été alimentée par une curiosité pour les différentes sciences, puisque la philosophie est indissociable de la connaissance. Or ceux qui affichent aujourd'hui leurs regards pénétrés en une des magazines en France ne sont au mieux que des *professeurs de l'histoire* de la philosophie. Grâce à leur cursus universitaire, ils savent citer des auteurs, broder avec plus ou moins d'inspiration sur à peu près tous les sujets, mais ils éclairent notre époque avec l'efficacité d'une torche ou d'une lampe à huile. Au lieu de produire une pensée neuve et inspirante, ils nous imposent des réflexions banales maquillées de gravité et souvent saupoudrées d'arguments d'autorité, à savoir des références sur lesquelles ces intellectuels assoient leur crédibilité. Proudhon (1809-1865), Péguy, Althusser ou Lévinas préféreraient probablement continuer à dormir tranquilles plutôt que d'être convoqués sans manière dans des conversations de bistrot où ils tiennent le rôle d'alliés involontaires des thèses les plus foireuses. Heureusement pour eux, on ne les dérange pas non plus tous les jours. Le niveau de la discussion ne s'y prête pas si souvent.

Le spectacle proposé par les philosophes télévisuels n'aurait en réalité rien de désagréable s'il n'était tellement détaché des exigences de la rigueur intellectuelle. Lorsqu'on prête une oreille attentive à leurs leçons, on s'aperçoit bien vite que les uns et les autres alignent les assertions frauduleuses avec une assurance désarmante. Et même lorsque ces erreurs sont pointées et démontrées, leurs auteurs reviennent, le mois suivant, avec la même autorité, assener de nouvelles prophéties foireuses. Ils survivent à leurs gadins, insubmersibles. Car ils ont une foi inébranlable en eux-mêmes, un aplomb à toute épreuve, et ils sont considérés par les programmateurs d'émission comme de « bons clients ». Ils peuvent donc compter, pour leur promotion, sur la complicité de journalistes groupies ou cyniques qui savent par ailleurs que ces prétendus philosophes n'ont aucune velléité révolutionnaire et qu'ils ne les menacent donc en rien – un philosophe révolutionnaire souhaiterait en premier lieu décrasser les circuits médiatiques. Dérapages, erreurs, incompétence, méconnaissance : ils en accumulent en toute impunité car les médias se foutent bien de la vérité. Exemples en passant.

Alain Finkielkraut déclare que les émeutes de banlieue de 2005 en France n'ont pas d'origine sociale mais sont le fait de « Noirs » et d'« Arabes » qui « haïssent la France », puis ajoute dans la même interview que la France « n'a fait que du bien » à l'Afrique et que le « projet colonial » a « apporté la civilisation aux sauvages »[1]. C'est Finkielkraut encore qui publie dans un grand quotidien la critique négative d'un film d'Emir Kusturica pour finalement reconnaître un peu plus tard ne l'avoir pas vu.

---

1. « Finkielkraut, les "Noirs" et les "Arabes" », *Le Nouvel Obs*, 24 novembre 2015.

Bernard-Henri Lévy s'appuie dans l'un de ses livres sur un auteur qui n'a jamais existé, un prétendu spécialiste de Spinoza nommé Botul, sans se rendre compte de la supercherie. C'est lui encore qui encourage, au nom des droits de l'homme, une guerre en Libye qui se soldera par une catastrophe humanitaire et politique. C'est toujours lui qui traite d'antisémites ceux qui défilent dans les rues parisiennes pendant l'été 2014 pour protester contre le pilonnage de Gaza par l'État israélien, tandis que les cadavres d'hommes, de femmes et d'enfants s'entassaient par centaines sous les décombres.

Raphaël Enthoven se moque du militantisme d'artistes mobilisés contre les abattoirs, qualifie de « malhonnête » le combat anti-viande, et ponctue son anathème de ces vérités sorties non d'un livre de philosophie, mais d'un dictionnaire des lieux communs : « Il n'y a aucun rapport entre torturer un animal et manger de la viande, sinon tous les prédateurs seraient des tortionnaires » ; ou encore : « être végétarien quand vous pouvez manger de la viande c'est récuser l'animal en vous et c'est mettre l'homme sur un piédestal »[1]. Que d'ignorance étalée au grand jour ! Prétendre que les végétariens/-liens s'estiment supérieurs aux animaux et qu'ils sont « malhonnêtes » n'est pas seulement stupide, c'est aussi méconnaître le début du commencement de ce qu'est l'éthique animale. En soi, ce n'est pas grave. Mais cela est très gênant quand on prétend faire la « morale », comme le signale le titre de la chronique radiophonique d'où sont tirés ces propos.

Le cas Onfray est complexe. Le penseur libertaire est d'abord apparu sur la scène médiatique en défenseur des plus modestes. Ce provincial fier de ses origines rurales, qui n'a jamais souhaité s'installer à Paris lorsque le succès l'a rejoint, avait lancé son tracteur contre les bulldozers de Saint-Germain-des-Prés. On lui pardonnait alors aisément sa tendance à trop souvent raconter la légende de son Université populaire gratuite et ouverte à tous.

Puis au fil des ans, le personnage a semblé changer. Aujourd'hui l'islam et les musulmans sont devenus ses cibles récurrentes. L'islam est selon lui intrinsèquement violent et les attentats commis en son nom n'en sont donc qu'une conséquence logique. Michel Onfray

---

1. R. Enthoven, « Manger de la viande n'est pas un crime, et s'en abstenir n'est pas une vertu », *Europe 1*, 24 février 2016.

n'hésite pas non plus à relayer des thèses fantaisistes sur une « théorie du genre » qui n'a jamais existé ou sur l'idée d'un « grand remplacement », fantaisie sur la fin toute proche de la culture européenne chrétienne au profit de cet islam si néfaste [1]. Où est le réel ? Je cherche en vain la rigueur de l'argument dans ces analyses et prédictions.

Récemment, dans « Décadence », Michel Onfray nous a invités à nous pencher sur le livre du politologue conservateur américain Samuel Huntington, *Le Choc des civilisations*, publié en 1996. La thèse principale de cet ouvrage consiste à affirmer qu'après la fin de la guerre froide, les conflits ne reposent plus sur des oppositions politiques (communistes contre capitalistes, par exemple), ni sur des intérêts économiques, mais sur des divisions culturelles et religieuses. Autrement dit, les prochaines guerres seront des guerres de civilisation. Et Huntington de prendre pour exemple les guerres des Balkans des années 1990, mais aussi de suggérer de prochains affrontements entre « les musulmans » et le « monde chrétien ». Michel Onfray applaudit à cette thèse soutenue par les néo-conservateurs américains, puisque de nombreux soutiens à la « guerre contre la terreur » déclenchée après le 11 septembre 2001 se sont référés au « choc des civilisations ». Onfray reproche à quiconque oserait remettre en question cette analyse d'être un idiot : « Si le réel donne tort à l'idéologie, c'est l'idéologie qui a tort, pas le réel. Quand Samuel Huntington montre la lune en annonçant dans *Le Choc des civilisations* que désormais ce sont des blocs spirituels et culturels qui s'opposeront, les imbéciles n'ont de cesse que de regarder son doigt. La plupart de ces idiots, même si le réel donne raison au philosophe [*sic*] américain et tort à leur jugement, persistent à fixer l'index [2]. » La gratification qu'Onfray accorde à Huntington en l'affublant du titre de « philosophe », lui qui n'a aucune formation de la sorte et n'a jamais traité que des affaires politiques tout en participant parfois lui-même à l'exercice gouvernemental, en dit long sur la manière dont ce titre est aujourd'hui galvaudé. Mais le

---

1. La seule étude sérieuse de grande ampleur réalisée sur le sujet est celle du Pew Research Center. Elle dit la chose suivante : il y a actuellement environ 6 % de musulmans en Europe. En 2050, ce chiffre devrait grimper entre 8 et 10 %.
2. Extrait de « Décadence », *Le Point*, 5 janvier 2017.

plus dérangeant est justement que le réel dont se réclame Michel Onfray donne précisément tort à Huntington. La guerre menée en Irak par les Américains en 2003 était-elle une guerre de religion ? Non, c'était une guerre économique et géostratégique sur fond de pétrole. Les liens étroits entre certains pays occidentaux de culture chrétienne et des pays musulmans conservateurs comme le Qatar ou l'Arabie saoudite prouvent que les conflits ont encore aujourd'hui, et plus que jamais, des origines économiques ou politiques, et que la religion n'est qu'un instrument au service de luttes pour l'argent et la domination. Le pouvoir de quelques-uns et la désespérance de beaucoup d'autres restent les déterminants essentiels de tout conflit. Dans le fond, la méthode n'a pas vraiment changé depuis des siècles. Cela arrange tout le monde : ceux qui utilisent une religion pour rassembler les foules, et ceux qui combattent ces manipulateurs sur le même registre au lieu de les considérer pour ce qu'ils sont : des voyous. Cela permet aux uns et aux autres de masquer leurs motivations sincères. Qui peut croire qu'Abou Moussab Al-Zarqaoui, Abou Bakr al-Baghdadi ou Oussama Ben Laden sont devenus des terroristes par simple conviction religieuse ? Qui peut défendre l'idée qu'ils ont mieux lu et compris le Coran que les autres ? Onfray écrit : « La guerre continue. Elle ne fait que commencer. Ici le 11 septembre, là le 7 janvier, ailleurs, plus tard, à d'autres dates, d'autres événements du même type. L'Occident ne dispose plus que de soldats salariés n'ayant pas envie de mourir pour ce que furent ses valeurs aujourd'hui mortes. Qui, à ce jour, donnerait sa vie pour les gadgets du consumérisme devenus objets du culte de la religion du capital ? Personne. On ne donne pas sa vie pour un iPhone. L'islam est fort, lui, d'une armée planétaire faite d'innombrables croyants prêts à mourir pour leur religion, pour Dieu et son Prophète. Nous avons le nihilisme, ils ont la ferveur [...]. [1] » Michel Onfray oppose sans sourciller soldats de l'Occident et soldats de l'Islam, comme s'il était entendu que la guerre entre les deux camps est déclarée. Il nous livre un ressenti que la réalité géopolitique ne confirme pas, puisque les conflits actuels opposent des musulmans à d'autres musulmans et génèrent

---

1. *Ibid.*

des alliances entre chrétiens et musulmans. Il souligne par ailleurs la démotivation des soldats des armées occidentales. Mais ont-ils jamais été vraiment motivés ? Les armées sont remplies de pauvres qui s'enrôlent pour pouvoir gagner leur vie. L'armée américaine est composée en majorité de jeunes issus des classes défavorisées, notamment de Noirs qui s'engagent parce qu'ils ne trouvent rien de mieux. Néanmoins, outre les incitations financières, il leur est inculqué une idéologie qui les soude et les motive. Pour avoir discuté en Irak en 2003 avec les GI's qui venaient d'envahir le pays, je peux témoigner qu'ils parlaient tous, comme George Bush Jr. lui-même, d'un « combat pour la liberté ». Ils étaient persuadés pour la plupart d'accomplir « le bien » en combattant l'armée irakienne et en faisant tomber le régime de Saddam Hussein. L'armée la plus puissante de l'Occident est, contrairement à ce qu'écrit Onfray, mue par un puissant ressort idéologique, celui de l'appartenance à un pays qui se veut *the land of freedom*, le pays de la liberté. Les GI's ne se battent pas pour des iPhones, mais les iPhones incarnent la liberté pour laquelle ils pensent se battre. Par ailleurs, parmi ceux qui s'engagent aujourd'hui aux côtés des terroristes islamistes en Syrie ou en Irak, beaucoup sont motivés par des préoccupations matérialistes bien plus que religieuses : la promesse d'un logement, d'une vie facile, d'esclaves, voire de vierges au Paradis… D'autres, parmi ces combattants, sont au contraire de parfaits nihilistes qui détestent l'Occident, parce qu'ils n'y trouvent pas leur place (le nihilisme se partage donc entre les deux camps). À leurs yeux plus rien n'a vraiment d'importance, pas même la vie, dévaluée au point d'être combattue parce que trop vivante.

Michel Onfray écrit que l'islam « est fort d'une armée planétaire faite d'innombrables croyants prêts à mourir pour leur religion ». Présenté ainsi, l'avenir des non-musulmans est en effet terrifiant. Mais cette affirmation est démentie par les faits. Selon le Pew Research Center (un très sérieux centre de recherches américain), on comptait 1 milliard 600 millions de musulmans sur la planète en 2010, soit un peu moins du quart de la population totale. En 2014, lors d'une audition à l'Assemblée nationale, le ministre français de la Défense, Jean-Yves Le Drian, estimait les effectifs de Daesh à 25 000 ou 30 000, « sachant qu'une partie de ceux-ci est présente par opportunité ou sous la contrainte[1] ». Cela signifie qu'à l'époque de ses succès les plus significatifs, Daesh comptait dans ses rangs moins de 0,002 % de la population musulmane mondiale, dont une partie « sous la contrainte ». On est loin, très loin, très très loin de « l'armée planétaire » de kamikazes dont disposerait l'armée de l'Islam. Sans oublier, évidemment, que la très grande majorité des victimes de Daesh sont d'autres musulmans, chiites ou sunnites. Ces victimes ont été accusées d'avoir trahi ou de ne pas avoir été suffisamment fidèles au Coran. Le Coran enseigne-t-il de violer ou de réduire en esclavage les femmes ? Il s'agit pourtant d'une habitude de ces djihadistes ignorants des grands préceptes du livre dont ils se réclament. Les musulmans qui aujourd'hui massacrent, égorgent, pillent, détruisent ne sont pas guidés par la foi en leur Dieu mais par la haine, la folie, la frustration, la concupiscence ou la bêtise. Pour eux, le concept de Dieu n'est qu'une excuse bien commode. L'auteur de l'attentat de Nice en 2016 était-il un « bon musulman » ? Il ne priait pas, ne faisait pas le ramadan, était bisexuel, mangeait du porc, buvait de l'alcool et souffrait de problèmes psychologiques[2]. Le terrorisme islamiste attire quantité de tarés, de déséquilibrés, de gens mal dans leur peau qui veulent exprimer un sentiment de toute-puissance, venger une humiliation réelle ou imaginaire, ou simplement faire de leur suicide leur moment de gloire. Aucune analyse sérieuse ne peut ignorer la dimension extrémiste et non religieuse de l'acte djihadiste, expression d'une marginalité déprimée entretenue par des débats inutiles sur l'identité nationale et des polémiques à sens unique contre l'islam, accusé de tous les maux. Il y a sur Terre un milliard et demi de musulmans pacifiques qui ne cherchent à soumettre personne. Ne sont-ils pas ceux vers qui nos yeux doivent se tourner ?

L'analyse de Huntington sur un prétendu choc des civilisations, que Michel Onfray promeut au nom d'un réel que les imbéciles seraient incapables d'appréhender, me semble au contraire démentie par l'actualité. En 2011, le chercheur Oliver Roy (qui pour sa

---

1. M. Cabirol, « Daesh dispose d'une force de frappe militaire et financière très, très dangereuse », *La Tribune*, 4 octobre 2014.
2. S. Seelow, « Le profil inédit de Mohamed Lahouaiej Bouhlel, auteur de l'attentat de Nice », *Le Monde*, 17 juillet 2016.

part a étudié à la fois la philosophie et l'islam) expliquait que les révolutions arabes alors en cours illustraient l'échec de la théorie du « choc des civilisations » : « Huntington, c'est de la fantasmagorie, mais ça marche parce que ce fantasme est dans la tête des gens en Occident, et qu'il est auto réalisateur. Le 11 septembre est une belle réussite de ces idées. Ben Laden est huntingtonien. C'est en cela que ce qui se passe est une très mauvaise nouvelle pour Al-Qaida[1]. » Oliver Roy prolonge d'ailleurs son expertise en dégageant une dichotomie qui semble avoir échappé à Michel Onfray, celle des valeurs : « Nous ne sommes pas dans une guerre des cultures, comme il est répété, mais dans une guerre des valeurs. Le conflit n'est pas entre les Lumières et l'islam, mais entre les valeurs issues de la révolution des années 1960 (féminisme, droits des LGBT, liberté sexuelle, avortement, etc.) et les valeurs conservatrices que défendent aujourd'hui les religions. Cela était très net avec la Manif pour tous menée par les catholiques. D'où la crise de la laïcité : la laïcité d'aujourd'hui, qui est une laïcité idéologique, exige que tous partagent les mêmes valeurs. J'y vois une tentation totalitaire[2]. »

Les philosophes médiatiques actuels ont tendance à se vouloir rois, comme Platon les y encourageait. Tout au long de sa carrière, Bernard-Henri Lévy a ainsi régulièrement fait le siège de l'Élysée pour y professer ses conseils géostratégiques indigents, dont l'intervention militaire en Libye, qu'il se vante d'avoir initiée, est le plus bel exemple, tant les conséquences de cette décision furent catastrophiques : des morts bien sûr, mais surtout un pays plongé dans le chaos et l'extension du terrorisme dans le monde. Et soudain, celui qui se voulait phare de l'intelligence se révèle piètre analyste et ridicule stratège.

Ces philosophes autoproclamés se trompent, disent de temps à autre des énormités, mentent parfois délibérément, mais après tout, dans une démocratie, ils ont bien le droit d'écrire et de dire ce qu'ils veulent. En revanche, les invitants sont impardonnables puisqu'ils offrent une crédibilité et un statut à des violeurs de vérité qui,

---

1. A. Scalbert, « Olivier Roy : "Comme solution politique, l'islamisme est fini" », *Le Nouvel Observateur*, 20 février 2011.
2. M. Lemonnier, « Djihadisme : Olivier Roy répond à Gilles Kepel », *L'Obs*, 15 juillet 2016.

sans contrepoids ni contradiction réels, abîment la démocratie. Ma digression sur les philosophes pollueurs de débat s'achève ici. Veuillez en pardonner la longueur : il me semblait impossible d'en proposer un commentaire tant soit peu digne d'intérêt sans prendre le temps de l'explication. Cette démarche, j'en ai conscience, va à l'encontre de la tendance actuelle qui demande que l'on assène ses coups avec rapidité et sens du spectacle. Mais en un laps de temps très court, comme l'explique le linguiste et militant anarchiste Noam Chomsky (né en 1928), on ne peut guère développer autre chose que des poncifs. Refermons donc la parenthèse et revenons à la question qui nous occupait avant que je digresse, à savoir l'injustice provoquée par une loi de la majorité non complétée par des adjuvants indispensables.

Propositions utopiques

Les menteurs seront bannis du débat public

Un permis de voter sera instauré

L'éducation et l'information seront des priorités

Une biodémocratie sera instaurée et le pouvoir sera donné aux experts

Chacun pourra choisir l'utilisation de ses impôts

Plus aucun élu ne sera un professionnel de la politique

Le scrutin majoritaire à deux tours sera aboli

Les menteurs seront bannis du débat public

Pour rendre meilleure la société, il convient d'agir sur les agents et les outils qui lui donnent forme. Or dans une république, il y a trois conducteurs de démocratie :
1. le peuple ;
2. les représentants du peuple ;
3. les idées, dont débattent le peuple et les élus.

Si l'un de ces facteurs ne joue pas pleinement son rôle, la machine démocratique est grippée.

Les failles concernant les représentants du peuple sont régulièrement pointées du doigt. Clientélisme, corruption, favoritisme, incapacité de mettre en place les promesses sur lesquelles ils ont été choisis, cumul des mandats, rémunérations trop élevées : les défaillances sont nombreuses et une partie d'entre elles ont été détaillées dans les pages précédentes. Nous reviendrons dans un instant sur les moyens d'y remédier.

Les idées, quant à elles, s'expriment sous plusieurs formes. Certaines sont compilées dans des programmes portés par les partis politiques, mais les avis s'émettent aussi individuellement à des occasions diverses : référendums, consultations, revendications de particuliers, d'associations et de communautés. La presse joue un rôle prépondérant dans la diffusion des idées et opinions. Or, comme nous le verrons un peu plus loin dans un chapitre consacré au « mensonge de la liberté », la presse grand public ne permet plus l'expression réelle des opposants radicaux au modèle politique dominant. Ceux qui ont leur rond de serviette dans les différentes officines où l'on cause publiquement sont tous, d'une manière ou d'une autre, partie prenante et bénéficiaires du système qu'ils font parfois mine de dénigrer. On les laisse parler car ils ne représentent pas un grand danger pour cette oligarchie au pouvoir qu'ils égratignent avec la modération nécessaire.

Rendre au peuple des moyens d'expression ne suffit pas. Il faut favoriser une expression de l'intelligence collective. Dans le *Protagoras*, Platon explique comment Prométhée a donné le feu aux hommes, et la technique pour l'utiliser, afin de pallier l'oubli d'Épiméthée qui les avait laissés nus, sans fourrure, crocs ou griffes pour se défendre. Mais comme ce n'était pas suffisant, Zeus leur a également offert la vertu politique afin qu'ils puissent se réunir en communauté dans des cités, et il en a doté tous les hommes, de manière que chacun puisse participer à la vie en société : « Hermès demande alors à Zeus de quelle façon il doit faire don aux hommes de la Justice et de la Vergogne : "Dois-je les répartir de la manière dont les arts l'ont été ? Leur répartition a été opérée comme suit : un seul homme qui possède l'art de la médecine suffit pour un grand nombre de profanes, et il en est de même pour les autres artisans. Dois-je répartir ainsi la Justice et la Vergogne entre les hommes, ou dois-je les répartir entre tous ?" Zeus répondit : "Répartis-les entre tous, et que tous y prennent part ; car il ne pourrait y avoir de cités, si un seul petit nombre y prenait part, comme c'est le cas pour les autres arts." » C'est pourquoi, explique Protagoras à Socrate, tous les hommes ont droit à la parole dès lors qu'il s'agit de sagesse politique, puisque Dieu les a faits ainsi [1]. Hélas les plus bruyants ne sont pas forcément les plus doués, et l'Histoire de l'humanité n'est qu'une suite de décisions politiques calamiteuses. Nous tâtonnons car cela fait en réalité très peu de temps que l'homme est une espèce intelligente. Nietzsche écrit dans *Le Gai Savoir* que « le conscient est l'évolution dernière et tardive du système organique, et par conséquent aussi ce qu'il y a dans ce système de moins achevé et de moins fort. D'innombrables méprises ont leur origine dans le conscient [2] ».

---

1. Platon, *Protagoras*, « GF », Flammarion, 1997, p. 86-87.
2. Nietzsche, *Le Gai Savoir*, Livre I, chap. 11, 1882.

Les États « primitifs » ont vu le jour il y a plusieurs milliers d'années seulement, coordonnés par un ensemble de règles et de lois. Même si son sens exact est discuté, le code babylonien de Hammurabi, le plus ancien des codes de lois connus, est censé dater de 1750 avant J.-C. Mais les historiens font généralement remonter la naissance des institutions étatiques aux cités-États de la Grèce antique, au Ve siècle avant J.-C., puis à la Rome antique. C'était hier. Symptômes de notre immaturité politique, Hitler, Staline, Mussolini et Franco ont pu prendre le pouvoir il y a moins d'un siècle, c'est-à-dire il y a quelques secondes. Et le fascisme, négation suprême de l'intelligence, est loin d'être éradiqué puisque ses héritiers réalisent d'excellents scores électoraux. Qu'un parti comme le Front national, fondé entre autres par d'anciens collaborateurs de Vichy, sympathisants SS ou négationnistes, puisse réaliser 42 % des voix au second tour de l'élection présidentielle française en 2017 est la preuve que nous avons échoué à mettre en place des structures politiques qui soient à la hauteur de nos exigences morales. Inutile de me lancer ici dans un résumé précis du programme FN pour le démontrer. Ce mouvement ne s'inscrit nullement dans une tradition politique qui cherche à mettre en musique les fondamentaux éthiques sur lesquels l'humanité progresse au fil des siècles et d'où découle par exemple l'affrontement idéologique entre l'État et le secteur privé. Le FN remet en cause les conclusions morales qui sont censées servir de base à toute proposition politique. Il rejette les promesses de la Déclaration des droits de l'homme et du citoyen de 1789 ainsi que celles de la Déclaration universelle des droits de l'homme de 1948. Ce parti prône l'inégalité des humains et des croyances, le refus de la solidarité, le repli sur soi, le musellement de la presse et de l'opposition, et s'est spécialisé dans la manipulation de la vérité. En somme, il participe à la régression des esprits. Pourtant, il est là, il existe, et cette formation qui tire les humains vers ce qu'ils ont de plus mauvais prospère au grand jour sur la misère, la bêtise et l'ignorance. À partir du moment où notre organisation politique permet à des manipulateurs, à des menteurs, à des haineux et à des stupides de fonder un mouvement et d'en faire applaudir les représentants, c'est bien que notre démocratie est déficiente. On le voit : le scrutin majoritaire peut aboutir à des choix contraires à l'intérêt collectif, tout simplement parce que ceux qui choisissent ne sont pas suffisamment informés. Contrairement à ce qui s'écrit généralement, avant même de réformer les circuits d'expression populaire, il faut donc d'abord permettre au peuple d'exprimer un avis pertinent. Pour cela, il faut lui permettre de dompter la vérité lorsque c'est possible.

La vérité nous est difficilement accessible car nos sens trompeurs nous en éloignent. Cette théorie platonicienne est à la philosophie ce qu'est le tee-shirt blanc au prêt-à-porter masculin : un basique indémodable. Mais allons un peu plus loin. La vérité des choses est d'autant plus délicate à appréhender pour chacun d'entre nous que nos sens, originellement faillibles, sont manipulés par notre désir. Ce désir guide notre regard et transforme la réalité. C'est ce qui se passe avec le sentiment amoureux. Pour tomber amoureux, il faut d'abord le vouloir : nous mettons donc nos sens à l'affût dans ce but, consciemment ou non. Or, dans les premiers temps d'un amour nouveau, dans la phase de découverte et de passion, nous sommes aveugles à toute beauté et à tout charme autres que ceux sur lesquels nous venons de jeter notre dévolu. Nous ne voyons plus les autres possibilités. Le ou la partenaire qui nous occupe possède à nos yeux une panoplie inhabituelle de qualités ainsi qu'une plastique remarquable. Quelques années plus tard, parfois quelques mois seulement, ces caractéristiques flatteuses sont oubliées : il ou elle n'était pas si joli(e), intelligent(e) ou drôle. L'élu(e) de l'époque n'a pas changé, mais le regard qu'on jette sur lui (elle), oui. Cela vaut pour tout ce sur quoi on porte un jugement intéressé, à savoir une chose ou une personne dont on cherche un bénéfice. Le problème n'est pas anodin : désirer, c'est risquer de se tromper, car le désir, cette énergie vitale indispensable, nous détourne du vrai. Il convient alors d'apprendre à dompter le désir afin qu'il n'aveugle plus.

Mais le désir n'explique pas à lui seul pourquoi nous malmenons tous la vérité. Cette dernière est souvent compliquée à appréhender dans la mesure où son dévoilement dépend d'une connaissance qui peut nous échapper malgré nous. Que pouvons-nous affirmer qui soit absolument vrai sur nous-même par exemple ? « Γνῶθι σεαυτόν », pouvait-on lire au frontispice du temple de Delphes, c'est-à-dire « connais-toi toi-même », injonction immortalisée par Socrate, auquel on doit également ce constat : « ἓν οἶδα ὅτι οὐδέν οἶδα », « je ne sais qu'une chose, c'est que je ne sais rien ». L'erreur est une adversaire quotidienne. On se trompe sur son propre caractère, sur ses amis, sur ses collègues, sur ses amours ou sur des choix plus banals. On échoue souvent à comprendre des faits d'actualité ou des phénomènes sociaux par manque d'expérience, d'information ou d'intelligence. La propension à l'erreur est l'une des caractéristiques proprement humaines, apparues avec le développement des capacités cognitives.

Les animaux non humains, aux capacités de jugement et de raisonnement inférieures aux nôtres, se trompent aussi moins que nous. Ils agissent avec plus de simplicité, en suivant souvent un instinct que nous qualifierions chez nous de « bon sens ». Attention, je n'écris pas ici qu'ils n'agissent que par réflexe, pas du tout. Chaque animal non humain sensible est un individu qui réfléchit et prend ses décisions propres. En revanche, aucune espèce n'a développé autant que la nôtre des caractéristiques telles que la prétention, la vanité, l'orgueil, la jalousie, la perversité, la méchanceté, et nombre de maladies mentales qui s'en nourrissent. Or tous ces traits troublent le jugement et nous détournent de la vérité. Voilà l'un des paradoxes que nous devons affronter : notre intelligence est un moteur et un frein en même temps. Nous agissons avec notre cerveau comme un conducteur du dimanche pourrait le faire avec une voiture de course. Potentiellement la machine peut aller très vite, mais sans un apprentissage adéquat, sans une prudence minimale, nous sommes assurés de nous crasher. La vérité est donc par définition difficile à débusquer. Dès lors les erreurs de bonne foi sont pardonnables. Ce n'est pas pour autant qu'il faut les accepter.

Le mensonge, quant à lui, mérite une sévérité toute particulière. C'est pourquoi, lorsqu'un analyste quelconque – éditorialiste, chercheur, journaliste, politique – est pris en flagrant délit répétitif de mensonge ou d'erreur, il convient de le sanctionner en cessant de l'inviter dans les espaces médiatiques grâce auxquels il détourne les citoyens du jugement juste. Les chaînes de télé, les radios et les journaux sont contaminés par les parleurs incompétents qui défendent une vision du monde falsifiée. Ils devraient être renvoyés depuis longtemps. Censure ? Que nenni. Aucun goulag à l'horizon. Qu'ils restent simplement chez eux, écrivent éventuellement des livres ou qu'ils tiennent des blogs pour faire vivre la si chère liberté d'expression. Mais que les médias cessent de faire écho à leurs élucubrations, simplement parce que leurs effets de manche et leurs cris stridents rameuteront les voyeurs et donc les spectateurs, les auditeurs et les lecteurs. Le sociologue Pierre Bourdieu (1930-2002), que l'on voyait peu à la télévision, disait à son sujet : « J'essaie de n'y aller que quand j'ai quelque chose à dire et que je pense que j'ai des chances de pouvoir le dire [1]. » Cette règle sage devrait selon moi être suivie par tous ceux qui prétendent alimenter le débat public d'une manière honnête. Les médias portent une lourde responsabilité dans la déliquescence de la pensée. Ils ont promu des esprits corrompus, des débiles, des fats, des ignorants, des contents d'eux-mêmes, dans le seul but d'alimenter le spectacle que dénonçait Bourdieu. Depuis une dizaine d'années, les émissions bourrées de pseudo-analystes de tout poil pullulent. Elles brassent les clichés, les *a priori*, les partisanismes, l'inculture, en un mot, le mensonge. La télévision, extraordinaire objet potentiel d'apprentissage et de divertissement, abîme peu à peu la démocratie. Ce que l'on y entend n'est souvent qu'un courant d'air qui chasse le sérieux. « La télévision a sans doute contribué autant que les pots-de-vin à la dégradation de la vertu civile, affirmait Bourdieu. Elle a appelé et poussé sur le devant de la scène politique et intellectuelle des "m'as-tu-vu ?" soucieux avant tout de se faire voir et de se faire valoir, en contradiction totale avec les valeurs de dévouement obscur à l'intérêt collectif qui faisaient le fonctionnaire ou le militant [2]. » Les émissions de parlotte devront revisiter leur casting. Elles banniront les bonimenteurs et les spécialistes de rien d'autre qu'eux-mêmes, et elles convoqueront des chercheurs scrupuleux, et non des piliers de bar nombrilistes.

---

1. Ce à quoi il ajoutait : « Mais parfois je me trompe. Je surestime les chances de pouvoir dire les choses, soit parce que je n'ai pas le talent qu'il faudrait pour me débrouiller dans la situation, soit parce que les conditions sont très difficiles et que personne ne veut entendre ce que j'ai à dire. » *Pierre Bourdieu nous parle de BHL*, Youtube, 12 août 2006.
2. P. Bourdieu, *Contrefeux, propos pour servir à la résistance contre l'invasion néolibérale*, Raisons d'agir, 1998, p. 10-11.

Un permis de voter sera instauré

Ceux qui prônent le vote obligatoire sont dans l'erreur. C'est exactement l'inverse qu'il convient de faire. Il faut empêcher certaines personnes de voter.

Rendre le vote obligatoire s'avère en effet un projet antidémocratique, et ce, pour deux raisons. D'une part, la démocratie étant censée garantir les libertés individuelles, il est contre-nature d'imposer à quiconque de voter. Si une élection m'indiffère, personne n'a le droit de me forcer à y prendre part. En revanche, ceux qui animent la campagne, c'est-à-dire les candidats, ont pour devoir de s'interroger sur leur éventuelle incapacité d'intéresser les électeurs : les responsables de l'abstention sont ceux qui ne donnent pas envie de voter.

À quoi cela sert-il de forcer les électeurs ? Si dans un restaurant la bouffe est dégueulasse et que la clientèle le fuit, il ne viendrait à l'idée de personne d'enlever des passants, de les séquestrer dans ce restaurant, de les attacher à une chaise et de les nourrir à l'entonnoir. En revanche, un esprit sensé remplacera le cuistot. Par ailleurs, si l'on peut forcer des gens à aller voter alors qu'ils ne le souhaitent pas, on ne peut en revanche les forcer à s'intéresser aux enjeux du scrutin. Pour la plupart, ils mettront un bulletin au hasard, ou presque. Quel intérêt pour la qualité de la prise de décision démocratique ?

Il ne suffit pas d'affirmer que la démocratie se portera mieux lorsque la parole aura été redonnée au peuple. Encore faut-il créer les conditions d'une parole citoyenne de qualité. Rien ne sert de permettre à chacun de s'exprimer sur tous les sujets, et de toutes les manières possibles, si cette expression n'est pas qualitative.

L'article 4 de la Déclaration des droits de l'homme de 1789 établit que « la liberté consiste à pouvoir faire tout ce qui ne nuit pas à autrui : ainsi, l'exercice des droits naturels de chaque homme n'a de bornes que celles qui assurent aux autres membres de la société la jouissance de ces mêmes droits. Ces bornes ne peuvent être déterminées que par la Loi ». Or quand un de mes concitoyens vote en méconnaissance de cause (et pas seulement de manière partisane et égoïste, ce qui est son droit le plus strict puisqu'on ne peut obliger personne à être altruiste), il me porte préjudice. Je suis moi-même soumis à cette règle pour mes compatriotes : je peux leur porter préjudice si je me prononce sur une question dont je ne connais pas les enjeux. Une démocratie juste ne peut tolérer qu'un avis stupide l'emporte sur un avis éclairé. Car dans ce cas ce n'est plus une démocratie, mais une idiocratie.

À quoi bon organiser un référendum sur telle question européenne si le fonctionnement des institutions de l'Europe n'est même pas connu de tous ? À quoi bon faire voter pour élire un président de la République si les programmes des candidats en lice ne sont pas maîtrisés par tous les votants ? Et même si ces programmes sont à peu près maîtrisés par les uns et par les autres, à quoi sert de les départager si chacun des enjeux importants de l'élection n'a pas été étudié avec recul par chacun des électeurs afin qu'il se forge une opinion raisonnable ?

Il me semble dangereux de permettre à tout le monde de voter sans avoir vérifié au préalable la capacité de chacun à émettre un avis pertinent. Le droit de vote est déjà restreint aux personnes majeures. La raison en est bien celle que j'indique : il est considéré qu'avant ses dix-huit ans, un citoyen n'a pas les connaissances nécessaires pour participer au débat à égalité avec un adulte. Pourquoi cette aptitude apparaîtrait-elle tout à coup avec la majorité ? Elle n'apparaît en fait qu'avec l'accumulation d'un minimum de connaissances. Pour certaines personnes, cette accumulation minimale n'a jamais lieu, c'est pourquoi il existe des adolescents de quatorze ans dont l'analyse est bien plus pertinente que celle de certains trentenaires ou quadragénaires.

Pour résoudre cette difficulté, instaurons un permis de voter. On ne permet pas à un conducteur de rouler sans avoir passé un permis puisqu'il risquerait de causer des accidents et des morts. Pourquoi en serait-il autrement avec la politique, qui peut avoir des conséquences dramatiques sur une communauté ? Ce permis de voter sera constitué de deux volets. D'abord, un volet général qui autorise à se considérer comme électeur, et que l'on pourra obtenir à n'importe quel âge, dès la naissance. Dès dix ans, par exemple, certains enfants particulièrement éveillés pourront passer cet examen qui consistera en une vérification des connaissances politiques générales : les institutions du pays, l'histoire des idées politiques et des partis ainsi que les informations indispensables dans des domaines tels que l'environnement, l'économie, l'agriculture ou la défense. Cet examen, que je propose d'appeler Permis V, se préparera dans des centres prévus à cet effet, exactement comme le permis de conduire. Il faut préciser que la société utopique que j'appelle de mes vœux fait du temps libre, de l'éducation et de la formation des priorités absolues. Ce qui signifie que les citoyens, qui ne travailleront plus qu'une quinzaine d'heures par semaine (nous y reviendrons dans un prochain chapitre), auront du temps pour s'informer et s'impliquer dans la vie politique du pays. Le gouvernement mettra à leur disposition de nombreux moyens pédagogiques pour suivre et comprendre l'actualité, de telle sorte qu'ils auront toutes les clés pour réussir le Permis V. Si néanmoins une personne se désintéresse totalement de la vie politique, au point de refuser d'en comprendre les fondamentaux, alors cette personne n'est pas digne de voter.

Une fois l'examen général en poche, chaque élection ou consultation populaire donnera lieu à un test particulier, centré sur le scrutin en jeu. Ce test, que l'on appellera Clé de Vote, se passera sur Internet et consistera en un QCM sur les candidats en lice et leurs programmes, et comportera des questions d'actualité. S'il s'agit d'un référendum, le test portera évidemment sur les enjeux de la question soumise au vote.

Pour voter, il faudrait donc être titulaire du Permis V et détenteur de la Clé de Vote du scrutin.

L'éducation et l'information seront des priorités

L'un des premiers promoteurs des bibliothèques publiques fut l'américain Benjamin Franklin (1706-1790). L'homme, dont le portrait figure sur les billets de 100 dollars, se distingue par un CV impressionnant. Journaliste, inventeur, **imprimeur qui a laissé son nom à cette police de caractères**, et surtout homme politique et diplomate, il fut l'un des pères fondateurs des États-Unis. Il a participé à la rédaction de la Déclaration d'indépendance de ce pays au côté du paradoxal Thomas Jefferson [1]. Franklin était persuadé du

---

[1]. L'homme se voulait humaniste, inspiré par les Lumières, mais possédait des esclaves.

caractère indispensable des bibliothèques et des écoles pour permettre l'ascension sociale. Comment lui donner tort ?

Dans la société réinventée, l'instauration d'un Permis V s'inscrira dans une ambition beaucoup plus large d'éducation pour tous. Certes, celle-ci existe déjà officiellement, mais elle n'est pas correctement remplie car les moyens alloués par l'État à cette mission sont régulièrement rognés. Logique : le néolibéralisme ne veut pas d'esprits intelligents et informés, il préfère les lobotomisés qui ne réfléchissent pas trop et ne risquent donc pas de le remettre en question. Notre système économique maintient sciemment les citoyens dans l'ignorance. Mais, pour le coup, il n'est pas le seul coupable, et ce n'est pas nouveau. Les Lumières elles-mêmes n'ont pas franchement encouragé la démocratisation de l'instruction. Certes, il y eut Condorcet (1743-1794) et Diderot (1713-1784) qui en furent des militants. Mais il y eut également Voltaire (1694-1778) et ses propos glaçants de condescendance : « il est à propos que le peuple soit guidé, et non pas qu'il soit instruit, il n'est pas digne de l'être »[1] ; ou encore : « il me paraît essentiel qu'il y ait des gueux ignorants »[2]. L'instruction du peuple a toujours fait peur à l'élite, aux bourgeois, aux dominants. Car instruire, bien évidemment, c'est offrir les armes du renversement.

Il est urgent de mettre fin à cet avilissement du cerveau en faisant de l'éducation des enfants et des adultes la priorité absolue à toute action politique. Rien, je dis bien rien, ne compte plus que la connaissance. C'est elle qui permet de comprendre, de s'élever, de devenir humain, c'est elle qui fait de nous des citoyens réels et puissants, c'est elle seule qui peut nous sortir de l'esclavage, c'est elle qui nous fait comprendre le bien et le mal, le bonheur et le malheur, c'est elle qui donne un sens à nos actions. La connaissance est un bien vital essentiel, au même titre que l'eau et la nourriture. À mon enfant, je dirai : « joue, crée, et apprends, tant que tu peux ». Avez-vous remarqué à quel point l'école est absente des débats ? Pire, la France est l'un des pays riches où les professeurs

---

1. Voltaire, « Lettre à M. Damillaville », 19 mars 1766, *Œuvres de Voltaire*, Hachette, 1862, t. 31, p. 164.
2. Voltaire, « Lettre à M. Damillaville », 1er avril 1766, *Œuvres de Voltaire*, Hachette, 1828, t. 69, p. 131.

sont les plus mal payés, car ils sont complètement déconsidérés. Il faut donc augmenter le budget de l'éducation. Il représente déjà aujourd'hui le plus gros poste budgétaire de l'État, mais il n'en reste pas moins insuffisant. Il convient d'embaucher un nombre conséquent d'enseignants, de les augmenter, de faciliter leurs conditions de travail, de diminuer de moitié le nombre d'élèves par classe. Les gouvernements s'enlisent dans leur vaine bataille contre le chômage ? L'enseignement leur permettrait pourtant de procurer un emploi à un million de personnes actuellement inoccupées. En effet, les écoles, collèges et lycées français accueillent actuellement douze millions d'élèves. Le personnel enseignant, administratif et éducatif regroupe un million de salariés. Ce chiffre pourrait aisément doubler.

Une réforme des programmes se révèle indispensable pour ouvrir les enfants aux problématiques humanistes essentielles. Un exemple : actuellement les chasseurs ont le droit de se rendre dans les écoles pour faire leur publicité. Il est bien évident qu'il faudrait leur interdire l'accès aux établissements, et faire venir à leur place des vrais défenseurs de la nature et des animaux, c'est-à-dire des spécialistes qui ne détruisent pas le vivant mais cherchent au contraire à le protéger.

Et l'éducation ne s'arrête pas à l'issue de la scolarité. Chaque adulte a droit à l'information la plus complète sur ce qu'il se passe dans son pays et dans le monde. Or un smicard n'a pas les moyens de consacrer 20 ou 30 euros par semaine à l'achat d'hebdomadaires ou de quotidiens. Par conséquent, tout citoyen doit avoir accès gratuitement aux journaux de son choix, ou au moins à un minimum d'entre eux. Et puisque l'information est aujourd'hui principalement consommée par vidéo, le gouvernement se doit également de fournir à chaque citoyen un écran (télévision, tablette ou portable) sur lequel celui-ci peut s'informer. Par ailleurs, le gouvernement doit développer dans chaque ville des écoles pour adultes, où chacun pourra venir apprendre ou perfectionner les disciplines de son choix : musique, peinture, langues, littérature, sciences politiques, artisanat, sport... Les cours, gratuits, seront organisés en collaboration avec les structures existant aujourd'hui telles que les universités ou les centres de formation. En revanche, ce qu'on appelle la formation continue, qui comprend la formation professionnelle, sera revue de fond en comble, afin de mieux utiliser les dizaines de milliards annuels qui y sont actuellement consacrés pour des résultats et une satisfaction médiocres.

Une biodémocratie sera instaurée et le pouvoir sera donné aux experts

Les experts seront associés à toutes les décisions politiques. Le mot « expert » peut faire peur. Mais dans le cas présent il n'est que l'équivalent du mot « sage », cantonné à un seul domaine de compétence. La quantité de connaissances est telle aujourd'hui qu'on ne peut en effet attendre d'une seule personne, ni même de dix personnes, qu'elles détiennent les clés du savoir universel. Les humains ont été obligés de se spécialiser pour approfondir l'étude de ce que nous sommes et de ce qui nous entoure. Et en attendant le jour pas si lointain où les machines réfléchiront à notre place, la raison nous commande de faire appel aux experts pour nous éclairer. Les scientifiques, les sociologues, les philosophes, et tous les autres porteurs de savoir seront sollicités avant tout choix qui engage la société, même le plus mineur. Plus aucun élu ne pourra prendre et mettre en place des mesures non validées par eux. À cet effet, les institutions seront repensées. Une nouvelle République verra le jour, la République du vivant. Et une nouvelle instance verra le jour, le Comité du vivant (qui remplacera en quelque sorte l'actuel Conseil économique, social et environnemental (CESE) qui ne sert pas à grand-chose). Ce Comité sera constitué d'experts en tous domaines : médecins, astrophysiciens, paléoanthropologues, spécialistes des sciences sociales, éthologues, naturalistes, économistes, penseurs et intellectuels divers. Par ailleurs, l'économie ne sera plus la colonne vertébrale de notre idéologie et de nos préoccupations. Elle sera remplacée par le respect du vivant sous toutes ses formes.

Dès lors le Sénat, actuellement inutile, sera supprimé et remplacé par une chambre nommée Assemblée naturelle, laquelle composera le Parlement avec l'Assemblée nationale. Cette Assemblée naturelle sera chargée de représenter les intérêts du vivant animal et végétal. Elle sera composée pour un tiers de hauts fonctionnaires formés dans une nouvelle ENA (« École de la nature et des animaux »), et pour deux tiers d'experts et de représentants d'ONG qui défendent la nature et les animaux. Alors naîtra la seule utopie politique porteuse d'espoir : la biodémocratie, c'est-à-dire une démocratie réelle qui offre la parole au vivant, et qui tient compte de ses intérêts intrinsèques.

Chacun pourra choisir l'utilisation de ses impôts

Les anciens présidents de la République ont droit à un appartement de fonction meublé et équipé, deux employés pour s'en occuper, deux gardes du corps comme protection rapprochée, une protection supplémentaire pour le domicile, une voiture de fonction, deux chauffeurs et sept collaborateurs permanents pour leur secrétariat. En 2012, René Dosière, député socialiste devenu spécialiste des dépenses liées aux institutions et aux élus, avait chiffré le coût de ces frais pour les contribuables : entre 1,5 million à 2,5 millions d'euros par an et par ancien Président[1]. Valéry Giscard d'Estaing, à la retraite depuis 1981, aurait ainsi coûté pas moins de 85 millions d'euros aux Français, avec par exemple des bureaux dont la location coûte près de 300 000 euros par an. Il faut encore ajouter les 12 000 euros mensuels octroyés par le Conseil constitutionnel où siègent les anciens présidents, et les retraites que les uns et les autres cumulent : plus de 5 000 euros par mois comme ancien Président, plus de 6 000 euros comme ancien député, plus de 3 000 euros comme ancien conseiller à la Cour des comptes...[2]. Tous les anciens Premiers ministres ont quant à eux droit à une voiture avec chauffeur et à un assistant. Bernard Cazeneuve, Manuel Valls, Jean-Marc Ayrault, François Fillon, Dominique de Villepin, Jean-Pierre Raffarin, Lionel Jospin, Alain Juppé, Édouard

---

1. R. Dosière, « Combien coûte un ancien président de la République française », et J. Nouailhac, « Nouailhac : combien coûtent nos anciens présidents de la République ? », *Le Point*, 26 février 2015.
2. *Ibid.*

Balladur… nous coûtent chacun jusqu'à 100 000 euros par an, quand bien même les activités actuelles de la plupart d'entre eux n'ont plus aucun rapport avec la conduite du pays [1].

Ces dépenses sont scandaleuses et injustifiées. Qui paye le train de vie de ces notables ? Vous et moi. Mais nous a-t-on demandé notre avis ? Une fois encore, absolument pas. Les nantis s'arrangent entre eux. Sauf que ce procédé est contraire aux principes démocratiques. Nous devrions tous pouvoir choisir, collectivement, comment l'argent que nous reversons à l'État est utilisé. Car enfin, savez-vous à quoi servent vos impôts ? En avez-vous une idée ? Comment se fait-il que nous ne soyons consultés en rien sur l'utilisation de notre argent, alors même que l'argent nous est présenté comme le sujet qui doit obséder tout citoyen ?

Les recettes nettes fiscales de l'État se sont montées en 2016 à 288 milliards d'euros en se répartissant ainsi : TVA (50,30 %), impôt sur le revenu (25 %), impôt sur les sociétés (11,50 %), Taxe intérieure de consommation sur les produits énergétiques (TICPE, 5,60 %), autres ressources (ISF, droits de succession, de donation ou de mutation, 7,60 %) [2]. En ce qui concerne l'utilisation de tout l'argent collecté, il n'est pas simple de s'y retrouver, tant les documents officiels qui résument les choses sont complexes à lire pour le commun des mortels. Rien n'est caché, tout est public, mais il faut une formation minimale pour comprendre de quoi on parle. Si vous avez envie de vous familiariser avec les APU, qui elles-mêmes regroupent les APUC (parmi lesquelles vous trouverez l'État et les ODAC), les APUL et les ASSO (qui concernent les hôpitaux et l'ensemble des régimes de sécurité sociale ainsi que les AGIRC et les ARRCO), si vous voulez tout savoir des flux financiers entre l'État et la sécurité sociale, alors je vous conseille la lecture du rapport d'activité annuel de la Direction du Budget intitulé « Évolution des finances publiques » dont vous trouverez le lien au bout de cette note de bas de page [3]. Sachez déjà que le budget général

---

1. « Infographies. Combien coûtent les anciens Présidents et Premiers ministres ? », *France Info*, 9 février 2016.
2. « Les impôts perçus par l'État en 2016 », vie-publique.fr
3. *Évolution des finances publiques*, Rapport d'activité 2016, Direction du Budget, juillet 2017.

de l'État est décliné en trente-et-une missions et que parmi elles, les plus gros budgets concernent l'enseignement et la défense tandis que le plus petit budget est alloué au sport et à la vie associative.

Il faut désormais mettre en place l'impôt à la carte. Tous les ans, chaque citoyen remplira un questionnaire stipulant la répartition souhaitée de l'argent qu'il reverse à la communauté. Vous désirez donner plus de moyens au ministère de l'Environnement ? au ministère de la Culture ? aux Sports ? Vous voulez en revanche limiter les dépenses de la Défense ? Diminuer le train de vie de l'État ? Supprimer les subventions à l'industrie de la viande et au contraire promouvoir l'industrie des protéines végétales ? Vous refusez que l'État investisse des milliards dans la construction d'une nouvelle centrale nucléaire ? Un questionnaire précis vous permettra d'expliquer la destination souhaitée pour l'argent de vos impôts. La consultation sera effectuée par Internet, ce qui rendra extrêmement simple le traitement des réponses et leur synthétisation. Le gouvernement, élu sur une orientation politique prédéfinie, devra donc aussi tenir compte des désirs des citoyens en ce qui concerne l'utilisation du budget. Il sera toujours garant et responsable des choix finaux, en délimitant notamment pour chaque « mission » des budgets minimums en dessous desquels l'État pourrait se trouver en danger.

Plus aucun élu ne sera un professionnel de la politique

Pierre Bourdieu avait parfaitement identifié la responsabilité du personnel politique dans la crise actuelle, qui est avant tout une crise idéologique avant d'être économique : « On a beaucoup parlé du silence des intellectuels. Ce qui me frappe, c'est le silence des politiques. Ils sont formidablement à court d'idéaux mobilisateurs. Sans doute parce que la professionnalisation de la politique et les conditions exigées de ceux qui veulent faire carrière dans les partis excluent de plus en plus les personnalités inspirées.[1] » Il est évident qu'aucune société nouvelle ne verra le jour si nous ne réinventons pas le statut de nos représentants afin de porter au pouvoir des

---

1. P. Bourdieu, *Contre-feux, op. cit.*, p. 12.

esprits inventifs et responsables, et non plus des carriéristes médiocres dont les capacités d'analyse sont inversement proportionnelles à la taille de l'ego. L'incompétence n'est pas le moindre de leurs défauts : nos institutions, et c'est un tort immense, n'écartent pas les fous des plus hautes fonctions. Pire, elles favorisent leur triomphe. Entendons-nous bien. La folie que je décris n'est pas de celles qui nécessitent un internement en institution spécialisée. Je parle de cette maladie psychiatrique qu'est l'hypernarcissisme et dont beaucoup de personnages d'État sont atteints. L'actuel Président français est un cas d'école. Le mépris qu'il affiche pour ses opposants se mêle à un amour de lui-même qui dépasse les normes autorisées par la raison. L'homme se prend tout à la fois pour un dieu grec, pour Napoléon, pour Hegel et pour Jésus-Christ. Il rejoint la longue liste des égotistes habités par la certitude de leur génie qui ont dirigé un pays un jour, certains en profitant même pour déclencher quelques guerres au nom de leurs inspirations transcendantes.

Jamais dans l'ère politique moderne les politiciens n'ont présenté un aussi piètre visage. Les discours de la plupart d'entre eux sont une enfilade de lieux communs, de phrases mille fois prononcées et de procédés rhétoriques aussi subtils qu'une drague alcoolisée en boîte de nuit. Aucune inspiration, presque aucune référence culturelle pour ancrer le débat, aucune ambition collective d'envergure. Comme il existe en musique des morceaux fabriqués au kilomètre par des musiciens d'opérette qui semblent ne pas connaître le mot « inspiration », nos politiques nous servent aujourd'hui de la soupe. Ils baragouinent des trucs creux et tentent de moduler la voix, mais ils ne racontent rien d'autre que notre misère de les avoir comme seuls choix possibles. Des exemples ? Il y en a tant ! La plupart des discours d'Emmanuel Macron dans la campagne qui l'a porté à la présidence entrent dans cette catégorie – le culte de soi n'est pas incompatible avec des allocutions piteuses. Mais, au hasard, celui de Laurent Wauquiez à Châteaurenard fin août 2017, pour préparer sa candidature à la présidence des Républicains, vaut sans doute un prix spécial du Jury : une enfilade de clichés sur le rassemblement et trucs du genre prononcés avec des intonations qui sonnent faux du début à la fin. On peut reprocher au général de Gaulle ou à

François Mitterrand beaucoup de choses, mais on ne peut s'empêcher de penser qu'ils doivent se retourner dans leur tombe lorsqu'ils entendent leurs successeurs.

Nous devons donc mettre en place tous les moyens du renouveau du personnel politique. Pour commencer, il faut définitivement en finir avec la possibilité que la politique soit un moyen d'enrichissement ou de valorisation personnels. Elle doit redevenir un sacerdoce. Les élus nationaux, européens, les ministres, certains élus régionaux et bien sûr le président de la République sont des privilégiés. Ils gagnent beaucoup plus que le salaire moyen français, bénéficient d'avantages tels que des enveloppes de frais, des voitures de fonction, voire des logements gratuits pour certains d'entre eux. Cela ne les empêche pas, parfois, de se plaindre. Ainsi, en août 2017, à un enfant qui lui demandait s'il était riche, le président Macron eut cette réponse étonnante : « Président de la République, ce n'est pas le moment où tu gagnes le plus d'argent. » Et d'ajouter : « Je n'ai plus de maison maintenant, parce que j'habite à l'Élysée, ma maison, elle t'appartient, elle appartient à tous les Français[1]. » Qu'est-ce que c'est que cette réponse ? À l'écouter, le pauvre Président serait à la rue, on lui aurait piqué sa maison, et le soir il appelle le 115 pour être logé ! Non Emmanuel, c'est pas beau de mentir. Tu as toujours tes maisons, personne ne t'a rien volé et tu n'as pas été forcé de redistribuer tes biens au peuple qui t'a gentiment élu. En revanche, tu es gracieusement logé (dans plusieurs résidences), nourri, et transporté où tu veux (voiture, train, avion, tout est gratuit pour toi). En fait tu ne payes rien ou presque. Mais tu as tout de même un salaire. On se demande pourquoi, puisque tu n'as aucun des gros frais des autres Français (loyer, courses, bagnole). Mais passons. Ce salaire dont tu te plains s'élève quand même à 15 000 euros bruts mensuels.

Emmanuel Macron n'est évidemment pas le premier élu à chouiner sur sa rémunération. Nombreux sont les élus qui considèrent que non seulement leur généreux salaire est amplement mérité, mais qu'en plus il est insuffisant. Pendant la campagne présidentielle de 2017, en pleine polémique sur les emplois fictifs de Pénélope Fillon, Hervé Mariton, l'un des soutiens du mari de Pénélope

---

1. M. Wesfreid et A. Lepoivre, « Quand Macron loue le sens de l'effort auprès des enfants », *Le Figaro*, 3 août 2017.

a déclaré sur un plateau télé que le salaire des députés devrait être augmenté. Ces propos rappellent ceux d'Henri Guaino, ancien conseiller spécial du président Sarkozy, qui regrettait, il y a quelques années, d'être si mal payé en tant que parlementaire. Rappelons au passage qu'un député gagne plus de 5 000 euros net par mois auxquels s'ajoutent 5 500 euros bruts de « frais de représentation », qu'il voyage gratuitement en première classe sur tout le réseau SNCF, et qu'il a un abonnement téléphonique gratuit. On rappelle le salaire moyen en France ? 2 225 euros net par mois, d'après les dernières données disponibles [1].

Suffit. L'indécence a assez duré. Il faut en finir avec les carriéristes, les opportunistes et les tribuns manipulateurs. Le pouvoir politique ne doit plus conférer ni avantages ni récompenses à celui qui le conquiert.

Désormais, tous les mandats nationaux et régionaux qui demandent un investissement à plein temps seront non renouvelables. Un mandat unique pour tous sera instauré, non cumulable avec un deuxième mandat concomitant, à moins qu'il s'agisse d'une fonction locale ou régionale non chronophage.

Plus personne ne pourra s'enrichir grâce à la politique ni même y faire carrière. Chaque élu touchera une rétribution équivalente au salaire qu'il percevait avant son élection. Les employeurs auront pour obligation de réembaucher les salariés qui auront pris un congé sans soldes de plusieurs années pour remplir leur mandat.

Les anciens élus ou ministres n'auront droit à aucun avantage de quelque nature que ce soit. Ni chauffeur, ni gardes du corps, ni bureaux, ni assistants.

Le poste de président de la République sera supprimé.

Tout manquement à l'éthique (corruption, détournement de fonds, mensonge public) entraînera la révocation immédiate du coupable et une peine conséquente.

Tout élu pourra être révoqué à tout moment, si le peuple qui l'a élu juge qu'il ne respecte pas ses engagements.

La logique des partis politiques, usines opaques où prolifèrent les magouilles et les conservatismes, sera démantelée. Un citoyen

---

1. J.-C. Chanut, « Le salaire mensuel net médian dans le privé atteint 1 783 euros en 2014 », *La Tribune*, 21 septembre 2016.

n'aura plus besoin de l'appui d'une grande et riche organisation politique pour se faire entendre et espérer être élu.

Le scrutin majoritaire à deux tours sera aboli

Comme cela a été clairement démontré avec le cas Macron, le scrutin majoritaire à deux tours est une hérésie. Il fonctionne parfois, mais n'est pas suffisamment fiable et peut déboucher sur un résultat qui ne reflète pas la préférence réelle du corps électoral.

Le principe du scrutin majoritaire à deux tours est le suivant : on aligne des candidats, ceux qui arrivent en tête ont le droit de concourir pour un second tour, et à l'issue de ce second tour celui qui recueille le plus de voix l'emporte. Contrairement aux apparences, ce principe ne permet généralement pas de satisfaire la majorité et instaure presque toujours une situation de tension entre des camps fondamentalement opposés dont l'un se sent particulièrement lésé.

Prenons l'exemple de cinq candidats A, B, C, D et E.

Tous défendent des programmes radicalement différents. Au premier tour A obtient 30 %, B obtient 25 %, C obtient 20 %, D obtient 20 % et E obtient seulement 5 %. S'il s'agit d'une présidentielle, seuls A et B sont qualifiés pour le second tour. Or ils proposent des mesures totalement opposées. Quel que soit le vainqueur, le pays sera irrémédiablement coupé en deux. La situation sera d'autant plus tendue si le candidat majoritaire l'emporte avec un faible écart, tel que 51/49 ou 52/48. Dans un tel cas de figure, qui est en fait le cas général, la moitié du pays est immédiatement insatisfaite. Cette proportion est même bien plus grande en réalité car parmi les 51 ou 52 % qui ont voté pour le vainqueur, nombre d'entre eux ont agi par défaut et n'accueillent sa victoire qu'avec une joie très modérée. Sans compter tous les abstentionnistes qui n'ont même pas jugé utile de se déplacer parce qu'aucun des candidats ne leur convenait. Dans les faits, un élu au scrutin majoritaire à deux tours est donc presque toujours rejeté par la majorité des citoyens dès le jour où il est élu.

Par ailleurs, ce scrutin majoritaire à deux tours débouche sur des aberrations telles que l'élimination au premier tour d'un candidat qui, s'il s'était qualifié pour le second, l'aurait emporté. L'illustration parfaite de ce dysfonctionnement est la défaite de Lionel Jospin en 2002. Trop de candidatures de gauche au premier tour ont dispersé des voix qui se seraient réunies sur lui au second tour s'il s'était qualifié. Christiane Taubira et Jean-Pierre Chevènement, alliés idéologiques de Jospin, ont notamment détourné 2,3 % et 5,3 % des votes. Résultat : Jospin a terminé troisième à quelques voix de Jean-Marie Le Pen, improbable qualifié face à Jacques Chirac. Depuis, les électeurs sont particulièrement méfiants et privilégient le vote dit « utile » : au lieu de simplement voter pour le candidat ou la candidate qui leur semble meilleur(e), ils anticipent le résultat final et déposent des bulletins stratégiques en se rangeant derrière le plus « acceptable » des candidats qui a des chances de gagner. La sincérité de l'expression populaire s'en trouve grandement affectée.

Imaginons maintenant que l'on ne demande plus aux électeurs de déposer un bulletin dans l'urne pour un seul candidat, mais qu'on leur propose la chose suivante : classer les cinq candidats A, B, C, D et E par ordre de préférence. Ensuite, on attribue à chacun des candidats des points en fonction de leur position. Oui, comme à l'Eurovision, exactement. Par exemple 10 points pour le premier, 8 points pour le second, 6 points pour le troisième et ainsi de suite (le montant des points varie évidemment en fonction du nombre de candidats). Alors nous pourrions soudain découvrir que le candidat E, qui n'est le choix préféré que de 5 % des votants, est en revanche le deuxième choix de tous les autres. Quant au candidat A, premier choix de 30 % des votants, il est peut-être rejeté par les autres 70 % qui le placent en dernière position parmi leurs préférences. On comprend aisément qu'il vaut alors bien mieux élire E, qui est le candidat favori de 5 % des votants et le deuxième choix des autres 95 %. Car son programme, même s'il n'est pas le préféré de la très grande majorité des votants, ne leur déplaît pas non plus.

Ce système de vote par classement est appelé « système pondéré ». Au XVIIIe siècle, le mathématicien, physicien et politologue Jean-Charles de Borda (1733-1799) en avait repris l'idée, déjà développée chez les Romains. Il en existe de nombreuses variantes qui méritent d'être rediscutées. On peut par exemple réfléchir à l'idée d'un vote négatif qui permet d'ôter des points à un candidat qu'on rejette absolument. À la place du vote par classement, il est également possible d'imaginer un système de vote par approbation, où chaque électeur classe les candidats en deux catégories : « approuvé » ou « rejeté ». On n'approuve pas forcément un unique candidat, mais tous ceux qui nous semblent acceptables. Et on rejette ceux dont on ne veut absolument pas. Celui qui l'emporte est alors celui qui obtient le plus de « approuvé ».

Ce principe peut être affiné avec le système dit « du jugement majoritaire » défendu par deux chercheurs français, Michel Balinski et Rida Laraki. Ils proposent qu'on attribue à chacun des candidats une appréciation parmi une échelle de sept valeurs : excellent, très bien, bien, assez bien, passable, insuffisant, à rejeter. Imaginons alors qu'un candidat recueille les résultats suivants : *excellent* 7 %, *très bien* 13 %, *bien* 16 %, *assez bien* 23 %, *passable* 21 %, *insuffisant* 12 %, *à rejeter* 8 %. Le calcul consiste à déterminer la majorité du meilleur avis. Ici, 7 % + 13 %, soit 20 % des électeurs, jugent le candidat « excellent » ou « très bien ». Donc 20 % des électeurs jugent ce candidat « *au moins* très bien ». 7 % + 13 % + 16 %, soit 36 % des électeurs, le jugent « excellent », « très bien » ou « bien ». Donc 36 % des électeurs jugent ce candidat « *au moins* bien ». Mais ce n'est toujours pas l'avis majoritaire. Or le but consiste à déterminer la meilleure opinion pour au moins 50 % des électeurs. 7 % + 13 % + 16 % + 23 % = 59 % des électeurs jugent ce candidat « *au moins* assez bien »[1]. « Assez bien » est donc sa mention majoritaire. Le candidat qui gagne est celui qui obtient la meilleure mention majoritaire, étant entendu qu'en cas d'égalité de mention, il suffit de prendre en compte les pourcentages. Des expériences ont déjà été localement menées, qui se sont révélées convaincantes.

Politologues, juristes et mathématiciens doivent affiner les possibilités qui s'offrent à nous pour en finir avec l'iniquité du scrutin majoritaire à deux tours. Et si les dépouillements de toutes ces méthodes de vote alternatives peuvent effrayer car ils impliquent des calculs plus complexes que la simple addition, l'informatique répond aisément à cette difficulté.

En attendant qu'une alternative efficace soit mise en place, une urgence s'impose : la reconnaissance du vote blanc. Il faut que le

---

1. Exemple donné dans *L'Éléphant*, n° 17, janvier 2017, p. 88.

plus vite possible, et tant que le scrutin majoritaire à deux tours persiste, les votes blancs soient comptabilisés et qu'ils aient force d'invalidation. Puisque le vote blanc manifeste le rejet de tous les candidats proposés, ce point de vue doit être entendu. Il peut l'être ainsi : si au premier tour d'une élection le vote blanc arrive en tête ou en deuxième position, alors le premier tour est invalidé et l'élection est réorganisée. Tous les partis sont invités à changer leur candidat, mais ils n'y sont pas obligés. Si au deuxième tour le vote blanc l'emporte, l'élection complète est annulée et sera réorganisée intégralement à partir d'un premier tour. Ces processus peuvent sembler d'une lourdeur extrême. Ils sont en effet plus contraignants que les usages actuels. Mais le respect de la démocratie réelle ne peut être sacrifié au nom de la facilité. Par ailleurs, je le redis, la révolution Internet, alliée à la capacité de calcul de plus en plus importante des ordinateurs, a un rôle éminent à jouer dans les nouveaux modes de scrutin à inventer.

L'informatique nous permettrait par exemple d'explorer une piste inattendue pour rendre le scrutin plus juste : le vote pondéré par l'âge du votant. En effet, à l'heure actuelle, la voix d'un jeune adulte de 20 ans et celle d'un retraité de 80 ans comptent à l'identique. Ce n'est pas juste. Les décisions qui sont prises par un gouvernement engagent souvent la communauté pour longtemps. Regardez les choix énergétiques qui ont été faits dans les années 1970 en France et dont nous payons depuis les conséquences. Il serait donc logique que la voix d'un citoyen qui va potentiellement endurer pendant 50 ans les effets des lois sur lesquelles il se prononce compte plus que celle d'un citoyen qui ne va peut-être les endurer que deux ou trois ans. Il est donc possible d'imaginer que chaque vote soit pondéré par un « coefficient d'âge » calculé d'après l'espérance de vie : plus on est jeune, plus notre voix compte. Ou, vu de l'autre angle : plus on vieillit, moins notre voix a de poids. Mais attention, ce n'est pas si simple ! On devrait faire entrer dans le calcul un autre critère : la compétence liée à l'expérience. On peut en effet considérer que, généralement, sur les questions politiques, le choix d'un individu de 30 ans est plus pertinent que celui d'un individu de 18 ans qui a moins de culture et moins de vécu. De la même manière, le choix d'un individu de 40 ans est en principe plus avisé que celui d'un individu de 30 ans. Nous dégageons donc deux critères qui mériteraient d'être considérés : l'espérance de vie et le niveau d'expérience. Imaginons des pondérations par décimales. Par exemple, tandis que la voix d'un retraité de 80 ans compterait pour un, la voix d'une jeune femme de 25 ans pourrait compter pour 1,2 ou 1,3. Pour que ce système fonctionne, il faut que les pondérations soient très modestes et que les logiciels soient très pointus afin de déterminer des pondérations justes.

Le mensonge du travail

Êtes-vous en train de travailler en lisant ce livre ?

Vous et moi sommes actuellement occupés. Vous êtes en train de lire un livre, ce dont je vous remercie puisque c'est celui-ci, et que je suis en train de l'écrire (entérinons cette concordance des présents, même si le mien est caduc au moment du vôtre). En découvrant ces lignes, en opérant ce mouvement des yeux et de l'esprit, vous vous livrez à une activité dont vous ne tirerez *a priori* aucune rémunération. Cette lecture est un loisir (j'espère du moins qu'elle ne s'apparente pas pour vous à une torture). Toutefois, vous pouvez également rédiger une critique de ce livre, que vous livrerez au public. Si le support sur lequel vous faites connaître votre critique est un média professionnel (un magazine ou une émission de télévision dans laquelle vous chroniquez), vous recevrez en principe une somme d'argent en échange de votre critique. En revanche, si vous publiez votre compte rendu sur un simple blog, il y a de fortes chances que cela ne vous rapporte pas un centime. Notez la bizarrerie : dans les deux cas de figure, votre contribution est identique (vous passez des heures à lire un ouvrage, à l'analyser et à élaborer une réflexion argumentée pour le public), mais dans un cas votre peine est récompensée, tandis que dans l'autre non. Et dans le premier cas, puisque vous avez reçu un chèque en échange de votre effort, vous pourrez dire que vous avez effectué un travail. Dans le deuxième cas, comme vous ne touchez rien, on parlera de « passe-temps ». Cet exemple tout simple atteste que le travail n'a pas d'existence propre et qu'il dépend du regard et du portefeuille d'autrui pour être reconnu comme tel.

LIVRE II – MENSONGES

Continuons, si vous le permettez, à nous appuyer sur ce livre pour approfondir notre point de vue (après tout, autant rentabiliser au maximum l'objet qui nous lie en ce moment même). Ces mots que vos rétines déchiffrent et associent depuis tout à l'heure, je suis en train de les écrire sur mon écran d'ordinateur. S'agit-il pour moi d'un travail ? Puisqu'ils vont être publiés *via* une maison d'édition (ils le sont au moment où vos yeux se posent dessus), et que vous avez dû payer pour y avoir accès en achetant un exemplaire de l'ouvrage (sauf bien sûr s'il vous a été gracieusement offert par le service de presse de Flammarion), nous sommes liés vous et moi par une relation commerciale qui transforme mon effort intellectuel en travail. Ma maison d'édition m'a payé pour me permettre de dégager plusieurs mois de mon temps pour l'écriture, et vous avez payé pour rembourser l'investissement de la maison d'édition. Cela fait de moi votre employé, ou celui de Flammarion[1], peu importe, l'essentiel étant que je puisse me prévaloir du statut de « travailleur » dans les rares dîners où je mets les pieds. Cela dit, je m'amuse toujours de la mine de mes interlocuteurs qui me demandent ce que je fais « en ce moment », et à qui je réponds que « j'écris ». Ils baragouinent alors un truc du style « ah oui, fort bien, en effet, c'est très intéressant ça… », qui tente de masquer leur perplexité et la question qu'ils n'osent pas me poser : « Mais c'est vraiment un boulot, ça, d'écrire ? » La question, il est vrai, mérite d'être posée.

Mon père a ouvert un blog qu'il alimente plusieurs fois par semaine de courts billets pertinents sur l'actualité. Il n'est pas payé pour cela. Ce n'est donc pas un travail. Mais s'il faisait sponsoriser son blog par de la publicité qui lui rapporte de l'argent, sans doute serait-il autorisé à qualifier la rédaction de ses articles de « travail ». Quant à moi, si je ne publiais pas ce texte sous forme de livre chez un éditeur, mais que je le mette à la disposition de tous, gratuitement, sur un site Internet, alors on pourrait dire que je ne travaille pas non plus, mais que je me divertis. Combien d'écrivains (bons ou mauvais, peu importe) endurent la négation de leur travail, sous prétexte qu'ils ne trouvent pas d'éditeur pour le vendre au public ?

---

[1]. Nous verrons plus loin qu'en réalité l'éditeur occupe le curieux statut d'employeur-prestataire de service.

Enfin, dans quelle case faire entrer les époux Obama, qui auraient reçu 60 millions de dollars de la part de la maison d'édition Penguin Random House pour publier un livre chacun ? Ce contrat historique fait-il de Barack et Michelle des écrivains ? Même question pour Bill Clinton, 15 millions de dollars pour écrire *Ma vie*[1].

On le voit, il n'est pas simple de définir ce qu'est le travail. Il est classique d'affirmer qu'il est le contraire du jeu : cette théorie ne tient plus la route aujourd'hui. Certes, on dit à l'enfant qui fait ses devoirs qu'il pourra aller jouer quand il aura fini son travail. Mais l'acteur qui *joue* dans un film travaille, tout comme le footballeur qui *joue* en Ligue 1 travaille, tout comme le tennisman qui *joue* pour remporter Roland-Garros travaille. Et souvent, ces gens qui jouent pour travailler gagnent beaucoup plus que le type qui travaille à l'usine sans jouer. Le jeu ne concerne d'ailleurs pas seulement les sportifs et les comédiens. L'entreprise Lego, par exemple, fait tester ses jouets de construction par des employés qui racontent, aux anges, qu'ils « jouent » et qu'ils ont le job le plus cool du monde[2].

En fait, le mot « travail » est l'un des plus employés de la langue française, que ce soit dans les conversations quotidiennes ou les discours officiels, mais le trouble qui entoure son sens réel crée des incompréhensions et permet toutes les manipulations.

Le terme « travail » peut avoir une dizaine de significations différentes, évidemment toutes liées les unes aux autres. Il peut désigner, entre autres :

— l'action d'une personne qui produit quelque chose ;
— le résultat de cette action productive ;
— une activité professionnelle ;
— ce moment de l'accouchement où les contractions annoncent l'expulsion du fœtus ;
— le processus de vie qui anime une matière (le bois qui « travaille »).

Le point commun entre toutes ces significations est l'idée d'une matière qui bouge, qui passe d'un point ou d'un état à un autre.

---

[1]. « Le Couple Obama décroche un lucratif contrat d'édition chez Penguin », *L'Express*, 1er mars 2017.
[2]. « Le Monde secret de la petite brique Lego », de V. Dupouy, diffusé sur France 4, 28 juillet 2017.

S'il fallait résumer le travail en une phrase, nous pourrions donc affirmer qu'il est le produit d'une force en mouvement. On sait le calculer facilement : $W = \vec{F} \cdot \vec{l}$ en considérant que $\vec{F}$ est la force en newtons, $\vec{l}$ la distance en mètres, et W le travail en joules. Nous sommes, vous l'avez compris, en pleine mécanique, et la formule permet de déterminer l'énergie fournie par cette force, appliquée sur un objet, lorsque cet objet se déplace. Et cette énergie se nomme, précisément, « travail ».

La définition que la physique nous propose du travail est particulièrement digne d'intérêt car elle est applicable aux objets humains que nous sommes. En effet, selon les lois de la mécanique, nous comprenons que *nous travaillons à partir du moment où nous déployons une force intellectuelle ou physique qui se déplace, qui agit*. Pour qu'il y ait travail, il faut qu'il y ait déplacement, changement d'état, création d'énergie, apparition. Ce n'est pas un hasard si le mot anglais *travel* est issu du français « travail ». Le travail est un voyage. Mais un voyage qui demande un effort. Un voyage qui peut faire souffrir. C'était d'ailleurs sa signification originelle. Le mot « travail », apparu au XIIe siècle, vient du latin *trepalium*, variante de *tripalium*, lequel désignait un instrument d'immobilisation et de torture pour les esclaves, voire un système pour attacher les animaux afin de les ferrer ou de les soigner. *Tripaliare*, qui a donné le verbe « travailler », se traduit quant à lui par « torturer ». Donc dès son apparition officielle, le travail est pénible et rend esclave. Au moment de la révolution politique et industrielle du XVIIIe siècle, le mot « travail » a pris le sens le plus commun de nos jours, du moins dans la bouche des politiques et des économistes, à savoir qu'il signifie aujourd'hui « boulot », « emploi », « profession ». Aux yeux de la société contemporaine, le travail est donc relié à un corollaire : l'argent. Il désigne une activité rémunérée qui fournit par ailleurs à son propriétaire son statut social. Le travail, ainsi perçu, est détaché du sens de la tâche et de la création. Son esprit originel a été broyé. Même la notion d'effort est effacée. La seule chose qui le définit désormais est ce qu'il rapporte, financièrement et socialement. Insistons bien sur ce point : l'utilité du travail, pour celui qui le réalise ou qui en bénéficie, est secondaire, voire négligeable. La question n'est pas : « Ce travail est-il une tâche nécessaire ou indispensable à la société ? » ; ou : « Ce travail permet-il à son auteur de s'épanouir ? » Elle est : « Combien ça rapporte ? » Le travail est donc, dans le langage courant, cette chose que l'on fait et qui génère du fric. C'est la raison pour laquelle, au moment où elles doivent rechercher un boulot, un certain nombre de personnes se demandent simplement « comment faire du fric », et sont à l'affût d'une idée commerciale rémunératrice. Cette vision du travail, contemporaine de la société capitaliste, ne peut qu'entraîner la confusion la plus totale, nourrie par un flot de contradictions, d'injustices et de déceptions, dans la mesure où elle génère une grille de compréhension de l'activité qui n'a ni sens moral ni sens économique.

Si je laissais quelques heures de côté mon clavier pour aller tondre l'herbe de mon jardin et prendre soin des fleurs et des arbustes que le printemps fait revivre, chacun dirait que je me détends en me vidant l'esprit : je serais en train de me livrer à un loisir, le jardinage, et il est bien logique que je ne sois pas payé pour cela. Mais imaginons que je fasse appel à une société de jardinage pour accomplir exactement la même chose, à savoir l'entretien de mon jardin. Alors il me faudra m'acquitter d'une certaine somme auprès de cette entreprise qui enverra un salarié pour lequel la même occupation ne sera pas un loisir, mais un travail. Oui mais, allez-vous dire, le jardinage fait partie de ces rares activités ambivalentes, agréables à accomplir quelques heures. Afin de ne pas laisser cette objection troubler notre réflexion, intéressons-nous à des tâches nécessaires mais moins bucoliques, telles que le ménage. Si je passe l'aspirateur chez moi et que j'enlève les poussières des meubles, je m'acquitte d'une corvée. En revanche, si je mandate une autre personne pour le faire, celle-ci est alors officiellement « femme de ménage » ou « homme de ménage », et la même activité constitue un travail. Cela signifie-t-il qu'en astiquant ma maison moi-même je n'ai pas travaillé ? D'un pur point de vue économique, c'est bien cela : mon travail ne compte pas puisque, sans fiche de paye, il n'a jamais existé. L'Insee affirme qu'en 2010 chaque Français de plus de onze ans a consacré en moyenne 2 heures et 7 minutes par jour aux tâches domestiques de base : cuisine, ménage, rangement, lavage et repassage du linge, soin et accompagnement des enfants... Si l'on ajoute le jardinage, le bricolage et les jeux avec les enfants, on passe alors à 3 heures et 4 minutes, soit 21 heures et 30 minutes par semaine[1]. Évidemment, cette moyenne masque de très fortes disparités entre individus. Un enfant de quinze ans, un étudiant et une mère au foyer ont une approche sensiblement différente de l'importance des tâches domestiques. L'étude révèle qu'en prenant en compte les critères « intermédiaires » de définition du travail domestique, c'est-à-dire tous ceux cités quelques lignes plus haut, une mère en couple réalise en fait 34 heures de travail domestique par semaine, contre 17 heures pour un homme vivant seul. 34 heures ? C'est-à-dire l'équivalent d'un travail à temps plein rémunéré ! Encore mieux : en 2010, nous dit l'Insee, on a comptabilisé 38 milliards d'heures de travail rémunéré en France. Or sur la même période, le travail domestique (si l'on en retient toujours la définition intermédiaire) a représenté 60 milliards d'heures de travail, soit près du double[2] ! Ce travail domestique, qui correspond à des services non rémunérés, n'est pas retenu dans le calcul du produit intérieur brut (PIB). Mais sa valeur virtuelle est équivalente à 635 milliards d'euros, soit 33 % de ce PIB[3], ce qui est simplement énorme. Le prix Nobel d'économie Joseph Stiglitz (né en 1943) a d'ailleurs suggéré il y a déjà plusieurs années de modifier le calcul du PIB en y intégrant d'autres indicateurs parmi lesquels le travail domestique.

Ces données créent un malaise que vous avez déjà perçu. Pourquoi une même tâche est-elle rémunérée dans un cas et pas dans un autre ? Pourquoi les tâches domestiques, qui représentent en réalité l'activité principale du pays, ne sont-elles reconnues comme « travail » que lorsqu'elles sont déléguées à des prestataires ? En clair : pourquoi ne comptez-vous pour rien dans l'économie du pays lorsque vous passez l'aspirateur chez vous ou que vous faites la vaisselle, alors que si vous employez une personne pour le faire, celle-ci participe officiellement à la vie économique et à la création de richesse ? Il y a évidemment là de l'incohérence et de l'injustice.

---

1. D. Roy, *Le Travail domestique : 60 milliards d'heures en 2010*, Insee, novembre 2012.

2. La variation s'explique par la définition donnée au travail domestique : la vision restreinte exclut le temps consacré aux courses et au jardinage ; la vision extensive inclut le temps passé en voiture « pour soi-même » ou à promener le chien.

3. En prenant les critères intermédiaires de ce qu'est le travail domestique.

Mais l'inverse est également vrai : des activités imaginaires ou, disons, difficilement vérifiables, sont considérées comme un travail alors que personne ne peut vérifier qu'elles ont eu lieu. Le cas des « sociétés de conseil », par exemple, est particulièrement éloquent. Sous le mot « conseil » on peut faire passer à peu près tout et n'importe quoi, même le vide. Quels « conseils » l'ancien Premier ministre François Fillon a-t-il réellement prodigués à des amis entrepreneurs *via* sa société 2F Conseils, opportunément créée quelques jours avant son élection de député de Paris en juin 2012 ? *Le Canard enchaîné* a révélé qu'entre juin 2012 et décembre 2015 la société de François Fillon a touché plus de 750 000 euros pour des conférences et quelques dizaines de milliers d'euros pour des « conseils » à des sociétés. Parmi elles, la compagnie d'assurances Axa, qui lui aurait commandé une mission sur les « investissements de long terme dans le contexte de la crise financière européenne ». Fillon aurait empoché 200 000 euros de la part d'Axa sur deux ans. Quelle est la réalité du travail effectué ? On n'en sait rien. Ce que l'on sait en revanche, c'est que le patron d'Axa à l'époque était un proche et un soutien de François Fillon, Henri de Castries. Donc, dans le cas présent, on a un « travail », puisqu'il y a facturation et rémunération, mais une prestation aux contours très flous. Ce dont on est sûr, en revanche, c'est que l'épouse de François Fillon, Pénélope, n'a jamais travaillé de sa vie mais qu'elle a néanmoins bénéficié pendant de nombreuses années de salaires généreusement offerts par le contribuable (des sommes pouvant flirter avec les 10 000 euros mensuels), au titre d'un emploi d'assistante parlementaire qu'elle n'a jamais réellement occupé. Les enfants de François Fillon ont également bénéficié d'embauches similaires pour des missions peu claires. Pénélope a par ailleurs occupé un emploi tout aussi fictif à la *Revue des Deux Mondes*, fourni par un ami du mari, Marc Ladreit de Lacharrière. Ces cas flagrants nous apportent la preuve qu'un contrat de travail ou une paye ne sont absolument pas la garantie que la personne qui en bénéficie soit *en mouvement*, que ses muscles ou ses neurones soient réellement en action, et qu'elle crée quelque richesse que ce soit.

Beaucoup de personnes sont aujourd'hui confortablement payées à ne rien faire ou presque, au nom d'une activité à la réalité ou à l'efficacité plus que discutables. Non, je ne parle pas des fonctionnaires si injustement critiqués (même s'il est certain qu'il existe encore dans la fonction publique un certain nombre de planques et de placards), mais de personnes que l'on peut détecter parmi celles exerçant des activités telles que consultant, coach, psy, administrateur, chef ou élu, pour ne citer que quelques exemples. Je ne prétends pas que tous les psys exercent une activité bidon, bien sûr que non. J'affirme en revanche que, parmi eux, il y a un certain nombre de charlatans, pas spécialement compétents, qui prennent 60 ou 80 euros de l'heure à un patient qu'ils se contentent d'écouter en silence, en ponctuant parfois leurs aveux d'un simple marmonnement d'encouragement. Ne faisons-nous souvent pas mieux, et bénévolement, lorsque nous prenons le temps de discuter avec un ami qui n'a pas le moral ? Là encore, comme pour le travail domestique, notre temps passé et notre action positive sur autrui ne sont nullement récompensés financièrement ou pris en compte dans les calculs économiques.

Quant aux chefs et aux élus, ils sont des donneurs d'ordres qui ne produisent rien, tout en étant bien mieux payés que les travailleurs réels sur lesquels ils exercent une autorité souvent illégitimement acquise, grâce à l'art de la communication. Dans son *Éloge de l'oisiveté*, publié en 1932, le philosophe et scientifique gallois Bertrand Russel (1872-1970), offre l'une des meilleures descriptions de cette injustice fondamentale : « Il existe deux types de travail : le premier consiste à déplacer une certaine quantité de matière se trouvant à la surface de la terre, ou dans le sol même ; le second, à dire à quelqu'un d'autre de le faire. Le premier type de travail est désagréable et mal payé ; le second est agréable et très bien payé. Le second type de travail peut s'étendre de façon illimitée : il y a non seulement ceux qui donnent des ordres, mais aussi ceux qui donnent des conseils sur le genre d'ordres à donner. Normalement, deux sortes de conseils sont donnés simultanément par deux groupes associés : c'est ce qu'on appelle la politique. Il n'est pas nécessaire pour accomplir ce type de travail de posséder des connaissances dans le domaine où l'on dispense des conseils : ce qu'il faut par contre, c'est maîtriser l'art par la parole et par l'écrit, c'est-à-dire l'art de la publicité [1]. »

---

1. B. Russel, *Éloge de l'oisiveté*, Allia, 2002, p. 12.

Enfin n'oublions pas la question du bénévolat, essentielle. La France comptait 1,3 million d'associations actives en 2013, agissant principalement dans les sports et les loisirs (une association sur deux), la culture et « la défense de causes, de droits ou d'intérêts [1] ». Or neuf associations sur dix ne salarient personne. On estime à 12,7 millions le nombre de bénévoles qui donnent de leur temps dans une structure associative, soit près d'un quart de la population de plus de 15 ans, dont 3,9 millions ont plus de 65 ans [2]. Précisons encore que la quantité totale de personnes qui déclarent « donner du temps gratuitement pour les autres ou pour contribuer à une cause », même en dehors d'une association, dépasse les 20 millions. Ces actions bénévoles, ces heures et cette fatigue offertes aux autres représentent un pilier essentiel de notre cohésion sociale, voire de notre organisation économique. Encadrement d'enfants sur un terrain de sport, soutien scolaire, soutien dans la recherche d'emploi, actions humanitaires... les associations naissent souvent des vides laissés par l'État pour des responsabilités qui devraient lui incomber. Le cas des Restos du Cœur est celui qui résonne médiatiquement le plus fort. Aux 100 millions d'euros de dons annuels s'ajoute la force de travail de plus de 70 000 bénévoles qui permettent à l'association de fonctionner [3]. Ce dévouement de masse, qui n'a aucune existence économique reconnue, représente bien du travail. L'Insee nous apprend que le volume de travail effectué par les presque 13 millions de bénévoles des associations équivaut à 680 000 emplois en équivalent temps plein.

Parmi les bénévoles de ces associations, il y a des chômeurs ou des sans-emploi. Ces gens travaillent donc quelques heures par semaine, ou plus, mais dans un circuit qui ne leur offre pas la reconnaissance de l'effort. Double peine puisque le chômeur est condamné par principe au statut de non-travailleur. Or le chômeur, souvent, travaille, puisqu'il cherche un emploi. Et cette occupation est prenante, stressante, voire parfois humiliante. Évidemment,

---

1. L. Reynaert et A. d'Isanto, « Neuf associations sur dix fonctionnent sans salarié », Insee, 24 mars 2016.
2. « La place des seniors dans le bénévolat », France Bénévolat, avril 2014.
3. « Nos ressources humaines bénévoles et salariées », Les Restaurants du cœur.

vous trouverez toujours le contre-exemple du type qui se la coule douce en profitant de ses allocs et en attendant que ça se passe. Mais il s'agit là de la marge. La majorité des sans-emploi ne souhaite qu'une chose : retrouver un job. Et cela demande beaucoup d'énergie, surtout lorsque Pôle emploi se révèle inefficace pour cela. Mais si le chômeur travaille, si la femme au foyer travaille, si le bénévole travaille, si un lecteur travaille parfois, tout comme l'écrivain qui ferait sa sieste en prétextant chercher l'inspiration, cela nous conduit à une nécessité : revoir complètement les notions d'emploi, de salaire et de revenus. C'est précisément ce que nous allons faire dans les chapitres suivants.

Je sue donc je suis

Le gendre de Karl Marx et Donna Summer ont un point commun. À un siècle d'écart, ils ont tous deux dénoncé la place du travail dans notre société régie par l'argent. En 1880, Paul Lafargue (1842-1911) écrit : « dans la société capitaliste, le travail est la cause de toute dégénérescence intellectuelle, de toute déformation organique[1] ». En 1983, MTV martèle une chanson qui raconte l'histoire d'une serveuse qui galère pour joindre les deux bouts, *She works hard for the money*, « Elle travaille dur pour gagner de l'argent ». Donna Summer en a écrit le texte après être tombée nez à nez avec une femme de ménage exténuée, dans un restaurant huppé de Los Angeles. La même année, Huey Lewis and the News chante *Working for a livin*, « Travailler pour gagner sa vie ». Trois ans après, en 1986, dans un monde où s'impose une doctrine économique de plus en plus sauvage, Peter Gabriel met en scène le désarroi des sans-emploi dans *Don't give up*, « N'abandonne pas », déchirante complainte sur le chômage, enregistrée en duo avec Kate Bush. En 1982, avec le splendide « Telegraph Road », Dire Straits avait également mis en musique la désillusion du productivisme, la récession économique et le désastre industriel : « *I used to like to go to work but they shut it down./ I've got a right to go to work but there's no work here to be found* » : « J'aimais partir au travail mais ils ont fait faillite./ J'ai le droit de travailler mais il n'y pas le moindre boulot ici. » Déjà en 1979, Bruce Springsteen avait pressenti la

---

[1]. P. Lafargue, *Le Droit à la paresse*, Mille et une nuits, 1994, p. 11.

catastrophe qui s'annonçait et racontait dans *The River* les licenciements d'ouvriers. En ces années de triomphe du néolibéralisme, la pop et le rock commençaient à s'interroger sur notre rapport de plus en plus cruel au travail.

Trente ans plus tard, on ne chante plus vraiment la même chanson. Les dernières vapeurs hippies se sont envolées depuis longtemps, et les plus illustres représentants et descendants de ce mouvement contestataire sont devenus millionnaires. La société de consommation attaque presque toujours les neurones de ceux qui en jouissent, tout en hypnotisant ceux qui en sont exclus. On entend tout de même encore, de temps à autre, un groupe viril narrer le quotidien d'un ouvrier condamné à trimer. Par exemple, le rock sudiste de Lynyrd Skynyrd accouche en 1999 de « Workin' » et de ces paroles peu compliquées qui dépeignent avec justesse le quotidien dénué de sens de millions de personnes : « *I keep on workin'/ Like a workin' man do,/ I need to buy my baby shoes,/ I keep on workin'/ Oh, it's the only thing to do,/ I make my livin' by the sweat of my brow.* » Soit : « Je passe mon temps à bosser, comme doit le faire un type qui bosse, pour pouvoir acheter des chaussures à ma nana, je passe mon temps à bosser, c'est la seule chose à faire, je gagne ma vie à la sueur de mon front ». Mais en ce début de XXIe siècle, la remise en cause de la tyrannie du travail est devenue discrète, voire inexistante, comme s'il était finalement entendu par tous que notre dépendance à un labeur rémunéré, souvent dénué de sens ou d'utilité, constitue une fatalité qu'il est inutile de vouloir dénoncer. Le chômage durable a favorisé ce renoncement, en épuisant l'énergie et les possibilités des contestataires. Ce chômage installé, entretenu, et qu'affectionnent évidemment les patrons, oblige les individus à quémander leur emploi comme un misérable quémande un morceau de pain. Et ainsi qu'un misérable au ventre vide se contentera de restes balancés avec mépris, le chercheur d'emploi obligé de faire rentrer de l'argent pour payer son loyer accepte le boulot qu'on lui consent telle une faveur, sans avoir les moyens de protester si celui-ci ne lui convient pas.

Toute velléité de protestation est sapée par l'injonction officielle qui fait du travail une obligation morale tout autant qu'économique. Il *faut* travailler. L'inactif est en tort. L'ouvrier viré après vingt ans de boîte pour satisfaire les exigences d'actionnaires qui souhaitent dégager davantage de bénéfices immédiats n'est considéré comme une victime que très provisoirement. Rapidement, son statut évolue en celui de coupable. Coupable de passer ses journées sans produire. Coupable de toucher des aides sociales. Coupable de laisser les autres travailler à sa place. Le phénomène n'a rien de nouveau. Le philosophe John Locke (1632-1704), considéré comme le père du libéralisme, traitait les oisifs de « parasites mendiants [1] ».

Dans la société actuelle, le travail est le moyen officiel d'*être* et d'*avoir*.

Avoir de l'argent et toutes les choses qu'il permet de s'offrir.

Être quelqu'un grâce à la position sociale qu'il procure.

Notre métier est en effet ce qui nous définit aux yeux de l'autre. L'une des premières questions que nous pose quelqu'un, lorsqu'on fait connaissance dans un cadre amical, est en effet la suivante : « Qu'est-ce que vous faites comme boulot ? » Et selon que vous êtes postier, agriculteur, professeur de mathématiques, trader, acteur ou boucher, votre interlocuteur ne vous regarde pas de la même façon. Car notre profession est ce qui nous résume le plus immédiatement aux yeux de l'inconnu, en dehors de notre sexe. Nous disons d'ailleurs : je *suis* médecin, je *suis* ouvrier, je *suis* chômeur, je *suis* journaliste, comme si réellement notre identité dépendait intrinsèquement de notre activité professionnelle. Cela peut se comprendre, dans la mesure où le métier que l'on exerce exprime en partie nos préférences, et donc notre personnalité. Je dis « en partie », car le métier de beaucoup d'entre nous n'est que le fruit d'une équation qui mêle envie, besoin, calcul, hasard et opportunité. Il ne reflète ou ne résume donc pas forcément avec fidélité qui nous sommes. Lorsque je suivais des études de lettres modernes par exemple, beaucoup d'étudiants de ma promotion se destinaient à être professeurs. Par vocation ? Non. Ils le disaient ouvertement : non seulement un diplôme en lettres ne leur ouvrait pas beaucoup d'autres perspectives, mais en plus ils mettaient en avant deux motivations très matérielles, la sécurité de l'emploi et les vacances. Pour combien de mes camarades ce métier était-il réellement une conviction, et non un confort ou une fatalité ? De la même manière,

---

1. J. Locke, *Que faire des pauvres ?*, PUF, 2013, p. 27.

combien d'ouvriers ou de salariés exercent un métier dont ils n'ont pas rêvé mais qu'il leur a bien fallu accepter à un moment de leur vie ? C'est donc ainsi : le travail ne parle que partiellement de celui qui l'exerce.

Il n'empêche, le travail est aujourd'hui le centre de notre existence. Il est le but, le Graal, le « Précieux ». Il est à la fois *finalité* et *moyen* car, à moins d'être rentier, seul le travail nous permet de vivre. « Sais-tu ce que tu veux faire plus tard ? » : dès que nous atteignons 8 ou 9 ans, la question nous est sérieusement posée. Elle nous poursuit ensuite pendant notre scolarité, nos études, et évidemment notre entrée dans la vie dite « active ». Le questionnement est difficile, nébuleux, car le travailleur en puissance sommé de s'affirmer est bien souvent ignorant des enjeux réels du métier qu'il envisage. Il est trop jeune, par définition inexpérimenté, et ne se prononce d'ordinaire qu'en fonction d'aspirations romantiques ou ataviques. La réalité, elle, est souvent fort différente de la vision d'adolescent, ne serait-ce qu'en raison des évolutions de la société.

Je travaille donc je suis.

Tu ne travailles pas donc tu n'es pas.

Telle est la morale culpabilisatrice qui scinde de nos jours la société en deux camps : ceux qui ont un emploi et les autres. Les premiers sont acceptés comme des citoyens et des individus à part entière, tandis que les autres voient ce statut leur être refusé. Une exception à la règle cependant : la mère de famille qui reste à la maison. Celle-ci est encore félicitée par notre société conservatrice qui se repaît de cette niaiserie : « maman, le plus beau métier du monde ». Mais hormis ce cas particulier, auquel on peut ajouter celui du riche rentier (excusé parce qu'il est riche), on ne pardonne pas au défaillant de l'emploi. Celui (ou celle) qui ne travaille pas est pointé(e) du doigt, écarté(e), marginalisé(e), suspecté(e), contrairement au travailleur méritant.

Je travaille donc je suis.

Mais que suis-je ? Heureux ou malheureux ?

Une étude IFOP publiée en 2014 affirme que pour 56 % des personnes interrogées le travail est avant tout « une contrainte nécessaire pour subvenir à ses besoins ». Seuls 44 % percevraient le travail comme « un moyen pour les individus de s'épanouir dans la vie ». Pour les seuls 25-64 ans, c'est-à-dire les principaux concernés, ils seraient même 60 % à voir le travail comme une contrainte [1]. Une autre étude récente confirme la précédente en indiquant que 61 % des Français ne travaillent que pour le salaire [2]. Cependant, il existe tant d'études sur le bonheur au travail qu'il est simple d'en dénicher certaines qui ne disent pas tout à fait la même chose. Alors, plutôt que d'appuyer mon propos sur des chiffres dont la validité est relative, je préfère m'en tenir à l'expérience. Vous, par exemple, aimez-vous votre travail ? Êtes-vous heureux ou heureuse lorsque vous vous levez le matin avec la perspective de retrouver votre bureau et vos collègues ? Avez-vous le sentiment que votre emploi vous enrichit intellectuellement ? Qu'il est source d'épanouissement ? Ou bien le quitteriez-vous dès demain matin si vous n'aviez pas besoin d'un salaire ? Personnellement, je n'ai cessé de rencontrer depuis vingt ans des mécontents du travail : des aspirants démissionnaires, des tueurs de patron potentiels, des mal payés, des mal considérés, des obligés de se taire, des pas respectés, des pas à leur place, des pas fiers de faire ce qu'ils font, et parmi eux beaucoup de futurs exilés en campagne avec ouverture de chambres d'hôtes à la clé. Et ceux qui ont déjà pris le métro parisien entre 7 heures et 9 heures du matin savent ce qu'est une armée de déprimés qui part gagner sa pitance.

---

[1]. « Les Français et le travail », Ifop pour *Sud Ouest Dimanche*, mai 2014.

[2]. A. Constant, « Le bonheur au travail, c'est possible », *Le Monde*, 24 février 2015.

Se tuer au travail

Elle avait 45 ans. Elle était infirmière depuis une vingtaine d'années à l'hôpital Cochin, dans le XIVe arrondissement de Paris. Un mardi matin, ses collègues l'ont retrouvée pendue dans son bureau. Elle venait d'être mutée de force au service informatique et, depuis, elle ne cessait de dénoncer ses conditions de travail et la pression qu'elle affirmait subir. Accident du travail ? Ou causes « multifactorielles », comme on dit ? Le syndicat Sud Santé ne se pose pas la question. L'un de ses représentants affirmait alors : « Les gens craquent. Il y a une hausse des burn-out et la liste des suicides s'allonge. Ce n'est plus tolérable. » Cela s'est passé il y a quelques mois. Peu de temps auparavant, des étudiants en médecine et en école d'infirmières avaient lancé un cri d'alarme en témoignant dans un livre de leurs pénibles conditions de travail : surcharge de tâches, harcèlement, et même parfois violences [1]. En février 2017, un infirmier de l'hôpital Georges-Pompidou, dans le XVe arrondissement à Paris, s'était lui aussi suicidé en se jetant du 8e étage de l'établissement. L'ordre national des infirmiers expliquait alors dans un communiqué qu'il s'agissait du huitième suicide d'un infirmier sur son lieu de travail depuis l'été précédent. Par ailleurs, en décembre 2015, toujours à Pompidou, un cardiologue s'était également défenestré peu de temps après être revenu de congé maladie. Ses proches avaient affirmé qu'il était harcelé par sa hiérarchie.

---

1. V. Auslender, *Omertà à l'hôpital*, Michalon, 2017.

Il avait 35 ans. Il travaillait depuis 2001 comme mécanicien de maintenance à l'usine Renault de Cléon en Seine-Maritime. Horaires de nuit. Un matin d'avril 2013, ses collègues l'ont retrouvé pendu. Il avait laissé deux lettres. Une pour sa famille, une autre pour la direction : « Merci Renault, avait-il écrit. Merci ces années de pression [...]. Où le droit de grève n'existe pas. Ne pas protester sinon gare. La peur, l'incertitude de l'avenir sont de bonne guerre, paraît-il ? Tu expliqueras ça à mes filles, Carlos. » Le Carlos en question est Carlos Ghosn, P-DG du groupe. D'après le syndicat CGT de l'usine, l'ouvrier qui s'est suicidé ce jour-là s'était impliqué dans des grèves visant à s'opposer à un accord « compétitivité-emploi » qui demandait aux salariés d'accepter des sacrifices comme le gel des salaires et une augmentation du temps de travail. Une fois l'accord mis en place, il aurait subi des pressions de la part de la direction pour qu'il fasse profil bas. Depuis 2013, les syndicats ont recensé dix suicides de salariés et six tentatives sur quatre des onze sites de Renault en France. Ils soulignent aussi l'explosion des cas de burn-out et de dépressions. En cause, la suppression de 8 000 postes sur 34 000 et cet accord de compétitivité mis en place depuis quatre ans qui a accéléré les cadences et provoqué un recours aux intérimaires « exploités »[1].

Faut-il continuer la liste ? Les hôpitaux, Renault, France Telecom-Orange, la SNCF ou le monde agricole : les vagues de suicides sur lesquels l'actualité ne s'arrête pas assez prouvent, si c'était nécessaire, que le travail est générateur de stress et de désespoir. Et même lorsque le contexte professionnel ne pousse pas au geste définitif, il crée très souvent de la souffrance. Combien d'arrêts de travail, d'épisodes dépressifs, de kilos d'inquiétude engendrés par le boulot ?

Pourtant, officiellement, le travail n'est pas pénible. Il est même libérateur. C'est du moins ce que prétend le nouveau président de la République. « Je n'aime pas le terme de pénibilité, a lâché Emmanuel Macron pendant la campagne présidentielle, car il induit que le travail est une douleur. » Et il a ajouté : « le terme ne correspond

---

1. « Renault : dix suicides de salariés et six tentatives depuis 2013 », Europe 1, 25 juillet 2017.

pas à ce dont nous avons besoin parce que le travail c'est l'émancipation, c'est ce qui vous donne une place. Après il y a des tâches qui sont pénibles, mais il ne faut pas tout écraser derrière ça »[1]. Du coup, une fois élu Président, Emmanuel Macron a fait remplacer le « compte pénibilité » des salariés (qui leur permettait de partir à la retraite plus tôt ou de bénéficier de formations) par une version allégée renommée « compte de prévention ». Effacer les mots pour effacer la réalité.

Depuis 2005, les maladies professionnelles reconnues ont augmenté de 4 % par an. Quatre maladies sur cinq sont des troubles musculo-squelettiques[2]. Les travailleurs les plus modestes, à savoir les ouvriers et les employés, sont principalement touchés par ces maladies professionnelles. En 2011, la Direction de l'animation de la recherche, des études et des statistiques (DARES) rendait publique une étude révélant que 35 % des travailleurs âgés de 50 à 59 ans affirmaient avoir subi une pénibilité pendant quinze ans ou plus : travail répétitif, travail au contact de produits nocifs, travail physiquement difficile ou travail de nuit[3]. Le travail nocturne, rien que lui, concerne 3,5 millions de Français, dont un tiers des salariés de la fonction publique (42 % des infirmiers), et 42 % des entreprises privées de service[4]. Or, parmi ses nombreux désagréments, le Centre international de recherche sur le cancer (CIRC) a classé le travail par postes de nuit comme « probablement cancérogène pour l'homme ». Des études menées sur les infirmières et les hôtesses de l'air confirment des risques accrus de cancer du sein chez les femmes qui travaillent la nuit.

On pourrait multiplier ainsi les chiffres et les études qui attestent que le travail est loin d'être une partie de plaisir pour beaucoup de personnes ici, en France, et dans n'importe quel pays d'Europe. Mais si l'on regarde ailleurs c'est parfois pire encore. Le Japon, pour

---

1. « Emmanuel Macron veut "supprimer" le nom du compte pénibilité parce qu'il "induit que le travail est une douleur" », *L'Obs*, 29 mars 2017.
2. « L'exposition des salariés aux maladies professionnelles », DARES résultats, décembre 2016.
3. « Pénibilité au travail : le cas des salariés de plus de 50 ans », vie-publique.fr, 23 mars 2011.
4. C. Vandekerkhove, « Une étude confirme la plus grande pénibilité du travail de nuit », Espace infirmier, 1er septembre 2014.

sa part, est confronté au *karoshi*, c'est-à-dire le sur-travail qui tue, phénomène apparu dans les années 1980 et qui a encore empiré dernièrement. Dans un quart des entreprises japonaises, les travailleurs font plus de 60 heures par semaine. Les nouvelles technologies, l'information et la communication sont les secteurs les plus touchés par le phénomène. Est-ce un hasard ? Le Japon est également touché par un autre syndrome révélateur, le *kodokushi*, c'est-à-dire la mort dans la solitude. Des vieux qu'on retrouve sans vie dans leur appartement au bout d'une semaine, un mois ou un an, décédés sans famille ni amis. Cela concerne aujourd'hui 30 000 personnes par an, soit 70 % d'augmentation depuis 2005, et ce chiffre devrait continuer à grimper dans les années qui viennent. Le Japon a une population vieillissante, ce qui explique en partie les choses : un Japonais sur trois dépassera 65 ans en 2035 [1]. Mais cette réalité démographique ne suffit pas à expliquer le *kodokushi* : la vénération du travail, pour lequel il faut être prêt à se sacrifier, engendre un repli sur eux-mêmes des individus et une érosion progressive des liens sociaux, à commencer par ceux de la famille : on donne son temps, son attention et son énergie à son entreprise, devenue le seul et unique univers relationnel, et on se coupe progressivement des autres humains.

Nombreux sont ceux qui travaillent loin de nos yeux, dans des conditions moyenâgeuses pour assurer notre confort d'Occidentaux : nos fringues, nos ordis, nos téléphones portables et nos meubles vaguement chicos. Car la plus grande partie de ce que nous consommons n'est pas produite en France. Le téléphone portable, par exemple, pour fonctionner, nécessite de l'étain, qui sert pour les soudures des composants. Un tiers de l'étain utilisé actuellement dans le monde (la moitié dans le secteur de l'électronique) provient de l'île indonésienne de Bangka, à l'est de Sumatra. D'après une enquête réalisée en 2012 par l'association Les Amis de la Terre, des enfants travaillent dans les mines et au moins une personne meurt chaque semaine sur les chantiers. La recherche de l'étain se fait également dans la mer, au large de l'île de Bangka. Des milliers d'hommes descendent chaque jour dans l'eau, sans la moindre protection, à la recherche du précieux métal. Les noyades

---

1. Y. Yagishita, « Au Japon, la mort dans la solitude se répand », *La Croix*, 6 mars 2017.

et les accidents sont fréquents. Et passons ici sur les dégâts environ-nementaux liés à la collecte de l'étain : forêts détruites, récifs coral-liens abîmés, rivières et mers polluées. Le tantale, lui, est un minerai obtenu à partir du coltan, utilisé principalement pour les condensa-teurs dans les téléphones portables et les ordinateurs. La plus grande partie des réserves de coltan se trouve en République démocratique du Congo (RDC). Dans une mine du Nord-Kivu, une équipe du magazine de France 2, *Cash Investigation,* a montré en 2014 que des milliers d'enfants travaillent 12 heures par jour pour 5,50 euros. L'enjeu du tantale est d'ailleurs tellement important qu'il entretient dans la région des conflits qui ont pour origine le contrôle des richesses du sol congolais [1]. L'enquête des journalistes a aussi révélé que nos Smartphones peuvent être assemblés en Chine par des enfants de 12 ou 13 ans qui travaillent plus de 12 heures d'affilée [2].

Autre secteur : les fringues. Le Bangladesh est le deuxième pays exportateur de vêtements du monde. Mais se soucie-t-on vraiment de la manière dont ils y sont fabriqués ? Se souvient-on seulement de la catastrophe du Rana Plaza, un immeuble pourri qui abritait notamment des ateliers de confection travaillant pour des marques internationales de vêtements ? Situé à Savar, dans les faubourgs de Dacca, il s'est effondré le 24 avril 2013. Bilan : 1 138 morts [3]. 1 138 ouvriers, obligés par leurs patrons de revenir travailler alors même que des fissures dans l'immeuble avaient été repérées et que les inspecteurs avaient ordonné l'évacuation des lieux. Un nombre de morts équivalent au tiers des morts de l'attentat du World Trade Center. Mais les victimes de Savar n'ont pas eu le droit au tiers de l'attention des victimes américaines. Pourtant, cette affaire nous concerne, nous, Occidentaux : dans les décombres, on a notamment retrouvé des étiquettes Carrefour, Auchan et Camaïeu. Une petite indignation sur le moment, et puis ça passe. Une petite indemnisa-tion aux familles des victimes, et on peut continuer à regarder ailleurs.

---

1. M. Combe, « Cash investigation dévoile la face cachée de nos portables », *Natura-Sciences*, 5 novembre 2014.
2. O. Petitjean, « Travail des enfants : Samsung pris au piège de ses beaux discours », *Basta !*, 6 novembre 2014.
3. G. Errard, « Bangladesh : Auchan indemnise enfin les familles des victimes du Rana Plaza », *Le Figaro*, 23 août 2014.

L'esclavage n'a pas été aboli

L'Organisation internationale du travail (OIT) estime à 21 millions le nombre d'hommes et de femmes victimes aujourd'hui de travail forcé dans le monde, autrement dit d'esclavage. La fondation australienne Walk Free va même plus loin : selon elle, 45,8 millions de personnes sont victimes d'esclavage moderne dans le monde, générant des bénéfices illégaux de 150 milliards de dollars par an, ce qui fait de l'esclavage la deuxième forme de criminalité internationale. Les migrants qui travaillent comme employés de maison sont particulièrement vulnérables. Isolés, parfois cachés, ils ne bénéficient pas des protections classiques des travailleurs et n'ont aucun recours contre les exigences de leurs employeurs qui peuvent abuser de leur position. Les enfants, nous l'avons vu, ne sont pas épargnés. Ils seraient 5,5 millions réduits en esclavage : il peut s'agir de travail en usine ou du travail domestique, mais aussi des enrôlements dans des armées ou du commerce sexuel [1]. D'après les chiffres de 2016, l'Inde est le premier « pays d'accueil » de ces esclaves modernes (18,3 millions de personnes). Viennent ensuite la Chine, le Pakistan, le Bangladesh, l'Ouzbékistan, la Corée du Nord, la Russie, le Nigeria, la République démocratique du Congo et l'Indonésie. Les pays qui possèdent la plus grosse proportion d'habitants-esclaves sont, par ordre décroissant : la Corée du Nord, l'Ouzbékistan, le Cambodge, l'Inde, le Qatar, le Pakistan, la République démocratique du Congo, le Soudan, l'Irak, l'Afghanistan et le Yémen. La

---

1. *What is modern slavery ?*, Freedom United, freedomunited.org.

Mauritanie, il y a peu encore, réputée comme *le* pays de l'esclavage, arrive en dix-septième position [1]. Vous aurez noté que parmi ces pays, certains sont des producteurs de biens consommés chez nous, tandis que d'autres, comme le Qatar, se servent de leurs esclaves pour leurs propres besoins (même si la construction des stades de la Coupe du Monde 2022, pour laquelle meurent de nombreux ouvriers népalais, concerne le monde entier). L'Europe n'est pas épargnée. D'après une enquête publiée par l'agence américaine d'analyse de risque Verisk Maplecroft, l'Union européenne est la région du monde qui a enregistré la plus forte hausse du recours à l'esclavage moderne en 2017. En cause : l'arrivée dans la première moitié de l'année de 100 000 migrants, particulièrement vulnérables à l'exploitation. Les pays les plus à risques sont la Roumanie, la Grèce, l'Italie, Chypre et la Bulgarie, c'est-à-dire les principaux points d'entrée de ces réfugiés dans l'Union européenne [2].

On trouve ces nouveaux esclaves principalement dans les mines, les champs, le bâtiment, l'industrie, les métiers du sexe mais aussi tout simplement dans les maisons où ils sont utilisés comme personnel à tout faire. Ils ont souvent en commun de ne pas avoir choisi leur travail, de ne pas posséder de contrat, de subir des horaires à rallonge, d'être privés de congés, d'être dépourvus de recours en cas de désaccord avec l'employeur et, bien sûr, de recevoir des salaires de misère. Cela ne vous dit rien ? Si, si, exactement : nous n'en sommes pas encore là en France, mais les caractéristiques de cet esclavage moderne ne sont pas sans rappeler le fantasme des grands patrons des pays développés, à commencer par le nôtre : des travailleurs sans droits, corvéables à merci. Et, à vrai dire, même s'ils rentrent chez eux chaque soir, même si leurs pavillons ou leurs appartements sont plus confortables que des dortoirs, même si leurs centres commerciaux sont de puissants anesthésiants, même s'ils ont la possibilité de partir en vacances quelques semaines dans l'année, le sort de la plupart des travailleurs des sociétés riches est une déclinaison présentable de l'esclavage et du servage d'antan. Il suffit de relire Aristote pour le comprendre.

---

1. *The Global Slavery Index 2016.*
2. *Modern Slavery Index 2016*, Verisk Maplecroft, 10 août 2017.

Contrairement à Platon, dont la cité parfaite ne comprend pas d'esclaves, Aristote défendait l'esclavage qu'il considérait comme « naturel ». Il s'en explique dans *Les Politiques*. D'après lui, une famille se compose de gens libres et d'esclaves à leur service. Dans la famille se nouent des rapports de pouvoir de trois sortes : homme/femme, père/enfant et maître/esclave. Dans le troisième cas, l'autorité est *despotique*, au sens étymologique du mot (δεςποτης signifie « maître de maison » ou « maître à l'égard des esclaves »)[1]. Pour le philosophe grec, les esclaves ne sont pas victimes d'injustice dans la mesure où ils sont nés pour être asservis. « C'est dès leur naissance qu'une distinction a été opérée chez certains, les uns devant être commandés, les autres commander », écrit Aristote, qui poursuit : « Est, en effet, esclave par nature celui qui peut appartenir à un autre (et c'est pourquoi il appartient de fait à un autre) et qui n'a la raison en partage que dans la mesure où il la perçoit chez les autres mais ne la possède pas lui-même, car les animaux ne perçoivent aucune raison, mais sont asservis à des impressions. Et pour l'usage, il n'est guère différent : l'aide physique en vue des tâches indispensables vient des deux, les esclaves et les animaux domestiques[2]. » Frottez-vous les yeux et relisez les lignes qui précèdent. Il est difficile de croire que l'un des pères de la philosophie occidentale, souvent très inspiré, ait pu écrire cela. Car ce qu'il nous dit, c'est qu'il y a parmi les humains des individus incapables de réfléchir pour eux-mêmes, destinés à être commandés, et dont le statut ne dépasse pas celui d'animaux de trait. Ils sont donc bêtes, dans tous les sens du terme, mais ils sont en revanche costauds, contrairement aux intellos que sont les politiques et les philosophes, rachitiques et futés : « Certes la nature veut marquer avec les corps aussi la différence entre hommes libres et esclaves : ceux des seconds sont robustes, aptes aux travaux indispensables, ceux des premiers sont droits et inaptes à de telles besognes, mais adaptés à la vie politique[3]. » Pour Aristote, la nature a donc divisé les hommes en deux : d'un côté ceux qui ont un cerveau, de l'autre ceux qui ont des muscles. Et les premiers commandent naturellement les seconds. « [...] être capable de prévoir

---
1. Bailly.
2. Aristote, *Les Politiques*, « GF », Flammarion, 2015, p. 119.
3. *Ibid.*

par la pensée, c'est être par nature apte à commander c'est-à-dire être maître par nature, alors qu'être capable d'exécuter physiquement ces tâches, c'est être subordonné, c'est-à-dire esclave par nature [1]. » Les esprits modernes, de droite comme de gauche, ne peuvent que s'indigner devant tant d'ignorance des droits de l'homme de la part d'un penseur par ailleurs éclairé et inspiré. Et ce n'est pas tout. L'esclave est classé par Aristote dans la catégorie des « instruments », mais il est un instrument *animé*, à la différence du marteau qui est un instrument de production *inanimé*, un simple outil. Aristote distingue alors l'action (la *praxis*), qui correspond à des actes politiques et moraux, de la production (la *poiēsis*), qui produit des biens ou des services. La finalité de la *production* est un bien extérieur à celui qui le produit et dont il sera séparé. La finalité de l'*action*, en revanche, est inséparable de l'action elle-même. L'activité de l'esclave est donc plutôt classée du côté de la *poiēsis*. Pour Aristote, l'esclave ne peut toutefois être simple outil car dans ce cas le maître, en l'utilisant, deviendrait ouvrier, statut dégradant, indigne de l'homme parfait. Le maître, on l'aura compris, est au-dessus du travail. Il le pense, l'ordonne, mais ne s'abaisse pas à le réaliser lui-même. L'esclave, qui se situe à mi-chemin entre l'homme libre pensant et l'objet, est donc pour lui la médiation idéale. Cet esclave peut s'estimer heureux de son sort car, pourvu de raison en quantité insuffisante, il ne sait ce qui est bon pour lui, pour la famille et pour la cité. Le maître lui rend service en décidant pour lui. Quant au maître, libéré du travail ingrat chronophage, il peut pleinement se consacrer à la gestion de sa famille et à son rôle de citoyen. Aristote conclut donc que l'association maître-esclave est avantageuse pour les deux parties, qui développent une « communauté d'intérêt et d'amitié ».

Le point de vue apparemment surréaliste d'Aristote sur l'esclavage, qui date du IVe siècle avant J.-C., estomaque tout lecteur contemporain raisonnable qui ne saurait cautionner l'idée que viennent au monde des hommes en étant destinés à appartenir à d'autres hommes pour les servir. Pourtant, la théorie aristotélicienne du travail, profondément inégalitaire, est-elle aussi dépassée qu'on voudrait bien le croire ? Rien n'est moins sûr. Elle trouve

---

1. *Ibid.*, p. 105.

même toute son actualisation dans la politique économique libérale. Selon ses préceptes, certains individus sont destinés à commander et à vivre dans l'opulence, et il est naturel qu'ils s'appuient sur la force de travail d'autres individus moins doués et sommés d'exécuter les ordres sans moufter. Ces derniers ne méritent pas mieux que leur sort d'« instruments animés », et leur survie dépend de ceux qui les commandent.

Un esclave, au sens de la Grèce antique, est un homme privé de liberté, propriété d'un autre qui lui assure la survie en le logeant et en le nourrissant en échange de l'obéissance aux ordres de travail qu'il reçoit. Aristote affine cette définition en précisant que l'esclave est :

– un instrument ;
– un homme destiné par nature à son statut de dominé et donc à son sort d'esclave ;
– un homme cantonné aux travaux physiques ou aux services exigés par son maître ;
– un homme de qualité inférieure, incapable de penser par lui-même, de gouverner ou de participer aux décisions de la cité.

Or quel est le statut habituel du travailleur aujourd'hui ?

– Il dépend pour sa survie du bon vouloir d'un employeur qui le rémunère juste assez afin qu'il puisse payer son loyer, sa nourriture, ses vêtements ainsi que quelques extras qui lui offrent l'illusion de la liberté.

– Il est dominé par un *contre*-maître qui peut endosser le nom de « chef » ou de « manager », lequel a droit de vie et de mort (professionnelle) sur lui. Ce chef est lui-même dominé par un chef de rang supérieur, et ainsi de suite jusqu'au plus haut de l'entreprise ou de l'administration.

– Il est un instrument qui complète la machine.

– Il est quasiment privé de parole. Il peut officiellement exprimer son avis mais son analyse est considérée comme dénuée d'intérêt : s'il exprime un désaccord avec sa direction, celle-ci lui répond qu'il ne comprend pas les enjeux réels du travail qu'il réalise. Par ailleurs, en période de chômage généralisé et durable, le travailleur préfère taire sa désapprobation sous peine de licenciement suivi d'une incapacité à retrouver un emploi.

— Il est traité avec mépris par le grand patronat et une partie de la classe politique qui considère les ouvriers et salariés modestes et moyens comme des individus que la nature a placés en situation d'infériorité. S'ils sont mal payés ou s'ils sont au chômage, ils ne doivent s'en prendre qu'à eux-mêmes : c'est donc qu'ils n'ont pas fourni les efforts nécessaires pour améliorer leur condition. Et s'ils n'ont pas fourni ces efforts, c'est qu'ils en sont incapables. Comme il y a chez Aristote l'esclave « naturel », il y a donc dans la philosophie ultralibérale, et contrairement au mythe de l'égalité des chances qu'elle propose, le salarié modeste naturel qui ne peut échapper à sa condition.

Ce dernier point est illustré par un dialogue peu platonicien entre Emmanuel Macron, alors ministre de l'Économie, et un jeune homme mécontent. C'était en mai 2016, à Lunel, et l'échange restera dans l'histoire macronienne.

La tirade du costard

Un jeune homme : « On en a marre ! On en a marre ! J'ai 21 ans, je me retrouve à faire une formation… On en a marre ! (*Puis, désignant l'habit du ministre*) Moi j'ai pas les sous pour me payer un costume comme ça ! »

Emmanuel Macron : « Mais moi j'ai bossé…

— Non, mais j'en ai marre…

[…]

— Et maintenant, non mais attendez. Moi maintenant, vous savez monsieur, la meilleure façon de se payer un costard c'est… Vous allez pas me faire peur avec votre tee-shirt. La meilleure façon de se payer un costard, c'est de travailler !

— Et alors ? Depuis l'âge de 16 ans je travaille, monsieur.

— Là, je viens de voir des jeunes […] qui ont envie de travailler, qui ont envie de réussir, et qui ne sont pas en train de dire ça. »

Revoyons la scène au ralenti et essayons de la comprendre. D'un côté Emmanuel Macron, ministre, fils de deux médecins, Sciences Po, ENA, ancien banquier d'affaires, millionnaire. De l'autre, comme le révélera un portrait de *Libération*, Jordan Michaux, intérimaire régulièrement au chômage, qui a grandi auprès de sa mère assistance sociale désormais sans emploi et de ses trois frères et sœurs, CAP cuistot non validé, petits contrats de couvreur, apiculteur, paysagiste, boulots en usine et dans le bâtiment, militant pour la cause palestinienne, aujourd'hui dans la dèche [1]. Emmanuel, qui n'a jamais eu à se creuser la cervelle pour trouver un emploi, qui affirme qu'il connaît la difficulté des fins de mois car, adolescent, il lui est arrivé de devoir vivre avec 1 000 euros par mois [2], explique à Jordan que s'il avait fourni quelques efforts comme lui-même en a fourni, il aurait aujourd'hui une aussi belle situation que la sienne, ou pas loin. Car selon Macron, la société fonctionne ainsi : celui qui travaille est forcément récompensé. Jordan ne peut donc s'en prendre qu'à lui-même s'il est obligé de porter des tee-shirts : il aurait dû bosser, au lieu de glander. D'ailleurs Emmanuel Macron affirmait en 2015 : « si j'étais chômeur, je n'attendrais pas tout de l'autre, j'essaierais de me battre d'abord [3] », sous-entendant clairement que le chômeur a tendance à se laisser aller et à trop compter sur la solidarité nationale. En septembre 2017, devenu Président, il se lâche carrément à propos des opposants à sa réforme des lois sur le travail en affirmant qu'il ne « cédera rien aux fainéants [4] ». Des fainéants comme Jordan. Le problème, c'est que le jeune homme, même s'il n'a pas fait d'études, a apparemment cherché à travailler depuis son

---

1. C. Bonnefoy, « Jordan Michaux, il taille un costard », *Libération*, 5 juin 2016.
2. « J'ai vécu à un moment donné, quand j'étais adolescent, avec environ 1 000 euros par mois. Quand j'ai quitté ma famille pour venir à Paris, dans des moments qui peuvent arriver dans la vie. Ça a duré 2 ans parce que c'étaient des choix personnels et intimes sur lesquels je ne reviendrai pas. [...] J'ai, à ce moment-là, donné des cours particuliers pendant 2 ans. Donc je sais ce que c'est, oui. Je sais que c'est de boucler la fin de mois difficile. Je sais ce que c'est de devoir chercher... et encore j'étais favorisé, j'étais en classe prépa, je pouvais donner des cours particuliers. Donc je sais ce que c'est des étudiants qui doivent se faire le McDo pour pouvoir vivre de leurs études, oui », Emmanuel Macron, 21 mars 2017, Facebook live organisé par Explicite.
3. H. Favier, « Macron : "Si j'étais chômeur, je n'attendrais pas tout de l'autre" », BFM, 9 juin 2016.
4. L. Le Clerc, « Manifestations contre la loi Travail : Emmanuel Macron ne veut "rien céder aux fainéants" », Le Lab politique, *Europe 1*, 8 septembre 2017.

plus jeune âge (« depuis l'âge de 16 ans je travaille », répond-il au ministre). Son CV est éloquent : il a enchaîné les jobs manuels, physiques, sans exigence intellectuelle particulière. S'il a, comme il l'affirme, redoublé d'efforts, et qu'il doit néanmoins se contenter de boulots mal payés et précaires, alors, selon la philosophie macronienne, c'est qu'il ne pouvait obtenir plus. Il fait partie de ces individus naturellement destinés à accomplir des tâches physiques que les politiques et les intellectuels délèguent à des moins bien nés, des moins intelligents. Tellement moins intelligents qu'il faut leur expliquer des choses qu'ils sont incapables de comprendre (puisque la raison leur fait défaut), comme Emmanuel Macron se donne la peine de le faire avec Jordan. D'ailleurs le ministre fait la distinction nette entre deux types de jeunes : les jeunes comme son interlocuteur mécontent, dont la nature est de râler et de glander, et ceux qu'il vient de rencontrer quelques minutes plus tôt, que la nature pousse à travailler et à réussir – ces jeunes en question sont les étudiants d'une école du numérique.

On peut évidemment parler de « mépris de classe » pour qualifier les propos de Macron qui défend la thèse selon laquelle les riches méritent ce qu'ils ont, tandis que les pauvres ne peuvent s'en prendre qu'à eux-mêmes s'ils sont insatisfaits de leur sort. Mais qu'est-ce que ce mépris de classe, sinon une réactualisation de la vision aristotélicienne qui veut qu'une partie des êtres humains soit génétiquement programmée pour être commandée et asservie ? En effet, la société rêvée par l'actuel président de la République est une société où « des jeunes ont envie de devenir milliardaires [1] », où « un entrepreneur qui s'enrichit, c'est un entrepreneur qui est en train de réussir et qui donc fait réussir son pays [2] », où « les jeunes générations veulent devenir entrepreneurs, pas fonctionnaires [sic] [3] », et où « souvent la vie d'un entrepreneur est plus dure que

---

1. S. Dupont, E. Lefebvre et F. Schaeffer, « Emmanuel Macron : "Il faut des jeunes Français qui aient envie de devenir milliardaires" », *Les Échos*, 6 janvier 2015.
2. L. Berny, « Emmanuel Macron : "Un entrepreneur qui s'enrichit fait réussir son pays" », *Les Échos*, 22 juin 2017.
3. F. Collomp, « Macron : "Les jeunes générations veulent être entrepreneurs, pas fonctionnaires" », *Le Figaro*, 24 septembre 2015.

celle d'un salarié [1] ». L'ode aux patrons ne s'arrête pas là. Emmanuel Macron les décrit comme des guides spirituels : « Nos entrepreneurs sont des agents d'espérance au quotidien. [2] »

Mais comme l'a relevé Jean-Jacques Rousseau (1712-1778), Aristote s'est trompé en inversant la cause et la conséquence : l'esclave est incapable de prendre des décisions parce qu'on l'a placé dans des circonstances qui ne lui en laissent jamais l'occasion. Ce sont donc les circonstances qui créent le maître et l'esclave, et non pas la nature. Macron et tous les libéraux radicaux commettent la même erreur qu'Aristote.

Résumons : notre président de la République actuel, biberonné aux dogmes les plus élémentaires du néolibéralisme, élève docile de Milton Friedman (1912-2006) et de Joseph Schumpeter (1883-1950) (nous nous attarderons sur ces deux hommes tout à l'heure), voue un culte à « l'entreprise », sans même d'ailleurs l'avoir jamais connue lui-même de l'intérieur. Mais ce que lui en ont raconté ses amis patrons l'a convaincu, d'autant plus que ce sont ces entreprises qui lui ont permis de s'enrichir lorsqu'il était banquier d'affaires. Pour Macron, les jeunes convenables sont donc ceux qui veulent gagner beaucoup d'argent en devenant patrons, et non ceux qui choisissent d'entrer dans la fonction publique pour se mettre au service de la collectivité, et encore moins ceux qui végètent de petit boulot en petit boulot. Cette vision simpliste n'est pas sans poser de sérieux problèmes de logique et de crédibilité.

En effet, tout entrepreneur a besoin, pour donner vie à son idée, d'hommes et de femmes qui acceptent de se mettre à son service en exécutant un certain nombre de tâches plus ou moins compliquées. Une entreprise s'appuie donc, pour « réussir » et « s'enrichir », sur des salariés, des sous-traitants, des prestataires de services. Or si tout le monde devenait chef d'entreprise, il n'y aurait plus de personnel disponible pour répondre aux ordres des chefs d'entreprise et les aider à mener à bien leurs projets. Il est étonnant que Macron n'ait pas pensé à cette objection évidente. Lorsque Jordan enchaîne les petits boulots, il se met au service des entreprises,

---

1. H. Gazzane, « Pour Macron, "La vie d'un entrepreneur est plus dure que celle d'un salarié" », *Le Figaro*, 22 janvier 2016.
2. @EmmanuelMacron, Twitter, 2 février 2017.

celles-là mêmes que Macron place au cœur de son projet politique. Mais, ce faisant, Jordan « n'a pas réussi ». Étrange paradoxe. Jordan n'a pas décroché de contrat stable. A-t-il commis des fautes ? S'est-il révélé incompétent dans les missions qui lui ont été confiées ? Il y a plus à parier qu'il a été jeté dès que les entreprises n'avaient plus besoin de lui. Cela s'inscrit dans la logique chère à Macron qui souhaite détricoter les garanties du salarié lequel, de toute façon, profite selon lui d'une vie bien plus facile que son patron. Si les salariés précaires, intérimaires et mal payés existent, c'est précisément parce que les entreprises réclament et encouragent un tel traitement pour ceux qu'elles emploient. C'est ainsi, justement, que leurs patrons « deviennent riches ». À Lunel, Emmanuel Macron a donc eu le toupet d'engueuler une victime de la politique économique qu'il défend et organise. L'indécence mêlée au cynisme le plus absolu.

En offrant aux jeunes l'entrepreneuriat et l'enrichissement comme seuls objectifs de vie professionnelle, en méprisant l'ouvrier intérimaire qui galère, en lui affirmant que s'il avait davantage travaillé il porterait lui aussi d'onéreux costumes, Macron valide la vision d'une société aristotélicienne où dominants et dominés sont chacun à la place que la nature leur a allouée. En évacuant la responsabilité de l'État dans la distribution des rôles, en faisant mine d'ignorer l'institutionnalisation des inégalités ou le handicap social, en prétextant que le libéralisme économique récompense forcément les plus vertueux, en ignorant les mécanismes de domination fabriqués et entretenus par le libéralisme, Macron entérine l'idée que seules les différences naturelles entre les hommes expliquent que certains sont riches et exploiteurs tandis que d'autres sont pauvres et exploités : certains sont faits pour commander et décider (et donc s'enrichir), d'autres sont faits pour obéir et exécuter les tâches ingrates ou peu valorisantes qu'on a la bonté de bien vouloir leur confier. Car, tout comme l'esclave peut se féliciter de son sort puisque son maître décide à sa place mieux qu'il ne saurait le faire lui-même, tout en lui assurant les moyens de sa survie, les libéraux expliquent le plus sérieusement du monde que les patrons (les maîtres, donc) sont les bons samaritains de la société, puisqu'ils créent l'emploi et que l'emploi offre un salaire aux gens qui n'ont pas eu le courage ou la capacité de créer eux-mêmes leur entreprise (les esclaves).

En 1839, le prêtre socialiste Félicité Robert de Lamennais (1782-1854), qui était ami de Victor Hugo et qui finit sa vie brouillée avec l'Église, publia un pamphlet pour dénoncer le sort des ouvriers sous la monarchie de Juillet. Il l'avait intitulé *De l'esclavage moderne*. Il y écrit notamment ceci : « [...] le prolétaire est l'homme qui vit de son travail, et qui ne pourrait vivre s'il ne travaillait. [...] La nécessité de vivre rend donc le prolétaire dépendant du capitaliste, le lui soumet irrésistiblement ; car dans la bourse de celui-ci est la vie de celui-là. [...] Le prolétaire dépend, en second lieu, du capitaliste, quant à la quantité du salaire. Ce n'est pas qu'il ne puisse le débattre ; mais, d'une part, la législation, telle au moins que les tribunaux l'interprètent et l'appliquent, favorise constamment le capital aux dépens du travail ; et d'autre part, le capitaliste pouvant toujours attendre, tandis que le travailleur ne le peut pas, et dès lors maître des conditions du contrat réciproque, fixe seul en réalité, sauf la concurrence entre les capitalistes eux-mêmes, le salaire ou le prix du travail. Le capitaliste et le prolétaire sont donc entre eux, de fait, à peu près dans les mêmes relations que le maître et l'esclave des sociétés antiques[1]. » Lamennais avait parfaitement synthétisé : si l'ouvrier (ou le salarié) dépend de son travail et donc de son maître-patron pour sa subsistance, qu'il ne peut ni choisir son travail, ni les conditions dans lesquelles il l'exerce, ni la rémunération qui lui revient, qu'est-ce qui le distingue fondamentalement de l'esclave ? Les propos de Lamennais ont presque deux siècles, mais ils sont étonnamment actuels. La seule chose qui ait réellement changé depuis, c'est que l'esclavage a été officiellement aboli (en 1848 en France, en 1865 aux États-Unis). Dans son best-seller *Dette, 5 000 ans d'histoire*, l'anthropologue et économiste américain David Graeber (né en 1961) relativise cette abolition et confirme la thèse de Robert de Lamennais : « Si nos idées politiques et juridiques sont réellement fondées sur la logique de l'esclavage, me dira-t-on, pourquoi l'avons-nous aboli ? Un esprit critique pourrait évidemment répondre : nous ne l'avons pas aboli, simplement rebaptisé. Il n'aurait pas tort : aux yeux d'un Grec antique, la

---

[1]. F. Robert de Lamennais, *De l'esclavage moderne*, Le Passager clandestin, 2009, p. 260.

distinction entre un esclave et un travailleur salarié endetté aurait sûrement fait figure, au mieux, de subtilité juridique [1]. »

L'ubérisation en marche dans tous les secteurs où elle est possible incarne la sophistication et l'institutionnalisation de cet esclavage contemporain qui désormais ne se cache même plus derrière des contrats de travail. À l'heure actuelle en France, neuf travailleurs sur dix en emploi sont salariés. Mais cela ne va pas durer longtemps. Afin de renforcer encore la soumission du travailleur, le rêve des dirigeants politiques libéraux est de transformer tous les salariés en autoentrepreneurs, c'est-à-dire des indépendants obligés de créer une société dont ils sont l'unique employé. Évidemment, on leur vante les énormes avantages de ce statut : la liberté, l'initiative, l'audace. Tu parles ! Du pipeau. L'autoentrepreneur est un travailleur isolé soumis aux *desiderata* d'un patron qui fait de lui absolument ce qu'il veut, puisqu'il n'y a pas de syndicats pour le défendre. L'entreprise ne fournit pas l'outil de travail, ne paye pas de charges, n'offre pas de congés payés, n'est pas contrainte par un temps de travail limité et ne garantit aucune sécurité de l'emploi sur la durée. Si le « prestataire » se montre récalcitrant, on le débranche et on se sert dans le vivier inépuisable de toutes ces volontés qui sont prêtes à tout accepter pour gagner leur vie. Avec l'ubérisation, les patrons réussissent la plus grosse arnaque sur le droit du travail jamais réalisée. L'indépendance tant vantée de l'ubérisé n'est que de la poudre aux yeux. Dans la réalité, il demeure bien un lien de subordination entre cet « indépendant » et l'entreprise qui lui fournit du travail, et qui est généralement son seul employeur. Le salarié dans le privé ou le fonctionnaire dans le public sont soumis à une hiérarchie à laquelle ils doivent obéir et, en échange de cette contrainte parfois pénible, ils peuvent jouir d'un certain nombre de droits. Or l'ubérisation a pour effet de maintenir le travailleur dans la position de l'obéissant qui doit exécuter ce qu'on lui dit de faire, tout en se voyant retirer la protection jusque-là accordée en échange. La subordination demeure donc, mais on supprime les contreparties. Comme le souligne la sociologue du travail Danièle Linhart, l'incroyable recul idéologique de notre époque s'incarne dans une soumission consentie, combattue jusqu'il y a peu : « Il n'y a pas si longtemps encore, cette condition de salarié était rejetée par ceux qui

---

1. D. Graeber, *Dette, 5 000 ans d'histoire*, Les Liens qui libèrent, 2013, p. 259.

rêvaient d'une société du travail émancipatrice, où les travailleurs n'auraient plus à subir l'exploitation et l'aliénation. Aujourd'hui considérée comme une sorte de fatalité, elle justifie le sacrifice qu'il faut consentir pour s'assurer d'un minimum de garanties sur l'avenir : une paye, un accès à la santé, des indemnités chômage, mais aussi la possibilité d'une insertion sociale et citoyenne dans la société, ainsi que la participation à une société de travail qui fait sens. La subordination, cette forme de renoncement à soi, est devenue plus que jamais un investissement, censé protéger contre la précarité matérielle et la perte d'estime de soi [1]. »

Le chauffeur Uber doit faire des journées qui peuvent aller jusqu'à 15 heures et des semaines de 70 ou 90 heures pour s'en sortir et gagner un peu plus que le SMIC, ce salaire minimum qui permet à peine de survivre. Rappelons ce qu'est Uber : une application qui permet de commander un taxi. Que produit Uber ? Rien, ce n'est qu'un standard amélioré. Le travail est entièrement fourni par les chauffeurs. Uber ne fournit rien, n'avance pas d'argent pour ce travail, ne crée rien. Mais Uber prélève environ un quart du prix de la course pour elle, et fixe les tarifs. Pendant que les salariés (qui ne le sont pas) gagnent un salaire de misère en réalisant des amplitudes horaires d'un autre âge, la valeur du groupe Uber est estimée à 70 milliards de dollars. Pourtant le groupe, qui fait face à de multiples scandales, est déficitaire. En 2016, il a subi une perte de 2,8 milliards de dollars. Je crois qu'on peut l'écrire sans trop se tromper : les fondateurs d'Uber et ses dirigeants sont de sales types.

Pourtant, ce modèle économique et social est vanté par notre président Macron. Voici les propos surréalistes qu'a tenus à ce sujet le fringant candidat qu'il était alors, en 2016, et qui prouvent une fois de plus qu'il a une conception des droits sociaux proche de celle des propriétaires miniers du XIXe siècle : « En effet, ils travaillent 60 ou 70 heures pour toucher le SMIC. Mais ils rentrent dans la dignité, ils trouvent un travail, ils mettent un costume, une cravate, ils montent dans une voiture... Qu'est-ce qu'on leur offre de mieux depuis 30 ans ? » Cette tirade est confondante d'obscénité. L'homme qui parle a été conseiller du président Hollande sur les questions économiques puis ministre de l'Économie. Ce « on »

---

1. *Le Monde diplomatique*, juillet 2017, p. 20-21.

qui n'offre rien de mieux qu'Uber aux chômeurs, c'est lui ! Avec une assurance qui défie l'entendement, Emmanuel Macron reconnaît donc sa propre incompétence et s'appuie sur celle-ci pour justifier la pertinence d'un nouveau modèle de travail destructeur. Schizophrénie, stupidité ou perversité ? Un peu des trois sans doute. Telles sont les maladies qui nous dirigent.

Le mensonge sur l'émancipation

Pour dominer les citoyens, il faut les culpabiliser. Le travail et la dette sont les instruments de cette culpabilisation qui permet la soumission. Le travail est d'abord présenté par les libéraux comme un devoir moral. C'est un stratagème malin pour exercer une contrainte sans en avoir l'air, explique Bertrand Russel. Il y a plusieurs siècles, les paysans étaient dépossédés de leur production par la force : des hommes armés venaient les racketter en prétextant un impôt ou une protection. Puis les dominants se sont avisés que ce vol serait bien plus aisé s'il n'apparaissait pas comme tel. Ils enseignèrent donc aux dominés que le dur labeur est un devoir moral, même si une partie de ce labeur est utilisée pour entretenir des individus inactifs. « La notion de devoir, écrit Russel, du point de vue historique s'entend, fut un moyen qu'ont employé les puissants pour amener les autres à consacrer leur vie aux intérêts de leurs maîtres plutôt qu'aux leurs. Bien entendu, ceux qui détiennent le pouvoir se masquent cette réalité à eux-mêmes en se persuadant que leurs intérêts coïncident avec ceux de l'humanité tout entière [1]. » Et le procédé a été efficace. Il a fait des travailleurs de dociles serviteurs qui ne pensent pas à remettre en cause leur condition d'exploités.

Pour maintenir les citoyens dans leur état de soumission, les exploitants utilisent l'argument de la dette. Pas seulement la dette de l'État, dont nous reparlerons plus loin, mais la dette de tout

---

1. B. Russel, *Éloge de l'oisiveté*, *op. cit.*, p. 15-16.

individu qui vient au monde. Dès notre plus jeune âge, nous apprenons tous que, plus tard, il nous faudra « gagner notre vie ». Curieuse injonction. N'avons-nous pas déjà gagné notre vie en remportant une improbable victoire contre les statistiques qui rendaient notre naissance presque impossible ? Tous ici sur Terre, même le plus abruti des abrutis, sommes des gagnants et des rescapés d'une non-naissance quasi assurée. Cet exploit devrait nous autoriser à une vie tranquille d'autant que, sitôt nés sans avoir rien demandé à personne, il nous faut encaisser cette nouvelle qui nous éclate à la figure comme une mauvaise blague : nous allons bientôt mourir. Pourtant, comme si ce pitoyable destin n'était pas assez lourd à porter, nous avons décidé que notre vie, si courte et misérable, se gagne une deuxième fois avant de la perdre une bonne fois pour toutes. Mais comment se gagne-t-elle ? grâce à un comportement moral adéquat ? grâce à un engagement dans des causes altruistes ? Non, pas du tout : en ouvrant un compte en banque et en déposant de l'argent dessus. C'est cela, « gagner sa vie ». L'injustice est flagrante : aucun tribunal impartial ne condamne un prévenu pour un acte dont il n'est pas coupable. Alors pourquoi un homme qui n'est pas responsable de sa naissance est-il condamné au travail forcé ?

L'économiste Bernard Maris (1946-2015) a bien résumé la supercherie de la dette : « [notre] dette perpétuelle maintient un système de culpabilité. C'est-à-dire qu'on est maintenus dans le fait qu'on doit payer, on doit rembourser, qu'on est là pour travailler plus, pour payer plus et pour rembourser plus. [...] On a construit une morale très dure autour de l'économie, très difficile à vivre, la vie est très violente avec le capitalisme, même si on n'égorge pas des gens dans les rues on prépare une violence perpétuelle des gens, tu dois, tu dois, tu dois, tu es dans la dette, tu es dans le devoir... Ce sont les économistes qui ont créé ce type de société. On se sent coupable, c'est une forme [...] d'esclavage moderne. Autrefois, chez les Romains, le débiteur et sa femme étaient vendus comme esclaves, et aujourd'hui on est dans un système où je vends ma force de travail, perpétuellement, pour rembourser la dette, donc c'est bien un système qui ressemble à un système non démocratique, mais un système d'autorité, de tutelle morale très forte qui culpabilise les gens. Les gens sont coupables finalement d'avoir trop bien vécu, d'avoir été heureux en quelque sorte [1] ».

Pour mieux faire passer la pilule, les exploiteurs aiment associer le travail à l'émancipation, comme le fait Emmanuel Macron, afin de convaincre les travailleurs de l'intérêt de leur condition. Mais sur quoi repose cette assertion ? De quelle émancipation est-il question ? Je me plonge comme d'habitude dans mon Robert :

> ÉMANCIPATION n. f. – 1312 ◊ latin, *emancipatio* ▪ 2 FIG. et COUR. Action d'affranchir ou de s'affranchir d'une autorité, de servitudes ou de préjugés. → **libération**. ▪ CONTR. Asservissement, soumission.

Laissons les préjugés de côté, ils sont hors sujet dans la question qui nous intéresse ici. En revanche, qui peut sérieusement prétendre que le travail, dans sa forme actuelle, nous libère de l'autorité et de la servitude ? Le contraire de l'émancipation, nous dit la définition officielle, est l'asservissement ou la soumission. Or ce sont exactement les effets que produit le travail aujourd'hui : il nous rend soumis à un chef de service ou à un patron, et il nous asservit à ce salaire dont nous avons absolument besoin pour survivre.

Je ne m'attarderai pas ici sur la théorie marxiste de l'aliénation par le travail, tant elle a été commentée. En revanche, cet extrait du livre III du *Capital* propose une analyse de l'*émancipation* par le travail qu'il me semble judicieux de citer : « le royaume de la liberté commence seulement là où l'on cesse de travailler par nécessité et opportunité imposée de l'extérieur [2] ». L'emploi qui émancipe est donc celui qui est choisi, qui ouvre l'esprit, qui exprime la créativité et qui se déploie en liberté. Ce travail peut prendre des formes multiples dans de nombreux domaines : le milieu médical, l'enseignement, la recherche, l'artisanat, la gastronomie, le sport, le divertissement, l'art bien sûr, et que sais-je encore. L'entreprise favorise l'émancipation de ses dirigeants, moins souvent celle de ses employés, à moins qu'un ordre social respectueux y soit instauré, ce qui est malheureusement contraire aux dogmes néolibéraux. En

---

1. B. Maris, *La Dette, une spirale infernale ?*, documentaire réalisé par L. Delesalle, Arte, 2005.
2. K. Marx, *Le Capital*, Livre III, chap. 48, 1867.

revanche le travail répétitif et sans réflexion, comme l'impose l'industrie à presque tous les ouvriers, a peu de chance de rendre ces derniers heureux. Certes, lorsqu'on évoque la vie des mineurs au XIXe siècle, en France ou en Angleterre, il est d'usage de mentionner la fierté de ces travailleurs et l'amour qu'ils avaient de leur métier. Mais n'avaient-ils pas surtout appris à aimer la solidarité qui les unissait et leur fierté n'était-elle pas celle de la résistance ? N'auraient-ils pas tous préféré vivre dans un minimum de confort sans se ruiner la santé, en profitant réellement des possibilités de la vie ?

Une partie de la classe politique explique par ailleurs qu'il faut forcer les gens à travailler : elle souhaite qu'un demandeur d'emploi soit privé de toute aide à partir du moment où il refuse le job qu'on lui propose. Actuellement, un chômeur n'a pas le droit de rejeter plus de deux « offres raisonnables d'emploi ». Présenté ainsi, ça sonne flou. Officiellement, le « raisonnable » dépend en fait de la formation du demandeur, du salaire proposé et de la distance domicile-travail. Mais on comprend aisément les manipulations que ce critère autorise. Autant affirmer franchement qu'en temps de crise aiguë, il est déraisonnable de refuser n'importe quel boulot, quelle que soit la rémunération, la localisation et la fonction. Tel est le message que nos dirigeants veulent nous mettre dans le crâne : « mieux vaut un peu de travail, quel qu'il soit et dans n'importe quelles conditions, que pas de travail du tout ».

Pourtant, forcer un chômeur à accepter un travail qu'il juge indigne constitue en réalité, dans une société libérale, une contradiction qui semble échapper aux théoriciens de cette politique économique. En effet, afin de pousser les gens à l'effort, les défenseurs du capitalo-libéralisme défendent l'idée que le travail est une obligation morale pour tous. Les gens « bien » se doivent d'avoir un boulot afin d'apporter leur contribution économique à la communauté, mais aussi afin d'affirmer leur moi social. Selon cette logique, le chômeur est donc un individu incomplet, une moitié d'homme. C'est pourquoi celui qui n'occupe pas d'emploi est montré du doigt et culpabilisé. Mais si c'est le travail qui définit en partie l'homme ou la femme que nous sommes, comment obliger un individu à occuper un emploi qu'il rejette et qui, donc, ne le définit pas ?

Soit l'emploi n'est qu'une obligation matérielle qui n'a aucun lien émotionnel, intellectuel ou affectif avec celui qui l'occupe. On travaille comme on se brosse les dents, parce qu'il le faut, et non par plaisir. Dans ce cas, il faut cesser de répéter que l'emploi est un vecteur d'émancipation et assumer qu'il peut être déplaisant et source de souffrance.

Soit l'emploi est un marqueur identitaire, à l'instar de notre genre, de notre religion, de notre opinion politique ou de nos goûts artistiques. Dans ce cas, le principe de liberté individuelle auquel sont officiellement attachés tous les libéraux oblige à laisser le choix de son travail à tout individu. Et le gouvernement ne peut forcer quiconque à exercer contre son gré une activité. De la même façon qu'il ne peut forcer un homme à être une femme, ni un fan de Mozart à écouter du rap, ni un communiste à voter pour un candidat capitaliste, l'État n'a pas le droit de forcer un citoyen à exercer un métier qui ne lui convient pas.

Le mensonge sur la réduction du temps de travail

Il est des évidences dont on peine à croire qu'il faille les expliquer. Personne ne conteste le fait que si je me promène sous une averse sans parapluie, je serai mouillé. Ou que si je roule sur une route à 60 km/heure plutôt qu'à 40 km/heure, j'arriverai plus vite à destination. De la même manière, imaginons que j'aie un travail à faire effectuer qui requiert, disons, 560 heures de travail. J'ai également un impératif de temps : ce travail doit être effectué en une semaine. Si je décide que mes employés peuvent travailler 40 heures par semaine, alors il me faudra quatorze personnes. Si en revanche je limite la durée de travail hebdomadaire à 35 heures, alors il me faut seize personnes. Deux emplois en plus. Parfois, c'est simple, l'économie.

Mais les libéraux ne l'entendent pas de cette oreille : non, ne surtout pas réduire la durée du travail hebdomadaire. Mieux vaut même l'augmenter. Pourquoi ne pas plutôt embaucher treize personnes seulement et les faire travailler 43 heures, dont trois heures payées légèrement plus ? Le libéral, on l'aura compris, n'est pas partageur. Il a ses arguments : le partage du temps de travail nuirait entre autres à la compétitivité et aux finances publiques. Le libéral flingue donc les 35 heures instaurées en France par les lois Aubry de 1998 et 2000, prétendant qu'elles ont fortement nui à l'économie française et même qu'elles ont détruit de l'emploi.

En réalité, tout cela est un mythe savamment entretenu, comme le démontre Éric Heyer, directeur du département analyse et prévision de l'Observatoire français des conjonctures économiques (OFCE). Il explique que la croissance dans le secteur privé dans les années qui ont suivi la mise en place des 35 heures a été particulièrement dynamique. Durant la décennie 1998-2007, note l'économiste, la croissance française a été supérieure de 1 point à celle de l'Italie et de 0,8 point à celle de l'Allemagne. Notre pays a également réduit ses coûts salariaux pendant cette période. Éric Heyer dresse le bilan suivant : « La mise en place des lois Aubry n'a [...] pas engendré de baisse de la compétitivité de l'économie française. Les éléments explicatifs sont maintenant bien connus : l'augmentation du salaire horaire lié au passage aux 35 heures a été compensée par une modération salariale, une organisation temporelle plus flexible permettant une amélioration de la productivité horaire du travail [...], une suppression du paiement d'heures supplémentaires et, enfin, une aide de l'État sous la forme de baisse des cotisations sociales. » Et il ajoute : « L'examen de notre histoire macroéconomique ne permet donc pas de corroborer la thèse selon laquelle les 35 heures auraient "plombé" l'économie française : la croissance de l'activité et les créations d'emplois ont été supérieures au cours de la période 1997-2007 à celles du reste de la zone euro et la compétitivité de l'économie française, mesurée par les coûts salariaux unitaires, s'est moins dégradée que dans le reste de la zone euro, à l'exception de l'Allemagne. À cet égard, il apparaît que la stratégie menée en Allemagne à partir de 2002 (réforme Hartz et TVA sociale) explique davantage les pertes de parts de marché de l'économie française, comme celles d'ailleurs perdues chez nos autres partenaires européens. En revanche, c'est davantage dans la fonction publique, et notamment hospitalière, que la mise en place des 35 heures a été inefficace » [1]. Éric Heyer n'est pas le seul à dresser un bilan positif du passage aux 35 heures en France. Une commission d'enquête parlementaire a rendu en 2014 un rapport extrêmement positif sur le bilan de cette mesure. On peut y lire que la baisse du temps de travail a été « la politique de l'emploi la plus efficace et la moins coûteuse depuis les années 1970 [2] ». Auparavant, un rapport de la DARES, le service statistique du ministère du Travail, avait déjà conclu que les 35 heures

---

1. É. Heyer, « Les 35 heures ont-elles réellement "plombé" l'économie française ? », *Ofce*, 27 novembre 2013.
2. L. Peillon, « Ce rapport qui réhabilite les 35 heures », *Libération*, 9 décembre 2014.

avaient permis de créer ou de préserver 350 000 emplois entre 1998 et 2002. Il est intéressant également de rappeler qu'en 2016 le directeur de l'Inspection générale des affaires sociales (IGAS) a censuré un rapport rédigé par deux de ses inspecteurs qui concluaient, après étude des effets des lois Aubry, que la réduction du temps de travail peut en effet contribuer à la réduction du chômage. La vérité qui dérange ?

C'est une évidence : les dominants ne souhaitent pas réduire le temps de travail des dominés car ils n'en retireraient aucun avantage. L'intérêt du patronat et des financiers réside au contraire dans un chômage de masse qui rend les travailleurs particulièrement vulnérables – les chômeurs constituent ce que Marx appelait « l'armée de réserve du capital ». C'est extrêmement simple à comprendre. Si, dans une entreprise, un salarié est mécontent de la manière dont il est traité, son comportement différera en fonction des possibilités d'emploi à l'extérieur. En situation de plein emploi, le salarié en question pourra retrouver un emploi ailleurs sans difficulté : il est donc en position de discuter son salaire, ses conditions de travail ou une progression hiérarchique. En revanche, en contexte de chômage massif, lorsque les emplois disponibles sont largement inférieurs à la demande, le salarié mécontent est prié de se taire puisqu'il « ne trouvera pas mieux ailleurs » et « que beaucoup d'autres attendent pour prendre sa place ». Pire : ceux qui attendent la place, désespérés et lâches, sont prêts à accepter des conditions que leurs aînés jugeraient indignes, exerçant ainsi une pression sur ceux qui occupent les emplois. Ceux qui acceptent de travailler pour moins d'argent, plus longtemps, avec moins de garanties, alors qu'aucun motif sérieux ne le justifie, sont des complices des exploiteurs. « Aujourd'hui il n'y a plus de compromis social, explique l'économiste Thomas Coutrot, membre des Économistes atterrés. Le capitalisme et les détenteurs de capitaux peuvent imposer leurs conditions aux salariés, c'est-à-dire moins de sécurité d'emploi, moins de protection sociale, des salaires en stagnation ou en baisse, des conditions de travail dégradées, aucun avantage finalement, une situation qui se dégrade sur tous les plans mais qui est rendue possible par la contrainte, l'arme du chômage et la précarité qui oblige les salariés à accepter cette nouvelle condition salariale [1]. »

---

1. « Le travail malade du chômage », dans *Le Salaire à vie*, Usul, Youtube, 29 septembre 2015.

L'ère du vide emploi

Annoncer la fin du travail, ou en tout cas la disparition d'un nombre conséquent d'emplois dans un futur proche, est une perspective qui fait hurler les libéraux, déroutés par cette hypothèse qu'ils n'ont pas prévue et qui nous oblige à reconsidérer totalement le mode de fonctionnement de la société. Car pour un libéral basique, le raisonnement public est le suivant :
– Les entreprises font tourner l'économie d'un pays.
– Plus elles produisent et plus elles vendent leurs produits, mieux elles se portent.
– Mieux elles se portent, plus elles peuvent embaucher.
– Donc mieux les entreprises se portent, moins il y a de chômage et plus les gens sont heureux.

Youpi ! Il vous suffit de mémoriser ce mantra pour devenir représentant du MEDEF ou président de la République. Le problème, c'est que ce raisonnement simpliste évacue quelques objections qui grippent ce raisonnement que l'on croirait élaboré par un scénariste de *La Petite Maison dans la prairie*. Ainsi, dans une société d'économie libérale, une entreprise ne cherche pas à participer à la bonne santé d'un pays, puisque ce n'est pas son souci, mais simplement à faire le maximum de bénéfices. Adam Smith (1723-1790) ne disait pas autre chose, nous allons y venir plus tard. Or pour engranger des bénéfices, il faut limiter au maximum ce qu'elle appelle les « coûts ». Cela implique de payer au minimum les salariés, ou de les licencier dès qu'ils ne sont plus indispensables. Marx avait déjà relevé que les capitalistes ont intérêt à maintenir les salaires au plus bas. Ils ont également intérêt à limiter les embauches au maximum. Aussi, dès qu'une machine peut prendre la place d'un employé humain, le patron, frétillant de joie (ou embarrassé par un picotement à la conscience, cela dépend), vire derechef le dispendieux salarié. La machine, il est vrai, surpasse l'homme en de nombreux points : elle accomplit sa tâche sans relâche, sans imperfection, sans congés maladie ni vacances, sans revendication et surtout sans salaire. Il existe aujourd'hui des usines qui ne fonctionnent qu'avec des machines, le personnel humain se contentant d'assurer la maintenance. Cela ne fait que commencer et ne concerne pas seulement les métiers purement manuels. Les jeunes gens motivés qui s'entassent actuellement dans des *open spaces*, cloués à leur ordinateur toute la journée, se dévouant corps et âme pour faire exister une *start-up* quelconque, sont également en sursis. Un logiciel sera bientôt capable d'accomplir leur mission, et ils seront virés. Enfin, pas eux. D'ici là, ils se seront recasés ailleurs et auront eux-mêmes viré des gens. Disons que la mission qu'ils accomplissent aujourd'hui sera bientôt confiée à des intelligences artificielles. Elles ont déjà commencé à s'approprier un certain nombre d'emplois, et bientôt elles remplaceront les chauffeurs routiers, les conducteurs de train, les médecins généralistes et les spécialistes comme les cardiologues, les commerciaux, les agents administratifs, et même les journalistes – ou en tout cas une bonne partie d'entre eux. L'enjeu consiste justement à déterminer la part d'humain que l'on va conserver dans chacun de ces domaines. Mais c'est ainsi : la plupart des métiers actuels liés à la production de biens et de services sont amenés à disparaître pour des raisons d'efficacité économique.

C'est ici qu'intervient une règle chérie de tous les défenseurs du libéralisme économique, dite règle de la *destruction créatrice*, que l'on doit à l'économiste autrichien Joseph Schumpeter, même si l'expression « destruction créatrice » est attribuée à l'économiste allemand Werner Sombart (1863-1941). Selon Schumpeter, le profit provient non de l'effort productif qui combine capital et travail, mais de l'innovation, laquelle se manifeste sous différentes formes : nouveaux produits, nouveaux modes de production, nouveaux débouchés, nouvelles matières premières ou nouvelle organisation du travail. Les innovateurs sont différents des simples dirigeants d'entreprise. Ce ne sont pas seulement des gestionnaires, ce sont des visionnaires prêts à prendre des risques pour imaginer la société de demain. Dans la vision schumpeterienne, Henry Ford ou Steve Jobs (1955-2011) incarnent à la perfection l'entrepreneur novateur qui invente un nouveau produit, un nouveau marché et de nouveaux modes de production – en l'occurrence, pour Ford, le travail à la chaîne. À en croire Schumpeter, la santé de l'économie repose sur les progrès techniques et scientifiques qui métamorphosent les marchés – la mise au point des machines à vapeur dans l'industrie textile, par exemple, le chemin de fer ou Internet. Les entreprises innovantes entraînent de la croissance et créent de l'emploi jusqu'à une période de dépression, une crise économique, désagréable certes mais utile, car elle permet de faire le ménage au sein d'une économie dont certains acteurs sont dépassés. Les entreprises qui ont innové survivent à la hausse des prix et des coûts grâce à leurs gros profits. Les autres disparaissent et celles qui avaient innové se retrouvent en situation de monopole. D'après Schumpeter, « le nouveau ne sort pas de l'ancien, mais apparaît à côté de l'ancien, lui fait concurrence jusqu'à le ruiner [1] ». L'État doit alors éviter d'intervenir car ces crises sont nécessaires pour faire progresser la société en permettant aux forces capitalistes de se renouveler. Ainsi le disque compact a tué l'économie du vinyle, puis le disque compact a été tué par le MP3. Bref, l'économie capitaliste fonctionne par cycles d'innovations, de créations, de stagnations, de destructions, d'innovations, de créations, et ainsi de suite. L'exemple le plus souvent cité pour comprendre le principe de la destruction créatrice est celui de Kodak, entreprise américaine fondée en 1881 sur une innovation technique majeure : la pellicule en nitrate de cellulose pour remplacer les plaques de verre comme support photographique. Dans les années 1960, Kodak emploie 80 000 personnes dans le monde. Mais Kodak rate le tournant du numérique dans les années 2000, en ne s'adaptant pas à la concurrence étrangère, et dépose finalement le bilan en 2012. L'entreprise a finalement survécu, après avoir été restructurée. Le plus ironique, c'est que l'inventeur du premier appareil photo numérique, en 1975, est Steve Sasson, ingénieur chez... Kodak.

---

1. J. Schumpeter, *Capitalisme, socialisme, démocratie*, Payot, 1951, p. 40.

D'après la théorie de la destruction créatrice, il ne faut pas s'inquiéter quand des emplois disparaissent à un endroit puisqu'ils réapparaîtront à un autre. Le problème, c'est que la théorie de Schumpeter a plus d'un siècle, et qu'elle n'est plus du tout adaptée au monde actuel à haute accélération technique et technologique.

À l'été 2017, Pôle emploi recensait quasiment 3,8 millions de chômeurs inscrits n'exerçant aucune activité. Il faut y ajouter un peu plus de 2 millions d'inscrits qui pouvaient justifier d'une activité réduite. Soit un total qui frôle les 6 millions, auquel s'additionnent les centaines de milliers d'inscrits en formation, en contrat de sécurisation professionnelle ou en maladie [1]. Il y a donc aujourd'hui officiellement en France métropolitaine et d'outre-mer près de 6,7 millions de personnes qui sont au chômage ou en sous-emploi en France. Mais ce chiffre est en deçà de la réalité, car un certain nombre de personnes qui cherchent un travail ne sont plus inscrites à Pôle emploi. Ces invisibles seraient entre 1 et 2 millions, selon les estimations. Et la tendance ne va pas s'inverser dans les années qui viennent car le nombre d'emplois disponibles va diminuer.

La robotisation et l'informatisation participent activement à ce phénomène de destruction. Mais n'en soyons pas désolés. Presque partout où la machine a remplacé l'homme, de la souffrance est épargnée. Car aucun être humain ne peut se satisfaire d'accomplir, chaque jour de la semaine, chaque semaine de l'année, et chaque année de sa vie, des gestes qu'un automate sans cerveau réalise aussi bien, voire mieux. Je parle ici du travail mécanique, sans âme, de la tâche coupée des autres, parcellisée, qui à elle seule ne peut procurer aucun sentiment d'accomplissement. Rien à voir avec l'artisan qui met son savoir-faire au service d'un objet dont il suit la fabrication du début à la fin, et sur lequel il imprime sa marque. Remercions les machines de soulager les hommes. Peu à peu, elles se substituent à nous dans les missions les plus vides de sens. Cela ne signifie pas pour autant qu'il faille imposer la machine ou l'intelligence artificielle partout où cela est possible. À la Poste ou dans les aéroports, les hommes et les femmes qui avaient pour habitude d'échanger quelques mots avec les clients en affranchissant leur courrier ou en enregistrant leurs bagages sont remplacés progressivement par des logiciels auxquels nous,

---

1. *Demandeurs d'emploi inscrits à Pôle emploi en août 2017*, Pôle emploi.

clients, devons nous former. Lorsqu'elle se substitue à une tâche non pénible qui implique un rapport humain, la machine n'est ni indispensable ni même forcément souhaitable. Tous les métiers qui créent du lien entre les humains doivent au contraire être valorisés aujourd'hui, pour contrebalancer la place de plus en plus grande que l'inhumain va occuper dans les décennies qui viennent.

L'essayiste Jeremy Rifkin (né en 1945) a théorisé il y a plus de vingt ans déjà la disparition imminente du travail à l'heure de ce qu'il appelle la troisième révolution industrielle, ce qui comprend la révolution technologique de l'information et de la communication que nous vivons actuellement. L'importance des secteurs primaires (ceux qui procurent les matières premières, c'est-à-dire l'agriculture, la pêche et les activités minières) et secondaires (ceux qui transforment les matières premières) va progressivement décliner au profit des secteurs tertiaires (les services, de l'assurance au conseil en passant par la médecine, les transports et l'éducation). Cette transformation de la nature du travail appelle à la plus grande vigilance car entre service et servitude, il n'y a qu'un pas, et les nouvelles activités qui apparaissent peuvent rapidement se révéler aussi aliénantes que le travail à la chaîne, surtout si le prestataire n'est protégé par aucun cadre efficace. Le risque est grand qu'il devienne un larbin aux ordres. C'est exactement ce que connaissent actuellement les chauffeurs de taxi Uber. Si le travailleur n'a plus aucun droit et qu'il est livré à lui-même au milieu d'une guerre sans merci entre prestataires, le client se sentira autorisé à le mépriser et à le maltraiter, puisqu'il saura qu'il peut le faire et se tourner vers l'un de ses innombrables concurrents aussi mal protégés.

Rifkin n'est ni le premier ni le dernier à avoir prophétisé un rétrécissement radical du marché de l'emploi dans un futur proche. En 2014, une étude du cabinet Roland Berger estimait que d'ici 2025, 3 millions d'emplois disparaîtront en France du fait de la robotisation, dans presque tous les secteurs de l'économie en dehors de l'éducation, de la santé et de la culture. La mécanisation avait écarté les ouvriers peu ou pas qualifiés des chaînes de montage. Les robots et les logiciels vont peu à peu accaparer les emplois occupés actuellement par la classe moyenne et la classe moyenne supérieure. Des créations d'emplois auront lieu dans les domaines de l'environnement, des nouvelles technologies et des services, mais insuffisamment pour compenser ceux qui auront disparu. Selon le cabinet, le taux de chômage atteindra alors officiellement 18 % [1]. L'économiste belge Paul Jorion (né en 1946) annonce pour sa part que la moitié des emplois actuels pourraient être détruits d'ici 2030 [2]. Il rejoint le diagnostic de deux chercheurs d'Oxford qui ont annoncé en 2013 que la moitié des emplois aux États-Unis risque de disparaître d'ici dix ou vingt ans à cause des robots et de l'intelligence artificielle. En utilisant une autre méthode de calcul, l'Organisation de Coopération et de Développement Économique (OCDE) a conclu en 2016 que « seuls » 9 % des emplois des pays de l'OCDE sont condamnés. En France, cela représenterait tout de même deux millions de chômeurs supplémentaires [3]. Le philosophe Bernard Stiegler (né en 1952) regrette que le rapport des économistes Jean Pisani-Ferry et Henrik Enderlein sur les enjeux de l'économie française dans les dix ans à venir, remis au président de la République en 2014, ne mentionne pas ces inévitables disparitions d'emplois. Selon Stiegler, ce rapport aurait « intériorisé un état de fait calamiteux dont il entretient la mécompréhension à travers une analyse profondément erronée, empêchant la France de *prendre* la mesure d'une situation exceptionnellement périlleuse [4] ».

Avec une population mondiale qui ne cesse d'augmenter – elle a doublé en quarante ans – et une technologie qui nous permet de produire toujours plus avec un personnel sans cesse réduit, l'évidence s'impose, qui ne nécessite aucune formation économique poussée pour être comprise : à moins d'une guerre de grande ampleur ou d'une épidémie aussi grave que la peste noire au Moyen Âge, c'est-à-dire d'un événement qui éradique une partie de l'humanité, l'ère du plein emploi est définitivement derrière nous. Nous venons d'entrer dans celle du vide emploi.

---

1. « L'emploi de 3 millions de salariés menacés par les robots d'ici à 2025 », *Le Figaro*, 28 octobre 2014.
2. P. Jorion, *Se débarrasser du capitalisme est une question de survie*, Fayard, 2017, p. 237.
3. « Pour l'OCDE, la robotisation ne menace "que" 9 % des emplois », *Les Échos*, 18 mai 2016.
4. M. Nasi, « Numérique, destruction d'emplois et avenir du travail », *Le Monde*, 18 août 2015.

Propositions utopiques

La semaine de quinze heures de travail pour tous sera instaurée

Le temps libre sera consacré au loisir et à la politique

Un revenu universel et un salaire maximal seront instaurés

*La semaine de quinze heures de travail
pour tous sera instaurée*

Nous sommes tous condamnés à travailler un minimum pour survivre, il serait ridicule de le nier. La nature en a décidé ainsi, en exigeant de tous les animaux qu'ils se nourrissent et se protègent pour sauvegarder et prolonger leur vie. Par ailleurs, en nous associant et en domptant la nature, nous avons accru le nombre de nos besoins qui ne se limitent plus à manger, à dormir et à nous prémunir du climat et des prédateurs. Nous construisons des immeubles, des routes, des hôpitaux, des ordinateurs, des meubles, des trains, des fusées et beaucoup d'autres choses fort utiles. Ces infrastructures et ces objets nécessitent de l'entretien. Par ailleurs, dans les secteurs de la santé, de l'éducation et de la communication, nous avons mis en place de nombreux services dont nous ne saurions aujourd'hui nous passer car ils favorisent le bien-être et la progression de l'humanité. L'organisation de la vie en communauté nécessite à elle seule un effort administratif conséquent. Il y a donc chaque jour sur Terre une quantité incompressible de travail à fournir pour le bien de tous et il n'y a aucune raison que quiconque se déleste de son devoir sur les autres. Néanmoins, rien ne justifie non plus au XXIe siècle que chacun soit condamné à passer sa semaine entière, assis à un bureau ou derrière une machine. Ce rythme ne sert pas à couvrir les besoins réels de la vie en communauté puisqu'une grande partie de la production actuelle est inutile. Il permet en revanche à une minorité de s'enrichir et de conserver le pouvoir.

En consacrant sept, huit ou dix heures de sa journée à son emploi, un individu passe à côté de l'essentiel de sa vie, sauf dans les cas très rares où cet emploi lui permet de développer pleinement ses capacités et ses désirs. « Celui qui ne dispose pas des deux tiers de sa journée pour lui-même est un esclave, qu'il soit d'ailleurs ce qu'il veut : politique, marchand, fonctionnaire, érudit. [1] » Ces mots sont ceux de Friedrich Nietzsche. Mais on peut retrouver leur essence dans les multiples textes de penseurs qui militent depuis des siècles pour que l'individu ne soit plus prisonnier d'un travail assommant. Parmi eux, l'écrivain Robert Louis Stevenson (1850-1894). Dans son *Apologie des oisifs*, il souligne combien les bourreaux de travail s'illusionnent sur leur importance : « [...] la faculté d'être oisif est la marque d'un large appétit et d'une conscience aiguë de sa propre identité. Il existe une catégorie de morts-vivants dépourvue d'originalité qui ont à peine conscience de vivre s'ils n'exercent pas quelque activité conventionnelle. Emmenez ces gens à la campagne, ou en bateau, et vous verrez comme ils se languissent de leur cabinet de travail. Ils ne sont curieux de rien ; ils ne se laissent jamais frapper par ce que le hasard met sur leur chemin ; ils ne prennent aucun plaisir à exercer leurs facultés gratuitement ; et à moins que la Nécessité ne les pousse à coups de trique, ils ne bougeront pas d'un pouce. Ils passent dans un état comateux les heures où ils ne peinent pas à la tâche pour s'enrichir. [...] Ce n'est pas vraiment ce que j'appelle réussir sa vie. [2] »

Grâce aux gains de productivité permis par la technologie, grâce aux robots de plus en plus précis et intelligents, grâce à l'informatisation, le XXIe siècle peut enfin devenir celui de la libération du labeur, car nous pouvons produire tout ce dont nous avons besoin avec un minimum d'efforts, d'autant plus que dans la partie la plus riche du monde les besoins en infrastructures sont comblés depuis longtemps. Dans ces pays, nous pouvons nous contenter d'entretenir et d'améliorer ce qui existe déjà. Qui croit sérieusement que

---

1. F. Nietzsche, *Humain, trop humain*, in *Œuvres complètes*, vol. 5, Mercure de France, 1906, p. 309.
2. R. L. Stevenson, *Apologie des oisifs*, Allia, 2016, p. 18-20.

dans les pays riches il est possible de continuer indéfiniment à fabriquer, et donc à travailler ? Évidemment, tous les besoins renouvelables comme la nourriture ou l'habillement nécessitent une mobilisation quotidienne. Mais les immeubles ? Les routes ? Tout ce gros œuvre est censé durer des siècles.

Même Karl Marx, pourtant productiviste, avait déjà imaginé la nécessaire réduction du temps de travail : « De même que l'homme primitif doit lutter contre la nature pour pourvoir à ses besoins, se maintenir en vie et se reproduire, l'homme civilisé est forcé, lui aussi, de le faire et de le faire quels que soient la structure de la société et le mode de production. Avec son développement s'étend également le domaine de la nécessité naturelle, parce que les besoins augmentent ; mais en même temps s'élargissent les forces productives pour les satisfaire. En ce domaine, la seule liberté possible est que l'homme social, les producteurs associés règlent rationnellement leurs échanges avec la nature, qu'ils la contrôlent ensemble au lieu d'être dominés par sa puissance aveugle et qu'ils accomplissent ces échanges en dépensant le minimum de force et dans les conditions les plus dignes, les plus conformes à la nature humaine. Mais cette activité constituera toujours le royaume de la nécessité. C'est au-delà que commence le développement des forces humaines comme fin en soi, le véritable domaine de la liberté qui ne peut s'épanouir qu'en se fondant sur l'autre royaume, sur l'autre base, celle de la nécessité. La condition essentielle de cet épanouissement est la réduction de la journée de travail [1]. »

Compte tenu des taux de chômage réels dans les pays développés, compte tenu des perspectives d'emploi, compte tenu de toutes les activités actuellement improductives, compte tenu de l'inutilité d'une grande partie de la production – un tiers de la nourriture produite part à la poubelle –, compte tenu de la nécessité de produire moins afin de préserver la planète, il semble réaliste d'imaginer qu'une semaine de travail ne devrait plus excéder quinze heures aujourd'hui. Peut-être même moins. Ce sont des économistes indépendants qui devront déterminer la durée exacte du travail hebdomadaire, en sachant qu'elle ne doit pas être gravée dans le marbre

---

1. K. Marx, *Le Capital* (1867), trad. J. Roy, revue par M. Subel ; *Le processus d'ensemble du capital*, trad. M. Jacob, M. Subel, S. Voute, in *Œuvres*, t. II, *Économie*, Bibliothèque de la Pléiade, Gallimard, p. 1487-1488.

de manière définitive : il faut la recalculer chaque année en fonction des besoins réels, modérés et utiles, de la communauté.

J'imagine votre regard interloqué, voire dubitatif, à la lecture de cette proposition. Pourtant, elle n'a rien d'irréaliste. Nous n'avons jamais autant produit. La richesse mondiale – dont personne ne cite jamais le montant – s'élève aujourd'hui à 250 000 milliards de dollars et elle va continuer à croître pour atteindre probablement 345 000 milliards de dollars en 2020 (+ 38 %)[1]. Alors calmons-nous, reposons-nous, cessons de fabriquer et de consommer des trucs, des machins, des bidules qui encombrent les magasins, les salons, les chambres, les garages, les poubelles et les décharges. Libérons-nous du poids d'activités inutiles, de faux emplois, d'occupations bidons. Concentrons-nous sur l'essentiel. Prenons le temps de savourer, d'observer, de réfléchir.

Protégeons le silence, cette espèce en voie de disparition qui aura bientôt été éliminée de la surface de la Terre. Je veux m'immerger dans l'immaculé sonore. Je veux un ciel qu'aucune voix ni aucun moteur ne griffent. Le silence a été totalement éradiqué en France, à en croire Gordon Hempton, un bio-acousticien et écologiste américain. Celui-ci a établi qu'il ne reste plus dans le monde qu'une cinquantaine de lieux où l'on peut trouver un quart d'heure de silence d'affilée, non pollué par un son d'origine humaine. Un jour nous nous rendrons compte de notre erreur. Nous devons nettoyer le brouhaha et apprendre à nous taire, pour mieux écouter.

Le temps libre sera consacré au loisir et à la politique

Si l'on ne travaille plus que quinze heures par semaine, que ferons-nous de notre temps libre, à part se reposer et écouter les vestiges du silence ?

Nous nous occuperons de nous, de nos proches et des inconnus qui ont besoin d'aide, humains ou non humains. Nous essaierons d'être heureux en choisissant enfin les activités dont nous souhaitons remplir notre existence. En multipliant les occupations et les

---

1. R. Kesley et M. Stierli, « Richesse mondiale en 2015 : les tendances sous-jacentes restent positives », Crédit Suisse, 13 octobre 2015.

occasions de sociabilisation, nous briserons la solitude qui s'abat sur des millions de personnes isolées. Nous ferons du sport, pour le bien de notre esprit et de notre corps, ce qui nous permettra de vivre plus longtemps en bonne santé, et de réduire les coûts, pour la collectivité, de la prise en charge des maladies. Nous lirons ces livres laissés fermés sur la table de nuit. Nous apprendrons. Sans cesse. Nous apprendrons la peinture, la musique, la danse, l'astronomie et toutes ces choses que l'on ne s'autorise pas par manque de temps. Nous apprendrons de nouveaux métiers, pour en changer lorsque l'envie nous en prend. Nous explorerons enfin nos possibilités. Et surtout nous nous informerons afin de faire de la politique, en lieu et place des professionnels qui nous dirigent depuis des décennies, tout en incompétence.

Ne voyez-vous pas que le travail à plein temps nous empêche d'être de véritables citoyens, c'est-à-dire des citoyens cultivés et capables de comprendre les enjeux souvent complexes des problématiques de société ? Notre absence de temps libre ne nous permet pas de nous impliquer réellement dans la vie de la cité. Épuisés par le travail, nous préférons déléguer l'analyse et la prise de décision politiques à d'autres personnes qui, elles, bizarrement, ne travaillent pas. Certes elles nous dirigent, nous donnent des ordres, décident à notre place, mais elles ne produisent rien. Depuis leur chaise, les élus expliquent au peuple comment bosser, comment dépenser, et ils se font entretenir pour cela. Dans la société du temps libre nous n'aurons plus besoin d'eux, ou beaucoup moins en tout cas, et on leur demandera, aux élus actuels, de se mettre enfin au travail.

Un revenu universel et un salaire maximal seront instaurés

L'idée d'un revenu de base, ou revenu inconditionnel de base, ou revenu garanti, ou allocation universelle, ou revenu d'existence, a surgi récemment dans les débats en France. Le principe est le suivant : une somme versée tous les mois à chaque citoyen, sans condition, et qui peut être complétée avec les revenus du travail. Des deux côtés opposés de l'échiquier politique, l'idée a ses partisans. Sauf qu'un parti de droite et un parti de gauche ne conçoivent pas le dispositif de la même manière. Du côté de la gauche, on imagine ce revenu plutôt élevé (aux alentours de 1 000 euros), afin de couvrir les besoins essentiels de la personne. Tout cela reste néanmoins assez flou car selon la ville où l'on habite, la situation familiale ou le logement auquel on a accès, ces 1 000 euros ne signifient pas la même chose et peuvent se révéler nettement insuffisants. La droite, quant à elle, envisage un revenu plutôt modéré (quelques centaines d'euros seulement) et, surtout, cette somme servirait de solde de tout compte : en échange, on supprime d'autres prestations (comme le RSA) voire toutes les autres prestations (chômage, assurance maladie, retraite...). Dans ce cas le but est exactement l'inverse de la première approche. Il s'agit d'alléger la prise en charge de l'État et de faire éventuellement baisser les salaires. De plus, ce revenu minimum étant couplé à des privatisations de services aujourd'hui publics, on comprend que le dispositif n'a rien à voir avec celui imaginé par la gauche. Sont donc opposées une approche technique (le revenu de base n'est qu'une réforme des aides sociales actuelles) et une approche philosophique (le revenu de base permet de libérer le citoyen de la contrainte du travail).

Mais selon l'économiste et sociologue français Bernard Friot (né en 1946), par ailleurs militant communiste, il n'existe pas de revenu de base « de gauche » car la proposition n'est que « la roue de secours du capitalisme ». Il explique qu'après nous être battus pour le salaire pendant cinquante ans, entre les années 1920 et les années 1970, nous luttons désormais pour l'emploi, ce qui est problématique. L'économiste engagé milite en ce qui le concerne en faveur d'un « salaire à vie » pour tous, inspiré du statut de la fonction publique. Dans celle-ci, chacun est payé pour son grade, et non pas pour son poste. Le principe du salaire à vie serait donc de déconnecter le salaire et l'emploi. Le citoyen serait rémunéré à vie et son salaire évoluerait en fonction de son grade : « Tout le monde à 18 ans [aurait] un salaire à vie irrévocable, explique Friot. Le premier niveau de qualification [serait] à 1 500 euros net et on [pourrait] progresser en qualification jusqu'à sa mort, si on passe des épreuves, jusqu'à 6 000 euros net [1]. » D'après Friot, la progression s'obtiendrait donc en gagnant des échelons par le travail lui-même. Friot imagine que toutes les entreprises cotiseraient à une

---

1. *Le Salaire à vie* de Usul, Youtube, *op. cit.*

caisse unique, la « caisse salaire », qui servirait à payer non seulement celles et ceux qui ont un emploi, mais aussi celles et ceux qui n'en ont pas. Les cotisations sociales deviendraient donc elles aussi des « salaires » qui rémunéreraient le travail domestique comme les allocations familiales reconnaissent le travail d'éducation des enfants.

Revenu de base ou salaire à vie, le débat mérite d'être ouvert car l'une et l'autre des propositions soulèvent de nombreuses interrogations techniques. Un salaire universel comme le propose Bernard Friot ne peut fonctionner que dans une société qui contrôle les prix des logements, de la nourriture et des transports. Comment évaluer le juste prix de ces biens et services de première nécessité ? Si le logement est gratuit, ou quasiment, et que 1 500 euros permettent de vivre bien, les envies de travailler deviendront aléatoires et sans doute insuffisantes pour couvrir les besoins essentiels de la communauté. Qui accepterait de faire les travaux les plus désagréables qu'aucune machine ne prend aujourd'hui en charge ? Par ailleurs, si le patrimoine privé est maintenu, comme le propose Friot, et qu'on peut le transmettre à ses enfants, cela ne crée-t-il pas de fait des inégalités structurelles et des possibilités de spéculation ? La proposition de Friot ne semble donc pas répondre à quelques questions essentielles : qui travaille ? Et selon quels critères ?

Une certitude néanmoins s'impose, quelle que soit la méthode de redistribution envisagée : aucune société développée ne peut moralement accepter que certains de ses membres n'aient pas de quoi survivre décemment. Il y a en France entre 5 et 9 millions de pauvres, selon la définition choisie [1], et 4 millions de mal logés. C'est d'autant moins acceptable que ces pauvres, tout comme des millions d'autres Français qui n'ont aucune latitude dans leur vie, n'ont pas choisi la situation dans laquelle ils sont enfermés. Il convient donc de retrouver un équilibre dans le partage des fruits du travail. Offrons à chacun l'assurance qu'il n'aura pas à lutter pour se nourrir, pour se loger et pour s'habiller. La collectivité qui perçoit les impôts aura pour mission de reverser à chaque adulte

---

1. La France compte 5 millions de pauvres si l'on fixe le seuil de pauvreté à 50 % du niveau de vie médian, et 8,9 millions si l'on utilise le seuil à 60 %, selon les données 2015 (dernière année disponible) de l'Insee.

une somme lui permettant de couvrir tous ses besoins afin de lui assurer une vie décente. Si l'on se réfère à l'économie actuelle, on peut la fixer à 2 000 euros. Mais ce principe ne tient que si d'autres règles l'encadrent.

D'abord, ce revenu ne sera pas inconditionnel. Une communauté ne peut fonctionner que si ses membres se répartissent les tâches : construire des immeubles et des routes, les entretenir, éduquer, nourrir et soigner la population, ramasser et recycler les ordures, etc. C'est pourquoi, comme nous l'avons vu dans les pages précédentes, chacun devra consacrer plusieurs heures de sa semaine à une tâche utile au groupe. Pour les raisons déjà expliquées, une durée de travail hebdomadaire de quinze heures par personne devrait largement suffire dans le contexte actuel. Ceux qui ne fournissent pas leur part de travail n'auront pas droit à l'allocation mensuelle. À une exception près : lorsque le citoyen est empêché de travailler parce que la collectivité ne lui propose pas d'emploi. Si c'est la collectivité qui est fautive, alors le versement des 2 000 euros ne sera pas suspendu.

Mais cela ne risque pas d'arriver car la quantité de travail sera équitablement répartie entre tous les citoyens. Tous les besoins de la collectivité seront calculés et anticipés plusieurs années à l'avance afin de pouvoir former le bon nombre de personnes dans chaque métier. La prévision sera ensuite évidemment régulièrement réajustée en temps réel. Dans les universités et les écoles professionnelles, le contingent d'étudiants et d'apprentis sera strictement limité en fonction des besoins réels de la société. Inutile de former trop d'avocats si, dans le même temps, on manque de médecins ; ou trop de cuisiniers et pas assez de plombiers ; ou trop d'informaticiens et pas assez de policiers. Les travailleurs en activité changeront fréquemment de métier au cours de leur carrière, en fonction des besoins collectifs. Pour cela, le secteur de la formation continue sera considérablement développé. De ce fait, la logique du temps de travail sera complètement repensée. Actuellement, nous disons :

– un salarié doit travailler un temps T de 35 heures par semaine pour obtenir un revenu qui lui permette de vivre ;

– notre communauté compte x adultes qui ont besoin de vivre et donc de travailler 35 heures par semaine ;

⇒ nous devons créer une quantité de travail $Q = x \cdot T$ donc $Q = 35 x$ pour permettre à tout le monde de vivre.

Cette logique est absolument stupide, car elle impose de créer du travail même lorsque celui-ci n'est pas nécessaire. Par ailleurs, elle entre en contradiction avec la loi capitaliste qui l'a pourtant enfantée et d'après laquelle les entreprises essaient par tous les moyens de réduire leurs « coûts » en licenciant dès qu'elles le peuvent. Nous sommes donc confrontés à une équation qui ne peut mener qu'à l'échec que nous constatons actuellement.

Désormais, nous prendrons donc le problème à l'envers en modifiant l'équation. Nous dirons :

– notre communauté a un certain nombre de besoins que nous allons évaluer. Ces besoins, mis bout à bout, représentent une quantité hebdomadaire de travail Q.

– nous allons répartir cette quantité Q entre les x adultes de la communauté en âge de travailler – évidemment, on exclut dans le calcul les retraités.

⇒ chaque salarié travaillera donc un temps hebdomadaire $T = \frac{Q}{x}$ et ce temps T variera régulièrement en fonction des besoins Q et du nombre x de citoyens.

J'ai estimé dans les pages précédentes qu'il est certain qu'avec une telle méthodologie, le temps de travail de chacun n'excédera plus quinze heures hebdomadaires, tout en permettant de produire absolument tout ce qui est nécessaire à l'ensemble des humains pour qu'ils mènent une vie heureuse. Peut-être des calculs précis révéleront-ils que ce temps nécessaire est encore moindre. Plusieurs points restent encore à préciser tant, je le conçois, la proposition est surprenante.

D'abord, il est entendu que cette quantité Q de travail prédéterminée, sur laquelle sera calculé le versement de l'allocation forfaitaire mensuelle, ne concernera que toutes les activités jugées indispensables pour la communauté. Cela inclut aussi, évidemment, des activités de détente ou de culture indispensables au bien-être. Des écoles de musique et de sport, des formations de peintre, de pianiste ou de judoka seront entièrement prises en charge par la communauté. Des bourses seront distribuées pour permettre aux artistes et aux sportifs les plus talentueux de se consacrer entièrement à leur passion. Ensuite, tout le monde recevra la même somme, 2 000 euros, quelle que soit la tâche qui lui a été assignée. Aucune différence ne sera faite entre l'ouvrier, le professeur, le biologiste et le médecin. Ce n'est que justice puisque chacun est aussi utile que l'autre au fonctionnement général de la collectivité. Si vous vous blessez, vous êtes heureux qu'un médecin vous soigne, certes. Mais sans une route en bon état pour vous rendre à l'hôpital, vous ne pourriez pas accéder à ce médecin. L'ouvrier vous sauve donc lui aussi la vie. Il n'y aura donc plus de différence de récompense entre les travailleurs. De cette manière, l'argent ne sera plus un moteur de carrière.

Par ailleurs, à côté de ce marché que nous pouvons appeler « public » ou « primaire », nous laisserons un autre marché se développer. Celui-ci, nous l'appellerons « secondaire » ou « privé », bien qu'il soit placé aussi sous la tutelle du gouvernement. Sur ce marché secondaire, chacun pourra lancer les affaires qui l'intéressent et qui ne répondent pas aux besoins essentiels de la population. Quelqu'un veut fabriquer des ressorts qui rigolent ? Libre à lui ! Écrire des romans à l'eau de rose ? Pas de problème ! Lancer une école du hula-hoop ? Aucun souci. Ouvrir un restaurant, une librairie ou une boutique de parfums ? Avec plaisir ! Les entrepreneurs du secondaire pourront même fabriquer des produits qui concurrenceront ceux du marché primaire, dans tous les domaines. Grâce à ce second marché, tous ceux qui le souhaitent pourront donc travailler plus que les quinze heures obligatoires, et gagner plus que les 2 000 euros.

Toutefois, ils ne pourront pas cumuler plus de 10 000 euros mensuels. En effet, au-delà, l'argent sera reversé à la collectivité. Personne n'a besoin de plus d'argent pour vivre décemment. Et les lois de l'économie impliquent que ce que vous gagnez en plus est en grande partie ce que vous volez à d'autres. Il convient donc de limiter les injustices en limitant les rémunérations.

Enfin se pose la question des femmes ou des hommes au foyer qui jusqu'à présent peuvent parfois travailler jusqu'à trente heures par semaine à des tâches telles que le ménage ou le repassage. S'ils doivent eux aussi occuper un emploi quinze heures par semaine pour toucher l'allocation de 2 000 euros mensuels, cela ne risque-t-il pas de poser problème en perturbant certaines organisations familiales ? Au contraire, ce système va permettre de libérer nombre de femmes de leur rôle rétrograde d'employées de maison. Les tâches seront mieux réparties entre les deux conjoints. Par ailleurs, si l'un des deux parvient à gagner suffisamment en cumulant marché primaire et secondaire, rien n'empêchera l'autre de renoncer à l'allocation mensuelle et de se libérer de toute contrainte d'emploi.

Le mensonge de l'argent

L'étiquette décortiquée

Ce livre n'est pas seulement un objet littéraire. Il est aussi un produit qui vous a coûté 21 euros TTC et derrière lequel se dissimulent plusieurs partenaires économiques. Afin de comprendre, décortiquons l'étiquette. Sur ces 21 euros, 2,1 euros (10 %) reviennent à l'auteur, c'est-à-dire votre serviteur, qui vous remercie d'ailleurs de cette contribution. Le reste de la somme que vous avez déboursée, soit l'essentiel, part dans la poche de différentes personnes. La maison d'édition, Flammarion, encaisse 4,72 euros (22,5 %). Pour ce prix, elle a fait relire les épreuves, corriger les fautes ou coquilles, réaliser la mise en pages, a géré la mise en place du livre dans les librairies et organisé la promotion. Elle a également pris le risque de m'offrir une avance sur les ventes pour me laisser le temps d'écrire dans de bonnes conditions. Le diffuseur et le distributeur, qui appartiennent souvent au groupe ou à la maison d'édition, prennent 2,52 euros (12 %). L'imprimeur, qui fournit le papier et imprime, touche 2,1 euros (10 %). L'État récupère 1,16 euro de TVA (5,5 %). Et le libraire empoche 8,4 euros, soit 40 % du prix total du livre [1]. Donc, si on résume, l'objet que vous avez entre les mains participe à l'économie d'un éditeur, d'un imprimeur, d'un diffuseur, d'un distributeur et d'un libraire. Tous ne vivent que grâce à un travail qu'ils encouragent, certes, qu'ils mettent en valeur, certes, mais qu'ils ne fournissent pas, à savoir le travail d'écriture. Un lecteur n'achète pas un livre en raison de la

---

1. Chiffres fournis par Flammarion.

maison d'édition, de l'imprimeur ou du libraire. Il achète un contenu. Or celui qui produit le contenu d'un livre est celui qui touche le moins sur son prix global. En revanche, celui qui gagne le plus est celui qui *a priori* en fait le moins, le libraire : celui-ci reçoit une pile de livres dans un carton, il les pose sur une table ou en vitrine, et il attend. Pourtant, et je répète ce détail étonnant, chaque exemplaire vendu lui rapporte plus du tiers du prix du livre, tandis que l'auteur qui a travaillé plusieurs mois voire plusieurs années pour créer l'ouvrage ne reçoit qu'entre 8 % et 14 % du prix auquel un lecteur achète son travail.

Que les libraires se rassurent, cette explication n'est pas dirigée contre ces indispensables passeurs de pensée. Nombreux d'ailleurs sont les indépendants qui luttent pour maintenir en vie leur commerce en supportant des frais importants : location de leur fonds de commerce, salaire des employés ou encore renvoi des livres invendus. L'éditeur fait face lui aussi à de nombreuses contraintes financières. Le bénéfice qu'il réalise sur un ouvrage lui permet de couvrir les pertes qu'il subit sur deux ou trois autres. Il n'en reste pas moins vrai que cette logique qui octroie une part démesurée de tous les bénéfices d'un produit aux intermédiaires plutôt qu'au créateur est une logique curieuse. Dans un système économique juste, le créateur d'un objet original devrait être celui qui tire le bénéfice majoritaire de sa vente. Dans le commerce du livre, l'auteur est le producteur de richesse. L'éditeur, l'imprimeur, le diffuseur-distributeur et le libraire ne sont que des prestataires de services. Sans écrivain, ils n'existeraient pas car ils n'auraient aucun « produit » à éditer, à imprimer et à vendre en magasin. En revanche, sans éditeur, sans imprimeur ou libraire, l'écrivain continuera à écrire car il n'a besoin de personne pour cela. Il ne gagnera rien, mais il écrira toujours.

L'édition n'est pas l'environnement économique le plus injuste. Le cas de l'agriculture est bien plus flagrant. Le nom « Besnier » ne vous dit sans doute rien, mais il est pourtant celui d'une des plus riches familles de France. Emmanuel Besnier était classé huitième fortune du pays en 2017 avec 11,3 milliards d'euros estimés. Il est le patron de Lactalis, leader mondial des produits laitiers (Bridel, Président, Salakis, etc.). Comment cet homme a-t-il amassé autant d'argent ? En sous-payant le lait acheté aux producteurs, ce qui a amené ces derniers au conflit à l'été 2016. Pourtant, sans lait, pas de fromage, pas de yaourt, pas de beurre – à moins de se tourner vers des produits véganes, mais c'est un autre sujet. Or, pendant que Besnier entasse les millions, les producteurs sans qui il n'est rien travaillent à perte.

Actuellement, celui qui crée, produit et fournit l'apport réel à l'économie est dépossédé du fruit de son travail par des intermédiaires divers. Ces intermédiaires, installés dans des bureaux où ils s'épargnent le plus pénible, permettent certes de valoriser ce qui a été créé ou de le rendre accessible au public, mais la rétribution qu'ils en retirent est totalement disproportionnée par rapport à celle qui devrait échoir au créateur ou au « faiseur ». Me revient en tête l'exemple de cette agence de conférenciers spécialisée dans la « gestion de personnalités ». Une association l'avait mandatée pour me contacter afin que je vienne débattre de mon dernier ouvrage devant ses membres. L'intervention était rémunérée. L'agence, dont le seul travail consistait à trouver mon numéro de téléphone et à réserver mon billet de train, me prévint tout de suite : elle gardait une commission qui se montait à 66 % de ce qui était prévu pour moi. Et elle continua : si d'aventure l'association en question souhaitait m'inviter une nouvelle fois par la suite, l'agence toucherait une nouvelle commission. Ma réaction fut à la hauteur de ma stupéfaction. La discussion qui s'ensuivit fut houleuse et le rendez-vous qui se tint par la suite dans leur immeuble bourgeois – *open space* rempli de jeunes trentenaires volontaires – se révéla particulièrement déprimant. Je me souviens qu'ils me parlèrent de leur volonté d'« ubériser » le travail de conférencier. Et ils semblaient en être fiers.

L'ensemble de l'économie capitalo-libérale repose sur cette arnaque. Contrairement à sa promesse initiale, elle ne récompense pas les plus créatifs ni les plus travailleurs. Au contraire, cette idéologie vampire suce le sang des méritants, à la manière d'un parasite. Et ce n'est pas son unique défaut.

L'argent qui corrompt

Mes éditeurs, que je salue au passage, font preuve de courtoisie, voire de gentillesse, à mon égard. De la politesse, des sourires et une considération de bon aloi. Même si je veux croire en leur bienveillance, et malgré la sympathie réelle qui me lie à eux, je ne peux toutefois rien en déduire de l'intérêt véritable qu'ils accordent à mes manuscrits ou à mon caractère. L'attention dont est gratifié tout auteur est proportionnelle à ses chiffres de vente réels ou potentiels et non à ses qualités personnelles. Un connard qui vend beaucoup de livres sera toujours mieux traité qu'un type très bien qui ne vend pas beaucoup. Et ça n'a rien à voir avec les affinités naturelles ni avec le talent : le connard qui vend beaucoup de livres peut écrire comme un pied, il sera néanmoins choyé par son éditeur. S'il faut désigner un marqueur de considération, le temps de réponse à un message téléphonique peut faire l'affaire. Plus votre potentiel commercial est important, plus ce temps est bref. Décrochage de téléphone immédiat pour l'auteur de best-sellers, attente de plusieurs jours ou plusieurs semaines, voire non-réponse, pour l'écrivain sans public.

Cette logique ne touche évidemment pas le seul milieu de l'édition. Elle a contaminé tout l'espace professionnel. Les individus ont été transformés en chiffres d'affaires, bénéfices, investissements, bilans comptables, bref, en « machines à fric ». L'argent que vous pesez vous donne le pouvoir : celui d'être écouté et considéré si vous pouvez en faire gagner à votre interlocuteur, et celui de vous comporter en goujat si vous êtes quelqu'un qui signe des chèques.

Dans une relation professionnelle, on déjeune, on prend des cafés, on se câline, on se complimente, on se frotte, on s'aime, on blague, on se formidable, on s'extraordinaire. On parle de contenu, de projets, de confiance, on parle de la famille, des vacances, on secoue quelques branches d'intimité car on est des humains et on le revendique. En réalité, une question sous-jacente domine le cirque des poignées de main et des sourires : en quoi cet autre peut-il m'être utile ? Utile à conforter ma position, mon pouvoir, et à gagner de l'argent.

Les « amis » vous aiment aussi pour votre pouvoir d'achat. Oh, ils n'en ont pas forcément conscience. Mais ce qu'ils apprécient également chez vous, en dehors de votre formidable personnalité, c'est le fait que vous êtes capables d'aller dans les mêmes restaurants qu'eux, de les suivre en vacances, et pourquoi pas de les inviter dans votre résidence secondaire, surtout si elle est dotée d'une piscine. Si votre statut social change, vos amis changent aussi. Surprenant, non ? Aussi peu romantique que cela puisse paraître, l'argent n'est pas non plus complètement absent de l'amour que vous porte votre femme ou votre mari : dans un couple, les futurs partenaires jaugent souvent leur compatibilité bancaire, afin de savoir si ensemble ils vont pouvoir réaliser les projets qu'ils avaient échafaudés chacun de son côté. Un couple, c'est aussi une entreprise, avec son budget, ses bénéfices, le risque du licenciement et de la faillite. D'ailleurs, l'argent empêche souvent des conjoints de se séparer, parce qu'ils n'ont pas les moyens de se payer chacun un logement. En Occident, la dot a longtemps été l'usage, et en Iran, aujourd'hui encore, des milliers d'hommes sont emprisonnés parce qu'ils sont dans l'impossibilité, lors du divorce, de payer à leur épouse une dot exorbitante appelée *mehrieh*.

L'argent a permis jadis aux catholiques pécheurs de sauver leur âme de l'enfer, grâce à l'achat d'une indulgence. Le pardon contre un don. Un business lucratif. Ainsi, au XVIe siècle, le pape Léon X n'a pas hésité à en faire usage pour financer la construction de la basilique Saint-Pierre de Rome. Qu'est-ce qui a changé depuis ? Pas grand-chose, en fait. C'est toujours l'argent, et non le mérite personnel, qui permet de se payer sa place au paradis. Les riches se sont déjà accaparé les meilleures habitations, les meilleurs lieux de vacances, les meilleurs biens de consommation, l'accès à une meilleure santé. Il n'est pas fou d'imaginer que dans le monde de demain, qui sera encore plus cruel pour les pauvres, ils s'offriront le droit de consommer l'air pur et les produits non contaminés, auront l'accès privilégié aux traitements médicaux révolutionnaires et vivront cloîtrés dans des mini-villes surprotégées. Le reste de la population subira la pollution, la maladie et la violence.

L'argent fausse tout et fait mentir.

Il est un tyran, un geôlier, un mauvais camarade, une maladie mortelle. Je hais ce qu'il a fait des hommes et ce à quoi il les oblige chaque jour. Je vomis son omnipotence et la servitude à laquelle il nous condamne. Esclaves si nous en manquons, esclaves si nous en sommes riches. L'argent est un piège, une sangsue, une drogue dure. Il est un poison qui pollue les esprits et salit les mains. Pour de l'argent, on se trahit et on trahit les autres, on se tait, on ferme les yeux, on courbe le dos, on acquiesce, on sourit, on se couche, on couche, on ment, on oublie. L'argent modifie les caractères et trouble les relations humaines. Il s'oppose à la morale. Karl Marx a résumé ainsi les choses : « [L'argent] apparaît [...] comme la puissance corruptrice de l'individu, des liens sociaux, etc., qui passent pour être essentiels. Il transforme la fidélité en infidélité, l'amour en haine, la haine en amour, la vertu en vice, le vice en vertu, le valet en maître, le maître en valet, la bêtise en intelligence, l'intelligence en bêtise [1]. » Ce que François Mitterrand exprimera près d'un siècle et demi plus tard avec une formule restée célèbre dans laquelle il fustige « l'argent qui corrompt, l'argent qui achète, l'argent qui écrase, l'argent qui tue, l'argent qui ruine et l'argent qui pourrit jusqu'à la conscience des hommes ». Mitterrand pensait-il vraiment ces mots lorsqu'il les a prononcés l'année de ma naissance, en 1971, au congrès d'Épinay ? Une vingtaine d'années plus tard, en 1992, il les avait vraisemblablement oubliés en s'entichant de Bernard Tapie au point de le nommer ministre. Tapie, homme d'affaires décomplexé qui participa activement, dans les années 1980, à la transition idéologique qui nous a amenés où nous sommes aujourd'hui. Tapie achetait des entreprises, les revendait après avoir fait le ménage, et il parvint à se faire admirer pour ça. L'argent, il le vénérait, il le disait

---

1. K. Marx, *Philosophie*, « Folio », 1994, p. 188-194, cité dans *Contre l'argent fou*, « Les Rebelles », *Le Monde*, 2012, p. 29.

haut et fort, et encourageait chacun à penser comme lui. Voilà le genre de tirade qu'on lui doit et qui suscitait à l'époque le respect : « Y a rien de plus redoutable de vivre [sic] dans un système capitaliste avec des gens qui ne le sont pas. Or l'unité de mesure d'un système capitaliste c'est l'argent. Or, pour moi, l'unité de mesure étant l'argent, j'entreprends mes affaires et je les fais entreprendre par tous ceux qui m'entourent avec une volonté féroce de gagner beaucoup beaucoup beaucoup [sic] d'argent[1]. » On connaît la suite : la faillite, la prison pour une tentative de corruption sur le match OM/VA, le bras de fer avec le Crédit Lyonnais, l'arbitrage à 405 millions en sa faveur (dont 45 millions à titre de préjudice moral) annulé par la Cour de cassation pour « fraude » et le renvoi de Bernard Tapie devant le tribunal correctionnel pour escroquerie en bande organisée et détournement de fonds publics. L'homme a tout perdu, a regagné énormément et se maintient à flot en menant grand train grâce à d'interminables manœuvres dont le motif consiste toujours à « gagner beaucoup beaucoup beaucoup d'argent ». L'opinion s'est lassée de ses coups de menton. Tapie a perdu sa popularité, sauf auprès des nostalgiques de l'OM conquérant qu'il a accompagné jusqu'à la victoire en Ligue des Champions. En revanche, la tactique du « jeune loup qui ose tout », propre à Tapie, a été adaptée en politique par Nicolas Sarkozy, puis reconditionnée récemment par Emmanuel Macron. Vive l'argent, vive les bénéfices et les dividendes ! Chez Macron, l'aveu tente de se faire plus nuancé, mais il est clair pourtant : « Il faut des jeunes Français qui aient envie de devenir milliardaires ! » claironnait-il en 2015, alors ministre des Finances du socialiste François Hollande.

Retour à Épinay avec François Mitterrand en 1971 : « Celui qui ne consent pas à la rupture avec l'ordre établi, [...] avec la société capitaliste, celui-là, je le dis, il ne peut être adhérent du Parti socialiste. » Cela tombe bien : Macron n'a plus sa carte du PS et il se dit « ni de droite ni de gauche », ou plutôt à la fois à droite et à gauche, ce qui manifeste chez lui un don d'ubiquité malheureusement contre-productif en politique, puisque même si les notions de droite et de gauche sont floues et dépassées, elles font tout de

---

1. Portrait : « Bernard Tapie, sauveteur d'entreprises en difficultés », Ina, 25 juillet 1983.

même ressortir des clivages clairs entre lesquels un dirigeant responsable est obligé de choisir. Le rapport à l'argent est l'un de ces clivages, au moins d'un point de vue historique. Il y a presque tout juste un siècle, en 1919, Léon Blum, que tant citent aujourd'hui sans jamais l'avoir lu, appelle à dépasser l'appât du gain qui s'est imposé comme seul projet de vie pour beaucoup. Il écrit ces mots qui n'ont pas pris une ride : « Si nous considérons autour de nous la mêlée des hommes, elle paraît dirigée, en effet, par ce mobile unique. Gagner de l'argent, c'est le véritable idéal humain, le seul que proclame et qu'essaie de réaliser une société pervertie. Conquérir pour notre compte la plus large part des privilèges que l'argent représente ou permet d'acquérir, c'est le programme de vie que le spectacle contemporain nous propose. Tout nous appelle à la lutte : l'opinion et la morale, qui devraient la flétrir, l'exaltent, et il faut une sorte d'héroïsme pour se soustraire volontairement à la contagion. C'est le sentiment moteur aujourd'hui, ne perdons pas notre peine à le contester. Mais où prend-on le droit de conclure que l'humanité n'en puisse pas connaître d'autre ? Le sophisme est là [1]. »

Il me serait possible de noircir de longues pages en accumulant les citations de penseurs ou d'hommes politiques qui ont dénoncé l'argent avec la même force que Léon Blum. Je me contenterai d'évoquer Léon Tolstoï (1828-1910) et Émile Zola (1840-1902). Tolstoï, dont j'aime à rappeler combien sa philosophie (antispéciste) mérite d'être redécouverte, écrit dans *L'Argent et le Travail* que l'argent « a complètement perdu la signification qu'on voudrait lui attribuer : il ne représente le travail que dans quelques cas ; en règle générale, il n'est que le droit ou la possibilité d'exploiter le travail d'autrui. [...] L'argent est donc une nouvelle et terrible forme d'esclavage [2]. » Émile Zola (un autre amoureux des animaux précurseur de l'antispécisme) commente ainsi le texte de l'écrivain russe : « Tout le mouvement socialiste contemporain mène, en fin de compte, à cette suppression de l'argent et à la loi générale de l'argent [3]. »

---

1. L. Blum, *Pour être socialiste*, éditions de la fédération nationale des jeunesses socialistes, librairie du parti socialiste et de l'Humanité, 1919, p. 32, cité dans *Contre l'argent fou, op. cit.*, p. 163-164.
2. Tolstoï, *L'Argent et le Travail*, éditions des Syrtes, p. 73-75.
3. *Ibid.*, p. 12.

Cette loi générale de l'argent n'altère pas seulement notre rapport au travail et à la construction sociale. Elle agit comme un virus qui contamine les rouages fondamentaux de notre démocratie tels que l'égalité, la justice et la moralité. Nous en avons des exemples tous les jours dans l'actualité. Je me contenterai ici d'en citer un seul que le hasard a mis sous mes yeux ce matin même en lisant la presse. Si nous avions été demain ou la semaine prochaine, l'illustration aurait été différente. Mais puisque nous sommes aujourd'hui, il s'agira de Bill O'Reilly. Le présentateur vedette de la chaîne hyperconservatrice américaine *Fox News* est accusé de harcèlement sexuel. D'après une enquête publiée par le *New York Times*, le journaliste et sa chaîne auraient payé 13 millions de dollars à cinq femmes pour acheter leur silence. Le *New York Times* affirme que Bill O'Reilly, 67 ans, s'en est pris à différentes collègues au cours des quinze dernières années. Je cite l'article de *Libération* qui mentionne l'histoire : violence verbale, commentaires obscènes, avances non désirées et « appels téléphoniques où O'Reilly semblait se masturber [1] ». Le présentateur s'en est tiré en payant ses victimes afin qu'elles renoncent aux poursuites judiciaires et a été couvert par son employeur. Pour la chaîne, qui appartient à Rupert Murdoch, l'enjeu est énorme : le show quotidien de Bill O'Reilly, suivi par 4 millions de personnes, aurait rapporté 446 millions de dollars de recettes publicitaires entre 2014 et 2016, et permis à O'Reilly d'être payé 18 millions par an. Résumons donc l'affaire. Des femmes se font harceler [2]. Elles souhaitent porter plainte afin que leur préjudice soit reconnu. Une action devant la justice aurait pour effet positif de dénoncer le comportement illégal d'un homme qui, révélé au grand jour, serait poussé à cesser ses agissements sur de futures victimes. Mais l'agresseur sort le carnet de chèques et bâillonne à coups de millions les plaignantes. L'employeur, parfaitement au courant, le couvre, l'aide financièrement, et lui achète ainsi

---

1. E. Pattée, « Bill O'Reilly, présentateur vedette de Fox News, accusé de harcèlement sexuel », *Libération*, 2 avril 2017.

2. Je ne commenterai pas ici la nature des affaires en question, d'une part parce qu'elles ne sont pas franchement détaillées dans les éléments dont nous disposons, d'autre part parce que les États-Unis ont une notion du harcèlement différente de la nôtre.

une virginité morale et une tranquillité professionnelle. La justice n'est pas passée, le délinquant n'a pas été identifié, les victimes ont caché la vérité, et tout cela est le résultat du règne de l'argent qui assassine l'éthique, la vérité, l'honneur et l'amour-propre.

Bien sûr, pour commettre ses forfaits, l'argent a besoin de complices. Seul, il n'est rien. Il s'adresse au Faust qui sommeille en chacun de nous et tente de lui voler son âme. Si une femme considère qu'elle a été sexuellement agressée par un homme et souhaite porter plainte, est-il moralement correct qu'elle accepte une somme d'argent pour que l'affaire ne s'ébruite pas ? En faisant appel à la justice, la victime ne tient-elle pas d'abord à faire reconnaître son préjudice et à alerter la société sur le mal qu'elle a subi et sur l'auteur de ce mal ? En acceptant un deal loin des regards, la victime consent à se laisser acheter, au détriment de la communauté qui ne saura rien des comportements illégaux de l'un de ses membres. Mais qui résisterait à quelques millions d'euros en échange d'un simple silence ? Quelques-uns sans doute. Mais ils sont peu nombreux.

L'argent corrompt-il vraiment les caractères, comme Mitterrand l'affirmait, ou les révèle-t-il ? Un peu des deux. Si la promesse d'un virement bancaire suffit à modifier le comportement d'un individu, c'est que ses fondations morales n'étaient pas vraiment solides. Ou alors, et c'est plus terrible encore, c'est que l'individu en question a été acculé. Il a accepté par nécessité, pour payer un loyer ou rembourser des dettes. Il a ravalé sa fierté et mis ses convictions en sourdine, pour survivre. Voilà pourquoi j'affirme sans outrance que je n'aime pas l'argent. Et ceux, nombreux, qui s'érigent contre cette protestation en revendiquant au contraire leur attachement décomplexé au fric, au pognon ou au grisbi, se comportent comme des junkies accros à une came dont ils ne perçoivent pas la nocivité.

Je ne peux cependant leur dénier le fait que si, dans une société capitaliste, l'argent emprisonne, il produit également l'effet inverse : il est un indéniable facteur de liberté. Il permet de choisir son logement, ses vacances, ses loisirs. Parfois, il permet aussi de refuser des propositions ou des ordres. Et c'est bien le problème : chacun devrait pouvoir décider librement de l'endroit où il habite et part en vacances, chacun devrait se divertir comme il l'entend et chacun devrait être en mesure de refuser une injonction qui lui déplaît.

Sauf que ceux qui n'ont pas d'argent ne sont pas autorisés à choisir. Ils font comme ils peuvent, ils prennent ce qu'on leur donne. Puisque dans notre société l'argent offre la liberté, ceux qui n'ont pas d'argent, ou trop peu, ne sont pas libres. Il en découle que l'argent est antidémocratique.

L'argent perturbateur démocratien

Benjamin Franklin ne fut pas seulement un homme politique d'envergure internationale, un inventeur de premier plan et un humaniste. Homme de lettres, militant contre l'esclavage, il était passionné de morale et d'éthique. Dans sa biographie, il raconte comment il a établi le projet de parvenir à la perfection morale : « Je désirais vivre sans commettre aucune faute dans aucun temps, et en me corrigeant de toutes celles dans lesquelles un penchant naturel, l'habitude ou la société pouvaient m'entraîner. » Il établit alors une liste de vertus morales qu'il entend respecter. Il en dénombre treize, et les explique [1] :

TEMPÉRANCE. Ne mangez pas jusqu'à vous appesantir ; ne buvez pas jusqu'à vous échauffer.
SILENCE. Ne parlez que de ce qui peut servir à autrui ou à vous-même. Évitez les conversations oiseuses.
ORDRE. Que chez vous chaque chose ait sa place, chaque affaire son temps.
RÉSOLUTION. Formez la résolution de faire ce que vous devez faire, et faites, sans faute, ce que vous avez résolu.
ÉCONOMIE. Ne faites de dépenses que pour le bien des autres ou pour le vôtre, c'est-à-dire, ne dissipez rien.
TRAVAIL. Ne perdez pas de temps. Employez-vous toujours à quelque chose d'utile. Retranchez toute occupation qui ne sert à rien.

---
1. B. Franklin, *Mémoires*, chap. VI, Hachette, 1866, p. 161-162.

SINCÉRITÉ. N'usez d'aucun mauvais détour : que vos pensées soient innocentes et justes ; et si vous parlez, parlez comme vous pensez.

JUSTICE. Ne faites tort à personne, soit en lui faisant injure, soit en négligeant de lui faire le bien auquel votre devoir vous oblige.

MODÉRATION. Évitez les extrêmes. N'ayez pas pour les injures le ressentiment que vous croyez qu'elles méritent.

PROPRETÉ. Ne souffrez aucune malpropreté sur vous, sur vos vêtements, ni dans votre demeure.

TRANQUILLITÉ. Ne vous laissez pas troubler par des bagatelles, ou par des accidents ordinaires et inévitables.

CHASTETÉ.

HUMILITÉ. Imitez Jésus et Socrate.

Certains de ces treize préceptes ne me semblent pas réellement utiles. Mais les conseils sur le silence, la sincérité, la justice, la tranquillité et l'humilité méritent d'être retenus. Arrêtons-nous ici sur l'économie et le travail. Franklin affirme d'une part qu'il ne faut « rien dissiper » de l'argent, et d'autre part qu'il convient de ne pas perdre de temps en activités inutiles. Il a résumé ces deux conseils en une phrase aujourd'hui célèbre : « *time is money* », « le temps, c'est de l'argent ».

Le fonctionnement global de notre économie semble confirmer cette thèse puisque de nombreux travailleurs sont aujourd'hui rémunérés en fonction du nombre d'heures passées à leur tâche – de l'ouvrier à l'avocat en passant par le fonctionnaire. Évidemment, les mots de Franklin comportent une dimension morale puisqu'ils soulignent la nécessité de se consacrer pleinement au travail afin de produire une richesse pour la communauté. Mais la vision franklinienne échoue à rendre compte de la dimension socio-économique du temps, laquelle oblige à inverser les termes de sa proposition : ce n'est plus « le temps, c'est de l'argent », mais « l'argent, c'est du temps ». Car celui qui a de l'argent paye des assistants, des femmes de ménage, des repas au restaurant et toutes sortes de services qui lui dégagent du temps. L'argent achète le temps des autres. Or le temps est l'un des instruments indispensables à la démocratie. Celui qui n'en dispose pas ne peut exercer pleinement son statut de citoyen. Chacun a en effet besoin de temps pour se cultiver, s'informer, s'impliquer dans la vie collective ou simplement faire valoir ses droits. Ce dernier point n'est pas le moins important. Dans de nombreuses situations du quotidien où nous sommes maltraités, nous renonçons par manque de temps, au lieu d'insister. Un service commercial qui ne répond pas à ses obligations, une administration en faute, un litige quelconque : combien d'heures au téléphone ou derrière son ordinateur pour faire entendre sa voix, sans aucune garantie de succès ? Souvent nous préférons laisser tomber. Celui qui a de l'argent, en revanche, délègue toutes ces tâches à des assistants ou à des avocats et peut faire reconnaître pleinement ses droits.

Mais l'argent est également un perturbateur démocratien lorsqu'il est utilisé pour mesurer une punition.

Avis de contravention

Madame, Monsieur,
Le véhicule dont le certificat d'immatriculation est établi à votre nom a fait l'objet d'un contrôle ayant permis de constater l'infraction figurant ci-dessous.

DESCRIPTION DE L'INFRACTION
EXCÈS DE VITESSE INFÉRIEUR À 20 KM/H PAR CONDUCTEUR DE VÉHICULE À MOTEUR - VITESSE MAXIMALE AUTORISÉE INFÉRIEURE OU ÉGALE À 50 KM/H
- Prévue par Art. R. 413-14 § 1 du C. de la route.
- Réprimée par Art. R. 413-14 § 1 al. 2 du C. de la route

....
....

Votre véhicule a été contrôlé à : 57 km/h
- Pour une vitesse autorisée de : 50 km/h
- La vitesse retenue est de : 52 km/h

....
....

Effet(s) sur le permis de conduire
Cette infraction entraîne un retrait de 1 point(s) du permis de conduire.

Montant de l'amende :

AMENDE MINORÉE Si vous payez dans les 15 jours   90 €

AMENDE FORFAITAIRE Si vous payez dans la période   135 €
de 16 à 45 jours

AMENDE MAJORÉE Si vous ne payez pas ou contestez   375 €
dans les 45 jours

En quelques mois, des messages de ce type se sont accumulés dans ma boîte aux lettres, dès lors que j'ai été contraint de troquer mon scooter pour un quatre roues, pour des raisons géographiques.

Véhicule contrôlé à 118 km/h, vitesse retenue 112 km/h, vitesse autorisée 110 km/h : 1 point en moins et 68 euros d'amende forfaitaire.

Véhicule contrôlé à 57 km/h, vitesse retenue 52 km/h, vitesse autorisée 50 km/h : 1 point en moins et 135 euros d'amende forfaitaire.

Véhicule contrôlé à 120 km/h, vitesse retenue 114 km/h, vitesse autorisée 110 km/h : 1 point en moins et 68 euros d'amende forfaitaire.

Récemment, dans une rue de Vincennes dont toutes les places de stationnement avaient été temporairement supprimées pour cause de travaux, j'ai été forcé de garer mon véhicule sur un trottoir. Pas top, je le reconnais. Mais pas le choix. Je n'en avais pas pour longtemps, quinze minutes, vingt au plus, et le trottoir était suffisamment large pour permettre aux piétons de circuler malgré la présence de ma voiture. Las ! Trois semaines plus tard, j'ai reçu à mon domicile deux amendes : l'une pour « stationnement très gênant d'un véhicule motorisé sur un trottoir », 135 euros, et l'autre pour « apposition sur le véhicule d'un certificat d'assurance non valide », 35 euros d'amende forfaitaire – nous étions en début d'année et j'avais omis d'actualiser le petit carré vert collé sur le pare-brise, mon assurance étant pourtant parfaitement en règle, et l'agent verbalisateur n° 59305, code service 09408003100, tout à son enthousiasme professionnel, n'avait pas manqué de pointer ma très grande faute. Je remarquai sur l'avis de contravention que le fonctionnaire avait également demandé l'enlèvement de mon véhicule. Mais puisque mon arrêt n'avait duré que quelques minutes, j'ai pu repartir avant que passe la fourrière. Sinon, j'aurais eu la joie de payer 7,60 euros d'immobilisation (le sabot), 15,20 euros d'« opérations préalables », 150 euros d'enlèvement, et 29 euros de frais de garde journalière. Donc environ 200 euros supplémentaires. Ce qui nous aurait fait un total de 200 + 135 + 35 = 370 euros. Rappelons l'infraction : un arrêt momentané sur le trottoir d'une rue dont les places de stationnement avaient été provisoirement condamnées, et ce, alors que le véhicule laissait néanmoins suffisamment de place aux piétons pour qu'ils n'aient pas à descendre sur la chaussée. Regardons maintenant l'échelle des salaires en France. Au 1er janvier 2017, le smic horaire était de 9,76 euros brut. Le smic mensuel était donc de 1 480,27 euros brut, soit 1 149,07 euros net[1]. La sanction qui est appliquée pour cet arrêt sur un trottoir – qui n'a en réalité porté préjudice à personne – est donc équivalente à 1/3 de smic, soit sept jours complets de travail. Dans le cas d'une contravention pour un excès de vitesse minimal, l'amende de 135 euros correspond à 1/8 de smic, soit presque trois jours de travail. Plusieurs réflexions s'imposent.

Dans notre société, l'argent n'est pas seulement une récompense, il est également au service de la punition. C'est en soi chose curieuse. Pourquoi un comportement incivique – puisque c'est bien de cela qu'il s'agit – doit-il être sanctionné par une diminution du pouvoir d'achat ? Quel est le rapport entre un excès de vitesse et la difficulté que pourra éprouver le contrevenant à payer une facture d'électricité ou à s'acheter une nouvelle chemise, dans la mesure où on lui aura ponctionné une part de ses économies ? N'y a-t-il réellement aucun autre levier d'action, plus logique, pour punir le fautif ?

Selon la Cour des comptes, l'État a perçu 1 817,9 millions d'euros en 2016 grâce aux amendes liées à la circulation et au stationnement. Une augmentation de 11,6 % par rapport à l'année précédente. À eux seuls, les radars automatiques, dont le nombre ne cesse d'augmenter, ont rapporté 920 millions d'euros au total. Problème : alors que ces radars sont censés améliorer la protection des conducteurs sur les routes, le nombre de victimes ne cesse d'augmenter depuis trois ans. Logique, en fait, car les excès de vitesse supérieurs à 20 km/h représentent seulement 6 % des infractions relevées par les radars. La grande majorité des conducteurs sanctionnés le sont pour des écarts de vitesse minimes, qui ne mettent en danger la vie de personne : il est difficile d'imaginer un assassin potentiel derrière celui qui roule à 118 km/h sur une route déserte limitée à 110 km/h. Cerise sur le gâteau : la Cour des comptes révèle que la moitié des recettes est affectée par l'État à

---

[1]. Salaire minimum de croissance (Smic), Service public, 6 septembre 2017.

des dépenses qui n'ont aucun rapport avec l'objectif officiel, à savoir sauver des vies sur les routes.

Il y a lieu de s'interroger sur le rôle pervers de l'État qui sanctionne injustement les citoyens, dans le seul but de faire entrer de l'argent dans les caisses. L'exemple des amendes liées aux voitures qui roulent ou qui sont à l'arrêt est particulièrement éloquent. La plupart des automobilistes ne possèdent pas une voiture par plaisir, mais par obligation, pour des raisons professionnelles ou familiales. En effet, les transports en commun, qui peuvent remplacer la voiture, sont à peu près efficaces en agglomération. Mais les loyers, de plus en plus élevés, repoussent les travailleurs à revenus moyens loin des villes où ils occupent leur emploi. Il est donc courant d'habiter à 30, 40 ou 80 kilomètres de son travail, avec la voiture comme seul moyen de locomotion. Par ailleurs, en de nombreux endroits en France, la voiture est encore indispensable pour faire ses courses ou conduire ses enfants à l'école. Cela arrange d'ailleurs les industriels, et par conséquent les gouvernements successifs, puisque les ventes de véhicules font fonctionner l'économie et maintiennent de l'emploi. Le citoyen est donc la plupart du temps prisonnier de sa condition d'automobiliste : il ne l'a pas choisie, elle lui est imposée par l'absence d'autre moyen de transport. Il est victime une première fois puisqu'il lui faut, que cela lui plaise ou non, acheter une voiture, l'assurer, l'alimenter en essence et l'entretenir. Tout cela crée de l'activité économique mais prive le salarié d'une partie du fruit de son travail. Le citoyen est victime une deuxième fois lorsqu'il est puni pour des fautes mineures qui ne relèvent en rien de la délinquance ou d'une mise en danger d'autrui, mais simplement de règles arbitraires à but lucratif. Un radar placé dans une descente sur une route dont la limitation de vitesse passe soudainement de 90 km/h à 70 km/h génère immanquablement un très confortable revenu pour l'État.

Mais revenons à la sanction de 370 euros réservée au contrevenant qui a garé sa voiture sur un trottoir. Nous l'avons vu, si la voiture appartient à un smicard, la sanction équivaut à le priver d'un tiers de son salaire mensuel, ce qui est une catastrophe pour un budget aussi faible. En revanche, si le conducteur est aisé et qu'il gagne disons, 10 000 euros par mois, alors la punition qui lui est infligée est presque indolore car quelques centaines d'euros en moins ne lui changeront pas la vie. *Idem* avec des amendes de dépassement de vitesse. Et on peut étendre la démonstration à toutes les décisions de justice qui se caractérisent par le versement d'une somme d'argent par le fautif désigné. Le riche est toujours moins impacté que le pauvre. Pire : ce déséquilibre permet aux plus riches de s'affranchir des obligations légales en n'attachant aucune importance à ce que ça leur coûtera. En clair, quelqu'un qui gagne 20 000 euros par mois se moquera éperdument de ses PV de stationnement ou d'excès de vitesse.

Afin d'assurer à tous les citoyens l'égalité devant la loi promise par la Constitution, les amendes devraient donc être proportionnées aux revenus du contrevenant, ainsi que les dommages et intérêts divers. Si le législateur considère réellement qu'une voiture garée sur un trottoir doit coûter un tiers de son salaire mensuel à un smicard, alors il est juste que cette infraction coûte un tiers du salaire de quiconque. Si c'est un P-DG du CAC 40 qui gare sa grosse bagnole avec chauffeur sur le même trottoir, il devrait lui en coûter quelques dizaines de milliers d'euros. Et encore, il s'en sortirait tout de même mieux que le smicard, car cela ne lui poserait sans doute pas de souci de fin de mois.

Officiellement, la France « assure l'égalité devant la loi de tous les citoyens sans distinction d'origine, de race ou de religion », selon l'article premier de notre Constitution qui confirme la Déclaration des droits de l'homme et du citoyen de 1789 : « les hommes naissent et demeurent libres et égaux en droits. » Dans les faits, il n'en est rien. Celui qui a de l'argent sera toujours mieux protégé et mieux défendu qu'un autre et il pourra s'exonérer de la loi commune. L'argent nous prive de l'égalité promise à notre naissance.

L'argent est un *perturbateur démocratien* en raison d'un autre effet pervers : il nous transforme en larbins à son service. Nous sommes à sa merci, condamnés à payer tout le temps et pour tout. Rien n'est gratuit, nous sommes des porte-monnaie sur pattes, sollicités à tout bout de champ, et la plupart des citoyens prennent leurs décisions les plus personnelles en répondant à cette unique question : « Comment vais-je faire pour payer ? »

En 2013, le salaire moyen des Français s'élevait à 2 202 euros nets mensuels. Le salaire net médian s'abaissait, lui, à 1 772 euros (cela signifie que 50 % des actifs gagnent moins et que 50 %

gagnent plus) [1]. Considérons le cas d'une jeune femme célibataire occupant un emploi à Paris qui lui rapporte, disons, 2 000 euros net. Il lui faut payer un loyer. Le moindre studio décent coûte 800 euros dans la capitale ou aux alentours, et ce type de logement devrait être réservé aux jeunes, c'est-à-dire aux étudiants. Il faut aussi à cette salariée payer son Pass Navigo, 75,2 euros par mois. Elle a également une voiture, achetée d'occasion, mais qui lui coûte 200 euros de remboursement mensuels, auxquels il faut ajouter le prix de l'assurance et celui de l'essence. Il y a bien sûr la nourriture. Difficile de faire moins de 300 euros par mois. On ajoute l'abonnement Internet et le forfait du téléphone portable, 50 euros, l'abonnement à une salle de sport, 40 euros, 200 euros d'impôts mensuels, une taxe d'habitation annuelle et il ne reste déjà presque plus rien. Cette femme doit pourtant aussi s'acheter des habits, elle aime sortir au resto ou au cinéma de temps en temps, et aspire à s'offrir des vacances une fois dans l'année. Rien de très extravagant. Pourtant elle est à sec avant la fin du mois. Telle est la vie de la majorité des Français.

L'argent, despote violent, prend à la gorge. Les choix de beaucoup sont guidés par l'absolue nécessité d'alimenter le compte en banque chaque mois. Dès lors, nous sommes contraints d'accepter des boulots inintéressants, de supporter l'imbécilité de collègues ou de supérieurs et de participer à des activités que nous ne cautionnons pas : tous les travailleurs du nucléaire sont-ils réellement favorables à cette énergie dangereuse et polluante ? Je ne le pense pas. Tous les salariés de McDo aiment-ils férocement la viande et sont-ils indifférents à la déforestation liée aux élevages intensifs ? Cela m'étonnerait. Tous les journalistes du *Figaro* sont-ils des supporters inconditionnels du marché de l'armement et des politiques corrompus [2] ? Il est évident que non. Celui qui a besoin d'argent pour payer ses factures chaque mois est obligé de céder sur ses

---

1. H. Gazzane, « Les salariés français gagnent en moyenne 2 202 euros net par mois », *Le Figaro*, 16 septembre 2015.

2. « Comptes cachés : Serge Dassault condamné à 5 ans d'inéligibilité et 2 millions d'euros d'amende », *Le Monde*, 2 février 2017.

« Achats de votes à Corbeil-Essonnes : les juges ont terminé leur enquête sur Serge Dassault », *L'Express*, 4 août 2017.

convictions, sur ses envies, sur l'expression de ses opinions, bref, sur ses libertés fondamentales. En revanche, celui qui est protégé du besoin fait ce dont il a envie, et rien ne le contraint, si ce n'est la perspective avide de gagner plus encore.

Histoire très rapide mais très instructive de l'argent

Numéro atomique 47. Symbole Ag. Additif alimentaire industriel E174. Comment un minéral parmi tant d'autres a-t-il pu devenir la préoccupation principale de l'espèce humaine alors même que cette matière n'est en rien indispensable à son fonctionnement biologique ? L'homme est aujourd'hui le seul animal incapable de survivre sans argent. Il peut tenter l'autosuffisance en construisant une cabane dans les bois et en se nourrissant uniquement de ce que la forêt lui offre ou de ce qu'il parvient à cultiver, il peut même choisir de se vêtir simplement de végétaux ou de vivre nu, mais dans la société dite civilisée il est devenu impossible de se passer totalement d'argent. Le fric nous est imposé comme un élément vital, au même titre que l'air, l'eau et la nourriture. Il est d'ailleurs étrange, compte tenu de toutes les contraintes auxquelles la nature nous soumet, d'en avoir créé une nouvelle, artificielle. Évidemment, nous ne l'avons pas voulu. Nous nous sommes laissé entraîner, emprisonner, puis aveugler. Comment en sommes-nous arrivés là ?

Depuis Aristote, on attribue généralement trois fonctions à l'argent :

1. Il est une *unité de compte.*
2. Il est un moyen de règlement, et donc un *intermédiaire pour les échanges.*
3. Il permet de constituer une *réserve de valeur,* à savoir une richesse en soi que l'on peut utiliser au moment qui nous convient.

L'argent fut le premier métal précieux à être utilisé comme moyen de paiement, il y a plusieurs milliers d'années. Entre-temps il fut rejoint par l'or et le cuivre. Aujourd'hui l'argent n'est plus de l'argent, mais des bouts de papier ou de simples lignes informatiques, et il est lié à l'or, et non à l'argent, même si en réalité ce lien à l'or n'existe plus réellement non plus. Vous suivez ?

La polysémie du mot « argent », qui désigne aussi bien le minéral que la monnaie, n'existe pas ailleurs : les Anglais distinguent l'argent-monnaie, qu'ils appellent *money*, et l'argent-minéral, qu'ils appellent *silver*. Et chez eux l'or se dit *gold*. Changez une lettre et vous obtenez *Geld* en allemand, qui signifie l'argent-monnaie, tandis que *Silber* désigne le métal ! Même chose en hollandais avec *geld* et *zilver*. Les Italiens font eux aussi la distinction entre *argento*, le métal, et *denaro*, la monnaie. Pour les Espagnols, nous avons d'un côté *plata*, et de l'autre *dinero*. Inutile de prolonger davantage cet aperçu linguistique, le principe est bien compris, je crois.

Comment le métal argent est-il devenu une monnaie, jusqu'à lui donner son nom générique, pour ensuite s'effacer de l'économie en laissant place à des papiers et à des lignes informatiques ?

Nous devons commencer par un surprenant constat : si l'argent est le matériau roi, les pays les plus riches devraient être ceux qui le possèdent, or ce n'est absolument pas le cas. Les principaux pays producteurs d'argent sont le Mexique, le Pérou, la Chine et l'Australie. Les réserves les plus importantes connues se trouvent en Pologne, au Mexique et au Pérou. Ce ne sont pas les pays qui dominent l'économie mondiale aujourd'hui. En ce qui concerne l'or, même constat. Dans le classement des principaux producteurs, on trouve en tête la Chine, suivie de l'Australie, de la Russie, des États-Unis et... du Pérou, à nouveau. Mais il y a aussi en huitième position le Mexique, en neuvième le Ghana, en douzième l'Ouzbékistan, en treizième la Papouasie, en quinzième la Tanzanie et en dix-septième le Mali [1]. La surprise se confirme : un pays peut posséder les réserves où sont puisées les matières or et argent, et ne pas figurer parmi les pays les plus riches de la planète.

Avant d'aller plus loin, et afin de comprendre pourquoi l'argent est à la fois un mensonge, un mystère, et un golem dont on a perdu le contrôle, il faut d'abord rappeler comment la monnaie est

---

[1]. « Les plus gros producteurs d'or du monde, par pays, mine et société », or-argent.eu, 9 avril 2015.

apparue, s'est développée, puis s'est dématérialisée et déconnectée de la valeur, au point de devenir le mirage dangereux sur lequel nous faisons reposer toutes les fondations de notre société.

À l'origine, l'argent-monnaie n'existait pas, évidemment. Mais lorsque les premiers échanges de marchandises entre les hommes ont eu lieu, il a bien fallu trouver un moyen d'organiser ces échanges. L'histoire traditionnelle racontée par les économistes consiste à faire du troc le premier système économique en vigueur sur Terre. La monnaie serait logiquement apparue plus tard, puis les banques et le crédit, pour pallier les défauts du troc. Le troc repose sur le principe suivant : j'ai un truc qui t'intéresse, tu as un truc qui m'intéresse, donc on les échange – les trucs en question peuvent être des biens ou des services. Mais si je possède un truc qui t'intéresse et que tu n'as rien qui m'intéresse à me donner en retour, comment procéder ? Comment faire encore si tu as un objet à me donner en retour, mais que je le considère de moindre valeur que celui que je te cède ? La monnaie résout le problème : grâce à elle, une fois que je me suis séparé de ce truc qui t'intéressait, je peux attendre des jours ou des mois pour me procurer une marchandise qui m'intéresse, et auprès de quelqu'un d'autre que toi, ce qui m'offre de très nombreuses possibilités.

Dans les faits, le troc est tellement peu pratique qu'il n'a sans doute jamais réellement occupé la place qu'on lui accorde généralement dans l'histoire de l'économie. L'anthropologue américain David Graeber raconte « le mythe du troc » : il explique que, dans notre histoire ancienne, ce système n'a jamais vraiment été utilisé entre habitants d'un même village, mais qu'il a existé de manière marginale entre étrangers ou ennemis. Graeber souligne le mensonge qui imprègne le récit constitutif de nos sociétés : « La version admise de l'histoire économique n'a pas grand-chose à voir avec ce que nous observons quand nous examinons comment se mène réellement la vie économique pratiquement partout, dans les vraies communautés et sur les vrais marchés [1]. » Le troc, selon Graeber, « n'est pas un phénomène particulièrement ancien » et « ne s'est vraiment répandu qu'à l'époque moderne ». Le chercheur cite alors les exemples de la Russie dans les années 1990 et de l'Argentine

---

[1]. D. Graeber, *Dette : 5 000 ans d'histoire*, op. cit., p. 31.

vers 2002, lorsque ces économies nationales se sont effondrées et qu'il a fallu inventer en urgence un recours à la quasi-disparition des roubles dans un cas et des dollars dans l'autre [1]. Celui que le *New York Times* considère comme « l'un des intellectuels les plus influents du monde anglo-saxon [2] » oppose donc la rigueur des historiens et anthropologues à la légèreté des économistes. Ces derniers ont pris l'habitude de promouvoir des visions fantasmées des phénomènes auxquels ils sont mêlés ou qu'ils ont provoqués. Ils colportent des histoires qui nous endorment. Malice ? manipulation ? incompétence ? Un peu des trois sans doute. Les économistes sont souvent dépassés par leur matière, qu'ils peinent eux-mêmes à comprendre. Nous en reparlerons bientôt.

Mais revenons à l'histoire de l'argent. Si le troc n'a pas constitué le premier moyen d'échange entre les hommes, quel fut-il ? La monnaie virtuelle. Celle-ci n'est pas apparue récemment, comme tendent à nous le faire croire la plupart des commentateurs de la vie économique. Elle fut présente en premier, avant les différentes formes de monnaie physique. Les systèmes de crédit et d'ardoise ont ainsi été inventés avant l'argent liquide. Les premières formes de monnaie ont été créées il y a plusieurs milliers d'années – il y a 5 000 ans affirment certains, 11 000 ans selon d'autres. Il s'agissait de *monnaies marchandises* : des coquillages, des grains ou du bétail. « Bétail » se dit *pecus* en latin. Ce détail linguistique n'est pas anodin, car le terme « bétail », *pecus*, a donné naissance au mot « pécuniaire ». Puis sont arrivées les *monnaies métalliques* comme l'argent ou l'or. Celles-ci se sont développées sous différentes formes au cours de leur histoire. D'abord, il y a plusieurs milliers d'années en Égypte, on a commencé à utiliser des lingots grossiers d'or, d'argent et de bronze, qu'il fallait peser à chaque transaction. Pendant ce temps, en Mésopotamie, les marchands et les commerçants ont développé le crédit à l'aide de cylindres ou de sphères appelées *bulles*, qui contenaient des petits objets tels que des billes. Puis sont apparues des tablettes d'argile sur lesquelles on inscrivait les sommes engagées. Le prêt à intérêt, ou l'usure, existait déjà : le

---

1. *Ibid.*, p. 49.
2. R. Maggiori, « L'irréductible d'Occupy Wall Street », *Libération*, 25 juin 2014.

principe est antérieur à l'écriture, affirme Graeber. En Chine, à partir de 2 200 avant J.-C., de nombreux instruments de crédit étaient disponibles, comme des cordelettes à nœuds ou des bouts de bois entaillés. Pendant des millénaires ont donc cohabité reconnaissances de dettes et lingots.

Vers 600 avant J.-C., les premières pièces ont vu le jour. Hérodote rapporte qu'elles ont été frappées en Lydie, en Anatolie occidentale – la Turquie d'aujourd'hui –, par un certain Crésus, roi de son état, dont la légende affirme qu'il puisait sa richesse dans les sables aurifères du fleuve Pactole. David Graeber identifie à la même époque deux lieux supplémentaires de création de pièces métalliques, l'Inde et la Chine. Plus tard, on a inscrit sur les pièces leur poids, ce qui évitait la pesée. Les pièces d'or et d'argent se sont répandues en Grèce, frappées de l'emblème de la cité dans laquelle elles étaient utilisées – à Athènes, par exemple, la chouette de Minerve.

Cette monnaie métallique avait initialement une *valeur intrinsèque*, c'est-à-dire que sa valeur était fonction du poids de la matière précieuse qui la constituait. Mais au fil du temps, la valeur des pièces de monnaie s'est déconnectée de la valeur intrinsèque : les pièces n'ont plus été fabriquées en or ou en argent, mais en un métal quelconque, et on a octroyé de manière arbitraire à la pièce une *valeur nominale*. Au VIIe siècle, pour répondre à une pénurie de cuivre – utilisé dans la production de leurs pièces –, les Chinois ont inventé la monnaie papier sous forme de lettres de change. À partir du XIe siècle, grâce à l'imprimerie, les billets de papier monnaie vont pouvoir être fabriqués en quantité. Marco Polo les fait découvrir à l'Occident au XIIIe siècle. Les billets de banque se répandent ensuite en Europe aux XVIIIe et XIXe siècles.

Les billets ont bien évidemment accentué la déconnexion entre valeur intrinsèque et valeur nominale de la monnaie : en considérant le prix du papier et celui des opérations de fabrication nécessaires, un billet de 100 francs n'a jamais valu 100 francs, mais simplement quelques centimes [1]. C'est pourquoi on appelle pièces

---

1. Un billet américain, par exemple, est facturé 4 cents à la Federal Reserve par l'US Mint, l'Hôtel des monnaies américaines (D. Graeber, *Dette...*, *op. cit.*, p. 445).

et billets la monnaie *matérielle* ou *fiduciaire*. *Fiducia*, en latin, signifie « confiance ». Il s'agit d'une monnaie fondée sur la confiance. La pièce ou le billet que l'on a entre les mains ne vaut pas 2 ou 20 euros comme c'est écrit dessus, mais on considère qu'ils permettent d'acheter des biens qui valent cette somme, grâce à un accord de confiance entre tous les acteurs de l'échange, à savoir l'acheteur, le vendeur et la banque qui, elle, possède en principe les réserves de métal précieux de référence. Ce principe de *fiducia*, de *confiance*, est essentiel en économie. Et c'est d'ailleurs assez ironique : la confiance – celle des marchés par exemple – est officiellement l'un des piliers d'un système organisationnel qui se nourrit en réalité de violence et de trahison, comme nous le verrons plus loin.

Le principe initial de la monnaie tel que je viens de le décrire s'est quelque peu compliqué au fil du temps. D'abord, les souverains ont rapidement émis de la monnaie qui ne contenait pas tout à fait la quantité de métal annoncé, manière (déjà) de gruger les gens et de s'enrichir en trichant. Mais surtout, la monnaie *immatérielle* ou *scripturale*, c'est-à-dire une monnaie qui n'a qu'une existence informatique incarnée par des lignes d'écriture sur un compte en banque, est devenue la norme. À l'origine, la valeur de la masse monétaire en circulation était en théorie équivalente aux réserves de métaux précieux. L'histoire économique traditionnelle rapporte qu'au milieu du XVIIe siècle les marchands ont commencé à confier leurs métaux précieux aux orfèvres, afin de n'avoir pas la responsabilité de les conserver. En échange, les orfèvres leur remettaient des *certificats de dépôts* leur permettant de récupérer leur bien, moyennant le versement de frais de garde. Ces certificats de dépôts furent ensuite établis *au porteur*, ce qui signifie que le déposant pouvait les céder à un créancier qui s'en servirait lorsqu'il le souhaiterait pour réclamer l'or ou l'argent chez un orfèvre pouvant être différent de l'orfèvre chez qui le dépôt initial avait été réalisé, puisque les orfèvres s'étaient organisés en réseau. Jusque-là, le total des sommes en circulation mentionnées par les certificats n'excédait pas la valeur des métaux effectivement déposés chez les orfèvres. Mais ces derniers se sont rapidement aperçus qu'il n'y avait aucune chance pour que les porteurs de certificats viennent tous retirer exactement en même temps les lingots ou les pièces auxquels leur donnaient droit leurs papiers, et que les nouveaux dépôts compensaient et dépassaient largement les retraits. Ils ont donc commencé à émettre des certificats en échange de *reconnaissances de dettes*, et non plus seulement en échange de métaux. Rapidement les sommes promises par les certificats émis ont largement dépassé celles des dépôts. Ici commence donc le processus de création monétaire fondé sur la dette tel que nous le connaissons aujourd'hui, et le décrochage entre la valeur nominale des monnaies en circulation et les réserves réelles de métaux précieux. Avec la monnaie fiduciaire ont donc commencé les dérives des banques, qui se sont accélérées lorsque toute référence à l'or a été abandonnée par le Fonds monétaire international en 1976, ce qui a permis le *flottement des monnaies*.

Au début des années 1970, les États-Unis sont embourbés dans la guerre du Viêtnam [1]. Et les millions de tonnes de bombes et d'explosifs largués représentent un coût faramineux. L'historien André Kaspi estime ainsi à 121 milliards de dollars de l'époque le coût de ce conflit pour les États-Unis entre 1965 et 1971 [2]. Dans ce contexte d'endettement, le président Richard Nixon annonce unilatéralement le 15 août 1971 la fin du *Gold Exchange Standard* : les dollars détenus à l'étranger ne seront plus convertibles en or – décision qui sera effective en 1976.

Le *Gold Exchange Standard*, ou *étalon de change-or*, mérite quelques explications supplémentaires. Pendant très longtemps, la valeur de toute monnaie a été définie en fonction de l'or et de l'argent, et cette monnaie pouvait être convertie à tout moment en l'un ou l'autre de ces métaux. C'est ce qu'on appelle le *système bimétallique*. À partir de 1870 et jusqu'à la Première Guerre mondiale, l'*étalon-or* ou *Gold Standard* s'est imposé comme seule référence. La Première Guerre mondiale a bouleversé le système monétaire international : les États-Unis et la Grande-Bretagne ont suspendu la convertibilité en or afin de soutenir l'effort de guerre. En 1922, la conférence de Gênes a mis en place le *Gold Exchange Standard*, qui établissait que seuls le dollar et la livre étaient désormais convertibles en or. Ces monnaies avaient été favorisées car

---

1. La guerre du Viêtnam a causé la mort de 2 millions de Vietnamiens et de 60 000 soldats américains.
2. A. Kaspi, *Les Américains*, t. II, Folio, 1986, p. 539.

leurs pays étaient sortis économiquement renforcés de la guerre, au point que les États-Unis prêtaient de l'argent à l'Allemagne afin qu'elle rembourse la France, et que la France rembourse les dettes qu'elle avait contractées auprès des États-Unis. Le système mis en place à Gênes a été à son tour abandonné en 1933 puisque, avec la crise de 1929, l'Angleterre puis les États-Unis ont décidé de suspendre la convertibilité de leur monnaie en or. Les États-Unis vont profiter de la guerre suivante, celle de 1939-1945, pour asseoir leur position économique hégémonique. Pendant ce nouveau conflit, ils vont s'enrichir en vendant du matériel et en prêtant de l'argent aux pays alliés, lesquels se retrouveront ruinés à l'issue du conflit, comme les vaincus évidemment. Les États-Unis vont alors dominer la production manufacturière et les exportations. Ils détiennent par ailleurs les trois quarts des réserves d'or mondiales. En 1944, en présence de toutes les nations alliées, sont signés les accords de Bretton Woods, qui réorganisent le système financier mondial en créant notamment le Fonds monétaire international (FMI) et la Banque mondiale. Un système de *Gold Exchange Standard* est mis en place, selon lequel toutes les monnaies sont indexées sur le dollar, qui lui seul est indexé sur l'or : 35 dollars pour une once d'or, soit 31,1035 grammes. Le dollar devient donc la monnaie de référence pour tous et le *système étalon-or* se mue en *système étalon-dollar*. Le billet vert inonde l'économie mondiale grâce au plan Marshall (des prêts consentis par les États-Unis aux pays européens pour financer leur reconstruction après la guerre), aux investissements des entreprises américaines dans le monde et aux aides du gouvernement américain. Par ailleurs, le dollar devient la monnaie de paiement du pétrole. Tel est le cadre dans lequel l'économie mondiale va s'épanouir pendant une trentaine d'années, c'est-à-dire pendant les trente glorieuses. Évidemment, grâce à la mainmise de leur monnaie sur l'économie mondiale, les États-Unis vont bénéficier d'une position privilégiée qui va leur offrir l'avantage, par exemple, de ne pas endurer de baisse de leur monnaie en cas de balance commerciale déficitaire.

Aujourd'hui, il n'y a donc plus aucun lien entre les réserves d'or et la monnaie en circulation dans le monde entier, et l'on est passé d'un *régime de cours des monnaies fixes* à un *régime de changes flottants*. En imposant la fluctuation des monnaies en 1971, Richard

Nixon a ouvert la boîte de Pandore. Il a déclenché la prise de pouvoir progressive de l'économie financière et la récession que nous subissons aujourd'hui. On cite souvent Reagan et Thatcher comme les deux responsables de la dérégulation délétère de l'économie mondiale. On oublie trop souvent de citer le précurseur de la catastrophe.

Du coup, après la décision de Nixon, le cours de l'or s'est envolé. En 1971, l'once d'or valait 35 dollars, en 1980 elle dépassait les 600 dollars et aujourd'hui, en 2017, elle frôle les 1 300 dollars, après être montée encore plus haut. En une cinquantaine d'années, le prix de l'or a donc été multiplié par quarante. Évidemment, l'inflation ainsi que le jeu de l'offre et de la demande expliquent en partie cette hausse. Mais l'élément principal qui a provoqué cette envolée est le découplage entre le dollar et l'or, qui a entraîné une chute de la valeur du dollar. En effet, à partir de 1971, le système monétaire est devenu déconnecté de toute relation à un métal précieux, ce qui signifie que l'on fabrique autant d'argent que l'on souhaite, ou presque. « On » ? Enfin, pas tout le monde, ni n'importe comment, et pas tout à fait de manière infinie, mais ne nous égarons pas, les choses sont suffisamment compliquées comme ça, nous allons y venir dans quelques pages. À partir de 1971 donc, l'économie américaine se développe grâce aux crédits quasi illimités, puisque non liés aux réserves d'or. Conséquence de cette augmentation des crédits : la masse monétaire américaine augmente elle aussi. Et puisque la masse monétaire américaine augmente, cela provoque une forte inflation et la baisse de la valeur du dollar. Et voici une très bonne nouvelle pour les États-Unis qui, je vous le rappelle, possèdent l'essentiel des réserves d'or mondiales, tandis que beaucoup des pays pauvres détiennent leurs réserves en dollars. Puisque la valeur du dollar baisse, celle de l'or augmente : les pays pauvres qui possèdent des dollars et pas d'or s'appauvrissent, tandis que les plus riches qui détiennent l'or, comme les États-Unis et la Grande-Bretagne, s'enrichissent. Et voilà comment, de manière purement arbitraire et autoritaire, sans lien aucun avec de quelconques réalisations de l'économie réelle, les déséquilibres mondiaux se sont encore accentués depuis une quarantaine d'années.

Quels que soient les accidents de l'Histoire qui ont offert à la monnaie américaine sa position hégémonique, comment justifier aujourd'hui qu'une nation bénéficie de tels privilèges ? Les États-Unis, dont la monnaie domine toutes les autres et dont les volontés guident les institutions financières les plus puissantes, sont comparables à un cycliste qui prendrait le départ du Tour de France sur la selle d'un scooter 300 cm^3 au milieu de ses adversaires à vélo. Certes les réalités démographiques et financières permettent à de nouvelles puissances de s'imposer, telles la Chine et l'Inde, en attendant l'Afrique dont le destin est en sommeil. Il n'en reste pas moins vrai que la bienveillance et la justice nous recommandent de remettre en question les privilèges souvent mal acquis des quelques nations qui font régner leur loi tyrannique sur la répartition des richesses mondiales.

L'argent qui circule n'existe pas

La plupart des gens en Occident reçoivent leurs salaires sur un compte en banque et payent leurs achats par chèque ou par carte bancaire. Ils utilisent de l'argent qu'ils ne manipulent jamais physiquement. Mais cet argent, d'où vient-il ? Est-ce du « vrai » argent ? Qui décide de la quantité d'argent en circulation ? Est-ce que cette quantité varie ? Si un État imprime de l'argent, peut-il en imprimer autant qu'il veut ? Et si l'argent est essentiellement réduit à des lignes informatiques, n'est-il pas facile d'en créer à volonté ? Très peu de citoyens connaissent les réponses à ces questions. Et ce n'est sans doute pas un hasard si nous sommes si mal informés. On attribue à l'industriel Henry Ford cette réflexion : « Si les Américains ordinaires apprenaient comment fonctionne réellement le système bancaire, il y aurait une révolution le lendemain. »

L'argent en circulation se compose de billets et de pièces, qu'on appelle « monnaie fiduciaire », et de monnaie « scripturale » qui n'existe que par des jeux d'écriture. Il s'agit de l'argent qui circule grâce aux virements de compte à compte, aux chèques et aux cartes de crédit. La monnaie fiduciaire est très minoritaire : elle ne représente que 10 % de l'argent qui circule, contre 90 % de monnaie scripturale.

Qui crée tout cet argent ? Non pas les États, mais les banques. La monnaie fiduciaire est uniquement créée par les banques centrales.

La monnaie scripturale est quant à elle créée par les banques commerciales. Comment ? Principalement en accordant des crédits. Je m'explique.

Imaginons que vous souhaitiez faire construire une maison et qu'à cette fin vous ayez besoin de 100 000 euros. Vous prenez rendez-vous avec votre conseiller à la banque qui vous demande de constituer un dossier ; si celui-ci est accepté, un employé tapote sur son ordinateur pour créditer votre compte de 100 000 euros. Il crée une ligne de crédit et hop, les 100 000 euros entrent en circulation. Votre banque a déposé ces 100 000 euros sur votre compte grâce à un simple jeu d'écriture. En échange, elle possède désormais une créance de 100 000 euros + les intérêts. Cet argent n'est rattaché à aucun métal précieux, mais il vous est possible de le transformer en monnaie fiduciaire – ce qui a peu de chances d'arriver dans le cas présent puisqu'il n'a pas été emprunté à cette fin. Ensuite, tous les mois, vous allez rembourser votre crédit de 100 000 euros. Ce faisant, l'argent créé est progressivement détruit puisque celui que vous remboursez est retiré de la circulation.

Ce mécanisme, appelé « système de réserves fractionnaires », fait dire à de nombreux commentateurs que les banques créent de l'argent *ex nihilo*, c'est-à-dire à partir de rien. C'est ce qu'affirmait par exemple l'économiste Bernard Maris, membre du conseil général de la Banque de France. Les banques fabriquent l'argent elles-mêmes avec l'autorisation de la Banque centrale, expliquait-il : « Si par exemple vous achetez un immeuble qui vaut 500 000 euros, la banque va fabriquer 500 000 euros à partir de rien [1]. » Le prix Nobel d'économie Maurice Allais (1911-2010) arrivait à la même conclusion : « Fondamentalement, le mécanisme de crédit aboutit à une création de moyens de paiement *ex nihilo*, car le détenteur d'un dépôt auprès d'une banque le considère comme une encaisse disponible, alors que, dans le même temps, la banque a prêté la plus grande partie de ce dépôt qui, redéposée ou non dans une banque, est considérée comme une encaisse disponible par son récipiendaire. À chaque opération de crédit, il y a ainsi duplication monétaire. Au total, le mécanisme du crédit aboutit à une création *ex nihilo* par de simples jeux d'écriture [2]. »

---

1. Extrait du documentaire *La Dette*, N. Ubelmann et S. Mitrani, 2014.
2. M. Allais, « Le concept de la monnaie, la création de monnaie et de pouvoir d'achat par le mécanisme de crédit et ses applications », *in Essais en l'honneur de Jean Marchal*, t. II : *La Monnaie*, Paris, Cripas, 1975, p. 120. Cité par P. Jorion in *L'Argent, mode d'emploi*, Fayard, 2009, p. 139.

Cette interprétation courante est parfois contestée, par exemple par l'essayiste belge Paul Jorion, l'un des rares à avoir anticipé la crise financière des années 2000. Jorion considère qu'il vaut mieux parler de « démultiplication monétaire » de la part de la banque plutôt que de « création monétaire », dans la mesure où les banques prêtent d'abord l'argent qu'elles ont en dépôt, c'est-à-dire le nôtre. Elles ont par ailleurs des règles à respecter. Elles sont tenues de placer une partie de leurs dépôts à la Banque centrale nationale – la Banque centrale européenne pour les pays de l'Union européenne. On appelle cela le « coefficient de réserves obligatoires ». Leur montant varie. Pour les banques de l'Union européenne, il est actuellement de 1 %. Les banques ne sont évidemment pas autorisées à prêter leurs réserves obligatoires. Par ailleurs, elles sont également tenues par la limite des « fonds propres ». Que sont les fonds propres ? C'est l'argent dont dispose une banque par le biais des actionnaires, des sociétaires et une partie des bénéfices qui ne sont pas distribués. Ces fonds propres sont donc distincts des dépôts, dont l'argent appartient aux clients[1]. Ce montant est important car il détermine la somme totale qu'une banque est autorisée à prêter. Par le biais des « critères de Bâle », les autorités ont en effet mis en place un « ratio de solvabilité », aujourd'hui fixé à environ 10 % des fonds propres. Cela veut dire que si une banque possède 10 millions d'euros en fonds propres, elle est autorisée à prêter 100 millions d'euros. Par conséquent, si cette banque veut accorder plus de crédits que 100 millions d'euros, elle doit augmenter ses fonds propres. Elle a deux moyens pour cela : augmenter sa part de bénéfices mis de côté ou augmenter son capital.

Voilà maintenant comment fonctionne le système de « création » ou de « démultiplication » d'argent par les banques, tel que Paul Jorion le décrit très précisément dans *L'Argent mode d'emploi*[2]. M. Jean-Jacques dépose 1 000 euros à sa banque. Sa banque les prête à M. Edmond. Mais elle ne peut tout prêter car il y a les réserves obligatoires. Imaginons, ce qui peut arriver, que ce coefficient de réserves obligatoires soit de 10 % (il n'est que de 1 % dans l'Union

---

1. « Que sont les fonds propres d'une banque ? », Crédit Agricole, Youtube, 19 février 2013.
2. P. Jorion, *L'Argent, mode d'emploi*, Fayard, 2009.

européenne, je le rappelle). Donc la banque prête seulement 900 euros à M. Edmond. Sauf que les 1 000 euros de M. Jean-Jacques lui appartiennent toujours. Et il peut les dépenser ou les récupérer à tout moment. Il n'empêche, désormais M. Jean-Jacques et M. Edmond possèdent officiellement, à eux deux, 1 900 euros. Imaginons que M. Edmond choisisse finalement de ne pas dépenser ses 900 euros de crédit. Il les laisse dormir sur son compte. Sa banque décide alors de les prêter à Mme Chloé. Mais elle ne peut prêter que 90 % de ces 900 euros, à cause des réserves obligatoires. Elle prête donc à Mme Chloé 810 euros, lesquels s'ajoutent, officiellement, aux 1 900 euros de monnaie scripturale de M. Jean-Jacques et M. Edmond. Nous avons donc désormais, à partir des 1 000 euros initiaux, 2 710 euros qui reposent sur des comptes en banque de manière scripturale. En continuant ainsi, on peut parvenir à créer 9 000 euros à partir de 1 000 euros. Donc, pour fabriquer de l'argent scriptural, on ne part pas vraiment de rien, mais d'argent réel. En revanche, il est vrai qu'on crée une masse monétaire illusoire. Sauf que cette masse monétaire n'est pas fixe : elle va diminuer dès que les crédits seront remboursés, par du vrai argent – en réalité elle ne va pas complètement se dégonfler puisque de nouveaux crédits seront venus l'alimenter. Tout cela fait dire à Paul Jorion qu'en réalité ce qui est interprété comme de la création monétaire par les banques n'est qu'un *mécanisme de circulation de l'argent* et que l'on confond donc la *vitesse de circulation* de l'argent avec un processus créatif. On ne peut pas lui donner tort dans la mesure où, répétons-le, une fois que le crédit est remboursé, l'argent « créé » est détruit. Plutôt que de considérer qu'elles fabriquent de l'argent à partir de rien, il pourrait être plus juste d'affirmer que les banques anticipent en réalité des richesses futures. Elles prêtent aux entreprises leurs futurs bénéfices et aux ménages leurs futurs salaires. Ce système ne peut donc fonctionner que si chacun des acteurs, parmi les emprunteurs et les prêteurs, tient ses promesses. Puisque l'argent qui circule n'est qu'une masse de « peut-être » et de « j'espère », le système s'enraye si de trop nombreux acteurs font défaut, et pour des volumes importants. Les banques ont donc une très lourde responsabilité : celle de maintenir les crédits dans une fourchette qui tienne compte des réalités de l'économie et de s'assurer que les emprunteurs sont suffisamment solides. Mais elles ont la tentation de négliger cette prudence, puisque les crédits leur permettent de s'enrichir.

La crise financière et économique qui a débuté à la fin des années 2000 et qui se poursuit de nos jours n'est pas originellement, comme de nombreux dirigeants ont voulu le faire croire, une crise des dettes publiques des États. Elle est d'abord une crise des crédits privés accordés à tort par les banques. Ces dernières ont prêté de l'argent à des gens qui n'étaient absolument pas capables de rembourser – la responsabilité des acteurs financiers est d'autant plus grande qu'ils ont grugé les clients en les persuadant de s'endetter à des conditions qui ne pouvaient que les mener à la ruine. Les banques centrales, et ici essentiellement la Réserve fédérale américaine, n'ont absolument pas assuré leur mission de supervision en empêchant ces prêts suicidaires. Et c'est justement parce que certains acteurs de ce vaste système de crédits n'ont pas été capables de payer leur part que tout à coup le système s'est effondré.

Le pouvoir de création monétaire est donc aujourd'hui détenu par les banques, et en premier lieu par les plus puissantes d'entre elles : les banques centrales. En ce qui concerne l'Europe, les banques centrales des dix-neuf pays qui ont adopté l'Euro sont réunies au sein de la Banque centrale européenne (BCE), située à Francfort, qui définit une politique monétaire commune à tous ses partenaires. Au sein du conseil des gouverneurs de la BCE siègent tous les gouverneurs des banques centrales concernées.

À ce propos, connaissez-vous François Villeroy de Galhau ? Le grand public n'ayant jamais affaire directement à lui, son nom et son visage lui sont complètement étrangers. Pourtant il est un personnage essentiel de l'État. Il est l'actuel gouverneur de la Banque centrale française, dite Banque de France. Il fait partie de ceux qui ont bien travaillé à l'école : Polytechnique, ENA, inspection des Finances. Il fut ensuite directeur de cabinet du ministre des Finances, directeur général des impôts, P-DG de Cetelem (boîte de crédit à la consommation appartenant à BNP Paribas), puis directeur général délégué de BNP Paribas, et enfin le voici à la tête de la Banque de France. Comment s'est-il retrouvé à ce poste ? Il a tout simplement été nommé en 2015 par le président Hollande. À l'époque, dans une tribune, cent cinquante économistes s'étaient alarmés de cette promotion, en raison du risque de conflit d'intérêts évident – n'allait-il pas favoriser son ancien employeur, BNP Paribas, qu'il est censé aujourd'hui contrôler ? Mais les conflits d'intérêts, après tout, un de plus ou un de moins... Notre République n'est plus à ça près. François Villeroy de Galhau, que personne n'a élu et qu'aucun Français ne connaît, est donc l'un de ceux qui dirigent l'économie, et par conséquent la politique, européenne. Il est confortablement rémunéré pour cela : 283 129 euros bruts en 2016, soit 23 594 euros par mois, contre 14 910 euros pour le président de la République. Comme il semble que ce salaire soit encore trop modeste en regard des qualités exceptionnelles requises pour le poste qu'il occupe, M. Villeroy de Galhau bénéficie également d'une indemnité de logement brute de 5 643 euros par mois. Pensez-y la prochaine fois que vous ferez votre chèque de loyer à votre propriétaire [1].

La Banque centrale d'un pays ou d'une zone monétaire fixe le taux directeur auquel les banques commerciales se refinancent. Ce taux se répercute en temps normal directement sur les taux des crédits accordés aux particuliers ou aux entreprises. De cette manière la Banque centrale influe directement sur la création monétaire puisque les crédits favorisent cette dernière. Donc pour limiter la monnaie en circulation, il lui suffit d'élever les taux des crédits, ce qui décourage les emprunteurs, ou d'augmenter le taux de réserves obligatoires. En ce qui concerne la BCE, celle-ci a comme objectif principal la stabilité des prix, d'après le traité de Maastricht. La Banque centrale peut aussi injecter de l'argent dans l'économie en faisant fonctionner « la planche à billets ». Si elle constate qu'il y a un risque de déflation, que les prix et les salaires vont baisser, ce qui va freiner la consommation, la BCE envoie quelques milliards venus de nulle part dans l'économie, ce qui a pour effet d'augmenter la quantité d'argent en circulation, ce qui fait baisser son coût et encourage les crédits.

La masse monétaire en circulation est donc liée à une politique monétaire et à des prévisions de richesses plutôt qu'à une réalité productive. Problème : il y a aujourd'hui trop d'argent en circulation, sans rapport avec la vérité économique. Ainsi, entre 2000 et

---

[1]. « La Banque de France dévoile le salaire du gouverneur », AFP, 13 mars 2017.

2006, la masse monétaire a augmenté trois fois plus que la production [1]. C'est ce qui crée des bulles, financières ou immobilières.

Et l'État dans tout ça ? Eh bien, en France il n'a plus grand-chose à dire, et c'est bien le problème. Longtemps l'État français a eu le pouvoir de création sur sa monnaie. S'il avait besoin d'argent pour combler un déficit, il lui suffisait de demander à la Banque de France d'en imprimer. L'État devait toutefois agir avec précaution : créer trop d'argent produit de l'inflation qui nuit au final à la consommation. Mais, depuis le traité de Maastricht de 1992, la France ne peut plus se financer auprès de sa Banque centrale – à taux nul ou très faible. Elle est obligée d'emprunter sur les marchés. Certains font même remonter cette particularité à une loi de réforme de la Banque de France en 1973, mais cette interprétation est contestée et je ne m'attarderai pas à entrer ici dans le débat. Quoi qu'il en soit, la France ne crée plus sa monnaie, ni aucun pays d'Europe. On parle donc de « privatisation de la création monétaire » puisque cette dernière est désormais laissée aux banques. Or l'économiste américain Benjamin Cohen (1937) prévient : « Le pouvoir appartient à ceux qui créent la monnaie et qui la contrôlent. »

Enfin, je souhaiterais revenir sur un point essentiel sur lequel nous sommes passés un peu vite : les banques ne créent pas d'argent à partir de rien mais à partir de dépôts. Cela signifie que les banques commerciales ont besoin de notre argent, celui que vous déposez sur vos comptes, pour gagner elles-mêmes de l'argent. C'est donc grâce à vos salaires et à vos économies qu'elles peuvent mener toutes les opérations qui les enrichissent : en 2016, les banques françaises ont engrangé 23,5 milliards d'euros de bénéfices. Nous sommes donc obligés de constater que nous prêtons généreusement notre argent à la banque qui l'héberge. Sauf que personne ne nous a demandé notre autorisation, et que notre banque ne nous rémunère pas pour cela. Au contraire, elle nous saigne autant qu'elle peut. Nous devons payer pour avoir un compte, posséder une carte et un carnet de chèques ou faire des retraits hors réseau. Et nous sommes sanctionnés si par malheur notre compte principal est

---

1. S. Julian, B. Mathieu, F. Dedieu et M. Michaux, « Attention, il y a trop d'argent dans le monde », *L'Express*, 1er mars 2007.

débiteur de quelques euros, même si nous disposons de la somme manquante sur un autre compte dans le même établissement. Pourtant c'est bien grâce à nos dépôts et à nos prêts que les banques commerciales rémunèrent leur personnel, louent des locaux et accordent des dividendes aux actionnaires. Pour seul remerciement, elles facturent à leurs clients tout ce qui leur est possible, même parfois des services imaginaires. Si ce principe était mieux connu et pris en compte, cela changerait complètement le rapport de force que les banques entretiennent avec leurs clients qu'elles traitent parfois comme de petits délinquants ou des enfants pas sages. Si nous étions cohérents, les banques devraient être reconnaissantes et soumises aux clients, et non l'inverse.

Le mensonge de la dette

Les 9/10 de l'argent en circulation dans le monde sont de la dette. Or la dette, nous répète-t-on, c'est mal. Depuis une dizaine d'années les politiques nous alertent et nous culpabilisent : « Mais qu'avez-vous fait ? Voyez ce trou que vous avez creusé dans les finances publiques, à force de facilités et de confort ! Le pays est en danger à cause de vous ! » Ces reproches se résument en une affirmation définitive : « Nous vivons au-dessus de nos moyens. » Et puisque notre pays n'a plus de sous, il est paraît-il urgent de réaliser des économies en diminuant la dette publique, c'est-à-dire les dépenses des administrations publiques – État, collectivités locales et Sécurité sociale. Il faudrait par exemple démanteler les services publics et alléger les mécanismes de protection sociale. Chacun d'entre nous est bien entendu invité à se serrer la ceinture. Pour nous en convaincre, on nous rappelle que chaque Français, tous âges confondus, porte une dette initiale de plus de 30 000 euros. La dette, ou « crise des dettes souveraines », est donc l'argument utilisé pour justifier les politiques d'austérité, ces politiques qui se sont par ailleurs toutes révélées inefficaces puisqu'elles plongent les pays concernés dans la misère.

Sauf que moi, je ne lui ai rien emprunté de particulier, à l'État. Et je n'ai jamais vécu au-dessus de mes moyens, loin de là. Certes, je bénéficie des routes de mon pays, de ses hôpitaux, de sa poste, et j'ai apprécié ses écoles. Mais je paie chaque année une contribution significative pour avoir le droit de jouir de ces structures : depuis que je travaille, c'est-à-dire depuis plus de vingt-cinq ans, environ

20 % de mon salaire brut sont automatiquement rognés. Puis, selon les périodes, entre deux et trois salaires mensuels m'ont été réclamés en impôts à la fin de l'année. En plus de ces contributions automatiques au budget de l'État, je m'acquitte de très nombreux impôts supplémentaires : taxe foncière, taxe d'habitation, taxe pour les ordures ménagères, redevance télé, TVA sur le moindre de mes achats, taxe sur les opérations immobilières, sans compter les péages d'autoroute, etc. Il y a cinquante ans, mon père, alors jeune instituteur faisant vivre sa famille avec son seul salaire, était devenu propriétaire de sa maison avant l'âge de 30 ans, roulait en voiture neuve et nous emmenait plusieurs fois par an en vacances. De nos jours, presque plus personne ne peut acheter sa maison ou son appartement dans une grande ville en démarrant dans la vie professionnelle, sans apport financier préalable. J'appartiens à cette génération. Je n'ai pas le sentiment de m'être jamais enrichi sur le dos de la collectivité ni d'avoir bénéficié de sa mansuétude. Il me semble que des dizaines de millions de Français sont dans mon cas. On trouvera bien sûr quelques profiteurs de notre système de solidarité et quelques fraudeurs. Pourquoi n'y en aurait-il pas ? Ils sont toutefois moins nombreux que ce que certains prétendent et sont contrebalancés par ceux qui, au contraire, « oublient » de réclamer ce à quoi ils ont droit : un tiers des bénéficiaires potentiels du RSA ne demandent pas le versement de cette allocation. Comment expliquer, dès lors, l'explosion de la dette ?

La dette publique brute française (critère dont la pertinence est contestée par l'OCDE, soit dit en passant) ne représentait en 1980 que 20,7 % du PIB. À la fin du premier trimestre 2017, elle s'élevait à 98,9 % du PIB, soit 2 209,6 milliards d'euros[1]. La charge de la dette, c'est-à-dire les intérêts qui y sont liés, représentait 10,7 % du budget de l'État dans la loi de finances 2016, soit 44,5 milliards d'euros. Les partis politiques libéraux, donc presque tous, évoquent une gabegie, des dépenses inconsidérées en matière de santé, d'indemnités chômage, de services publics divers. À les écouter, nous, citoyens, aurions tous mené une vie de nabab depuis

---

1. « Où trouver des informations sur la dette publique ? », economie.gouv.fr, 6 octobre 2017.

trente ans, et nous serions tous responsables de la dégradation des finances publiques.

Le premier argument à opposer à ce récit est évident : aucun des citoyens incriminés, à qui des « efforts » sont aujourd'hui demandés, n'a jamais choisi quoi que ce soit en ce qui concerne les budgets des dernières décennies. Ce sont les gouvernants qui ont tout décidé, dans leur coin, souvent ceux-là mêmes qui aujourd'hui dénoncent ladite dette.

Par ailleurs, pour comprendre les véritables causes de la dette, il est intéressant de lire l'explication fournie par la voix officielle, celle de l'État, sur l'un de ses sites : « Constante depuis une trentaine d'années, la hausse de cette dette s'est accentuée dans la période récente (allégements fiscaux, "plans de relance" destinés à lutter contre la crise économique, investissements d'avenir, soutien aux pays de la zone euro attaqués lors de la crise des dettes souveraines dans le cadre des mécanismes mis en œuvre au niveau européen notamment) [1]. » Tiens, tiens, voilà qui est intéressant. Il n'est pas ici question de dépenses inconsidérées pour la collectivité, mais « d'allégements fiscaux » ou de prêts d'argent à des pays endettés.

En France, le Collectif pour un audit citoyen de la dette (CAC) a calculé en 2014 que 59 % de la dette publique peuvent être considérés comme illégitimes. Premier constat de ce collectif : si la dette augmente, c'est bien parce que l'État a allégé la fiscalité des ménages les plus riches et des grandes entreprises. En trente ans, les recettes de l'État ont diminué de cinq points de PIB, tandis que dans le même temps, les dépenses ont baissé de deux points [2]. Trois points de déficit = 60 milliards en moins chaque année dans les caisses de l'État [3]. Le rapport pointe également les taux excessifs auxquels l'État et les autres administrations publiques ont emprunté sur les marchés financiers. La raison, expliquée précédemment : l'impossibilité pour la France d'emprunter auprès de la

---

1. « Qu'est-ce que la charge de la dette ? », vie-publique.fr, 12 avril 2016.
2. « Que faire de la dette ? Un audit de la dette publique en France ? », Collectif pour un audit citoyen de la dette publique, mai 2014.
3. Un point de PIB = 1 % du PIB. Le PIB français était de 2 228 milliards d'euros en 2016. Donc aujourd'hui un point de PIB = environ 22 milliards d'euros.

Banque centrale, en raison des règles de Maastricht : « Les gouvernements européens ont choisi de se lier les poings en interdisant toute restriction aux mouvements de capitaux entre États membres (article 63 du traité de Lisbonne), et en acceptant l'impossibilité d'emprunter auprès de leur Banque centrale (depuis le traité de Maastricht). En France, ces mesures ont constitué un net recul par rapport aux conditions dans lesquelles la Banque de France pouvait, dans le cadre des lois de 1936, 1945, 1973, racheter les bons du Trésor détenus par les banques sur le marché secondaire. Ensuite, les lois bancaires de 1984 et 1986 ont aggravé la mainmise des marchés, mettant fin à la séparation des banques de dépôts et des banques d'affaires et en ouvrant le marché monétaire aux agents non bancaires (par exemple les compagnies d'assurances et autres institutions financières) [1]. »

Le Collectif pour un audit citoyen de la dette conclut : « Au total, 59 % de l'actuelle dette publique proviennent des cadeaux fiscaux, de l'évasion fiscale et des taux d'intérêt excessifs [2]. »

Le résultat chiffré de l'étude (59 % de dettes illégitimes) peut être contesté, mais les constats réalisés sont à coup sûr pertinents. Comment comprendre que le déficit public s'élevait en 2015 à 77,4 milliards d'euros tandis que, dans le même temps, la fraude fiscale des entreprises et des très riches particuliers était estimée entre 60 et 80 milliards d'euros ? L'État ne fait clairement pas le nécessaire pour trouver l'argent là où il serait légitime de le chercher [3].

Par ailleurs, au nom de la dette, la Commission européenne milite pour le démantèlement des services publics au profit du privé, présenté comme plus efficace en raison de son souci de la rentabilité. Là encore, un beau mensonge. Il y a d'abord des missions qui, si elles sont bien remplies, ne peuvent par définition être que déficitaires. L'éducation en est une, le transport ferroviaire de

---

1. *Se mobiliser contre l'épouvantail de la dette*, collectif pour un audit citoyen de la dette publique.
2. « Que faire de la dette ? Un audit de la dette publique de la France », *op. cit.*
3. « Quelle politique fiscale depuis 2010 ? », vie-publique.fr, 23 novembre 2016.

voyageurs en est une autre, dès lors que les trains desservent des endroits peu fréquentés et qu'ils tiennent leur rôle de service public. Il n'y a donc aucun intérêt à confier ces tâches à des entreprises privées qui massacreront le service demandé pour dégager des bénéfices. Ensuite, l'idée reçue selon laquelle le secteur privé est plus performant que le secteur public se casse les dents sur la réalité. Prenons l'exemple de la santé. L'économiste Thomas Porcher (1977), membre du collectif Les Économistes Atterrés, explique la supercherie du système de soins américain, qui impacte l'économie plus que le système français : « Le système de santé américain est essentiellement privé. Les dépenses de santé américaines, c'est 17 % du PIB. Le système de santé français, public, c'est 11 % du PIB. Aux États-Unis vous avez 2 millions d'Américains qui font faillite à cause d'une maladie parce qu'ils n'ont pas les moyens de se soigner, chez nous ce n'est pas possible puisque tout est pris en charge, et vous avez une espérance de vie supplémentaire de trois ans en France. Donc on a un système de santé public qui est moins cher et qui est plus efficace que si c'était une assurance privée [1]. » En cause notamment : les prix des médicaments, qui sont encadrés dans le secteur public.

La dette publique a toujours existé dans l'histoire. « Saint Louis a été le premier roi de l'endettement », écrit l'historien Jacques Le Goff (1924-2014). Et au moment de la Révolution française on estime le niveau de la dette à 80 % du PIB, en raison notamment du fait que les privilégiés ne payaient pas d'impôts – ce qui n'est pas sans rappeler la situation actuelle [2]. Faut-il absolument rembourser la dette ? Si elle est illégitime, pourquoi y serait-on obligé ? Après la Seconde Guerre mondiale les Alliés ont fortement allégé la dette de l'Allemagne et cela n'a dérangé personne.

La dette constitue cependant un problème réel, d'autant qu'elle n'a jamais été aussi élevée. Selon le FMI, la dette mondiale a atteint en 2016 le record de 152 000 milliards de dollars, ce qui correspond à 2,25 fois le PIB mondial, soit plus du double de la richesse mondiale. Un tiers seulement de cette ardoise correspond à de la

---

1. *C dans l'air*, France 5, 6 septembre 2017.
2. G. Perrault, « Comment la dette publique a provoqué la Révolution de 1789 », *Le Figaro*, 30 septembre 2014.

dette publique. Les deux autres tiers sont dus aux entreprises et aux ménages [1]. Les responsables sont les acteurs financiers qui boursicotent, les banques qui créent des produits toujours plus complexes pour gagner de l'argent sur l'argent (parmi lesquels des produits qui reposent eux-mêmes sur la dette, les CDO), les banques encore, dont les comportements peu vertueux ont engendré la récession qui a nécessité des plans de relance des gouvernements, et les politiques qui allègent la fiscalité des plus riches.

Il faut avoir conscience que nous ne sommes pas égaux face à la dette. Le taux d'endettement d'un ménage toléré par une banque est de 33 % de son revenu – le patrimoine est également pris en compte, ce qui permet toutefois d'augmenter ce taux. Mais Patrick Drahi, fondateur du groupe de télécommunications et de médias Altice, propriétaire, entre autres, de Numéricable, SFR, *Libération*, *L'Express*, BFMTV, RMC et de la chaîne israélienne I24, est endetté à hauteur de 55 milliards d'euros. Oui, oui, 55 milliards. Patrick Drahi achète des entreprises avec de l'argent qu'il ne possède pas, et grâce à cela il figure désormais dans le classement des plus grosses fortunes de France, même si l'homme est domicilié en Suisse et qu'il ne paye pas ses impôts dans son pays d'origine. En 2017, la fortune de Drahi est estimée à 14,7 milliards d'euros [2]. Essayons de comprendre. Patrick Drahi est donc richissime grâce à un groupe qu'il a fondé et dont il est aujourd'hui encore l'actionnaire majoritaire, à près de 60 %, et ce groupe est endetté à hauteur de 55 milliards. Néanmoins Drahi, lui, est personnellement riche de 15 milliards. La seule conclusion qui s'impose est que les 15 milliards de Drahi qui lui permettent de mener une vie de nabab sont en fait de la dette et qu'ils ne lui appartiennent pas ! Évidemment, si l'on pose la question à certains éminents économistes ou à Drahi lui-même, ils sauront nous convaincre que cette vision est erronée, en nous noyant sous des arguments techniques incompréhensibles. Il paraît que les actifs d'Altice, c'est-à-dire ses possessions, sont valorisés sur le marché à 70 milliards. Même si ce chiffre peut être

---

1. V. Gaspar et M. Moreno Badia, « Les mauvais grands acteurs : une vue mondiale de la dette », FMI, 5 octobre 2016.
2. « Classement Challenges des 500 fortunes de France : le top 10 de la 20ᵉ édition », *Challenges*, 27 juin 2017.

discuté pour de multiples raisons, il n'en reste pas moins vrai que l'on n'est pas loin d'un endettement de 100 %. Et ça ne semble pas gêner les banques, qui continuent de prêter généreusement à Patrick Drahi, ni les politiques. Ainsi, lorsqu'il a été entendu par la commission des affaires économiques du Sénat, en juin 2016, le président de cette commission, Jean-Claude Lenoir, a tenu à insister sur le « très grand plaisir » et le « grand honneur » qu'il éprouvait [1]. N'est-ce pas là une conception de la dette à géométrie variable ? Si elle a affaire à un salarié modeste qui perçoit son petit salaire sur son compte tous les mois, une banque sera intraitable en cas de découvert, même minime : coup de fil immédiat au fautif et sanction financière sous forme d'agios exorbitants. En revanche, les mêmes banques font des largesses à des investisseurs qui désirent racheter une entreprise sans en avoir les moyens. Un mécanisme appelé *leveraged buyout*, ou LBO, permet en effet à une société holding d'acheter une entreprise avec une mise de départ minime, en empruntant l'essentiel de la somme nécessaire, laquelle sera ensuite remboursée par la société acquise. Les nouveaux propriétaires de l'entreprise mettent en place des mesures pour accroître les dividendes, qui remboursent les emprunts aux banques, puis peuvent chercher à valoriser l'entreprise avant de la revendre avec un bénéfice. Pour cela elles n'hésitent pas à pressurer les salariés afin d'augmenter la productivité, à limiter les salaires et à organiser des plans sociaux. Dans l'opération, les investisseurs sont gagnants, ainsi que les banques et les dirigeants qui sont associés financièrement. Les perdants sont les salariés et l'entreprise elle-même, qui peut ne pas s'en remettre, car généralement dans ce genre d'opération les investissements de long terme sont négligés. Est-il utile de préciser que les LBO bénéficient par ailleurs d'une fiscalité avantageuse et que les taxes sur la plus-value de cession de l'entreprise sont faibles ? Bienvenue dans le monde merveilleux de la dette et de la finance !

---

1. « Patrick Drahi : un empire à 50 milliards de dette », *France Inter*, 3 septembre 2016.

Guerre et Paie

Dans *Le Bon, la Brute et le Truand,* alors qu'il force Eli Wallach à creuser un trou en le menaçant de son colt, Clint Eastwood balance cette réplique devenue mythique : « Le monde se divise en deux catégories : ceux qui ont un pistolet chargé et ceux qui creusent. Toi, tu creuses... » Cette scène n'est pas simplement drôle : c'est une scène marxiste. Karl Marx établissait une distinction entre les possesseurs du capital (les patrons) et les possesseurs de la force de travail (les ouvriers et salariés), et expliquait que l'argent permet aux premiers d'exploiter les seconds. Ici, celui qui tient le revolver en ne faisant rien est le patron. Il détient le droit de vie et de mort sur l'ouvrier, lequel, en revanche, effectue le travail sous la contrainte. Le revolver incarne la richesse. Mais pourquoi se retrouve-t-il entre les mains d'un homme plutôt qu'entre celles d'un autre ? Comment les possesseurs du capital (les moyens de production, les machines, l'argent, la terre) ont-ils obtenu ce capital ? Cela revient à se demander : d'où vient la propriété ? Quatre possibilités : la chance, la fourberie, la violence ou le mérite.

La réponse qui nous est servie par les porte-parole du libéralisme économique est toujours la dernière, celle du *mérite*, combiné à l'*audace* et au *talent*. Encore un mensonge auquel nous sommes invités à adhérer béatement. Les riches seraient riches parce qu'ils ont plus travaillé que les autres, parce qu'ils ont osé ce que d'autres n'ont pas osé, ou parce qu'ils auraient fait montre d'une créativité exceptionnelle. Ainsi présentée, la fable est séduisante et peut satisfaire même le plus égalitariste des militants politiques. Après tout, si entre deux individus l'un est plus acharné à la tâche ou produit une idée de génie qui profite à tous, qui pourrait trouver anormal qu'il soit plus récompensé que l'autre ? Mais la réalité est légèrement différente.

La répartition initiale des richesses s'est toujours décidée par la violence. Dans *L'Argent et le travail*, Tolstoï évoque les conquérants qui « n'ont fait qu'une seule et même chose dans tous les pays : prendre au peuple tout ce qu'ils peuvent lui prendre : bétail, céréales, tissus ; ils prennent même les hommes et les emmènent [1] ». Et il ajoute un peu plus loin : « Dans toute société humaine où l'argent a été mis en usage comme moyen d'échange, il y a toujours une oppression du faible par le fort, de celui qui n'était pas armé par l'homme d'armes [2]. »

Reprenons les choses à l'apparition des premiers hommes il y a plusieurs millions d'années. La propriété privée n'existait pas, ou elle était réduite au minimum : *mon* bâton, *ma* peau de bête, éventuellement *ma* grotte... Ces rares possessions étaient le résultat d'un ouvrage personnel ou, déjà, d'une conquête due à un combat. Si je fous un gros coup de pierre sur ta tête, je peux te piquer ta lance et ta peau de bête. Si je viens avec des potes, je peux te déloger de ta grotte. Pour que la propriété privée ne soit pas liée au vol, il faudrait imaginer une société où l'humain serait dénué de vices et donc incapable d'actes immoraux qui lui permettent de s'approprier ce qui appartient à quelqu'un d'autre. Seuls des naïfs pourraient croire que ce monde merveilleux a existé un jour. Puisque, malgré l'élan altruiste et humaniste qui anime certains d'entre eux, les hommes sont souvent avides, jaloux, violents et injustes : les richesses se sont réparties au cours de l'histoire à coup d'épées, de fusils ou de bombes.

Pendant toute la période féodale, les terres appartenaient à des seigneurs qui se les étaient accaparées par la force ou par un jeu d'alliances politiques. Sur ces terres, des serfs travaillaient pour cultiver des céréales et des légumes dont ils redistribuaient la plus grande partie au seigneur, en guise de loyer. « L'espace au sein duquel nous vivons a d'abord été partagé entre des guerriers qui se

---

1. L. Tolstoï, *L'Argent et le Travail*, op. cit., p. 90.
2. *Ibid.*, p. 109.

le sont approprié, puis qui ont transmis le découpage résultant de leurs guerres à leurs descendants », écrit Paul Jorion. Sur ces terrains conquis vivaient des hommes, aussitôt asservis. « Leur travail était subordonné à la volonté de leur maître. Par la violence et la menace le maître obtenait que le fruit du travail de ses esclaves lui revienne. » Puis s'ouvrit l'ère du capitalisme et « il devint rapidement évident que ce que la seule violence permettait d'obtenir dans une société guerrière, l'argent permettait de l'obtenir tout aussi bien dans une société marchande »[1].

Avec le capitalisme, les paysans et les ouvriers européens entrèrent dans l'ère marchande et le fusil fut remplacé par l'argent. Mais l'esclavage a repris de plus belle à plusieurs milliers de kilomètres de l'Europe, et les empires financiers occidentaux se sont construits en volant la vie de millions d'hommes, de femmes et d'enfants. Il faut dire les choses clairement : notre avance économique et notre confort, nous les devons à des ancêtres voyous et assassins. L'historienne Michelle Zancarini-Fournel établit à 14 millions le nombre d'Africains victimes de la traite négrière au cours des XVIIe et XVIIIe siècles. Elle cite un autre historien, Marcus Rediker : « Nous devons nous souvenir que de telles horreurs ont toujours été – et demeurent – centrales dans le développement du capitalisme mondial[2]. » Les esclaves ont été particulièrement violentés, notamment les récalcitrants : ceux qui ont osé résister ont été brûlés, écartelés, on leur a coupé une jambe ou amputé le nez. Les Européens esclavagistes se sont conduits comme les pires des salopards pour s'enrichir en vendant des matières premières comme le sucre. « Le but premier de la constitution d'un empire colonial est le commerce », écrit Michelle Zancarini-Fournel[3]. Si l'on passe en revue l'histoire des États-Unis et celle de l'Amérique latine, il est difficile de nier que les terres ont été systématiquement volées et les peuples exterminés ou asservis, afin d'accumuler de l'or, de l'argent ou des épices. Les Espagnols, les Portugais, les Hollandais, les Anglais et les Français se sont enrichis de cette manière.

---

1. P. Jorion, *Le Capitalisme à l'agonie*, Fayard, 2011, p. 28-30.
2. M. Zancarini-Fournel, *Les Luttes et les rêves*, La Découverte, coll. « Zones », 2016, p. 18.
3. *Ibid.*, p. 22.

L'histoire de l'argent est intimement liée à celle de la barbarie humaine. L'homonymie qui unit la paie et la paix n'en est que plus ironique, d'autant qu'elle n'est pas due au hasard : ces mots sont frères. Le mot « payer » vient du latin *pacare*, qui signifie « apaiser », « faire la paix avec », « pacifier ». À l'origine, le paiement était en effet ce qui apaise et règle le différend. Pourtant, dans les faits, l'argent n'a pas souvent apaisé. Il a au contraire permis, provoqué ou envenimé les conflits, lorsqu'il n'a pas prospéré sur leur dos.

Selon David Graeber, ce sont d'abord la guerre et l'impôt qui ont déterminé le destin de l'argent. Les pièces sont probablement apparues en Lydie pour payer les mercenaires grecs. Puis, pendant des siècles, la monnaie a permis de rémunérer des soldats en mouvement, qui avaient besoin d'avoir sur eux leur moyen de paiement, sachant que celui-ci était complété de prises de guerre et de pillages. « Quelles qu'aient été leurs origines, monnaies et marchés se sont surtout développés pour nourrir la machine de guerre », écrit l'anthropologue [1]. Et de citer un ancien traité politique indien, l'*Arthasastra* de Kautilya : « Le trésor repose sur les mines, l'armée repose sur le trésor ; celui qui a l'armée et le trésor peut conquérir la terre. » Au XIIIe siècle, les croisades qui duraient depuis deux siècles ont obligé à des mouvements de fonds et ont donc été à l'origine d'un système bancaire international. Les guerres, évidemment, coûtent énormément d'argent. La guerre d'Afghanistan a déjà coûté depuis 2001 800 milliards de dollars aux États-Unis et continue de coûter 3 milliards de dollars par mois aux contribuables américains [2]. L'économie, dont le développement est lié aux conflits, est elle-même un champ de bataille où l'on tue sans pitié, où l'on fait des prisonniers, et où certains ennemis ne sont laissés en vie que pour l'utilité qu'ils représentent. On ne fait ni sentiments ni morale. C'est ce qui explique que de nombreuses entreprises toujours actives aujourd'hui ont collaboré avec le régime nazi. Pour beaucoup, l'argent n'a pas d'odeur, et surtout pas celle de la honte. Apprendre que le cimentier franco-suisse Lafarge a accepté de travailler avec le groupe terroriste Daech en Syrie, en 2013 et 2014,

---

1. D. Graeber, *Dette...*, *op. cit.*, p. 284.
2. Cette guerre a par ailleurs causé des centaines de milliers de morts. P. Haski, « Afghanistan : Trump choisira-t-il l'escalade ou la défaite ? », *L'Obs*, 14 juin 2017.

n'est donc qu'une demi-surprise [1]. La corruption comme argument commercial est par ailleurs monnaie courante, sans mauvais jeu de mots. Ces dernières années, le géant français de l'énergie et des transports Alstom [2] ou le groupe international d'origine allemande Siemens [3] ont tous deux été sévèrement condamnés pour cette pratique.

Aujourd'hui, malgré les conflits armés qui existent toujours, la guerre économique tend à remplacer celle des arbalètes et des canons. On ne conquiert plus des territoires, mais des marchés. En revanche, on saigne toujours ses adversaires. Chaque pays ne cherche à satisfaire que ses propres intérêts, et ces intérêts nécessitent souvent de s'opposer à ceux des autres. Mais contrairement à la guerre physique, qui identifie clairement ennemis et alliés, même si ceux-ci peuvent changer de camp à tout moment, la guerre économique est embourbée dans la plus grande confusion. Voyez plutôt.

Les entreprises d'un même État se combattent. Mais elles combattent aussi les entreprises étrangères. Les États se combattent à travers leurs entreprises. À moins que ce ne soient les entreprises qui se combattent grâce à l'aide de leurs États respectifs. Sauf que les entreprises les plus importantes sont présentes dans plusieurs États. Quel est l'État qui les aide dans ce cas-là ? Tous ceux dans lesquels elles sont implantées et qui tirent bénéfice de cette implantation. Du coup, les États hôtes favorisent l'État d'origine de l'entreprise dont ils sont pourtant ennemis puisque, comme énoncé précédemment, les États se combattent à travers leurs entreprises. Oui, je sais, ce n'est pas simple. Les guerres économiques sont bourrées d'agents doubles, triples, de traîtres, de collabos, et le patriotisme affiché de certains n'est rien d'autre qu'une couverture. Dans ces guerres-là, les belligérants n'ont aucun différend idéologique. Ils s'affrontent au nom de la même croyance : l'argent. Quant aux

---

1. « Comment le cimentier Lafarge a travaillé avec l'État islamique en Syrie », *Le Monde*, 21 juin 2016.

2. F. Rascle, « Alstom : la corruption plombe les résultats nets du groupe », *Novethic*, 7 mai 2015.

3. « Simens condamné à près d'un milliard d'euros d'amende », *Le Monde*, 15 décembre 2008.

frontières, plus personne ne sait quoi en penser. Les États les aiment puisqu'elles les définissent. Les entreprises les aiment dans un sens, lorsqu'elles bloquent des produits de la concurrence, mais les détestent dans l'autre sens, lorsqu'elles empêchent leurs propres produits de pénétrer en territoire étranger. Il est donc *a priori* impossible d'être tout à la fois ultralibéral, c'est-à-dire favorable au libre-échange, et nationaliste ou « patriote ».

Les Diafoirus de l'expertise économique

Le jeudi 23 octobre 2008, à Washington, un vieil homme dégarni à la voix fatiguée est auditionné par la commission d'enquête sur la crise financière qui s'est déclenchée aux États-Unis l'année précédente, connue sous le nom de « crise des subprimes ». Derrière ses grosses montures qui cachent des yeux que l'âge a rapetissés, le monsieur ne paye pas de mine. Pourtant il est l'un des esprits les plus respectés dans le monde de l'économie : il s'agit d'Alan Greenspan (né en 1926), ancien président de la Réserve fédérale américaine (FED), de 1987 à 2006, et gourou officiel de l'économie mondiale. Les politiques et les banquiers ont pris l'habitude d'écouter ses analyses comme on écoute une messe, au point que ses prises de position publiques suffisent à influencer les marchés. On l'écoute parler d'économie comme on aurait écouté Einstein parler de physique nucléaire, sans forcément le comprendre davantage, mais peu importe : « Si vous avez compris ce que j'ai dit, c'est que je me suis mal exprimé », répète souvent Greenspan avec malice.

Mais ce jour-là, devant la commission d'enquête, Alan Greenspan a perdu de sa superbe. On l'accuse d'avoir favorisé la nouvelle crise financière qui touche les États-Unis et même d'en être coresponsable. On lui reproche d'avoir mené, à la tête de la FED, une politique de taux d'intérêt très bas, ce qui aurait favorisé le gonflement de la masse monétaire et provoqué une bulle immobilière, puis, à la fin de son mandat, d'avoir redressé les taux directeurs, ce qui aurait fait exploser la bulle. Ainsi exprimées, je l'avoue, les choses ne sont peut-être pas tout à fait claires, ce qui plairait à

Alan Greenspan mais qui, personnellement, me contrarie. Revenons donc un instant sur les origines de la crise de 2007 pour comprendre.

Pendant des années les banques et les organismes de crédit américains, encouragés par la FED qui a œuvré à la dérégulation financière et au laisser-aller général, ont incité des ménages souvent très modestes à emprunter pour acheter leur maison. Ces emprunts accordés à des personnes dites « à risque » sont nommés *subprimes*. Parmi ces gens peu fortunés, beaucoup avaient déjà connu des déboires financiers, pourtant ils ont été encouragés à s'endetter au-delà de leurs capacités de remboursement. Les emprunts étaient à taux variable, indexé sur les taux du marché, ce qui signifie qu'ils pouvaient évoluer au fil du temps. Or, lorsque ces *subprimes* ont commencé à être accordés en masse, les taux de la BCE étaient très bas et les prix de l'immobilier ne cessaient de grimper. Cette situation allait causer une bulle immobilière. Pour tenter d'y remédier, la BCE décida d'augmenter ses taux d'intérêt. Résultat : les remboursements mensuels de ceux qui avaient contracté les crédits immobiliers augmentèrent, tandis que le prix de leur logement s'effondrait. Les emprunteurs furent pris à la gorge et ne purent rembourser leurs mensualités qui explosèrent. Les banques jetèrent alors à la rue les clients insolvables afin de vendre leur maison. Voici la première partie de la crise, une crise immobilière, cantonnée aux États-Unis. Survint alors le deuxième épisode, international celui-là, la crise financière. En effet, les banques qui avaient accordé ces crédits subprimes qu'elles n'auraient jamais dû accorder avaient mis ces dettes sur le marché : par le truchement d'une technique qu'on appelle la titrisation, ces créances avaient été incluses dans des *packages* de créances diverses qui étaient revendues à des investisseurs. Oui, je sais, cela semble tordu, mais il paraît que c'est en fait très normal dans le monde de la finance. Toujours est-il que ces créances pourries furent tranquillement refilées à des tas d'investisseurs dans de nombreux pays, ce qui eut des répercussions sur la finance mondiale.

Revenons à Alan Greenspan, ce visionnaire aveugle qui fait partie de tous les acteurs ayant favorisé et permis l'effondrement de 2007. Militant de la dérégulation de la finance, il a encouragé en 1999 la suppression du Glass-Steagall Act de 1933 qui séparait les activités de banques de dépôt et de banques d'investissement, c'est-à-dire ce qui empêchait les banques d'utiliser les dépôts des clients pour des investissements risqués sur les marchés. Il a bien entendu également favorisé les produits dérivés de crédit, acteurs majeurs de la catastrophe. Que sont les « produits dérivés » ? Je ne résiste pas au plaisir de vous en fournir une définition parmi d'autres, en l'occurrence celle du très sérieux journal *Les Échos* : « À la base composés de trois grandes familles (les contrats à terme de type *forward* et *futures*, les *swaps* et les contrats d'option), ces instruments de gestion des risques financiers sont utilisés pour couvrir quatre sortes de risque (marché, liquidité, contrepartie, politique). Ils sont négociés soit sur des marchés de gré à gré, soit sur des marchés organisés[1]. » Vous n'avez rien capté ? Alors voici une autre définition, glanée au hasard de mes recherches : « Un produit dérivé est un contrat dont la valeur est dérivée du prix d'un actif sous-jacent tel que les actions, les obligations, ou les matières premières. Un produit dérivé est donc un instrument financier assorti d'un engagement ferme (contrats organisés, swaps, dérivés de crédit…) ou optionnel (type options et les warrants) entre ses contractants. Un produit dérivé sur une action peut ainsi donner le droit d'acheter une action à un prix fixé jusqu'à une date donnée. Dans ce cas, la valeur de ce droit est directement liée au prix de l'action sous-jacente[2]. » Ce n'est pas plus clair ? C'est normal. Les produits dérivés font partie de ces innombrables mécanismes récemment retripatouillés pour enrichir les spéculateurs, et dont les détails kafkaïens nous sont dissimulés. Il serait trop long d'expliquer ici de quoi il s'agit. Continuons, si vous le voulez bien, avec Alan Greenspan.

Il lui est donc non seulement reproché sa responsabilité dans la crise, mais aussi son incapacité de la voir venir. Devant ces accusations, Greenspan se défend mollement : « La crise a pris une dimension beaucoup plus large que ce que j'avais imaginé[3] », est-il obligé de reconnaître. Henry Waxman, le président de la Commission chargée du contrôle de l'action gouvernementale, rappelle alors à

---

1. « Produit dérivé », lexique financier, *Les Échos*.
2. « Définition Produit dérivé », MATAF, 9 octobre 2017.
3. P.-A. Delhommais, « Alan Greespan fait part de son "grand désarroi" », *Le Monde*, 25 octobre 2008.

l'ancien président de la FED ses déclarations passées sur le système économique idéal : « Des marchés libres et concurrentiels sont de loin la meilleure façon d'organiser les économies, sans équivalent [1] », clamait le très libéral Greenspan. Évidemment, de telles certitudes sonnent mal au moment où les États-Unis organisent le sauvetage de leurs banques à l'agonie, en leur octroyant 700 milliards de dollars. Alan Greenspan reconnaît qu'il a « commis une erreur en croyant que le sens de leurs propres intérêts, notamment chez les banquiers, était la meilleure protection qui soit [2] ». Waxman lui demande alors : « En d'autres termes, vous trouvez que votre vision du monde, votre idéologie, n'était pas la bonne, ne fonctionnait pas ? » « Absolument, exactement », concède avec amertume l'expert mondialement respecté mais désormais décrédibilisé, qui reconnaît que le *free market*, c'est-à-dire la dérégulation, n'est pas un système aussi fiable qu'il le pensait. Ben tiens ! Fallait-il vraiment avoir fait de hautes études d'économies pour le comprendre ?

Alan Greenspan n'est pas le seul à s'être complètement planté sur la crise financière qui a démarré en 2007 aux États-Unis avant de toucher les autres pays. Henri Paulson, secrétaire américain au Trésor, déclare en mai 2008 : « le pire semble être derrière nous ». En septembre suivant, Lehman Brothers est en faillite, et le gouvernement américain est contraint de lancer un gigantesque plan de sauvetage des banques, le fameux « plan Paulson ». Après tout, rien de nouveau sous le soleil. Le président américain, Herbert C. Hoover, qui n'était certes pas économiste, avait quant à lui affirmé l'année précédant le krach de 1929 : « En Amérique, aujourd'hui, nous sommes plus près du triomphe final sur la pauvreté qu'aucun autre pays, dans l'histoire, ne l'a jamais été. » Trois ans plus tard, les États-Unis comptaient 13 millions de chômeurs, et en 1933, lorsque Roosevelt est élu Président, 25 % de la population active est au chômage.

En France, ce n'est guère mieux. Nos politiques ont révélé à l'occasion de la crise de 2007-2008 leur faible maîtrise de la matière économique. Ainsi, en 2006, Nicolas Sarkozy, qui a pourtant été

---

1. *Ibid.*
2. *Ibid.*

ministre de l'Économie, des Finances et de l'Industrie (mais aussi ministre du Budget), regrettait que les ménages français ne suivent pas l'exemple des États-Unis... en s'endettant et en hypothéquant leur maison. Le futur Président affirmait alors : « Les ménages français sont aujourd'hui les moins endettés d'Europe. Or, une économie qui ne s'endette pas suffisamment, c'est une économie qui ne croit pas en l'avenir, qui doute de ses atouts, qui a peur du lendemain. C'est pour cette raison que je souhaite développer le crédit hypothécaire pour les ménages et que l'État intervienne pour garantir l'accès au crédit des personnes malades [1]. » Une fois à l'Élysée, en 2007, Nicolas Sarkozy sera vite obligé de laisser sa brillante inspiration au vestiaire.

Mais la palme de l'incompétence revient sans conteste à notre ministre de l'Économie de l'époque, Christine Lagarde. En novembre 2007, quelques mois après le début de la crise des subprimes, elle pose ce regard optimiste sur la situation : « La crise de l'immobilier et la crise financière ne semblent pas avoir d'effet sur l'économie réelle américaine. Il n'y a pas de raison de penser qu'on aura un effet sur l'économie réelle française [2]. » Un mois plus tard, elle renchérit : « Il est largement excessif de conclure que nous sommes à la veille d'une grande crise économique [3]. » Ah bon ? Rien n'y fait. Selon Christine Lagarde, la crise financière est mineure et ses conséquences seront anecdotiques. Au fil des mois, la ministre s'enfonce dans des analyses de plus en plus piteuses. En février 2008, convaincue que l'économie française ne va pas être impactée par ces soubresauts venus d'outre-Atlantique, elle affirme que la croissance atteindra 2 % à la fin de l'année. En réalité elle stagnera à 0,3 %. Le 20 septembre 2008, alors que la banque américaine Lehman Brothers vient de faire faillite, Christine Lagarde déclare que « le gros risque systémique qui était craint par les places financières et qui les a amenées à beaucoup baisser au cours des derniers jours est derrière nous [4] ». Derrière nous ? Les années qui

---

1. « Sarkozy était-il partisan des "subprimes à la française" ? », *Libération*, 1er octobre 2008.
2. V. Glad, « Crise financière : Christine Lagarde, un an de méthode Coué », *20 minutes*, 29 septembre 2008.
3. *Ibid.*
4. *Ibid.*

LIVRE II – MENSONGES

suivront vont prouver le contraire. En 2010, se déclenche dans la zone euro la crise de la dette qui commence avec la Grèce et va s'étendre à d'autres pays. En 2011 et 2012, la Banque centrale européenne va être obligée de prêter plus de 1 000 milliards d'euros à taux très faible aux banques européennes pour les maintenir à flot et éviter que la crise économique et financière ne s'aggrave. Pour résumer, Christine Lagarde, dans ses fonctions de ministre de l'Économie, s'est plantée sur toutes ses prévisions. Quelle fut la sanction ? Une nomination à la tête du Fonds monétaire international (FMI).

Le FMI ne brille pas non plus, il est vrai, par sa clairvoyance. En 2013, Olivier Blanchard, le directeur du département Recherches du Fonds monétaire international, publie un rapport dans lequel il explique que le FMI s'est trompé dans sa gestion de la crise : il a sous-estimé les effets négatifs des politiques d'austérité qu'il a préconisées et infligées aux pays endettés. La raison de l'erreur : l'utilisation d'un mauvais coefficient pour chiffrer l'influence entre les restrictions dans les dépenses publiques et les conséquences sur la croissance. En clair, le FMI n'avait pas imaginé qu'en exigeant autant d'efforts budgétaires de la part des pays « aidés », cela aurait une influence aussi négative sur leur économie. En obligeant la Grèce ou le Portugal à couper de manière drastique dans les effectifs de fonctionnaires ou dans les salaires, le FMI a en réalité fait plonger la demande intérieure trois fois plus fortement que prévu. Le FMI publiera en outre quelques mois plus tard un autre rapport dans lequel il se livrera à un *mea culpa* en reconnaissant avoir commis des erreurs en établissant le premier plan de sauvetage de la Grèce en 2010 : « il y a eu [...] des échecs notables. La confiance des marchés n'a pas été rétablie [...] et l'économie a été confrontée à une récession bien plus forte que prévu », explique le rapport [1].

L'économie du Portugal a finalement redémarré en 2017 : chômage en baisse, réduction de la dette, croissance. Comment ? En faisant l'inverse des préconisations de la Commission européenne et du FMI. Fini l'austérité qui appauvrit encore plus et plombe l'économie. Le nouveau gouvernement socialiste a renoncé à baisser

---

1. « Le FMI admet avoir commis des erreurs en Grèce », *France 24*, 6 juin 2013.

les dépenses publiques et à détricoter les droits des salariés. Il a même augmenté le smic, les retraites, arrêté les privatisations, et est revenu aux 35 heures. Ça a marché.

Le FMI se plante toujours. Le bureau d'évaluation indépendant du Fonds monétaire a ainsi publié en 2011 un rapport au vitriol relevant l'aveuglement de l'institution avant la crise économique et financière de 2007-2008 : « La capacité du FMI à détecter convenablement les risques qui prenaient de l'ampleur a été freinée par un degré élevé de pensée doctrinaire, un *a priori* intellectuel. [...] L'opinion dominante au sein des services du FMI – groupe cohésif de macroéconomistes – était que la discipline et l'autorégulation du marché suffiraient à écarter tout problème majeur des institutions financières [1]. » Le bureau d'évaluation relevait donc le parti pris idéologique et la responsabilité du FMI, qui avait choisi de soutenir les préconisations ultralibérales qui allaient provoquer la crise. Il rappelait par ailleurs que quelques mois avant la chute du système bancaire mondial, le FMI avait publié un rapport dans lequel on pouvait lire : « Les banques commerciales et d'investissement proprement dites sont foncièrement en bonne situation financière et les risques systémiques semblent faibles [2]. » Quelle clairvoyance... ! Le bureau d'évaluation indépendant du FMI épingle régulièrement l'organisation pour ses erreurs, comme par exemple en 2003 à propos de la crise en Indonésie, en Corée du Sud et au Brésil. Il pointait cette fois des risques sous-estimés et des prévisions de croissance trop optimistes. L'économiste Joseph Stiglitz, prix Nobel d'économie, ancien économiste en chef de la Banque mondiale, va encore plus loin : selon lui le FMI, dont la mission officielle consiste à « réguler le système monétaire international », mais qui sert en réalité les intérêts des États-Unis et des pays riches, aggrave les crises qu'il est censé résoudre en préconisant toujours les mêmes mesures inadaptées : austérité, coupes budgétaires dans les dépenses publiques, libéralisation totale des marchés. L'ancien président américain Bill Clinton l'a lui-même reconnu en avouant son erreur à l'égard d'Haïti. En 1986, Haïti a demandé un prêt. Le FMI le lui

---

1. P. Rimbert, « Bonnet d'âne pour le FMI », *Le Monde diplomatique*, août 2011.
2. *Ibid.*

a accordé à la condition que le pays baisse ses droits de douane sur les denrées alimentaires américaines subventionnées. Résultat : Haïti a importé un riz américain moins cher que le riz local et l'industrie du riz dans le pays s'est effondrée. Le 10 mars 2010, devant la Commission des affaires étrangères du Sénat américain, Bill Clinton a exprimé ses regrets : « Depuis 1981, les États-Unis ont suivi la politique suivante : nous, pays riches qui produisons beaucoup de nourriture, devrions la vendre aux pays pauvres et les soulager de la charge de produire leur propre nourriture pour qu'ils s'industrialisent. C'est peut-être bon pour nos fermiers en Arkansas, mais cela n'a pas marché. C'était une erreur à laquelle j'ai contribué. Je dois vivre chaque jour avec les conséquences du fait qu'Haïti a perdu la capacité de produire du riz pour nourrir sa population, à cause de ce que j'ai fait, moi et personne d'autre [1]. »

Le FMI est donc un provocateur de misère, et pourtant ! Salaire de Christine Lagarde, actuelle présidente du FMI : 31 700 euros par mois, net d'impôts + tous les frais de déplacements payés [2]. Qui peut croire que le capitalisme et le libéralisme récompensent l'effort et la compétence ? Dans un monde juste, en regard de ses performances ministérielles et de sa condamnation (en 2016, elle a été reconnue coupable de « négligences » dans l'arbitrage en faveur de Bernard Tapie dans l'affaire du Crédit lyonnais) [3], Christine Lagarde devrait pointer au chômage, licenciée pour incompétence. Au lieu de ça, elle s'enrichit à la tête d'une institution partisane et tout aussi incapable qu'elle.

Comme Christine Lagarde ou Alan Greenspan, la plupart des soi-disant experts et spécialistes n'ont pas anticipé la crise ou n'ont rien compris de sa gravité lorsqu'elle a commencé. Deux exemples en France parmi tant d'autres : l'économiste Patrick Artus a publié en mars 2007 une note intitulée « Les marchés financiers croient n'importe quoi ». Il écrit : « Les corrections successives des marchés d'actions en février-mars 2007 sont liées à une série de craintes des

---

1. Extrait du documentaire *Capitalisme*.
2. « Christine Lagarde touchera plus de 31 000 euros par mois au FMI », *Le Monde*, 5 juillet 2011.
3. « Affaire Tapie : Christine Lagarde ne déposera pas de recours contre sa condamnation », *Le Monde*, 20 décembre 2016.

marchés : [...] il peut y avoir une récession aux États-Unis ; [...] la crise du crédit immobilier "subprime" (et des crédits à taux variables, ARMs) aux États-Unis va déclencher une crise bancaire et financière. Or toutes ces affirmations sont fausses. La crédulité et l'absence de sang-froid des marchés financiers sont donc remarquables [1]. » Patrick Artus est pourtant l'un des spécialistes d'économie les plus en vue dans notre pays : il est directeur des études à la banque Natixis, il écrit dans de nombreux médias, il a été professeur de sciences économiques à l'École polytechnique et il est membre de nombreuses institutions très en vue. Un autre économiste, David Thesmar, a pour sa part cosigné le 27 juillet 2007 une tribune dans *Les Échos* intitulée « Le mégakrach n'aura pas lieu ». Il nous rassure en nous expliquant que « le danger d'une explosion financière, et donc le besoin de régulation, n'est peut-être pas aussi grand qu'on le pense ». On a vu la suite. Le souci, c'est que Thesmar a reçu cette même année le titre de « meilleur jeune économiste », décerné par *Le Monde* et le Cercle des économistes.

Les « économistes », « analystes » de l'économie ou autres « experts » en économie se sont tellement trompés depuis un siècle que des livres entiers sont consacrés à leurs bourdes. Dans *Le Bal des aveugles*, le journaliste Michel Turin passe en revue quelques plantades magistrales de spécialistes de la chose économique. En évoquant le krach de 1929, il cite le cas d'Irving Fisher (1867-1947), un économiste américain particulièrement réputé à l'époque, professeur à Yale. Le 15 octobre 1929, celui-ci livre à un aréopage gratiné sa vision confiante pour l'avenir : « Les cours des actions ont atteint ce qui semble devoir être un haut niveau permanent. » Le lendemain il réitère sa prévision optimiste devant un parterre de banquiers, faisant fi des premiers signaux annonciateurs de la catastrophe à venir. Or le krach le plus célèbre de l'histoire aura lieu huit jours plus tard, le jeudi 24 octobre. Fisher continue pourtant à prétendre dans les premiers temps que la situation n'est pas grave car selon lui elle est « seulement temporaire ». Le fait qu'Irving Fisher conseillait alors des fonds d'investissement auxquels il avait par ailleurs confié la fortune familiale n'est sans doute

---

1. *Les Marchés financiers croient n'importe quoi*, Flash marché, n° 110, 22 mars 2007.

par totalement étranger à son déni. Conflit d'intérêts. Un classique chez les experts que l'on entend ou lit aujourd'hui dans tous les médias : ce sont pour la plupart des universitaires qui conseillent les gouvernements ou sont payés par les banques et les grandes entreprises dont ils sont membres du conseil d'administration. Vous ne les entendrez donc jamais critiquer avec force le système qui les nourrit de multiples façons. Les conseillers des princes se révèlent également de piteux analystes, à l'image d'Alain Minc, membre de nombreux conseils d'administration, et dont l'entreprise conseille les grands patrons du CAC 40. Il a pourtant été lui-même un patron calamiteux lorsqu'il a occupé le poste de vice-P-DG de la holding France de l'entreprise italienne De Benedetti. Ses conseils ont viré au fiasco lors d'une OPA sur la Société générale de Belgique. Minc est alors obligé de démissionner, ce qui fera dire à De Benedetti : « Faire de lui un chef d'entreprise ou un P-DG, c'est comme confier à un sociologue la gestion d'une charcuterie [1]. » Par ailleurs, et bien évidemment, quelques mois avant la crise bancaire et financière de 2008, il vantait la capacité extraordinaire qu'a le marché de se remettre de tous les soubresauts. Rappeler qu'il a annoncé avec la même assurance que Hillary Clinton serait élue présidente des États-Unis en 2016 semble inutile pour juger du niveau réel de compétence de cet homme à qui les médias continuent de tendre leur micro avec déférence.

Le constat est sans appel : les économistes en vue – ceux qu'on entend, ceux qu'on lit, ceux qui conseillent, ceux qui la ramènent – sont nuls. Pour la plupart d'entre eux en tout cas. Aucune autre profession n'affiche un tel taux d'erreur de la part de ses représentants. Et aucune autre profession ne permet à ses représentants de continuer à exercer après de lourdes fautes professionnelles.

Que dire des agences de notation, ces organismes qui jugent de la bonne santé financière des entreprises, des États ou des banques en leur attribuant régulièrement des notes ? Trois d'entre elles dominent le secteur : Standard and Poor's, Moody's, et Fitch. Ces agences, dont les avis sont redoutés de tous les acteurs de l'économie, ont elles aussi échoué à prévoir la crise de 2007-2008. Pire,

---

[1]. « Alain Minc, un homme d'influence controversé », *Le Monde*, 28 juin 2007.

elles ont accordé leur meilleure note, le triple A, à des produits financiers fondés sur des crédits subprimes qui étaient en réalité toxiques. Selon un rapport sénatorial de 2012, elles ont « une part de responsabilité considérable dans le déclenchement de la crise financière de 2008 », pour avoir noté « trop généreusement des actifs financiers risqués adossés à des crédits hypothécaires accordés à des ménages faiblement solvables », avant de « dégrader brutalement leur note, ce qui a produit un effondrement du marché »[1]. Ce n'était évidemment pas la première fois que ces agences se trompaient – ou mentaient. En 2001, le géant de l'énergie Enron était doté d'un magnifique « A » le jour de sa faillite. La banque Lehman Brothers arborait quant à elle un triple A deux jours avant sa fermeture. Au début des années 1980, les agences accordaient de très bonnes notes aux pays d'Amérique du Sud alors qu'ils étaient en réalité au bord de la faillite. Et puis il y a les erreurs grossières : en août 2011, Standard & Poor's dégrade la note des États-Unis, avant de s'apercevoir qu'elle s'est trompée dans ses calculs de 2 000 milliards de dollars. Oups. Quelques mois plus tard, elle annonce par e-mail que la France est dégradée. En réalité elle ne l'était pas. Pas encore en tout cas.

Les agences de notation, dont les origines remontent cent cinquante ans en arrière avec le « bureau de renseignement pour le commerce », créé par le Français Eugène François Vidocq en 1833, souffrent de deux défauts majeurs qui empêchent toute fiabilité : d'une part elles disposent d'un personnel en sous-effectif qui n'a pas le temps de creuser suffisamment les dossiers ; d'autre part elles sont rémunérées par les organisations qu'elles notent, ce qui est évidemment problématique. En effet, lorsqu'une agence de notation juge une entreprise, cette agence est rémunérée par l'entreprise en question, et non par un client extérieur qui paierait pour connaître le bilan de santé de ladite entreprise. On comprend dès lors combien ce léger détail peut troubler l'objectivité de l'analyste qui, logiquement, hésitera à froisser son commanditaire-payeur. D'ailleurs, une commission d'enquête du Congrès américain a révélé des pressions sur le personnel de ces agences afin qu'il surnote

---

[1]. « Les plus grosses bourdes des agences de notation », *L'Express*, 19 juin 2012.

des produits financiers pour ne pas perdre de clients. La commission a ainsi produit un e-mail datant de 2007 dans lequel l'un de ces analystes explique : « Le titre serait structuré par une vache qu'on lui donnerait sa note [1]. »

Les banquiers sont tout aussi défaillants. Ils ont inventé des produits financiers très sophistiqués destinés à spéculer sur la dette et qui sont gérés par des algorithmes mathématiques, tels que les « CDO au cube », des « paniers » de titres composés de paniers de paniers de mélange de créances « propres » et de créances « douteuses », c'est-à-dire très risquées. Ces produits sont tellement complexes que les banquiers eux-mêmes ont renoncé à les comprendre et qu'ils s'appuient sur les notes des agences de notation dont on vient de pointer l'absence totale de sérieux.

Certes, l'incompétence du FMI, des agences de notation, des banques, des ministres de l'Économie et des « experts » divers et variés n'a rien d'une révélation. Elle est au contraire déjà bien connue de tous ceux qui s'intéressent de près à l'histoire politique et économique. Mais n'est-ce pas justement cela qui est particulièrement inquiétant ? Malgré cette inaptitude révélée à analyser, à prévoir, à anticiper et à mettre en place des politiques profitables au plus grand nombre, ces Diafoirus de l'économie continuent à faire la pluie et le beau temps sur les politiques mondiales.

---

[1]. C. Lacombe, « Les agences de notation : plus de cent cinquante ans de polémique », *Le Monde*, 16 janvier 2012.

À l'origine était Adam

« Tout pour nous et rien pour les autres, voilà la vile maxime qui paraît avoir été, dans tous les âges, celle des maîtres de l'espèce humaine. » Cette citation n'est pas celle d'un dangereux marxiste : elle émane du plus célèbre des économistes de l'histoire, l'Écossais protestant Adam Smith, considéré comme « le père du libéralisme » ou « le père de l'économie politique ». Ses *Recherches sur la nature et les causes de la richesse des nations* (1776), qui sont aujourd'hui encore une référence, ont inspiré le courant des économistes libéraux dits « classiques ». Dans cet ouvrage se trouve notamment la première explication de la division du travail qui accroît la productivité. Adam Smith appuie sa démonstration sur l'exemple d'une manufacture d'épingles. Au lieu de faire fabriquer chaque épingle par un seul ouvrier, écrit-il, on définit dix-huit étapes de fabrication que l'on répartit entre dix ouvriers. Grâce à cette répartition des tâches, dit Smith, ces dix ouvriers parviennent à fabriquer ensemble 48 000 épingles en une journée. Mais, affirme-t-il, si chacun de ces dix ouvriers avait dû réaliser seul les dix-huit étapes de fabrication, aucun d'entre eux n'en aurait fabriqué plus de 20, soit 200 au total. Smith a donc popularisé l'idée qu'il faut produire à grande échelle pour augmenter la productivité car cela réduit les coûts.

Contrairement à l'idée généralement véhiculée, la pensée d'Adam Smith est loin d'être aussi radicale que celle des néolibéraux qui font la loi de nos jours et qui le citent souvent sans l'avoir lu : il faut dire que près de 1 000 pages fourmillant de détails et datant de deux siècles et demi, ça ne donne pas forcément envie... Pour justifier que l'État n'intervienne en rien dans l'économie du pays et laisse les entreprises privées faire leur loi, on cite souvent la « main invisible du marché » de Smith, et on explique que l'économie se régule d'elle-même, par l'opération d'un Saint-Esprit baptisé, donc, « main invisible ». En réalité, l'expression n'apparaît qu'une seule fois dans *La Richesse des nations*, à la moitié de l'ouvrage, dans un passage qui pointe l'égoïsme des manufacturiers et des marchands. Aucun d'eux, nous dit Smith, n'agira jamais dans l'intérêt de son pays. Tous ne sont motivés que par leur intérêt personnel. Mais, ajoute-t-il, cet égoïsme est bénéfique à l'intérêt de tous puisque l'enrichissement des individus participe à l'accroissement du revenu de la société dans son ensemble. Une phrase bien connue de *La Richesse* résume cette idée : « Ce n'est pas de la bienveillance du boucher, du marchand de bière ou du boulanger que nous attendons notre dîner, mais bien du soin qu'ils apportent à leurs intérêts [1]. » La « main invisible » de Smith n'est pas du tout une ode à l'absence de règles et au capitalisme le plus débridé. Cette expression désigne chez lui la force qui peut transformer l'intérêt personnel des individus en bénéfice pour le groupe : « À la vérité, [l'intention de chaque individu], en général, n'est pas en cela de servir l'intérêt public, et il ne sait même pas jusqu'à quel point il peut être utile à la société. En préférant le succès de l'industrie nationale à celui de l'industrie étrangère, il ne pense qu'à se donner personnellement une plus grande sûreté ; en dirigeant cette industrie de manière que son produit ait le plus de valeur possible, il ne pense qu'à son propre gain ; en cela, comme dans beaucoup d'autres cas, il est conduit par une main invisible à remplir une fin qui n'entre nullement dans ses intentions. » Et Smith ajoute : « Et ce n'est pas toujours ce qu'il y a de plus mal dans la société, que cette fin n'entre pour rien dans ses intentions. Tout en ne cherchant que son intérêt personnel, il travaille souvent d'une manière bien plus efficace pour l'intérêt de la société, que s'il avait réellement pour but d'y travailler » [2].

Le travail considérable d'Adam Smith tourne autour de cette contradiction fondamentale : comment des sentiments égoïstes

---

1. A. Smith, *La Richesse des nations* [1776], t. I, « GF », Flammarion, 1991, p. 82.
2. *Ibid.*, t. II, p. 42-43.

particuliers peuvent-ils assurer le bien-être général ? L'approche de Smith est originale car beaucoup oublient qu'avant d'être économiste, Smith est d'abord philosophe et spécialiste des questions de morale. Son premier livre est intitulé *Théorie des sentiments moraux*. Dans cette étude, qui se lit aujourd'hui encore avec plaisir, l'auteur s'interroge sur l'égoïsme humain et sur notre aptitude contradictoire à la générosité et à l'empathie. Cet ouvrage contient des préceptes sur la vertu absolument incompatibles avec la violence des marchés, les licenciements abusifs et le profit à tout prix. Exemple : « Tous les membres de la société humaine ont besoin de l'assistance des autres, et ils sont également exposés à leurs atteintes. Là où l'assistance nécessaire est réciproquement offerte par amour, gratitude, amitié et estime, la société est florissante et heureuse. Tous ses différents membres sont attachés les uns aux autres par les liens agréables de l'amour et de l'affection [1]. » Et encore : « […] nous apitoyer beaucoup sur les autres et peu sur nous-mêmes, contenir nos affections égoïstes et donner libre cours à nos affections bienveillantes, forme la perfection de la nature humaine ; et cela seul peut produire parmi les hommes cette harmonie des sentiments et des passions en quoi consistent toute leur grâce et leur convenance [2]. » Mais aussi ce passage : « Cette disposition à admirer, et presque à vénérer, les riches et les puissants, ainsi qu'à mépriser, ou du moins à négliger, les personnes pauvres et d'humble condition, quoique nécessaire à la fois pour établir et pour maintenir la distinction des rangs et l'ordre de la société, est en même temps la cause la plus grande et la plus universelle de la corruption de nos sentiments moraux [3]. »

En lisant ces lignes qui suintent la compassion et la bonté, on comprend que le moraliste Adam Smith n'aurait pas été favorable à la guerre sans morale qu'est devenu le capitalisme moderne. Contrairement à la réputation qu'on lui a faite, Smith n'était pas du tout hostile à l'intervention de l'État dans l'économie. Il la jugeait d'abord nécessaire, comme tous les libéraux, pour assurer la

---

1. A. Smith, *Théorie des sentiments moraux* [1759], « Quadrige », PUF, 2014, p. 140.
2. *Ibid.*, p. 50.
3. *Ibid.*, p. 103.

sécurité des citoyens, pour rendre la justice et prendre en charge les grosses infrastructures du pays comme les routes. Mais il allait d'ailleurs beaucoup plus loin lorsqu'il dénonce l'intervention de l'État, surtout lorsque celle-ci profite... aux plus riches. Il déplore ainsi qu'il n'y ait « pas de lois du Parlement contre les ententes pour abaisser le prix du travail ; mais beaucoup contre celles visant à l'accroître [1] ». Pour lui, l'État se doit d'assurer les moyens de subsistance de chacun : il écrit ainsi que l'économie politique a pour objet de « procurer au peuple un revenu ou une subsistance abondante ou, pour mieux dire, de le mettre en état de se procurer de lui-même ce revenu et cette subsistance abondante ». Smith s'insurge contre la pauvreté du travailleur : « ce n'est qu'équité que ceux qui nourrissent, vêtissent et logent l'ensemble du corps social reçoivent une part du produit de leur propre travail de sorte qu'ils puissent être eux-mêmes décemment nourris, habillés et logés [2] ». Ce n'est pas non plus un partisan effréné du libéralisme sauvage qui peut écrire que « l'opulence de quelques-uns suppose l'indigence du grand nombre [3] ». Aussi surprenant que cela puisse paraître, Karl Marx n'a pas été le premier à identifier l'aliénation que provoque la division du travail. Adam Smith pointe déjà ce problème dans *La Richesse des nations* lorsqu'il évoque le sort de l'ouvrier assigné à des petites tâches simples dans lesquelles il perd « l'habitude de déployer et d'exercer ses facultés », ce qui le rend « aussi stupide et ignorant qu'il soit possible à une créature humaine de devenir [4] ». Adam Smith préconise alors que l'État prenne en charge l'éducation de tous les citoyens, mais en particulier des plus démunis, c'est-à-dire des ouvriers. Smith souhaitait encore que l'État se soucie des divertissements du peuple, et notamment du développement des arts. Ces exemples non exhaustifs attestent qu'Adam Smith n'aurait pas du tout goûté les préconisations du MEDEF ou d'Emmanuel Macron. Il n'est pas audacieux de le considérer comme un social-démocrate qui, s'il était un Français d'aujourd'hui, militerait au Parti socialiste, courant Hamon.

---

1. *Ibid.*, livre I, chap. VIII, p. 137.
2. *Ibid.*, p. 150.
3. *Ibid.*, livre II, chap. I, p. 332.
4. *Ibid.*, p. 406.

Histoire très rapide mais très instructive des économistes

Avant Smith, l'économie avait bien évidemment déjà été un sujet de réflexion pour des penseurs, et ce, dès l'Antiquité avec Platon et Aristote. Mais la question était principalement abordée sous l'angle éthique et politique, même si ces philosophes s'interrogeaient aussi sur le rapport entre le travail et la valeur d'une marchandise. Jusqu'au XVe siècle règne en Europe le régime féodal, dans lequel les paysans travaillent pour un seigneur qui leur apporte la protection. Jusqu'à cette période, les auteurs ne parlent que de justice sociale, de répartition des richesses, de propriété privée ou collective, mais ne s'intéressent guère aux mécanismes techniques qui régissent l'économie. Puis, avec les conquêtes maritimes et la découverte du Nouveau Monde, apparaissent les grandes nations commerçantes (la Hollande, la Grande-Bretagne, la France…) et avec elles le *mercantilisme*, entre le XVIe et le XVIIIe siècle.

L'idée du mercantilisme consiste à affirmer que la richesse des États dépend de l'or et de l'argent qu'il y a dans les coffres de ces États, et donc d'une balance commerciale positive : il convient alors de favoriser les exportations *via* des subventions et de taxer les importations. Au XVIIe siècle, la déclinaison française du mercantilisme est portée par le puissant ministre des Finances de Louis XIV, Jean-Baptiste Colbert (1619-1683). Ce dernier va mettre en place une politique de commandes publiques, mais aussi instaurer le critère de qualité afin de concurrencer les produits étrangers. Cela signifie qu'il développe le secteur du luxe, mais aussi qu'il impose des normes dans l'industrie pour que les produits soient meilleurs. Et évidemment, les colonies jouent un rôle primordial dans cette dynamique. Rappelons que Colbert fut l'un des artisans de l'esclavagisme en France, initiateur du premier Code noir et créateur de la Compagnie française des Indes occidentales.

Le capitalisme apparaît dans sa première version moderne : pour se monter ou pour survivre, certaines sociétés divisent leur capital en parts que peuvent acheter des investisseurs différents, *via* des actions. C'est ainsi que naît la Compagnie anglaise des Indes orientales en 1599. À noter que le XVIIe siècle est celui de la première crise financière. Elle a lieu aux Pays-Bas, autour du marché des bulbes de tulipe dont les cours vont soudainement s'effondrer en 1637, après un engouement irrationnel. Il s'agit du premier cas répertorié de folie collective pour un produit absolument inutile au bien-être individuel ou collectif. Un désir artificiel, créé de toutes pièces par des facteurs non vitaux. La crise des tulipes évoque, de loin, celle des subprimes de 2007 dans la mesure où il s'agissait déjà d'une crise des crédits, avec des spéculateurs achetant des bulbes mais les payant plus tard dans l'espoir de les revendre entretemps en empochant un joli profit. Mais survint un moment où, les prix ayant trop grimpé, les acheteurs se firent rares. Badaboum ! Les racines, ou plutôt le bulbe, des crises économiques à venir étaient plantées.

Le mercantilisme n'est pas à proprement parler une théorie économique élaborée. Il s'agit davantage d'une politique commerciale fondée sur l'idée que la richesse d'un pays dépend des exportations qu'il convient d'encourager, tandis que les importations sont néfastes. Mais cette théorie est remise en cause. D'abord par les physiocrates, premier mouvement d'« économistes » dont la figure de proue est le Français François Quesnay (1694-1774). Les physiocrates sont des libéraux partisans du « laissez-faire » qui affirment que la richesse ne provient pas de l'or et de l'argent, mais de la terre et de l'agriculture. Selon Quesnay, seul le travail du paysan associé aux ressources offertes par la nature permet de dégager un excédent, contrairement à l'industrie et au commerce, considérés comme stériles. Cette théorie, largement contestée depuis, est en réalité très avant-gardiste car elle préfigure la distinction actuelle entre « économie réelle » et finance. Le mercantilisme a ensuite été dézingué par Adam Smith, inspiré par John Locke et David Hume

(1711-1776). Smith affirme que le libre-échange profite à tous les pays car il génère un marché en perpétuelle expansion. Cette théorie est reprise en chœur dans les années 1950 par les pays occidentaux qui créent les zones de libre-échange comme l'Union européenne ou l'accord de libre-échange nord-américain (ALENA) entre les États-Unis, le Canada et le Mexique (1994). Ce sont ces zones qui sont aujourd'hui remises en cause par ceux qu'on appelle les « protectionnistes », lesquels souhaitent à nouveau protéger les frontières de leur pays contre la concurrence, comme au temps du mercantilisme. Il faut dire qu'entre-temps sont apparues les multinationales, la mondialisation, les nouvelles économies, la fin de l'esclavage et des colonies... Bref, les règles de l'économie ne sont pas immuables et changent au gré de l'histoire.

Adam Smith a été le premier « vrai » théoricien de l'économie moderne pour la simple raison que, avant le XVIIIe siècle, la société de marché était finalement assez limitée. La révolution industrielle allait tout changer. Smith a inspiré l'école d'économistes que l'on appelle les « classiques » et qui ne sont évidemment pas d'accord entre eux sur tout : David Ricardo (1772-1823), Thomas Robert Malthus (1766-1834), Jean-Baptiste Say (1767-1832), Frédéric Bastiat (1801-1850) et le philosophe utilitariste John Stuart Mill en font partie. Mill est le plus « à gauche » de ces économistes. Il met la question sociale au centre de sa réflexion. Bien avant Keynes, que nous allons croiser dans un instant, il insiste sur l'importance de l'État dans la distribution des revenus et la réduction des inégalités. En tant qu'utilitariste, il considère, comme Jeremy Bentham (1748-1832), que le fondement de la morale réside dans le plus grand bonheur pour le plus grand nombre. Mill avait de la sympathie pour le socialisme et l'économie coopérative. On peut également le considérer comme le précurseur du « développement durable », car il avait déjà compris l'impasse de la croissance économique qui génère une société où « la vie de tout un sexe est employée à courir après les dollars et la vie de l'autre à élever des chasseurs de dollars ». Comme Ricardo, il prévoyait un « état stationnaire » de l'économie, où capital et population cesseraient de croître. Ce n'était pas une perspective désagréable pour Mill : chacun pourrait cesser d'être obsédé par la recherche de profit et consacrer son temps à des activités plus utiles comme l'éducation, l'art ou le sport. Mill est perçu comme le fondateur du *social-libéralisme*, une sorte de lien entre Smith et Karl Marx. Ce dernier poursuit les réflexions des classiques, mais pour en tirer des conclusions inverses et prédire l'effondrement du capitalisme, après avoir dénoncé ce système qui repose sur l'exploitation du travail d'une majorité d'individus par une minorité qui possède les moyens de production. Marx est remis en cause par les libéraux, évidemment, mais aussi par un anarchiste comme Mikhaïl Bakounine (1814-1876), fondateur du *socialisme libertaire* qui prévoit que la réalisation des théories marxistes aboutirait à « l'application du capital à la production par le seul banquier, l'État », et que l'État ne se comporterait guère mieux que les banquiers et les patrons. Marx, considéré parfois comme le dernier des classiques, est le principal représentant d'un courant de pensée intitulé, de manière très opportune, le *marxisme*.

Ensuite, les choses se compliquent un peu. Il faut s'accrocher pour suivre. Au XIXe siècle apparaissent les « néoclassiques » dont les fondateurs sont William Stanley Jevons (1835-1882), Carl Menger (1840-1921) et Léon Walras (1834-1910). Avec les néoclassiques, le point de vue sur la valeur d'une marchandise va changer. Prenons quelques instants pour expliquer ce point qui illustre combien les économistes sont largués.

Adam Smith affirme que les mercantilistes se sont trompés : pour lui, ce qui fait la richesse, ce n'est pas l'accumulation de métaux précieux, c'est le travail. D'après lui, la valeur d'un bien est liée à la quantité de travail que cette marchandise permet d'acheter. Ce n'est pas tout à fait exact, affirme Ricardo, suivi par Marx (même si ce dernier chipote sur certains détails), selon lesquels la valeur d'un bien est liée à la quantité de travail nécessaire à sa fabrication. Mais les néoclassiques affirment que Ricardo s'est trompé : la valeur d'un bien dépendrait en fait de son utilité, c'est-à-dire de l'intérêt subjectif de chaque personne pour ce bien. Exemple : l'eau. Si l'on se trouve dans un endroit où il y a de l'eau à profusion (et si en plus il pleut !), alors l'eau ne vaut rien ou pas grand-chose. Si en revanche je suis au milieu du désert et que je meurs de soif, alors l'eau devient un bien précieux. Walras privilégie la rareté pour définir la valeur tandis que Jevons et Menger penchent pour l'utilité ou la nécessité du bien. Les néoclassiques développent le concept d'*utilité marginale décroissante*

(UMD), concept qui allie psychologie et économie : plus on consomme un bien, moins celui-ci nous apporte de satisfaction, et son prix baisse. L'exemple classiquement utilisé pour illustrer cette théorie est celui des chocolats : si je mange un chocolat, j'adore. J'en veux un autre. Mais plus j'en mange, moins la satisfaction que j'en retire (et donc l'utilité) est grande, car je suis peu à peu rassasié, voire écœuré. Ce sont donc l'offre et la demande qui déterminent le prix de l'objet, en fonction de son utilité. Problème : cette règle ne se vérifie pas toujours : la drogue, par exemple, ne perd pas son attrait au fur et à mesure de la consommation, au contraire.

Les néoclassiques sont à l'origine de la *révolution marginaliste*, c'est-à-dire l'idée que la valeur d'un bien dépend de son « utilité marginale », soit l'utilité que l'on peut tirer de la consommation supplémentaire d'un bien ou d'un service.

Avec les néoclassiques apparaît également la « science économique », qui considère que l'économie s'appuie sur des mécanismes mathématiques et des lois scientifiques. Walras cherche à déterminer un cadre scientifique complet pour l'économie et défend la théorie de l'« équilibre général » qui consiste à croire en un marché pur s'équilibrant avec exactitude car il suit un comportement parfait entre offre et demande, entre production, consommation et prix. Comment est-ce possible ? Parce que les consommateurs sont rationnels. Ce point hautement contestable est contesté, notamment au XXe siècle par les psychologues israéliens Daniel Kahneman (né en 1934), prix Nobel d'économie en 2002, et Amos Tversky (1937-1996), par le français Raymond Boudon (1934-2013) et par le philosophe norvégien Jon Elster (né en 1940). L'économiste britannique ultralibéral Friedrich Hayek, sur lequel nous allons revenir, remet également en cause la modélisation mathématique de Walras.

Le tournant « scientifique » des néoclassiques est essentiel dans l'histoire de l'économie car, dès lors, tout un courant (celui qui est aujourd'hui majoritaire) évacue les questions de morale et de rapports sociaux (Smith était un philosophe moraliste, souvenez-vous) pour privilégier une approche qui ne tient compte que d'équations et de théories mathématiques. À cette époque naît l'idée que le critère principal à modéliser est l'utilité, c'est-à-dire le profit du producteur et la satisfaction du consommateur. Dès lors, le culte de la croissance est enclenché.

Notez que les économistes se divisent dès lors en deux catégories : les orthodoxes et les hétérodoxes. Pour les orthodoxes, les agents sont rationnels et se décident en fonction des coûts et des bénéfices, et il est donc possible de classer l'économie dans la catégorie des sciences exactes. Les hétérodoxes, en revanche, croient que les consommateurs sont imprévisibles. Ils préfèrent choisir le prisme des sciences sociales ou de la philosophie politique pour étudier l'économie.

Un homme va contester à la fois le travail de Marx, qu'il estime « faux d'un point de vue scientifique », et la main invisible de Smith. Il s'agit de John Maynard Keynes (1883-1946), qui prône pour sa part un capitalisme régulé. Il a vécu, entre autres, la crise de 1929 qui démontre à elle seule qu'un marché livré à lui-même, sans garde-fous, devient incontrôlable et génère le pire. En 1936, il publie *La Théorie de l'emploi, de l'intérêt et de la monnaie*, dont la thèse centrale est une remise en cause des théories néoclassiques : selon Keynes l'économie a besoin d'être équilibrée par l'intervention de l'État. Keynes s'oppose aussi à Smith et à Ricardo sur le rôle de la monnaie. D'après les classiques, la monnaie sert simplement d'intermédiaire dans les échanges mais n'a aucune influence sur l'économie. Keynes explique au contraire que la monnaie joue un rôle considérable, parce qu'elle est une réserve de valeur et qu'on peut donc choisir de l'épargner, ce qui influe sur la quantité d'argent en circulation, sur la croissance et sur l'emploi. Les keynésiens vont régner sur l'économie jusqu'au début des années 1970, jusqu'à ce que les crises économiques de 1973 et 1979 les démodent, et juste avant que ne s'effondrent à l'Est les systèmes se revendiquant de Marx. La voie était libre pour le retour du point de vue néoclassique et pour que s'impose ensuite en Occident un nouveau modèle de capitalisme sans foi ni loi, destructeur des protections sociales et des services publics : le néolibéralisme. Celui-ci se construit autour de deux figures principales : Friedrich Hayek – le voici donc – et Milton Friedman. En plus de leurs idées, les deux hommes ont en commun d'avoir, séparément, obtenu le prix Nobel d'économie [1].

---

1. Quelle drôle de distinction que ce prix Nobel d'économie ! Les néolibéraux ont souvent été récompensés mais, en 1988, il a été attribué à l'un de leurs adversaires, le Français Maurice Allais, économiste libéral mais protectionniste opposé aux thèses de Friedman et notamment à la déréglementation. Il fut l'un des rares à prédire la catastrophe financière des années 2000.

Hayek appartient à l'*école autrichienne*, *libertarienne*, fondée par Ludwig von Mises (1881-1973), à moins que ce ne soit par Carl Menger, précédemment cité, car les avis divergent sur ce point. Leur credo : l'absence totale d'État, la liberté absolue. Pour cette raison, certains les appellent « anarcho-capitalistes ». Hayek dit de Keynes qu'il est « un homme de grande intelligence mais aux connaissances limitées en économie [1] ». Il s'en prend aussi à Friedman, qui selon lui se trompe sur de nombreux points. Milton Friedman, qui fut conseiller du président Nixon, appartient à l'*école monétariste*. Il considère que les keynésiens se sont trompés dans leur lecture de la courbe de Philips, qui relie taux de chômage et taux d'inflation. D'après les monétaristes, le problème n'est pas le chômage (il existe selon Friedman un « taux de chômage naturel »), mais l'inflation. Or cette inflation, disent les monétaristes, est causée par l'augmentation de la masse monétaire. Il faut donc limiter l'émission de monnaie et augmenter les taux d'intérêt. Par ailleurs, pour Friedman, les politiques de relance ne servent à rien puisqu'elles tardent toujours à être mises en place et que leurs résultats arrivent trop tard, preuve supplémentaire que l'État doit s'abstenir de toute action. Car avec Friedman, évidemment, l'État est prié de n'aider personne : pas de salaire minimum, pas de protection du salarié, etc. L'État est néanmoins bienvenu chez les néolibéraux quand il s'agit de favoriser les entreprises en abaissant leurs charges et leurs impôts ou en leur accordant des subventions. C'est ce qu'on appelle la *politique de l'offre*, qui s'oppose à la *politique keynésienne de la demande*. Cette dernière recommande au contraire, pour la bonne santé de l'économie, de privilégier le pouvoir d'achat des consommateurs et les dépenses publiques. Friedman est en outre rattaché à un courant qu'on a nommé l'*école de Chicago* car la plupart de ses représentants sont issus du département d'économie de l'université de cette ville. Les théories de l'école de Chicago ont orienté les choix de la Banque mondiale et du FMI dans les années 1980 et 1990, en exigeant des pays aidés qu'ils réduisent les déficits en coupant dans les budgets publics et

---

1. F. Hayek, *Choice in Currency, A Way to Stop Inflation*, The Institute of economic affairs, 1976, p. 10 : « *A Man of Great Intellect but Limited Knowledge of Economic Theory* ».

qu'ils privatisent les entreprises. Les préceptes de l'école de Chicago ont été appliqués dans plusieurs pays d'Amérique latine pour les sortir de la crise en imposant leurs solutions résumées sous l'appellation « consensus de Chicago ». L'université de Chicago, en particulier, a noué un partenariat avec une université chilienne et a formé des dizaines d'étudiants chiliens surnommés les « Chicago boys [1] ». Ceux-ci ont soutenu le général Augusto Pinochet après son coup d'État – favorisé par la CIA – contre le président socialiste, démocratiquement élu, Salvador Allende. À partir de là, le Chili a vécu à l'heure néolibérale, en réprimant toute forme de contestation par des arrestations ou des assassinats. Sans le cadre posé par des institutions démocratiques fortes, le libéralisme débridé prôné par Friedman aboutit à un état de terreur, dans lequel une minorité de privilégiés s'enrichit aux dépens d'une majorité réprimée. Lorsque la dictature chilienne a pris fin, en 1990, beaucoup des économistes conseillers du pouvoir se sont recasés en prenant la tête d'entreprises qu'ils avaient eux-mêmes privatisées.

Le monétarisme et la libération totale des marchés sont aujourd'hui largement remis en cause par la réalité qui voit se multiplier les cycles d'expansion et de récession. Difficile de nier que ceux qui croient à l'autorégulation heureuse des marchés sont à côté de la plaque. La dérégulation, on l'a vu à de multiples reprises, entraîne des faillites puisqu'elle encourage les emprunts à risque. La rationalité prétendue du marché est illusoire. C'est ce qu'explique l'économiste américain Hyman Minsky (1919-1996), qui avait prévu le krach de 2007-2008. Dès les années 1980, il avait alerté sur l'instabilité du système capitaliste moderne, financier, fondé sur une relation prêteur-emprunteur qui s'exprime à travers des produits financiers complexes. En effet, en période de croissance, lorsque l'économie se porte bien, les investisseurs cherchent sans cesse à gagner plus. Ils prennent donc toujours davantage de risques. Or il survient un moment où les investisseurs surendettés sont obligés de vendre leurs actifs pour récupérer des liquidités, et ce moment engendre une spirale dépressive. De ce fait, un système de régulation est obligatoire. Minsky soutient par ailleurs que, depuis la

---

[1]. Ils formeront aussi des étudiants venus d'autres pays d'Amérique latine (Mexique, Argentine, Pérou, Brésil…).

Seconde Guerre mondiale, les économies des grands pays ne sont plus dirigées par les gouvernements ni même par les grandes entreprises, mais par les marchés – une vérité que beaucoup d'hommes politiques essaient encore de démentir.

Minsky appartient à une école de pensée économique qu'on appelle les *postkeynésiens*. Les écoles nouvelles pullulent aujourd'hui : les *néokeynésiens*, les *Nouveaux Classiques*, l'*École du choix public*, l'*École de l'offre*, l'*École de la régulation*, l'*École de la synthèse*, l'*École du déséquilibre*, l'*École des conventions*, etc. De nouveaux économistes intègrent la psychologie du comportement dans leurs analyses, et de nouveaux modèles mathématiques voient le jour. Il serait bien trop tentant d'entrer ici dans les détails.

La très brève histoire des économistes que nous venons de parcourir permet de comprendre que l'économie n'est pas une science dure comme peuvent l'être les mathématiques, la physique ou la biologie. Il est impossible de synthétiser intégralement les phénomènes économiques en un ensemble d'équations auxquelles nous, individus, devrions nous soumettre comme nous nous soumettons à la loi de Newton. Qu'ils appartiennent à une même époque où qu'ils se répondent à plusieurs siècles d'intervalle, les économistes se contredisent perpétuellement, et parfois sur des notions de base. Cela les différencie grandement des vrais scientifiques, dont la matière évolue sans cesse mais qui, au fur et mesure des découvertes, s'accordent sur un *corpus* de connaissances communes qu'il ne viendrait à l'idée de personne de contester, tant elles ont été vérifiées par l'expérience. Aucun physicien ne remettrait aujourd'hui en cause l'existence des atomes, et le fait que ces atomes sont composés d'un noyau qui représente 99,9 % de leur masse ainsi que d'électrons qui gravitent autour de ce noyau. Personne n'ira affirmer que les atomes ont deux noyaux, ou que seuls vingt-cinq atomes différents existent dans l'univers. Aucun scientifique sérieux ne soutiendra en 2017, comme Empédocle au Ve siècle avant J.-C., que toute matière est issue des quatre éléments fondamentaux, à savoir la terre, le feu, l'eau et l'air.

Les raisons de ces désaccords permanents entre écoles et courants sont simples : d'une part l'économie se transforme avec le temps. Elle n'est pas constituée d'agrégats immuables et doit donc comprendre et relier entre elles des données que le contexte ne cesse de modifier. Les manufacturiers et les marchands de Smith ont ainsi été remplacés par des industriels et des financiers. D'autre part, chacune des théories repose sur des hypothèses orientées qui sont en fait l'expression de croyances, d'idéologies, d'opinions et de souhaits personnels. Selon que l'on considère que le marché est « naturellement bon » ou au contraire qu'il conduit à la catastrophe, on optera pour des modèles très différents. Selon que l'on considère que les individus doivent décider librement ou au contraire que la société doit choisir pour eux, selon que l'on cautionne une société injuste ou au contraire qu'on la condamne, selon le niveau de gratification que la société nous a accordé, les théories s'adapteront.

L'économie n'est pas une science exacte, elle ne l'a jamais été et elle ne le sera jamais. En revanche, il est commode aux tenants de l'injustice organisée de prétendre qu'elle en est une, car cela leur permet de présenter leurs choix idéologiques comme des vérités de la nature. C'est la raison pour laquelle le néolibéralisme ne peut pas être moralisé. Il n'y a aucune place pour l'éthique dans son fonctionnement intrinsèque, contrairement au keynésianisme qui se veut la proposition d'un modèle de société prenant conscience de la responsabilité collective et de la nécessité de garantir un bien-être maximal au plus grand nombre.

Les mercantilistes se sont trompés. Les physiocrates se sont trompés. Adam Smith et les classiques se sont trompés. Les keynésiens se sont trompés. Les néolibéraux se sont trompés. Les agences de notation se sont trompées. Le FMI et la Banque mondiale se sont trompés. Karl Marx ? Il a eu d'excellentes intuitions, mais sa théorie du matérialisme historique et dialectique mérite d'être réactualisée. Tout cela n'encourage guère à la confiance envers les grands penseurs qui prétendent savoir mieux que le peuple ce qui est bon pour lui. D'autant que les politiques et les intellectuels aujourd'hui aux commandes sont guidés par des certitudes irrationnelles ou des intérêts personnels qui les poussent à mentir.

Les règles incompréhensibles de l'économie

Vous ne comprenez rien à l'économie ? Normal, c'est fait exprès. Il existe bien en la matière quelques règles que nous connaissons tous. Par exemple, je sais que si je gagne 1 000 euros et que j'en dépense 200, il m'en reste 800. Je sais aussi que si j'en dépense 1 500, je devrai alors 500 euros à ma banque. Et sans doute davantage car elle me facturera des pénalités pour me punir d'avoir utilisé plus d'argent que je n'en possédais. Je sais encore que si je ne dépense pas ces 1 000 euros mais que je les dépose sur un livret rémunéré à 5 %, j'aurai 1 050 euros au bout d'un an. Voilà. Ces règles assimilables par un enfant de huit ans sont à peu près tout ce que les banques, les entreprises et l'État complice nous demandent de savoir. Pour le reste, non seulement nous ne sommes pas obligés de connaître quoi que ce soit, mais tout est fait pour que nous en comprenions le moins possible. Pour découvrir les mécanismes de l'économie, nous devons attendre qu'une crise les mette en lumière : on découvre alors, surpris, l'existence des *produits dérivés toxiques*, de la *titrisation*, des *CDO*, des *swaps* ou autres *back-offices*.

Disons-le franchement : la très grande majorité de citoyens est archi-nulle en économie, ce qui représente tout de même un gros problème dans une société qui a fait de l'argent la principale préoccupation collective et individuelle. La non-maîtrise des questions économiques par la population est une aubaine pour le personnel politique allié aux métiers de l'argent : ensemble ils peuvent nous faire gober n'importe quoi, puisque nous sommes priés de les croire sur parole. Cela étant dit, les dirigeants politiques ne connaissent souvent rien non plus en économie, ce qui n'est guère surprenant dans la mesure où les économistes eux-mêmes, nous venons de le voir, sont régulièrement désarçonnés par leur matière. Pour faire bonne figure, les politiques ignares sont donc épaulés par des armadas de conseillers qui gèrent tous les aspects techniques particulièrement complexes des dossiers économiques. On ne demande pas à ces conseillers d'apporter des analyses éclairées, mais simplement d'aider à la mise en place de choix politiques idéologiquement orientés. En tant que telle, l'économie se résume pourtant à deux questions très simples :

1. Comment s'organiser pour créer les biens et les services dont chacun a besoin pour vivre ?

2. Souhaite-t-on partager les richesses et le bien-être produits, et, si oui, jusqu'à quel point ?

Toutes les autres questions découlent de celles-ci.

Sachant que ceux qui sont au pouvoir aujourd'hui dans presque tous les pays industrialisés appartiennent à la classe des privilégiés et qu'ils n'ont dans leur entourage que d'autres privilégiés (des politiques confortablement rémunérés, des grands patrons, des avocats, des artistes célèbres, des lobbyistes divers et variés), ils promeuvent logiquement le choix de l'inégalité entretenue puisqu'ils en bénéficient eux-mêmes et considèrent qu'ils méritent, tout comme leurs amis, les avantages dont ils disposent.

Ainsi résumée, l'histoire est irracontable puisqu'elle mène logiquement à un soulèvement populaire potentiellement coupeur de têtes. Les choix économiques des dirigeants sont donc toujours justifiés par la recherche officielle du bien collectif, ce bien collectif s'organisant autour de deux dogmes que partagent presque tous les partis politiques : le plein emploi et la consommation. On doit tous bosser et acheter des trucs. Mais, surtout, les peuples sont de nos jours sommés de se soumettre à des « règles économiques » que les dirigeants imposent comme des vérités aussi inaliénables que des théorèmes mathématiques.

L'Europe autorise pour les États membres un endettement qui ne dépasse pas 60 % de leur PIB et un déficit qui ne dépasse pas 3 % de ce PIB. Ces chiffres découlent des « critères de Maastricht » ou « critères de convergence ». D'où viennent ces injonctions chiffrées qui nous sont vendues comme des vérités aussi certaines que l'eau bout à 100 °C ?

Le déficit à 3 % n'a aucune justification économique : il est sorti de l'esprit de hauts fonctionnaires du ministère des Finances au début des années 1980. Il n'était à l'origine qu'une astuce de communication, un ratio bidon qui n'avait d'autre objet que de permettre au président Mitterrand de brandir un argument mathématique à ses ministres trop gourmands en budget. L'un des hauts fonctionnaires en question, Guy Abeille, a raconté : « On a imaginé ce chiffre de 3 % en moins d'une heure, il est né sur un coin de table, sans aucune réflexion théorique. [...] Mitterrand [voulait] qu'on lui fournisse rapidement une règle facile, qui sonne économiste et puisse être opposée aux ministres qui défilaient dans son bureau pour lui réclamer de l'argent. » Pourquoi 3 % et pas 2 % ou 4 % ? « C'est un bon chiffre, un chiffre qui a traversé les époques, cela faisait penser à la Trinité »[1]. Ce chiffre de 3 % a ensuite été repris par les traités européens. Par ailleurs, les économistes ont calculé qu'avec un taux de croissance de 5 %, une inflation de 2 % et un déficit de 3 %, la dette maximale est de 60 %. Voilà l'explication de cette deuxième contrainte, qui n'a guère plus de sens que la première puisque l'une de ses données n'en a pas[2]. Ces règles budgétaires strictes n'ont aucun sens économique, et même le FMI le reconnaît dans un rapport de 2015, qui note « l'incohérence » de ces normes en cas d'inflation et de croissance faibles. Par ailleurs, la réalité des faits prouve que le volume d'une dette ne dit rien en lui-même de la santé économique du pays qui la supporte car d'autres critères doivent être pris en compte comme la croissance ou le profil des créanciers. La dette du Japon, par exemple, s'élève à 200 % du PIB. Mais cela ne pose pas de problème particulier : le Japon emprunte à des taux très faibles et ne connaît pas de défaut de paiement, notamment parce que sa dette est détenue à 90 % par des investisseurs japonais et non étrangers

---

1. « Faut-il vraiment payer toute la dette ? », *Le Monde diplomatique*, octobre 2014.
2. E. Pommiers, « Pourquoi doit-on garder un déficit public inférieur à 3 % du PIB ? », *Le Monde*, 18 avril 2017.

– parmi lesquels la Banque du Japon. Le chiffre de 3 % ne montre rien de significatif non plus : le déficit du budget est-il dû à des investissements de long terme ou à des dépenses de fonctionnement injustifiées ? En réalité, ces normes chiffrées irrationnelles sont aujourd'hui les instruments idéaux d'une Europe soumise à la logique néolibérale, puisqu'ils obligent à des coupes budgétaires et donc à un désengagement de l'État au profit du privé.

L'argent ne récompense ni le risque, ni le mérite

Les laudateurs du capitalisme contemporain justifient les rémunérations indécentes des plus riches – patrons et banquiers – en affirmant qu'elles récompensent un risque. Première surprise : la prise de risque est-elle une attitude qui mérite absolument une considération supérieure à toutes les autres ? Pourquoi celui qui prend un risque devrait-il être plus valorisé que celui qui apporte du réconfort, du savoir, ou qui soigne ses compagnons ? Dans aucun enseignement spirituel la prise de risque n'est assimilée à la progression morale. Les comportements recommandés sont plutôt la générosité, l'humilité ou encore la tolérance. Mais soit, admettons. Le risque peut être assimilé au courage, qui est une qualité indéniable. Mais alors, les cascadeurs ou les *base jumpers* devraient figurer parmi les personnes les plus riches de la planète. On peut objecter à cette remarque que la prise de risque, pour être récompensée, doit avoir des retombées positives sur l'ensemble de la communauté. Est-ce le cas de toutes les entreprises et de toutes les banques qui ont enrichi leurs patrons ? Non. Certaines entreprises nuisent même au bien-être et à la santé des citoyens, comme toutes celles qui fabriquent des cigarettes, mais aussi des sodas ou des objets débiles. Les banques, dont les dirigeants se sont goinfrés depuis dix ans, ont considérablement nui à la collectivité en ruinant des particuliers modestes et en déclenchant la récession. Que dire des sociétés qui ne prospèrent que parce qu'elles exploitent des travailleurs, parfois mineurs, dans des pays peu développés ? Par ailleurs, si le risque est récompensé en fonction du bien qu'il génère, les pompiers, les policiers qui combattent le banditisme, et *a fortiori* les soldats de la paix, qui mettent leur vie en danger pour servir les citoyens, devraient toucher des salaires élevés. Or ils ne gagnent que le minimum. Comment cela peut-il se justifier ? Je ne vois qu'une explication : la prise de risque dont les ultralibéraux font l'apologie n'est ni physique ni altruiste. On parle d'un autre risque. Lequel ? Sans doute le risque de perdre de l'argent. Voilà l'argument auquel les ultralibéraux nous ramènent en réalité : les patrons très riches ont pris le risque d'investir des sous.

Deux objections s'imposent :

1. Une société moralement évoluée ne peut accepter de récompenser le risque financier plus que le risque vital.

2. Les ultrariches ne risquent en réalité rien du tout, pas même leur portefeuille.

À quelques rares exceptions, les plus aisés des grands patrons n'ont jamais mis leur confort en péril une seule fois dans leur vie. Souvent issus de castes familiales, amicales ou sociales favorisées, ils occupent des postes que leurs réseaux leur ont offerts, et un revers ou un échec ne leur coûte en réalité pas grand-chose : ils ne perdent pas pour autant leurs résidences secondaires avec piscine chauffée ni leurs revenus confortables. Un patron de PME payé 80 000 euros annuels risque beaucoup plus que le P-DG rémunéré 5 millions.

Voyons maintenant l'argument du mérite. D'abord, nombre de très riches n'ont absolument fait aucun effort pour conquérir leur fortune. Ils se sont contentés de récupérer un empire bâti par d'autres. D'après le classement des milliardaires FoUrbes, il y avait plus de 2 000 milliardaires dans le monde en 2017. Parmi eux, trente-neuf Français. Et parmi ces trente-neuf Français, une moitié seulement est composée d'entrepreneurs. L'autre moitié, ce sont des héritiers. Si l'on s'intéresse simplement aux dix premiers de ces milliardaires, la proportion d'héritiers passe à 70 %. « Cela démontre que si l'esprit d'entreprendre est bien présent en France, l'accession à la grande fortune se fait davantage sur le tard et est largement facilitée par les héritages familiaux », écrit le magazine [1].

---

1. « Classement Forbes 2017 des milliardaires français », *Forbes*, 5 avril 2017.

Les humains les plus riches de la Terre sont, par ordre décroissant : Bill Gates, Amancio Ortega Gaona, Warren Buffet, Carlos Slim, Jeff Bezos, Mark Zuckerberg, Larry Ellison et Michael Bloomberg. Ces huit hommes cumulent 500 milliards de richesses [1]. Le *number one*, Bill Gates, possède à lui seul 75 milliards de dollars. S'il place cette somme contre un rendement à 2 %, cela lui rapporte 1,5 milliard de dollars par an, soit plus de 4 millions de dollars par jour. Je ne connais aucun argument sérieux qui saurait justifier un tel racket sur les richesses mondiales. Sous ses airs de gentil benêt à lunettes, Bill Gates est un rapace qui n'a pas grand-chose à voir avec l'image de philanthrope qu'il essaie de s'acheter avec ses fontaines de fric. Il est vrai qu'il a créé une fondation *pour faire le bien*. Il a raison. C'est gentil de faire le bien en accordant l'aumône à de gentils pauvres africains, ceux-là mêmes qui sont maintenus dans la misère par la politique de grosses sociétés comme Microsoft. Il y a quelques années, une enquête de France 2 avait attiré l'attention sur le fait que non seulement la Fondation Gates n'investit que les dividendes de la fortune de l'ex-*nerd*, mais qu'en plus cet argent est placé dans des sociétés aussi peu recommandables que des industries de l'armement ou des banques accusées d'avoir causé la crise financière [2]. Et, surtout, comment oser se déclarer philanthrope quand on a bâti sa fortune en verrouillant le marché du système d'exploitation et des logiciels de bureautique, en obligeant les consommateurs à payer sans cesse pour ces programmes imposés qui auraient tout à fait pu être offerts comme des logiciels libres ?

Benjamin Franklin, que je cite avec plaisir une nouvelle fois dans ce livre, a inventé le paratonnerre, les lunettes à double foyer et, parmi d'autres choses encore, un poêle de chauffage révolutionnaire. Il n'a pourtant jamais gagné d'argent avec ses découvertes, qu'il a toutes placées dans le domaine public. Dans ses *Mémoires*, Franklin raconte qu'il a refusé le brevet qu'on lui proposait pour la vente exclusive de son poêle. Il justifie ainsi son refus : « Comme nous retirons de grands avantages des inventions des autres, nous

---

1. A. Massiot, « Qui sont les huit hommes les plus riches au monde ? », *Libération*, 17 janvier 2017.
2. *Le Monde selon Gates*, Envoyé Spécial, France 2.

devons être charmés de trouver l'occasion de leur être utiles par nos propres inventions, et nous devons le faire largement et généreusement[1]. » Dans ses différentes vies, Benjamin Franklin a toujours eu comme préoccupation première le service de la communauté. Son point de vue nous oblige à l'humilité et à la générosité : il nous rappelle que le bénéfice que nous apportons un jour à notre groupe n'est que la conséquence des bénéfices que nous avons nous-mêmes reçus de ce groupe pendant toute notre vie. En effet, si l'un d'entre nous est capable d'inventer une chose qui se révèle utile à une partie ou à la totalité des citoyens, c'est bien qu'il a bénéficié du savoir accumulé pendant des milliers d'années par nos ancêtres, puis du système éducatif qui lui a transmis ce savoir. Même son imagination et son intelligence ont été stimulées par un environnement particulier. Quelle erreur que de penser l'inventeur en loup solitaire qui se distingue de la meute par un talent transcendant ! Certes, il est souvent doté d'une intuition et d'une capacité de raisonnement qui le différencient du commun des mortels, mais il n'a pas pour autant travaillé seul, à partir de rien. Nous ne sommes que le prolongement d'autres êtres et d'autres idées. Et lorsque nous accouchons d'une œuvre originale, celle-ci s'est en réalité nourrie de centaines d'autres qui l'ont précédée et annoncée. Toute invention est une œuvre collective et tout inventeur n'est que le porte-parole de ce collectif. Alors partageons nos idées, comme nous devrions partager le pain et l'abri. Le partage est la promesse d'une société apaisée qui refuse d'encourager la guerre entre les individus.

Bill Gates n'a de toute façon rien accompli d'exceptionnel. Il a inventé un langage informatique. Disons qu'il s'est trouvé au bon endroit, au bon moment, avec les bons partenaires. Rien en tout cas qui justifie son opulence hors normes. Et les autres ? Gaona : un marchand de fringues (Zara). Buffet : un investisseur. Slim : un marchand de téléphones. Bezos : un vendeur en ligne (Amazon). Zuckerberg : un créateur de réseau social qui a piqué l'idée à d'autres. Ellison : un informaticien qui a créé un « système de gestion de base de données ». Bloomberg : il a vendu des informations financières. Lequel de ces personnages a rendu un service inestimable à l'humanité, qui surpasserait tous les autres services rendus

---

1. B. Franklin, *Mémoires*, *op. cit.*, p. 224.

par les milliards d'autres humains de leur temps ? Aucun n'a risqué sa vie ni sa santé pour la communauté, aucun n'a réalisé une découverte majeure – médicale, par exemple –, aucun n'a fait avancer la sagesse humaine. Tous ces milliardaires sont avant tout des faiseurs de fric, des businessmen. Ils sont richissimes parce qu'ils ont été plus chanceux et plus avides que les autres, et non parce qu'ils ont été plus géniaux.

Voyons maintenant les niveaux de rémunération des patrons actuels. D'abord, leurs salaires n'ont aucun rapport avec une quelconque quantité de travail. Au début du XXe siècle, le banquier John Pierpont Morgan (1837-1913) recommandait un écart de 1 à 20 entre le plus bas et le plus haut salaire d'une entreprise. Il est désormais de 1 à 200 pour les sociétés du CAC 40. Les patrons d'aujourd'hui ne travaillent pourtant pas dix fois plus que leurs homologues du siècle dernier. Ensuite, si l'on étudie la performance, on observe que les salaires des patrons sont aisément déconnectés des résultats de l'entreprise. En 2006, Noël Forgeard a quitté la coprésidence d'EADS avec une indemnité de près de 10 millions d'euros, alors que la société affichait de mauvais résultats et venait d'annoncer un plan de 10 000 licenciements. Une enquête réalisée par *Capital* en 2013 avait pointé une vingtaine de patrons qui avaient gagné beaucoup trop d'argent l'année précédente, compte tenu des résultats modestes ou médiocres de leur entreprise. Étaient cités Lakshmi Mittal, le P-DG d'Arcelor Mittal, Gérard Mestrallet de GDF-Suez, Pierre-André de Chalendar de Saint-Gobain et Arnaud Lagardère [1]. En 2012, Jean-Bernard Lévy a été viré de Vivendi pour cause de résultats insuffisants. Il a tout de même touché plusieurs millions d'euros par an, et en a reçu quatre supplémentaires comme cadeau de départ. Tout va bien pour lui : après un passage par Thales, il est actuellement à la tête d'EDF.

L'actualité annonce chaque jour la mise à la rue de salariés. Mais elle raconte rarement l'histoire d'un patron millionnaire réduit à pointer aux Restos du cœur. Pourquoi ? Parce que celui-ci sera toujours épargné par la disgrâce, quelles que soient ses performances.

---

1. « Les 20 patrons trop bien payés », *Capital*, 16 septembre 2013.

Se vendre

Les réseaux sociaux sont-ils des révélateurs de personnalité ou modifient-ils au contraire la psychologie de leurs utilisateurs ? Un peu des deux sans doute. Deux attitudes récurrentes des locataires de cet univers numérique méritent en tout cas d'être questionnées : l'agressivité et la prétention.

La tendance à l'insulte sur Facebook, sur Twitter ou sur des forums de commentaires a été identifiée depuis longtemps. Ce qu'elle dit de ceux qui s'y livrent n'est pas glorieux, et la loi réprimande officiellement ces comportements. Problème : la loi elle-même est parfois virtuelle. Si elle a bien entériné le principe qui permet à toute personne menacée, calomniée ou injuriée par un tweet ou un post de se retourner contre son auteur, la procédure est bien trop longue, trop coûteuse et trop hasardeuse pour que tout un chacun ait le réflexe d'y avoir recours. De fait, les réseaux sociaux sont aujourd'hui un espace d'impunité pour de très nombreux agresseurs verbaux qui se cachent le plus souvent derrière l'anonymat. La mollesse de l'autorité publique sur ce sujet exprime le peu de cas que nos élus font de l'exercice démocratique, lequel nécessite un cadre moral strict. Empêcher les insultes et les allégations mensongères publiques qui prolifèrent grâce aux nouvelles technologies devrait être l'une des priorités d'une société civilisée, car cette nouvelle violence est aussi grave que celle, largement commentée, qui remplit les rapports de police et les chroniques judiciaires. Il s'agit de « coups et blessures avec arme par destination »

– smartphone ou ordinateur. Plus insidieuse, plus sournoise, faussement badine, cette violence est l'écho d'une population en roue libre qui prend peu à peu l'habitude de s'affirmer grâce au déversement des poubelles de sa conscience. Un débat civilisé ne peut tolérer des arguments qui émanent des égouts.

Plus intrigante encore, et pourtant moins remarquée, se révèle la prédominance du « moi-je » sur ces médias personnels. Après une hésitation assez banale pour un individu de ma génération, j'ai finalement cédé à l'injonction générale qui me suppliait de me plonger dans le grand bain de fraternité qu'incarnent ces moyens modernes de communication. J'y ai trouvé quelques avantages indéniables, comme des retrouvailles avec des personnes chères que la distance géographique et le temps avaient sorties de ma vie. Les réseaux sociaux sont aussi pourvoyeurs d'infos : certains articles d'actualité ou billets d'analyse partagés par les uns ou les autres de mes contacts se révèlent très instructifs. J'apprécie l'idée de cette revue de presse concoctée par une équipe que j'ai personnellement sélectionnée en fonction d'affinités et d'exigences personnelles, en lieu et place de celles qui me sont imposées à la radio le matin par des éditorialistes ennuyeux qui n'ont qu'un point de vue limité et partial à proposer.

Hélas, l'apport intellectuel que peuvent favoriser Facebook ou Twitter est minoritaire en comparaison des flots de nombrilisme que ces plateformes charrient, et tout spécialement la plus populaire d'entre elles, à savoir Facebook. Qu'y raconte-t-on généralement ? Moi, moi, moi, et encore moi : « Je suis en vacances. » « Je bois un verre. » « Je mange une choucroute. » « Je vois un ami. » « Je suis beau. » « Là je suis encore plus beau. » « Là ce sont mes enfants qui sont très beaux aussi. » Facebook est un îlot d'égotisme. Le royaume du moi-même. Un livre dont nous sommes le héros.

Suffit. Je n'en peux plus des sourires niais le long des piscines et au-dessus des nappes de resto, qui racontent la même chose : « Regardez-nous, nous sommes là, un peu inutiles et stupides dans le contentement de nous-mêmes, nous n'avons rien à dire de spécial, mais on tenait à vous le dire. » Si Facebook n'était qu'un sympathique et maladroit album de cartes postales, cela irait encore. Malheureusement, les contenus postés sont rarement des fenêtres sur le monde. Ils servent le plus souvent à proposer un portrait flatteur de leur auteur. « J'ai fait ceci », « J'ai fait cela », « J'ai ma photo dans le journal, regardez-moi », « Je suis invité au congrès interrégional des pêcheurs de palourdes, venez m'écouter », « J'ai écrit un magnifique livre que vous pouvez télécharger pour pas cher, achetez-le », « Je suis en vacances dans le plus bel endroit du monde, enviez-moi », « Demain je saute en parachute depuis mon balcon, soutenez-moi »... Bref, *je* est le sujet principal de l'œuvre facebookienne. Le smartphone sert à rédiger sa propre légende. Par leurs commentaires sirupeux, les « amis » bienveillants sont complices de cette vaste escroquerie où chacun joue le rôle qu'il a envie de se donner : « Oh bravo ma belle ! », « Tu es formidable ! », « Quel talent ! », « Vous êtes magnifique ! »... Autocongratulation à tous les étages. Sur Facebook, c'est comme ça, tout le monde il est beau, tout le monde il est gentil – sauf si vous êtes un personnage public, auquel cas je vous renvoie à un paragraphe précédent.

Sommes-nous entièrement responsables de notre propension au déferlement d'ego ? Il me semble plutôt que notre éducation imprégnée des ressorts du capitalisme dur nous y pousse. Toute notre vie, nous sommes encouragés à « nous vendre ». Telle est bien l'expression servie sans la moindre gêne aux étudiants qui cherchent un stage ou aux chômeurs en quête de travail. Comment une idée aussi cynique et dégradante a-t-elle pu s'imposer comme la norme, au point de ne choquer presque personne ? La réalité qu'elle décrit est pourtant dramatique. Nous voici réduits à l'état de machins, de trucs, de marchandises. On doit se mettre en valeur dans sa vie sociale et professionnelle comme on met en valeur un paquet de lessive à la télévision. Nous sommes donc tous des commerçants, occupés à vendre en priorité un produit : nous-même. Un souci cependant : combien valons-nous ?

L'homme qui valait 3 millions

« La vie ne vaut rien, mais rien ne vaut la vie », chante Alain Souchon, reprenant les mots d'André Malraux. Cet aphorisme ne se réduit pas à une douceur romantique habilement énoncée. Il résume parfaitement l'une des contradictions fondamentales qui expliquent la misère humaine. Dépassons la lecture superficielle de la formule qui peut s'entendre ainsi : « La vie est une suite de moments difficiles, mais les moments de bonheur à eux seuls justifient que l'on supporte tout le reste. » La question que soulève en réalité la phrase de Malraux est plus problématique : elle interroge la *valeur* de notre existence. Celle-ci est en fait tiraillée par deux forces contraires dont l'affrontement fait le bonheur des psys. D'une part, *notre vie ne vaut rien*, puisqu'elle peut s'arrêter d'un instant à l'autre et que notre présence sur terre sera rapidement oubliée et effacée des tablettes. D'autre part, *rien ne vaut notre vie*, puisque sans elle nous ne pouvons éprouver le monde, ce qui est tout de même assez gênant pour quiconque aime le cinéma, les chips, les jolies filles ou les beaux mecs. Nous serions donc prêts à donner tout ce que nous possédons et plus encore pour la préserver. Notre vie nous est inestimable, comme l'est celle de quelques-uns de nos proches, mais dans le même temps elle est quantité négligeable pour le reste de l'humanité. Même la disparition d'un grand artiste, dont l'œuvre nous accompagne au quotidien, ne crée qu'une émotion passagère.

Faisons une expérience de pensée. Imaginons que vous possédez un million d'euros sur votre compte en banque – comment les avez-vous obtenus ? En économisant toute votre vie, en héritant, en gagnant au loto ? Peu importe. On découvre que vous êtes atteint d'une maladie très rare et très grave qui ne vous donne pas plus d'un an à vivre. Cette maladie peut toutefois être soignée grâce à un traitement révolutionnaire très coûteux : le protocole revient à un million d'euros justement. Que faites-vous ? Payez-vous ou préférez-vous mourir au bout d'un an, en ayant conservé votre pactole ? La réponse à cette question peut évidemment être influencée par votre âge : à 90 ans, vous préférerez peut-être ne pas vous engager dans des traitements lourds et garder votre fortune intacte pour la léguer à votre famille. Mais notre expérience de pensée, pour être effective, admet l'hypothèse que vous êtes dans un âge qui vous promet encore de belles années. Dans ce cas, il est fort probable que vous préférerez dépenser vos économies pour vous soigner plutôt que de vous laisser mourir.

Imaginons maintenant que le malade ne soit plus vous, mais votre compagne ou votre compagnon. Votre réaction serait-elle la même ? Donneriez-vous votre million pour lui permettre de survivre ? Très probablement. Et si ce n'était ni vous, ni votre conjoint(e), mais l'un de vos enfants ou l'un de vos parents ? Là encore on peut facilement spéculer que dans la très grande majorité des cas, vous accepteriez de sacrifier vos économies pour payer le traitement. Mais s'il s'agit d'un cousin que vous ne voyez qu'une fois dans l'année ? ou d'un voisin ? Et s'il s'agit d'un parfait inconnu ? Donneriez-vous encore votre million d'euros, l'ensemble de vos économies, pour sauver la vie d'une personne que vous n'avez jamais vue et dont vous ne connaissez rien ? Il est probable que non. Car cette vie ne représente rien *pour vous*. Elle n'a donc aucune valeur. Dans les faits, la valeur de la vie n'est donc qu'une *valeur relative*, qui dépend du réseau affectif auquel elle est connectée, mais aussi de son utilité pour la société à laquelle elle appartient. La vie d'un président de la République, par exemple, est censée être plus importante que la vôtre ou la mienne. Et si la valeur de la vie est relative, alors nous sommes obligés de constater que toutes les vies ne se valent pas. Cette inégalité de fait est contraire à nos principes moraux et à nos lois qui accordent une valeur égale et absolue à toute vie humaine : « Les hommes naissent et demeurent libres et égaux en droits », promet l'article premier de la Déclaration des droits de l'homme de 1789. Ce que confirme la Déclaration universelle des droits de l'homme de 1948 : « Tous les êtres humains naissent libres et égaux en dignité et en droits. » Or parmi les droits accordés également à tous les hommes, il y a le droit de vivre [1]. Si tous les citoyens sont dotés d'un droit de vie similaire, cela signifie que la valeur de la vie de chaque citoyen devrait être équivalente. Mais c'est loin d'être le cas.

Notre vie a une valeur affective, mais également économique. Et là encore, vous allez voir, nous ne valons pas tous la même chose. Vous qui lisez ces lignes, si vous habitez en France, vous valez à peu près 3 millions d'euros.

Cela peut surprendre, mais ce chiffre est le fruit d'études très sérieuses qui sont résumées dans un rapport officiel d'avril 2013 à en-tête du Commissariat général à la stratégie et à la prospective, intitulé *Éléments pour une révision de la valeur de la vie humaine* [2]. Comme le souligne le rapport en introduction, l'évaluation du prix de la vie de chaque Français permet, tout simplement, d'estimer si un investissement dans le domaine de la santé, des transports, ou de l'environnement vaut vraiment la peine : « La référence d'une valeur de la vie humaine, qu'on qualifie ici de valeur de la vie statistique (VVS) pour éviter toute ambiguïté, devient incontournable dès lors qu'on cherche à apprécier l'impact d'une dépense, d'une réglementation ou encore d'un investissement sur le risque santé. Dans les évaluations des projets d'investissement du secteur des transports, par exemple, cette référence est utile pour apprécier les gains des investissements visant à réduire le risque d'accident sur les infrastructures ou encore pour apprécier les gains sanitaires obtenus par la diminution de la pollution atmosphérique à laquelle les transports contribuent de manière significative. »

L'idée paraîtra au choix cynique ou pragmatique, mais on se consolera en notant que notre valeur estimée a été multipliée par

---

[1]. « Tout individu a droit à la vie, à la liberté et à la sûreté de sa personne », art. 3 de la Déclaration de 1948.

[2]. L. Baumstark, B. Dervaux et N. Treich, *Éléments pour une révision de la valeur de la vie humaine*, Commissariat général à la stratégie et à la prospective, avril 2013.

six en vingt ans. En 1994, selon un premier rapport du Commissariat général du Plan, intitulé « Rapport Marcel Boîteux [1] », notre vie ne valait que 550 000 euros. En 2001, le « Rapport Boîteux II » réévaluait le prix de la vie à 1,5 million d'euros [2]. Le principe est en tout cas le suivant : avant de décider d'un investissement important pour la sécurité ou la santé publique, on calcule si celui-ci est rentable. « On ne peut pas se contenter de la technique du doigt mouillé vu l'état des ressources publiques. Si vous dépensez 100 millions d'euros sur un projet qui sauve peu de vies, vous ne pourrez pas les utiliser pour un projet qui en sauverait plus », explique Luc Baumstark, l'un des économistes auteurs du rapport de 2013 [3].

Pour arriver au chiffre de 3 millions, les chercheurs peuvent comparer ce que rapporte un individu à la société et ce que sa disparition engendre comme préjudice financier. Mais ils peuvent aussi se fonder sur la somme que nous sommes prêts à débourser pour protéger notre vie, par le biais d'investissements auxquels nous consentons volontairement. Quelle que soit la méthode utilisée pour l'instant, ce chiffrage final unique (3 millions pour tout individu) pose un souci de réalisme : la vie d'un vieillard de 90 ans ne vaut pas celle d'un jeune homme de 18 ans. D'un point de vue économique bien sûr, puisque les apports productifs à la collectivité de l'un et de l'autre ne seront pas équivalents. Mais d'un point de vue philosophique non plus, puisque l'un a sa vie derrière lui tandis que l'autre la commence.

Ce chiffre de 3 millions, aussi curieux qu'il puisse paraître, semble étrangement corroboré par un autre : l'indemnisation touchée par les familles de personnes décédées dans les attentats du 11 septembre 2001 aux États-Unis. En tout, le fonds de compensation des victimes a versé en moyenne 2,1 millions de dollars aux proches d'un disparu. Cette somme a notamment été calculée en fonction du salaire des victimes et des revenus qu'elles auraient

---

1. Un ancien président d'EDF.
2. *Transports : choix des investissements et coût des nuisances*, Rapport Boiteux, 2001.
3. C. Belaich, « Pourquoi une vie vaut 3 millions d'euros (en France) ? », *Libération*, 2 septembre 2016.

généré si elles étaient restées en vie [1]. Problème : les indemnités ont donc été beaucoup plus importantes pour les familles les plus riches. Selon Kenneth Feinberg, le responsable du fonds, il aurait été plus équitable de donner à chaque famille 2 millions de dollars. Car la méthode choisie entérine l'idée que les vies, en réalité, ne se valent pas. Par ailleurs, une centaine de familles n'ont pas été indemnisées par le fonds, mais par une procédure à l'amiable après avoir menacé d'aller en justice. Elles se sont partagé 500 millions de dollars, soit 5 millions en moyenne par victime.

Serait-il donc admis et vérifié qu'une vie humaine vaut universellement plusieurs millions de dollars ? Non. Car en France, bizarrement, le fonds de garantie des victimes du terrorisme (FGTI) verse des indemnités bien moins importantes aux familles de personnes décédées dans un attentat. Dans la presse, le FGTI, qui n'applique pas de barème mais fait du cas par cas, parle de 765 000 euros pour le décès, dans un attentat à l'étranger, d'un homme qui laisse derrière lui une femme et trois enfants. Le FGTI cite encore le cas d'un blessé grave avec d'importantes séquelles physiques qui reçoit pour sa part 900 000 euros [2]. Mais il y a des surprises : en mars 2017, le tribunal de grande instance de Grenoble a condamné AXA à verser la somme record de 4,2 millions d'euros à un homme de 61 ans souffrant de crises d'épilepsie à répétition après un accident de la route [3]. Cette indemnité doit notamment couvrir les frais liés à une surveillance médicale à plein temps. Dans ce cas précis, il a donc été estimé qu'une quinzaine d'années de vie (si l'on se fie à l'espérance de vie moyenne) vaut plus que le prix théorique d'une vie entière. Il y a de quoi s'y perdre.

Par ailleurs, selon la région du monde concernée, le prix de la vie humaine varie du tout au tout. En 2013, l'effondrement d'un immeuble d'ateliers textiles à Dacca, provoquant la mort de 1 138 personnes et 1 500 blessés, a posé la question du prix de la

---

1. « Spécial 11 septembre 2001 : sept milliards de dollars pour les victimes », *Le Point*, 7 septembre 2011.
2. « Attentats : l'indemnisation des victimes a commencé », *Les Échos*, 20 novembre 2015.
3. Y. Calvi, « Un Grenoblois touche une indemnité record de 4,2 millions d'euros après un accident », *RTL*, 31 mars 2017.

vie d'un travailleur bangladais. Au Bangladesh, une loi de 2006 a établi que la somme allouée en cas de décès d'un ouvrier est uniquement de 1 000 euros. Ce qui à l'époque faisait dire à un syndicaliste local : « Comment voulez-vous diminuer le nombre de morts dans l'industrie textile si la vie d'un ouvrier vaut aussi peu ? Même en Chine, elle vaut cinquante fois plus [1]. » Le salaire minimum des ouvriers du textile au Bangladesh est de 50 euros par mois. Donc, la vie d'un ouvrier est estimée par les autorités locales à vingt mois de salaire. Si on rapportait cette logique à la France, en prenant un salaire net de 1 500 euros, cela nous ferait la vie à 30 000 euros, soit le prix d'une Renault Mégane ou Scenic bien équipée.

Comme l'immeuble effondré de Dacca abritait beaucoup de sous-traitants de marques internationales qui nous fournissent nos vêtements à nous, riches occidentaux, un fonds d'indemnisation spécial a été mis en place, piloté par l'Organisation internationale du travail (OIT). Il a réuni 30 millions de dollars, soit 26,5 millions d'euros. Faisons le calcul : en excluant les blessés, et en ne tenant compte que des morts, chaque famille touchée aurait reçu un peu plus de 23 000 euros. Contre, je le rappelle, 2 millions pour les familles américaines des victimes du 11 septembre. Pourquoi ? Parce qu'il y a d'un côté des victimes du terrorisme et de l'autre celles d'un accident industriel ? L'argument, moralement bancal, ne tient pas la route un instant. La guerre prétendument dirigée contre le terrorisme lancée par les États-Unis en 2001 a fait 1,3 million de morts en Irak, Afghanistan et Pakistan – ce bilan, effectué par une organisation sérieuse, l'IPPNW, ne tient pas compte des conflits au Yémen, en Somalie en Libye et en Syrie. La plupart de ces morts sont des civils, victimes des bombes américaines ou des violences qu'elles ont déclenchées [2]. Ce sont des victimes du terrorisme américain. Les familles de ces morts, si elles ont survécu, n'ont certainement pas été indemnisées d'un seul centime pour leur perte.

Dans le système de l'argent et du capitalo-libéralisme, bien sûr que les vies humaines ne se valent pas. La vérité est que la vie des

---

1. J. Bouissou, « Bangladesh : les fantômes du Rana Plaza », *Le Monde*, 25 juin 2013.
2. « 1,3 million de morts, le vrai bilan de la "guerre contre le terrorisme" », *Le Soir*, 4 avril 2015.

hommes, des femmes et des enfants des pays pauvres ne vaut pas grand-chose, pour ne pas dire rien du tout. Cette injustice criante est l'une de celles sur lesquelles repose le mensonge économique grâce auquel les sociétés riches prospèrent. Contrairement aux publicités pour supermarchés qui étalent en 4 × 3 des sourires béats de consommateurs irradiant un bonheur acidulé, le capitalo-libéralisme n'a aucune considération pour autrui ni pour le bonheur universel. Pour lui, les hommes ne sont pas égaux et n'ont pas à l'être.

Propositions utopiques

L'argent sera utilisé en priorité pour des causes humanitaires

Le quotient de bonheur remplacera la croissance et le PIB

Les naissances seront limitées

La propriété privée sera restreinte

La richesse de chaque citoyen sera plafonnée

La spéculation sera interdite

Toute forme de commerce sur le vivant sera interdite

La coopération remplacera l'exploitation

L'argent sera utilisé en priorité pour des causes humanitaires

L'argent qui circule est devenu un bien virtuel. Il ne correspond plus à des richesses réelles. Ce que Bruno Mortier, du *Monde*, résumait ainsi en 2010 : « Lorsqu'on observe l'évolution de la masse monétaire mondiale, on s'aperçoit que celle-ci s'est accrue au cours des quarante dernières années, et singulièrement les dix dernières avec les produits dérivés, nettement plus vite que la quantité de biens correspondante [1]. » En effet, la quantité d'argent en circulation a énormément augmenté depuis quelques décennies, étant donné qu'on peut le fabriquer d'un claquement de doigts, maintenant que la monnaie est virtuelle, déconnectée de toute richesse réelle comme l'or. Problème : on en fabrique trop.

Quelle est d'ailleurs la masse monétaire en circulation dans le monde ? J'ai posé la question au ministère français de l'Économie, qui m'a (très gentiment) renvoyé vers la Banque de France laquelle m'a (tout aussi gentiment) dirigé vers la Banque des règlements internationaux (BRI) située en Suisse, qui m'a envoyé par e-mail un document du Comité sur les paiements et infrastructures du marché (CPIM) rempli de données absolument incompréhensibles pour un

---

1. B. Mortier, « Les dettes souveraines ont-elles une origine monétaire ? », *Le Monde*, 29 octobre 2010.

profane. J'ai reposé ma question simplement à la BRI : « Pourriez-vous juste me donner un chiffre ? Celui de la masse monétaire en circulation ? » Pas de réponse. Je me suis tourné vers le service de presse de la Banque mondiale à Paris où une charmante jeune femme à l'accent américain m'a elle aussi (extrêmement gentiment) transmis des tableaux illisibles. Jamais personne n'a été capable de me donner un chiffre. Bref, lorsqu'on pose la question à ceux qui déterminent les politiques économiques, nul ne sait vraiment. Pas facile, il est vrai, de mesurer du vide. D'autant plus qu'il y a en fait plusieurs manières de considérer cette masse monétaire. À force de fouiller les sites Internet des institutions internationales, j'ai trouvé sur celui de la Banque mondiale un tableau qui établit la masse monétaire mondiale de 2016 à 116 % du produit intérieur brut (contre 50 % en 1960). Sachant que le PIB mondial, toujours d'après la Banque mondiale, s'élevait en 2016 à 75 544 milliards de dollars, cela établit la masse monétaire en circulation à 87 631 milliards de dollars. J'ai passé de nombreuses heures à chercher ce chiffre, et maintenant que je l'ai écrit, je le regarde avec interrogation. Je ne suis pas sûr de ce qu'il apporte au débat. Bah, peu importe. Un bon petit chiffre ne fait jamais de mal. Mais revenons aux propositions.

Les gouvernements devront retrouver la maîtrise de la création monétaire, et celle-ci sera corrélée à l'économie réelle. La dette mondiale est actuellement estimée à 152 000 milliards de dollars soit le double du PIB mondial [1]. Cet argent est essentiellement mobilisé pour des intérêts privés et égoïstes, dans l'encouragement d'activités inutiles, vides de sens ou d'intérêt pour la collectivité. En attendant que soit mis sur pied un système économique juste, qui supprime la propriété privée excessive et interdise la spéculation, on peut dès à présent mobiliser le système actuel et sa tolérance à l'endettement pour s'attaquer aux causes les plus urgentes de l'humanité.

D'après la Commission mondiale sur le climat, il faudrait, pour limiter le réchauffement climatique à l'objectif de 2 °C, mobiliser 90 000 milliards de dollars dans les quinze prochaines années afin de construire des infrastructures adéquates, principalement en

---

1. M. Maghriti, « Le warning du FMI sur la dette mondiale », *Les Échos*, 11 janvier 2017.

Afrique, en Asie, en Amérique latine et dans les grandes villes [1]. La somme semble faramineuse. Mais elle est beaucoup plus simple à réunir qu'il n'y paraît. Il suffirait de modifier dans un premier temps la destination de certains financements actuels, à commencer par ceux consacrés aux énergies polluantes. Selon l'Organisation de coopération et de développement économique (OCDE), entre 2010 et 2014, les subventions des pays industrialisés aux combustibles ont oscillé entre 160 et 200 milliards de dollars par an, essentiellement en faveur des produits pétroliers. L'Agence internationale de l'énergie (AIE) a même chiffré ces subventions annuelles à 550 milliards de dollars. L'OCDE a identifié huit cents mesures différentes pour favoriser ces énergies polluantes, que ce soit des réductions de TVA, des aides directes ou des bons d'essence pour les ménages défavorisés. On le comprend bien : ces aides sont en contradiction avec les objectifs officiellement affichés par ces mêmes gouvernements en faveur de la planète [2].

Comme se le demandait à juste titre en 2014 Pierre Larrouturou, fondateur du parti politique Nouvelle Donne, comment expliquer que la Banque centrale européenne soit capable de mobiliser plusieurs milliards d'euros pour sauver les banques, et qu'elle ne se mobilise pas de la même manière pour le climat ? Il proposait que chaque État puisse emprunter pendant vingt ans 1 % de son PIB à taux nul auprès de la Banque européenne d'investissement, afin d'isoler les bâtiments et de développer les énergies renouvelables. « En dix ans, écrit-il, plus de 2 600 milliards ont été créés par les banques privées et pour les banques privées. Il est urgent de remettre la création monétaire au service des peuples et du bien commun plutôt qu'au service des banques [3]. »

Autre urgence : la faim dans le monde. D'après l'Organisation des Nations unies pour l'alimentation et l'agriculture (FAO), il serait possible d'éliminer complètement la famine et la malnutrition

---

1. A. Cheyvialle, « Sauver la planète coûtera... 90 000 milliards de dollars », *Le Figaro*, 7 octobre 2016.
2. V. De Filippis, « Subventions aux énergies fossiles : la trop grande générosité des pays développés », *Libération*, 21 septembre 2015.
3. P. Larrouturou, « Mille milliards pour sauver les banques. Et rien pour le climat ? », Reporterre, 4 septembre 2014.

d'ici 2030 en investissant chaque année 267 milliards de dollars, ce qui correspond à environ 0,3 % du PIB mondial [1]. Les chiffres sont toujours à prendre avec précaution, tant les estimations varient parfois. Ainsi, dans un discours prononcé lors de l'ouverture du Sommet sur la crise alimentaire en 2008 à Rome, le directeur général de la FAO du moment, Jacques Diouf, avait affirmé qu'on dépensait alors 1 200 milliards de dollars par an pour l'armement, alors que selon lui 30 milliards annuels auraient suffi à éradiquer la faim [2]. Mais quel que soit le nombre réel de milliards nécessaires, la logique reste la même : il est incompréhensible que l'humanité laisse crever une partie de ses membres, sous prétexte qu'ils ne sont pas des consommateurs et qu'ils ne sont donc pas dignes d'intérêt.

Le quotient de bonheur remplacera la croissance et le PIB

Karl Marx avait relevé que le capitalisme porte en lui-même les germes de sa propre destruction. Le libéralisme se condamne lui aussi à sa propre fin. En effet, si une concurrence vraiment libre parvient à produire ses effets, il arrivera forcément un moment où toutes les frontières seront tombées et où tous les marchés auront été conquis. Sans marchés inédits à envahir, la seule manière pour les entreprises de continuer à gagner de l'argent consiste à créer de nouveaux produits pour remplacer ceux qui occupent déjà la place. Mais le principe est à la fois limité et suicidaire. D'une part, le rythme des innovations ne pourra pas pallier complètement l'absence de nouveaux marchés. D'autre part, une telle logique est destructrice puisqu'elle implique de créer des produits à durée de vie très limitée et donc de puiser davantage encore dans nos ressources naturelles déjà surexploitées. Intensifier la production implique de martyriser plus encore la planète, en aggravant le réchauffement climatique et les pollutions en tous genres. Produire

---

1. L. Van Eeckhout, « Il faut investir 267 milliards de dollars par an pour éradiquer la faim d'ici à 2030 », *Le Monde*, 11 juillet 2015.
2. « Le monde a besoin de 30 milliards de dollars par an pour éradiquer le fléau de la faim », FAO, 3 juin 2008.

plus signifie scier la branche sur laquelle nous sommes assis. Voilà pourquoi le capitalo-libéralisme est assuré d'échouer à assurer la survie de l'humanité. Il va même au contraire précipiter notre perte. Alors que nous usons à l'heure actuelle en sept mois les ressources que la Terre est capable de produire en un an, la croissance n'est plus un objectif tenable pour l'économie d'un pays développé.

Nous savons que nous sommes entrés dans l'anthropocène, c'est-à-dire une ère où pour la première fois une espèce crée les conditions d'une extinction massive de vie. Pollution de l'air, de l'eau, épuisement accéléré des ressources : nous tuons peu à peu la planète, plus personne de sensé ne peut l'ignorer ni le nier. Nous viserons donc la décroissance. La société de *consolmation*, qui consiste à consoler par la consommation, sera abandonnée au profit d'une société de modération.

Le PIB est un instrument dépassé. Cet agrégat mesure tout ce qui est produit dans un espace donné. Il était justifié en période de reconstruction, après la Seconde Guerre mondiale, mais ne correspond plus du tout aux problématiques contemporaines, d'autant que ce critère enregistre positivement les catastrophes et les accidents, lesquels génèrent de la production et de la richesse. Ce critère n'est donc nullement pertinent pour mesurer les bonheurs collectif et individuel qui sont pourtant l'essentiel.

La question qui devrait obséder nos représentants politiques n'est pas « Combien a-t-on produit cette année ? » mais : « Les citoyens ont-ils été heureux ? » Nous avons vu que production, richesse et bonheur sont déconnectés dès que les besoins essentiels sont assurés. Par conséquent, il faut revoir les critères pour juger de la bonne santé d'un pays. Le Bhoutan a choisi dans les années 1970 de remplacer le PIB par le BNB, c'est-à-dire le bonheur national brut, qui se mesure d'après quatre critères : la protection de l'environnement, la conservation de la culture bhoutanaise, la bonne gouvernance et le développement économique responsable et durable [1]. Un *think tank* canadien, le Centre d'étude des niveaux de vie (CENV) ainsi que le magazine *L'Expansion* ont pour leur part proposé, il y a quelques années, un nouvel indice intitulé le « bonheur intérieur net » (BIN), qui s'appuie sur la consommation, l'égalité sociale, la

---

1. *Bhoutan : au pays du Bonheur national brut*, L. Siegel, Arte, 26 juin 2014.

sécurité économique et le capital humain[1]. Ces initiatives indiquent la direction à suivre. Un nouvel indice de référence verra le jour, nommé le « quotient de bonheur », lequel mettra de côté les critères économiques, inutiles, pour se concentrer sur l'essentiel : le respect de l'environnement, la satisfaction au travail, le développement personnel, la santé, la liberté d'expression et les progrès scientifiques.

Les naissances seront limitées

Modérer la croissance oblige à restreindre le nombre d'individus sur la planète. Aucun homme politique n'en parle jamais, mais la population a augmenté de manière exponentielle depuis deux siècles et notre surnombre est une menace pour la planète et pour nous-mêmes. Regardez la courbe de la population mondiale sur un graphique : un plat pays jusqu'en 1800 et, depuis, un Everest sans fin. Nous n'étions qu'un milliard d'humains sur Terre au début du XIXe siècle, mais la révolution industrielle et les progrès de la médecine nous ont amenés à nous multiplier comme des lapins. On dénombrait 3,5 milliards d'habitants au début des années 1970, lorsque je suis né. Nous sommes désormais plus de 7,5 milliards. L'ONU, qui ne cesse de revoir ses prévisions à la hausse, estime que la population pourrait atteindre 11,2 milliards d'habitants en 2100, et sa projection haute monte même à 16 milliards[2]. Comment imaginer tout ce monde sur notre petit caillou déjà si abîmé par notre surprésence ?

Bien sûr, nous pouvons limiter notre impact sur les ressources naturelles en produisant moins, et de manière respectueuse. Mais cela ne suffira pas. Il faut avoir le courage d'affronter cette réalité apparemment taboue : nous ne pouvons pas croître indéfiniment. C'est mathématique. Un espace fermé qui fournit une quantité

---

1. « La France a connu son pic de "bonheur intérieur brut" en 2001 », *Le Monde*, 24 août 2009.
2. G. Pinson, *Sept milliards d'êtres humains aujourd'hui, combien demain ?*, Institut national d'études démographiques (Ined), n° 482, octobre 2011.

restreinte de richesses ne peut offrir plus que ses capacités. Puisque nous domptons de mieux en mieux la mort et que le nombre de personnes âgées augmente, nous sommes obligés de réguler l'arrivée des nouveaux venus. Le nombre d'enfants autorisés sera donc déterminé en fonction des possibilités d'accueil de la planète. Que cette politique ne choque personne : elle est déjà à l'œuvre de manière officieuse puisque nous limitons aujourd'hui les naissances pour des raisons de confort. En France, le nombre d'enfants par famille a fortement diminué au cours du siècle dernier, grâce à la banalisation de la contraception. De nos jours, les parents considèrent généralement qu'un ou deux enfants suffisent. Au-delà, ils ne sont pas certains de pouvoir leur apporter une éducation satisfaisante ou de répondre correctement à leurs besoins matériels, et ils ne souhaitent pas cohabiter à huit ou dix dans un logement trop petit. Un foyer est en effet un espace limité avec des ressources qui ne sont pas infinies. La planète est notre foyer.

La propriété privée sera restreinte

La propriété privée sera réservée aux objets du quotidien à durée de vie limitée : habits, nourriture, livres, disques, appareils électroniques ou électroménagers, vélos, voitures, scooters, etc. En revanche, les maisons, terrains et appartements ne pourront plus être détenus par des particuliers.

À l'heure actuelle, les propriétaires qui ont plusieurs appartements ou maisons s'enrichissent en les louant. Désormais, les logements, quels qu'ils soient, appartiendront à la collectivité et tous les citoyens seront locataires. Cette disposition évitera, comme pour l'usure, ce jeu qui permet aux riches de devenir plus riches encore, non en raison de ce qu'ils produisent mais de ce qu'ils possèdent.

Les grandes entreprises seront nationalisées, et dans celles de taille moyenne ou modeste, auxquelles l'État s'associera, les parts détenues par chaque copropriétaire seront limitées.

Ces restrictions régleront la question de l'héritage qui génère des injustices contraires au principe fondateur de notre République selon lequel les hommes et les femmes « naissent libres et égaux en droits ». Dans une société où l'argent décide de tout, l'égalité de naissance n'est pas garantie quand certains viennent au monde avec un compte en banque déjà fourni tandis que d'autres sont condamnés à trimer pour le moindre centime.

La richesse de chaque citoyen sera plafonnée

Dans les années 1970, l'économiste américain Richard Easterlin (né en 1926) s'est posé une question simple : le revenu des particuliers ayant fortement augmenté depuis la fin de la Seconde Guerre mondiale, le niveau de bonheur subjectif a-t-il suivi la même évolution ? Surprise : Easterlin a constaté que le pourcentage d'Américains se déclarant « très heureux » (30 %) n'avait quasiment pas bougé en trente ans. Il a poursuivi ses recherches et remarqué que le même phénomène se constatait au Japon : entre 1958 et 1986, la croissance avait atteint une moyenne de 5 % par an mais les habitants ne se déclaraient pas plus heureux pour autant [1]. Ce phénomène, désormais identifié comme le « paradoxe d'Easterlin », apporte un démenti aux motivations altruistes affichées par les capitalo-libéraux : l'augmentation du bonheur ressenti sur le long terme n'est pas corrélée à l'augmentation du PIB. « Il semble que le bilan des efforts et des ressources consacrés par la société à la production marchande ne dégage pas de surplus net en matière de bien-être », commente la spécialiste de l'économie du bonheur, Claudia Senik (née en 1964) [2].

Certes des études montrent également qu'« une hausse du revenu individuel entraîne une augmentation du bien-être subjectif », que dans un même pays « les riches se déclarent plus heureux que les pauvres », ou encore que le chômage ou la récession nuisent au bonheur des populations [3]. Mais les travaux d'Easterlin obligent à relativiser ces observations. L'une des explications tient à la subjectivité du bonheur. Nous nous comparons sans cesse aux autres et nous ne profitons de ce que nous possédons qu'en regard de notre

---

1. C. Senik, *L'Économie du bonheur*, Seuil, coll. « La République des Idées », 2014, p. 21-22.
2. *Ibid.*, p. 23.
3. *Ibid.*, p. 24-25.

position dans un groupe social : « les individus n'apprécient pas leur niveau de vie en dehors de tout contexte, mais par rapport à celui d'un groupe de référence ou d'une norme sociale [1] », écrit encore Claudia Senik. D'où l'hypothèse de la *consommation ostentatoire* : on achète pour montrer aux autres. Les chercheurs ont également pointé le phénomène d'*adaptation*, selon lequel le niveau d'insatisfaction des individus s'adapte aux revenus. Pour faire court : on n'est jamais vraiment content de ce que l'on a et l'on veut toujours plus ; une fois que l'on a obtenu plus, ce gain devient très vite insuffisant car notre niveau social a augmenté et, avec lui, le niveau de nos exigences. Easterlin en conclut que « les aspirations matérielles croissent en proportion du revenu et, de ce fait, on ne s'approche ni ne s'éloigne de la réalisation de ses objectifs matériels, et le bien-être reste inchangé [2] ». En clair : au-delà d'un certain niveau minimum de confort, ça ne sert à rien d'être trop riche, puisqu'on ne sera pas plus heureux pour autant.

Cette seule raison suffit à défendre l'idée d'un revenu maximum pour tout citoyen. Non seulement ce procédé permettra une meilleure répartition des richesses, mais en plus il ne sera préjudiciable à personne dans la mesure où, à partir d'un certain niveau, une augmentation des revenus ne procure pas une augmentation de bien-être proportionnelle.

À quelle hauteur porter cette limite de revenus ? Si l'on prend comme référence l'économie européenne actuelle, il semble raisonnable de limiter les revenus cumulables de tout citoyen à 10 000 euros par mois, soit 20 000 euros pour un couple. Avec un tel montant, chacun peut vivre de manière extrêmement confortable en ne se privant de rien. Par ailleurs, dans la société nouvelle qui se dessine tout au long de ces pages, il sera inutile de gagner trop d'argent puisque la propriété privée sera limitée. Dès lors, nul ne pourra investir sa fortune dans des biens dispendieux. Ainsi plus personne ne pourra être milliardaire, ni même millionnaire.

Autre avantage, et non des moindres : si la fortune de chacun est limitée, le réflexe de comparaison ne produira plus ses effets délétères sur le bonheur individuel, puisque les écarts de richesse

---

1. *Ibid.*, p. 37.
2. *Ibid.*, p. 52.

entre individus seront très largement réduits : les raisons d'envier son voisin seront amoindries d'autant, ainsi que l'éventuelle frustration générée. Le bien-être de chacun en sera automatiquement augmenté.

La spéculation sera interdite

Dans *Les Politiques*, Aristote dit tout le mal qu'il pense de l'usure, c'est-à-dire le prêt à intérêt : « […] il est tout à fait normal de haïr le métier d'usurier du fait que son patrimoine lui vient de l'argent lui-même, et que celui-ci n'a pas été inventé pour cela. Car il a été fait pour l'échange, alors que l'intérêt le fait se multiplier. Et c'est là qu'il a pris son nom : les petits, en effet, sont semblables à leurs parents, et l'intérêt est de l'argent né d'argent. Si bien que cette façon d'acquérir est la plus contraire à la nature [1]. » Il n'y a en effet rien de moral à pouvoir gagner de l'argent simplement parce qu'on en possède déjà. Car enfin, quel effort les intérêts de l'argent récompensent-ils ? Aucun. Celui qui possède de l'argent et s'enrichit par le fait d'en prêter une partie est un fainéant qui profite de la faiblesse d'autrui. Si vous prêtez de l'argent à un ami, le faites-vous payer pour ce service ? J'ose espérer que non. Par conséquent, les prêts rémunérés et la spéculation seront interdits, tout comme les métiers de la finance. L'argent doit se limiter à son triple rôle initial : moyen d'échange, unité de compte et réserve de valeur. Il n'est plus tolérable qu'il soit créateur de lui-même, tel un gremlin qui se démultiplie pour terroriser le monde.

Toute forme de commerce sur le vivant sera interdite

Les terres ont été privatisées, l'eau a été privatisée, les semences sont en train d'être privatisées et si nous ne nous rebellons pas, il est évident que l'air et le soleil seront bientôt livrés eux aussi à l'appétit des multinationales. Ceux qui s'opposent à la privatisation du vivant ont coutume d'affirmer que ce dernier est un « bien

---

1. Aristote, *Les Politiques*, « GF », Flammarion, 2015, p. 139.

commun » de l'humanité et que par conséquent aucun particulier ni aucune entreprise n'a le droit de s'en déclarer propriétaire. Cette argumentation présente le défaut de considérer le vivant comme une possession du groupe humain et de l'appréhender sous un angle utilitaire, en fonction des services qu'il peut nous rendre. Je désapprouve cette perception. Chaque parcelle de vivant n'appartient qu'à elle-même et mérite d'être préservée en raison de sa valeur intrinsèque. D'un point de vue moral, rien de ce qui est sur cette planète n'appartient à l'espèce humaine plus qu'à une autre espèce, ni à aucun individu en particulier. Quiconque s'avise de s'approprier un bout de cette terre et de ce qu'elle produit est un bandit.

Nous avons certes besoin de prélever de la vie pour continuer nous-mêmes à vivre. Mais tentons d'en prélever le moins possible, en gardant à l'esprit que tout arbre, toute plante, tout animal travaillent au prolongement d'eux-mêmes et que nous n'avons le droit d'interrompre ce processus qu'en cas d'absolue nécessité. Cette pensée nous interdit de faire commerce et de tirer bénéfice de ce que la nature nous apporte. Il est normal de payer le travail du cultivateur qui laboure, sème, arrose, récolte, ou celui du distributeur. En revanche, la matière naturelle utilisée doit rester gratuite. De la même manière, si nous payons l'eau, ce ne devrait être qu'en raison des infrastructures que sa distribution ou sa mise en bouteille demandent. Nulle entreprise ne devrait être autorisée à faire des bénéfices sur ce bien essentiel de la nature, ni sur aucun autre. Pierre-Joseph Proudhon l'avait déjà formulé : « Un homme à qui il serait interdit de passer sur les grands chemins, de s'arrêter dans les champs, de se mettre à l'abri dans les cavernes, d'allumer du feu, de ramasser des baies sauvages, de cueillir des herbes et de les faire bouillir dans un morceau de terre cuite, cet homme-là ne pourrait vivre. Ainsi la terre, comme l'eau, l'air et la lumière, est un objet de première nécessité dont chacun doit user librement, sans nuire à la jouissance d'autrui [1]. »

---

1. P.-J. Proudhon, *Qu'est-ce que la propriété ?* [1840], Le Livre de Poche, 2009, p. 220.

La coopération remplacera l'exploitation

La société capitalo-libérale repose sur le principe de l'exploitation. Le patron exploite l'ouvrier, l'industriel exploite la nature et l'éleveur exploite l'animal non humain. À chaque fois s'instaure un déséquilibre dominant/dominé préjudiciable au dominé. Par conséquent, partout où elle sévit, l'exploitation sera remplacée par de la coopération, c'est-à-dire un mode d'échanges équilibré dans lequel chaque partenaire trouve son compte. Les ouvriers seront associés aux bénéfices de leur production et seront traités comme des partenaires par le patron, et non plus comme des subalternes. La nature ne sera prélevée que du minimum dont nous avons besoin et nous prendrons soin d'elle en retour. Quant aux animaux non humains, ils seront libérés de l'enfer où nous les enfermons. Nous leur laisserons leur force, leur chair, leur peau et leur lait. Ils ne seront plus torturés dans des laboratoires. Ils ne seront plus prisonniers de cages ni contraints de faire rire des publics inconscients. Nous les protégerons comme nous protégeons les humains les plus faibles.

En tous domaines, la culture du profit personnel qui se fait au préjudice d'un autre sera interdite.

Le mensonge du terrorisme

La diarrhée tue trente fois plus que le terrorisme

Nous sommes en guerre. Officiellement en tout cas, puisque les politiques ne cessent de le répéter et que la plupart des médias leur donnent raison. L'état d'urgence, qui restreint les libertés en facilitant les perquisitions, les assignations à résidence et l'interdiction de manifestations[1], est désormais devenu un mode de vie auquel nous nous sommes habitués. Il est vrai que notre pays a récemment été touché par plusieurs attentats, et chaque mois de nouvelles attaques sont déjouées sur notre territoire. Entre janvier 2015 et octobre 2017, le terrorisme a fait 241 morts en France[2], auxquels il faut ajouter des centaines de blessés, dont de nombreux très graves. Le terrorisme produit son effet : il terrorise. Il inquiète ceux qui prennent le métro, ceux qui laissent leurs enfants à l'école, ceux qui se rendent à des concerts ou à des événements sportifs, ceux qui partent en vacances dans des lieux fréquentés. La peur de la mort soudaine et imméritée s'est diffusée. Les médias y ont pleinement contribué : selon l'INA, le terrorisme a été le sujet le plus traité dans les journaux télévisés en 2016, avec plus de 10 % des reportages diffusés, loin devant la crise migratoire et la loi travail[3].

Il est compréhensible de craindre, pour soi et pour ses proches, la mort qui touche par surprise, dans le plus injuste des contextes.

---

1. « France, le droit de manifester menacé », Amnesty International, 31 mai 2017.
2. AFP, *20 minutes*, 1er octobre 2017.
3. « Le terrorisme a été le thème le plus abordé dans les JT en 2016 », *Europe 1*, 11 septembre 2017.

Mais la vérité est que chacun d'entre nous a beaucoup plus de risques d'être tué par l'industrie agro-alimentaire, par la pollution, par la misère, par la route, par l'alcool ou le tabac, que par une bombe ou une kalachnikov. Mettez l'émotion de côté et regardez ces crimes que nos gouvernements laissent impunis et encouragent.

Le terrorisme, rappelons-le, a tué 241 personnes en presque trois ans en France.

Pendant ce temps, environ 500 SDF meurent officiellement chaque année dans notre pays, mais le nombre réel des victimes de la rue doit sans doute être multiplié par six – près de 3 000 – selon le collectif Morts de la rue. Leur moyenne d'âge, en 2016, était de 49 ans. On peut donc parler à leur égard de morts prématurées, puisque l'espérance de vie en France est de 79,3 ans pour les hommes et 85,4 ans pour les femmes[1]. À cause de la rue, ces hommes et ces femmes ont donc perdu au moins trente ans d'existence. Ces morts de la rue sont des victimes de la misère et des manquements de notre système de solidarité. Ils sont morts parce que nous n'avons rien fait pour eux, ou pas assez. Ils sont morts parce que nous les avons laissés perdre leur logement et parce que nous n'avons pas affirmé qu'il y avait une priorité : celle de protéger *tous* les Français de la violence d'une vie sans un toit sous lequel se réfugier chaque soir. Une grande partie des SDF meurt d'ailleurs, non du froid, mais d'une cause violente, surtout chez les plus jeunes.

La rue tue donc entre cinq et trente fois plus que le terrorisme en France.

Pourtant, lors de la dernière campagne présidentielle, pas un candidat n'a parlé de ces dizaines de milliers de personnes qui errent dans les villes, sans rien à eux en dehors du contenu de deux ou trois sacs en plastique. La France compte plus de 140 000 sans-abri, parmi lesquels 30 000 enfants. Dans l'indifférence absolue, le nombre de SDF a augmenté de 50 % en France entre 2002 et 2012[2]. Le nombre de mal-logés s'élève quant à lui à 4 millions[3].

---

1. « Espérance de vie à divers âges en 2016 », Insee, 1er janvier 2017.
2. N. Marois, « La France compte 30 000 enfants SDF », *Europe 1*, 3 février 2015.
3. *L'État du mal-logement en France*, Rapport annuel n° 22, Fondation Abbé-Pierre, 2017.

LE MENSONGE DU TERRORISME

Les attaques terroristes ont fait officiellement 29 376 morts dans le monde en 2015 [1].

La diarrhée tue près de 850 000 personnes par an [2], en raison d'un mauvais réseau sanitaire [3]. Cela signifie que la diarrhée tue quasiment trente fois plus que le terrorisme. Pourtant, la diarrhée est un sujet absent des journaux. Il faut dire que le thème n'est pas très ragoûtant, voire tabou, et que cette maladie choisit aujourd'hui ses victimes dans les pays pauvres dont les habitants n'intéressent pas grand monde puisqu'ils n'ont pas d'argent à dépenser.

La diarrhée et la pneumonie choisissent souvent leurs victimes parmi les enfants. Lisez bien les chiffres qui vont suivre, qui ne font l'objet d'aucune édition spéciale sur les chaînes infos, ni d'aucune conférence de presse de ministres aux mines graves : depuis 2000, près de 34 millions d'enfants sont morts de pneumonie ou de diarrhée. Sans investissements conséquents dans la prévention et les traitements, la pneumonie et la diarrhée vont tuer 24 millions d'enfants supplémentaires d'ici 2030 [4]. Nombre total de victimes en trente ans : près de 60 millions d'enfants. Deux millions par an. Un génocide annuel, dans l'indifférence générale. Les bourreaux ne portent pas de ceinture d'explosif ni de mitraillette en bandoulière. La pneumonie a tué à elle seule 1 million d'enfants en 2015. Des enfants des pays les plus pauvres, cela va de soi. Ce sont ceux dont nous n'avons rien à faire. Fatouma Ndiaye, directrice générale adjointe de l'Unicef, explique : « Nous observons clairement que la pollution atmosphérique liée aux changements climatiques affecte la santé et le développement des enfants en entraînant des pneumonies et d'autres infections respiratoires. Deux milliards d'enfants vivent dans des zones où la pollution de l'air extérieur est supérieure aux recommandations internationales, et beaucoup d'entre eux tombent malades et meurent à cause de cette situation. Les dirigeants du monde [...]

---

1. Institute for Economics and Peace (IEP). On pourra s'étonner de la précision du bilan. Les cinq pays les plus touchés ont été l'Irak, l'Afghanistan, le Nigéria, le Pakistan et la Syrie ; E. Jacob, « Le terrorisme a fait moins de morts en 2015 dans le monde, mais a bondi en Europe », *Le Figaro*, 17 novembre 2016.
2. 846 000 morts en 2012.
3. « Près d'un quart des morts dans le monde découlent d'une cause liée à l'environnement », *Le Monde*, 15 mars 2016.
4. « La pneumonie et la diarrhée tuent 1,4 million d'enfants chaque année », Unicef, 12 novembre 2016.

peuvent aider à sauver la vie d'enfants en s'engageant à agir pour réduire la pollution atmosphérique liée aux changements climatiques et en acceptant d'investir dans la prévention et la santé[1]. »

Alors, qui est coupable ? Qui sont les terroristes qui tuent chaque année des millions d'enfants innocents ? Ce sont les pays pollueurs, et ceux qui ne respectent pas leurs engagements en matière de financement des programmes de santé pour les pays les plus défavorisés. Bizarrement, ces terroristes-là, qui ne portent pas des treillis mais sont en costume-cravate, ne sont jamais inquiétés.

L'OMS affirme en 2017 que 12,6 millions de décès dans le monde sont dus à la pollution de l'air et de l'eau, soit un quart de la totalité des décès.

Donc 30 000 décès par an sont causés par le terrorisme, et 12,6 millions par la pollution.

Un quart des décès dans le monde est lié à l'environnement.

La pollution de l'air est responsable de 48 000 morts prématurées chaque année en France[2], de 500 000 morts en Europe[3] et de 7 millions de morts dans le monde[4].

La pollution de l'air tue 240 fois plus que le terrorisme dans le monde.

En France, la pollution de l'air a tué 400 fois plus que le terrorisme en 2015 et 2016.

L'antibiorésistance tue chaque année 13 000 personnes en France[5], 50 000 personnes en Europe et 700 000 personnes dans le monde.

L'antibiorésistance pourrait tuer 10 millions de personnes par an dans le monde en 2050[6].

Les pesticides provoquent 200 000 morts chaque année.

---

1. *Ibid.*
2. « La pollution de l'air cause 48 000 morts en France », *Le Monde*, 26 janvier 2016.
3. S. Mandard, « La pollution de l'air cause encore plus de 500 000 morts par an en Europe », *Le Monde*, 11 octobre 2017.
4. « 7 millions de décès prématurés sont liés à la pollution de l'air chaque année », communiqué de l'Organisation mondiale de la santé (OMS), 24 mars 2014 ; « Pollution de l'air : le rapport alarmant de l'OMS », *France Info*, 6 mars 2017.
5. « L'antibiorésistance causerait plus de 12 500 morts par an en France », *France Info*, 24 septembre 2015.
6. L. Levy, « L'antibiorésistance causera 10 millions de morts par an en 2050 », *Top Santé*, 20 mai 2016.

LE MENSONGE DU TERRORISME

Les politiciens nous parlent tous de « guerre contre le terrorisme », mais jamais de « guerre contre la pollution ». Cela se comprend aisément : il est moins spectaculaire de mourir d'un cancer du poumon dans la solitude d'une chambre d'hôpital, abattu par un assassin non identifié et insaisissable, que d'être fauché dans la rue par une rafale de kalachnikov tirée par un décérébré endoctriné qui sera lui-même abattu dans les heures qui suivent par les hommes du RAID. Ici se joue le combat entre le visible et l'invisible. Le terrorisme est le visible qui choque les yeux et les consciences, alors que les attentats commis sur notre santé restent inaperçus. Les corps tombent, mais le sang ne gicle pas.

La liste des massacres perpétrés par des mains invisibles est longue. Elle ne s'arrête pas aux crimes officiels liés à la dégradation de l'environnement.

La malnutrition provoque chaque année la mort de plus de 3 millions d'enfants de moins de 5 ans [1].

Plus de 5 000 migrants sont morts en 2016 en essayant de traverser la Méditerranée [2].

Les accidents de la route ont causé en 2015 la mort de 3 464 personnes en France [3].

Il est toujours bon de rappeler les dégâts du tabac et de l'alcool. Le tabac tue 70 000 personnes par an en France, et 6 millions de personnes dans le monde. Un milliard de personnes vont mourir au XXIe siècle à cause du tabac [4].

L'alcool tue 50 000 personnes par an en France, et 3 millions de personnes dans le monde [5]. Il est responsable d'un décès sur vingt [6].

À chaque fois, la responsabilité humaine politique et industrielle est connue. Elle n'est pas toujours diluée, elle est clairement identifiable dans de nombreux cas. Pourtant les assassins continuent à agir en toute impunité.

---

1. « Faits et chiffres sur la faim », WFP.
2. Source ONU. Le nombre de victimes était de « seulement » 3 771 en 2015.
3. R. Geoffroy, « Sécurité routière : pourquoi tant de morts sur les routes », *Le Monde*, 27 janvier 2016.
4. J. Parienté et B. Monasterolo, « Les effrayants chiffres de la mortalité due au tabac », *Le Monde*, 4 février 2014.
5. Chiffre de 2012.
6. « L'alcool a causé la mort de plus de 3 millions de personnes en 2012 », *Le Monde*, 12 mai 2014.

Les terroristes les plus dangereux sont soutenus par les gouvernements

L'humanité vit sous la menace. Les chiffres que nous avons passés en revue sont accablants : tous les ans des millions d'hommes et de femmes sont les victimes d'une action odieuse de l'homme qui pourrait être empêchée. Mais les dirigeants n'en ont cure. Ils préfèrent nous bassiner avec le terrorisme officiel, agité comme un chiffon devant nos consciences fragiles. Cela se comprend aisément. En effrayant la population avec la menace d'un nouvel attentat, ils cherchent à calmer les ardeurs critiques du peuple et à l'infantiliser : « Vous êtes en danger, laissez-nous faire, nous savons comment vous protéger, vous avez besoin de nous. » De plus, l'ennemi terroriste permet de déployer des réponses simples qui satisfont tous les intérêts économiques et politiques au pouvoir : on mobilise des soldats, on fait du bien au business de la guerre et des armes, et surtout on restreint les libertés individuelles, ce qui est très commode pour casser les velléités contestatrices.

En réalité les politiciens au pouvoir depuis des décennies en France, mais aussi dans les autres « démocraties » occidentales, ne cherchent pas prioritairement à protéger la vie des citoyens. Ils la mettent au contraire en danger en cautionnant et en favorisant des pratiques aux conséquences mortelles pour nous. Et si la mort anticipée, provoquée et évitable nous pose réellement problème, alors il nous faut reconnaître comme une évidence que le terrorisme qui fait la une des journaux, celui des bombes et des kalachnikovs, n'est qu'un sujet mineur. Et que la notion de « terrorisme » que véhicule le langage courant doit être étendue.

TERRORISME n.m. – 1794 ◊ de *terreur* ▪ **1** HIST. Politique de terreur des années 1793-1794 en France. ▪ 2 COUR. Emploi systématique de la violence pour atteindre un but politique (prise, conservation, exercice du pouvoir...), et SPÉCIALT Ensemble des actes de violence, des attentats, des prises d'otages civils qu'une organisation commet pour impressionner un pays (le sien ou un autre). *« Le terrorisme peut être une méthode de gouvernement »* **ROMAINS**.

M. Robert nous explique que le terrorisme désigne soit une stratégie de violence pour atteindre un but politique ou idéologique, soit les actes violents commis par une organisation contre un pays. Ce que ne dit pas M. Dico, c'est que le mot « terroriste » recouvre aujourd'hui, qu'on le veuille ou non, une dimension morale. Le terroriste incarne le mal qui défie le bien. Mais les choses, comme toujours, ne sont pas aussi simples. Comment qualifier des actions violentes orchestrées en vue de lutter contre un pouvoir lui-même violent et dictatorial ? Tout dépend du point de vue. « Résistant » du point de vue de l'insurgé, « terroriste » du point de vue du gouvernement attaqué. La politique étrangère américaine, lorsqu'elle consiste à envahir l'Irak sous un faux prétexte, déclenchant une guerre responsable de centaines de milliers de morts, entre parfaitement dans le cadre de la définition officielle du terrorisme. Sauf que, ironie de l'Histoire, Bush Jr. justifiait précisément sa guerre en Irak comme étant une « guerre contre le terrorisme », menée au nom de la démocratie. Là encore, le réel donné en pâture aux Occidentaux est un réel falsifié.

Si l'on s'en tient strictement à la définition qu'en propose le dictionnaire, il est logique de conclure que certains groupes industriels ou financiers peuvent être qualifiés de terroristes. En effet, ils mettent en place des stratégies violentes au service d'une idéologie qui est celle du profit maximal. Ces stratégies engendrent les flots de victimes que nous venons de dénombrer, et bien d'autres encore. De ce fait, si la lutte contre le terrorisme doit être une priorité, les représentants politiques qui ne manquent pas une occasion de « dénoncer avec la plus grande fermeté » les « actes de barbarie » oublient de s'attaquer aux plus mortifères des terroristes.

Ces millions de morts dues au tabac, aux produits chimiques, aux émissions de carbone, ou au manque d'installations sanitaires ne sont-elles pas « odieuses » et « abjectes » comme n'importe quel acte terroriste qui prend la vie d'innocents ? L'historien israélien Yuval Noah Harari relève que, « de nos jours, plus de gens meurent d'excès alimentaires que de la guerre, du crime et du terrorisme réunis. Pour un Français moyen, le risque de mourir d'un excès de McDo est mille fois plus grand que celui d'être victime d'un attentat du groupe État islamique [1] ».

Pourtant, que font les gouvernements pour nous protéger et pour poursuivre les responsables ? Pas grand-chose. Ils laissent les commanditaires de ces crimes nous empoisonner et nous assassiner. Un exemple : en juillet 2017, la Commission européenne s'est déclarée favorable au renouvellement de la licence européenne du glyphosate qui devait arriver à terme quelques mois plus tard. Le glyphosate, rappelons-le, est l'herbicide le plus commercialisé dans le monde. Il est le principe actif du Roundup, produit par l'entreprise Monsanto [2], qui fournit parallèlement les plantes transgéniques capables de supporter le Roundup. Ce produit est extrêmement controversé depuis de nombreuses années. Il est accusé d'être responsable de maladies telles que des malformations sur des nouveau-nés et des cancers. Or on trouve des traces de glyphosate dans de nombreux produits de consommation courante comme les céréales, les légumineuses et les pâtes [3]. Pour Monsanto, la défense du glyphosate est essentielle : sans cet agent, son business s'effondre [4]. En mars 2017, l'Agence européenne des produits chimiques (ECHA) a rendu un rapport concluant à l'inoffensivité du glyphosate. Le produit ne serait ni cancérogène, ni mutagène. En affirmant que le glyphosate ne présente aucun danger pour la santé, l'ECHA a adopté la même position que l'Autorité européenne de sécurité des

---

1. « L'histoire de l'homme », *Le Monde hors-série*, 2017, p. 10.
2. Qui a récemment été racheté par le géant chimique et pharmaceutique Bayer.
3. « Résultats exclusifs de recherche de glyphosate dans des aliments vendus en France », *Générations Futures*, 14 septembre 2017.
4. Quinze milliards de dollars de chiffre d'affaires en 2015. M. Rabreau, « Qui est Monsanto, ce géant américain aussi puissant que décrié », *Le Figaro*, 21 mai 2016.

aliments (EFSA) en 2015. Sauf que le Centre international de recherche sur le cancer (CIRC), qui est une agence de l'Organisation mondiale de la santé (OMS), a au contraire estimé la même année que le glyphosate est un cancérogène « probable » pour l'homme et un cancérogène tout court pour les animaux non humains, accréditant les craintes relevées par un certain nombre d'études et de constats cliniques. Qui croire ? Et comment expliquer cette différence d'appréciation ? Et pourquoi deux agences de l'Union européenne (ECHA et EFSA) se déclarent-elles favorables au produit, et la Commission également ?

Premier élément de réponse en septembre 2017, lorsque la presse révèle que l'EFSA (et donc la Commission européenne) s'est en fait appuyée sur un rapport de Monsanto datant de 2012, dont elle a copié-collé une centaine de pages, mot pour mot. Michèle Rivasi, membre de la Commission santé et environnement au Parlement européen, s'était insurgée quelques mois auparavant contre l'opacité totale qui avait entouré les rapports de l'ECHA et de l'EFSA. Elle avait aussi pointé les conflits d'intérêts des experts sollicités. L'actualité lui a donné raison. Le lendemain de l'annonce favorable de l'ECHA, la justice américaine a déclassifié des documents internes à Monsanto qui prouvent que la firme s'inquiétait dès 1999 du potentiel mutagène du glyphosate. Ces documents ont été révélés suite à la plainte collective de plusieurs centaines de travailleurs agricoles touchés par un cancer du sang qui soupçonnent que leur maladie est due au contact récurrent avec l'herbicide de Monsanto. D'autres archives déclassifiées ont révélé que l'entreprise a bénéficié de connivences au sein de l'Agence de protection de l'environnement des États-Unis (EPA), c'est-à-dire l'organisme gouvernemental qui a eu pour mission d'évaluer le glyphosate.

En février 2017, la revue scientifique en ligne *Plos One* publie un article qui épingle un rapport de la très réputée Académie nationale des sciences américaine (NAS). Le rapport épinglé établissait en 2016 l'absence de risques sanitaires et environnementaux des OGM. Mais selon Sheldon Krimsky et Tim Schwab, les auteurs de l'article sur le rapport (oui, il faut suivre…), environ un tiers des vingt auteurs de ce rapport favorable aux cultures transgéniques étaient liés à des sociétés de biotechnologies végétales qui avaient financé leurs récents travaux de recherche. Par ailleurs, cinq de ces chercheurs détenaient des brevets sur des OGM. Mais en plus, la NAS elle-même se trouvait en conflit d'intérêts puisque « les trois principales entreprises de biotechnologies végétales (Monsanto, Dow et Dupont) ont chacune donné 5 millions de dollars à l'Académie des sciences américaine [1] ». En décembre 2016, trois chercheurs à l'Institut national de la recherche agronomique (INRA) ont montré que 40 % des articles scientifiques utilisés pour juger de la nocivité potentielle des OGM présentent des conflits d'intérêts. Or lorsqu'il y a conflit d'intérêts, « les conclusions ont 49 % de chances d'être plus favorables aux intérêts des industries semencières », précisent les chercheurs [2].

Monsanto, qui produit 90 % des OGM de la planète, triche et empoisonne, cela fait un demi-siècle que ça dure. Pendant quarante ans, la compagnie chimique a déversé ses déchets contaminés aux PCB (polychlorobiphényles) dans un ruisseau et dans une décharge situés au cœur d'Anniston, en Alabama. Des milliers de documents ont prouvé que les responsables de l'entreprise connaissaient les effets des pollutions sur les poissons retrouvés morts dans la rivière, et qu'ils les ont délibérément cachés. Une étude menée par Monsanto avait démontré en 1975 que les PCB provoquent des tumeurs chez les rats. L'entreprise en avait changé la conclusion : « pas cancérogène ». Trois mille six cents habitants d'Anniston ont porté plainte en 2001. Monsanto a été condamné à payer 700 millions de dommages et intérêts. Ce que l'entreprise d'agrochimie a fait en Alabama, elle l'a reproduit ailleurs, sur différents sites, pendant plusieurs années. Pendant les années 1980, lors d'un procès intenté par les vétérans de la guerre du Viêtnam contre les différents producteurs de l'agent orange, Monsanto a produit devant la justice des études truquées pour tenter de démontrer l'innocuité de son produit. En février 2012, Monsanto a été condamné en France à indemniser Paul François, un céréalier charentais adepte de l'intensif, victime de problèmes de santé après avoir utilisé du Lasso, autre herbicide de la compagnie interdit dans plusieurs pays [3] : crachat

---

[1]. S. Foucart, « OGM : un rapport-clé de l'Académie des sciences américaine entaché de conflits d'intérêts », *Le Monde*, 8 mars 2017.

[2]. S. Horel, « La recherche sur les OGM est minée par les conflits d'intérêts », *Le Monde*, 19 décembre 2016.

[3]. Dont la France depuis 2007, soit après les faits.

de sang, pertes de connaissance, troubles de la mémoire, de la parole, maux de tête violents. Jugement confirmé en appel en septembre 2015. Dans les années 1990, Monsanto a fait pression sur la chaîne FoxNews pour qu'elle ne diffuse pas un documentaire mettant en cause le Posilac, une hormone de croissance bovine qui augmente la production laitière des vaches. Le film n'a pas été diffusé, et ses auteurs ont été virés de FoxNews. Passons sur différents procès liés à des autorisations de commercialisation. Monsanto est un groupe terroriste particulièrement dangereux qui devrait aujourd'hui être éradiqué par les gouvernements. Mais malgré toutes ses casseroles remplies de produits dangereux, Monsanto n'a jamais été réellement inquiété et encore moins stoppé dans ses activités qui menacent la vie humaine. Et le glyphosate, lui, sera bientôt à nouveau commercialisé en Europe. Cela n'a été ni un thème, ni même un début de sujet, lors de la dernière campagne présidentielle. Pourtant, comme rappelé dans les pages précédentes, les experts de l'ONU estiment que les pesticides provoquent 200 000 morts chaque année.

Les défenseurs des pesticides ou des produits phytosanitaires prétendent qu'ils sont indispensables pour nourrir tous les habitants de la planète. Encore un mensonge, explique un rapport présenté au Conseil des droits de l'homme des Nations unies le 8 mars 2017. Selon les auteurs de ce rapport, « les entreprises ne travaillent pas pour la réduction de la faim, elles travaillent pour une croissance de l'activité agricole à grande échelle [1] ». Le rapport pointe ensuite « un lien entre une exposition régulière aux pesticides et la maladie d'Alzheimer, la maladie de Parkinson, les troubles endocriniens, les troubles du développement et la stérilité. Les pesticides peuvent aussi avoir de nombreuses répercussions sur le plan neurologique, comme des pertes de mémoire, un manque de coordination ainsi qu'une réduction de l'acuité visuelle et des habiletés motrices. L'asthme, les allergies et l'hypersensibilité en sont d'autres effets possibles [2] ». Les experts de l'ONU accusent également les multinationales de nier les dangers pourtant avérés de leurs produits pour la santé humaine et l'environnement. Pour cela elles

---

1. T. Rossi, « Non, les pesticides ne sont pas nécessaires pour nourrir la planète », *Libération*, 10 mars 2017.
2. *Ibid.*

multiplient les campagnes de lobbying et les « stratégies marketing agressives et contraires à l'éthique ». Il faut dire que les enjeux financiers sont cruciaux : le marché des pesticides représente 50 milliards de dollars par an [1]. À ce prix-là, le mensonge a beaucoup d'alliés.

Parfois, le terrorisme perpétré contre la planète et ses habitants ne se cache même plus dans des formules chimiques ou des microparticules qui assassinent à feu doux. Comme les autres formes de terrorisme, il s'exprime par des armes qui tuent en un instant. Dans la nuit du 16 au 17 août 2017, Wayne Lotter, un Sud-Africain de 51 ans, a été abattu à bout portant dans un taxi à Dar es-Salaam. La Tanzanie est le pays d'Afrique qui abrite le plus d'éléphants, et c'est aussi l'un des plus touchés par le braconnage lié au commerce de l'ivoire. La population d'éléphants a diminué de 60 % entre 2009 et 2014. Wayne Lotter, qui avait consacré sa vie à la défense des animaux sauvages, était l'ennemi des braconniers. Son action avait permis de démanteler de nombreux réseaux et d'arrêter des centaines de trafiquants. À cause de cela il avait reçu des menaces de mort. Le trafic des espèces sauvages est désormais contrôlé par des réseaux criminels internationaux qui n'hésitent pas à assassiner les gêneurs et qui achètent leur tranquillité grâce à la corruption.

Wayne Lotter n'est que l'un des nombreux militants écologistes tués dans le monde chaque année. En 2016, la Hondurienne Berta Caceres, lauréate du prix Goldman pour l'environnement, qui défendait entre autres les droits des indigènes, a été assassinée chez elle. Cette année-là, l'ONG *Global Witness* a dénombré 201 militants écologistes tués dans le monde, contre 185 en 2015 et 117 en 2014. Le vrai bilan est sans doute plus élevé, précise l'ONG, car des cas n'ont pas pu être vérifiés ou n'ont probablement même pas été signalés. Les pays les plus dangereux pour les défenseurs de l'environnement sont le Brésil, les Philippines et la Colombie. Les assassinats sont liés à l'industrie minière, à l'industrie agro-alimentaire, à l'exploitation des forêts et au braconnage, et visent soit des militants, soit des populations indigènes qui s'interposent pour protéger leurs arbres ou leurs cours d'eau [2]. Ces cas ne suscitent

---

1. *Ibid.*
2. « Au moins 185 militants écologistes assassinés en 2015 dans le monde », *Goodplanet Info*, 20 juin 2016.

aucune émotion particulière en dehors des familles ou des associations touchées. Au XXIe siècle, dans notre monde officiellement civilisé, il est donc encore toléré que des entreprises perpétuent la tradition du meurtre pour conquérir une terre ou un marché. Les entreprises qui utilisent de telles méthodes sont des entreprises terroristes. Appelez-les simplement mafieuses si vous préférez, mais dans la mesure où elles tuent au nom d'une idéologie, à savoir celle du profit à tout prix, elles relèvent à mes yeux du terrorisme le plus classique.

PROPOSITIONS UTOPIQUES

L'action terroriste à l'encontre du vivant sera punie

Les crimes contre l'animalité seront reconnus

L'action terroriste à l'encontre du vivant sera punie

Après l'effondrement du communisme et le fiasco du capitalisme, aucune autre idéologie n'a encore réussi à susciter l'espoir. Cette idéologie novatrice existe pourtant déjà en germe. Elle porte les couleurs réinventées de l'écologie et pour ma part elle s'incarne dans le courant antispéciste. Comme le souligne le philosophe allemand Peter Sloterdijk, « avant de penser à améliorer le monde, il y a urgence à le protéger ». Cette approche révolutionnaire s'oppose à la vision du progrès que nous avons portée depuis deux siècles. C'est en nous déclarant tuteurs et responsables de cette planète et de tous les êtres qui l'habitent que nous la transformerons. Mais nous sommes à mille lieues de cette logique pour l'instant.

Est-il encore utile que je répète ce que des milliers de rapports, de reportages et de livres ont expliqué depuis une trentaine d'années et que toute personne informée connaît au moins en partie ? La planète est en train de mourir, et ce sont les hommes qui l'assassinent. Parmi eux, certains ont une responsabilité plus lourde que les autres : il s'agit de nos dirigeants, de nos industriels et de nos banquiers. Si nous vivions dans un monde juste et raisonnable, nombre d'entre eux comparaîtraient aujourd'hui devant un tribunal international pour « crimes contre l'humanité ». Non, le terme n'est pas trop fort. Le Statut de Rome, qui régit la Cour pénale internationale (CPI), définit le crime contre l'humanité comme un acte « commis dans le cadre d'une attaque généralisée ou systématique lancée contre toute population civile et en connaissance de cette attaque ». Parmi les onze actes répertoriés figurent « le meurtre » (dans le droit français, cela a été transposé en « atteinte volontaire à la vie [1] ») et des « actes inhumains » « causant intentionnellement de grandes souffrances ou des atteintes graves à l'intégrité physique ou à la santé physique ou mentale [2] ». Un groupe industriel qui empoisonne sciemment et de manière continue des consommateurs (lesquels constituent « une population civile ») et qui porte atteinte à sa santé et à sa vie répond tout à fait à la définition officielle du criminel contre l'humanité.

En octobre 2016, des associations et des militants ont symboliquement organisé à La Haye le procès de Monsanto. Les faits reprochés : « violation des droits humains, crimes contre l'humanité et écocide ». L'écocide est un crime contre l'environnement, c'est-à-dire un acte de destruction d'un écosystème. Le concept n'est pas nouveau. Il est apparu au début des années 1970, en réaction à l'épandage d'agent orange sur les forêts du Viêtnam et sur les zones frontalières par l'armée américaine dans le but de dévaster les endroits qui abritaient les rebelles. La notion était alors liée à celle de crime de guerre. Dans les années 1990, lors de la rédaction du Statut de Rome de la CPI, il a été envisagé d'inclure l'écocide afin de pouvoir poursuivre les crimes les plus graves contre l'environnement, même en temps de paix, mais plusieurs pays s'y sont opposés – parmi eux la France, qui craignait d'être gênée en raison de ses activités nucléaires. Le Statut de Rome prévoit tout de même aujourd'hui que la CPI considère comme crime de guerre « le fait de diriger intentionnellement une attaque en sachant qu'elle causera incidemment [...] des dommages étendus, durables et graves à l'environnement naturel, qui seraient manifestement excessifs par rapport à l'ensemble de l'avantage militaire concret et direct attendu ». De fait, en septembre 2016, la procureure de la CPI, Fatou Bensouda, a publié un document de politique générale stipulant que l'institution « s'intéressera particulièrement aux crimes [...] impliquant ou entraînant, entre autres, des ravages écologiques,

---

1. Article 212-1 du Code pénal.
2. Statut de Rome de la Cour pénale internationale.

l'exploitation illicite de ressources naturelles ou l'expropriation illicite de terrains ». Il peut s'agir d'accaparement de terres ou de méfaits liés à l'extraction de minerais. C'est bien, mais ce n'est pas encore suffisant, on le comprend, puisque le crime contre l'environnement n'est ici qu'une donnée aggravante d'une violation d'un droit humain. C'est pourquoi il faut inscrire le crime d'écocide dans le Statut de Rome, afin qu'il devienne à lui seul un motif d'inculpation comme le crime de guerre, le crime contre l'humanité ou le génocide. C'est exactement ce que réclame le tribunal Monsanto, ce groupement qui a décidé de juger à La Haye la multinationale spécialiste des pesticides et des semences. L'entreprise est accusée par les activistes d'avoir, en toute connaissance de cause, commercialisé des produits toxiques responsables de plusieurs milliers de morts – il suffit de revenir quelques pages en arrière pour constater que ces reproches correspondent simplement à la réalité. Autres motifs d'inculpation : avoir mis en place un système d'agriculture fortement émetteur de gaz à effet de serre et avoir rendu les paysans dépendants aux semences et aux brevets du groupe. À travers Monsanto, c'est évidemment tout le business agro-industriel qui se retrouvait mis en accusation.

Le tribunal, composé de vrais spécialistes de la justice de tous continents (juristes, magistrats, avocats, juges) et présidé par une ancienne vice-présidente de la Cour européenne des droits de l'homme, a rendu son verdict six mois plus tard, en avril 2017, sous forme d'avis consultatif. En voici les principales conclusions :

« Monsanto s'est engagé dans des pratiques qui ont un impact négatif sur le droit à un environnement sain.

« Monsanto s'est engagé dans des pratiques qui ont un impact négatif sur le droit à l'alimentation.

« Monsanto s'est engagé dans des pratiques qui ont un impact négatif sur le droit à la santé.

« Monsanto affecte négativement la liberté indispensable à la recherche scientifique.

« Le tribunal relève que si le crime d'écocide devait être érigé, à l'avenir, au rang de crime de droit international, les faits rapportés pourraient relever de la compétence de la Cour pénale internationale. »

Dans ses conclusions, le tribunal relève que le droit international des droits de l'homme et de l'environnement est de plus en plus menacé par le droit international de l'investissement et du commerce, c'est-à-dire les règles juridiques de l'Organisation mondiale du commerce et celles qui sont posées dans les accords de libre-échange : « Ces dispositions tendent à rendre de plus en plus difficile la possibilité pour les États de maintenir des politiques, des lois et des pratiques protectrices des droits humains et de l'environnement. » Par ailleurs, le tribunal demande que les multinationales puissent devenir des sujets de droit afin qu'elles soient poursuivies comme tels si nécessaire : « une asymétrie entre les droits et les obligations des multinationales est clairement identifiée et dénoncée par le tribunal [1] ».

Outre la reconnaissance du crime d'écocide par la CPI, une autre piste consisterait à instaurer une Cour pénale internationale de l'environnement.

Juger les faits graves de pollution ou d'atteinte à l'environnement : cela se fait déjà *a minima*. Le « préjudice écologique » a été reconnu dans le droit français après le naufrage du pétrolier *Erika* et la notion suit lentement son chemin. Par ailleurs, nous disposons d'un droit de l'environnement qui contient une multitude de lois liées à la protection de la nature, au bruit, à la chasse, aux déchets, à l'agriculture, etc. Et depuis 2005 en France, une « Charte de l'environnement » est intégrée à notre Constitution. Mais, de toute évidence, tout cela est bien insuffisant. Une multinationale peut toujours commettre les pires saloperies à l'encontre du vivant : elle s'en tire chaque fois en payant une amende qui ne lui coûte finalement pas grand-chose. Et elle recommence, avec le même manque de scrupules, en s'appuyant sur de talentueux avocats. Laurent Neyret, professeur de droit spécialisé en environnement, estime que la criminalité environnementale produit 213 milliards de dollars de profit par an. On peut douter de la précision du montant annoncé : pourquoi 213 et pas 208 ou 215 ? Mais peu importe. Ce qu'il faut retenir, c'est que les crimes environnementaux sont très rentables pour ceux qui les commettent car ils sont très faiblement punis. Ils

---

1. Résumé de l'avis consultatif du Tribunal international Monsanto.

comportent donc peu de risques mais peuvent en revanche rapporter très gros : « La devise c'est : *"low risk, high benefit"* [1] », explique Laurent Neyret. « Les criminels environnementaux encourent peu en termes de sanction pénale. Par exemple, lorsqu'on se fait prendre avec un kilo de corne de rhinocéros aux États-Unis, on encourt un an de prison, alors que la cocaïne, c'est dix ans. Pourtant, un kilo de corne de rhinocéros rapporte deux fois et demi plus qu'un kilo de cocaïne [2]. »

Les criminels qui tuent la planète et ses habitants, ainsi que leurs complices en tous genres, doivent être traqués et sanctionnés. Pourquoi les entreprises reconnues coupables d'avoir causé des destructions, des maladies ou des morts peuvent-elles continuer à exercer comme si de rien n'était ? Leurs dirigeants doivent être sévèrement punis, dès lors qu'il est établi qu'ils savaient ce qu'ils faisaient, ce qui est presque toujours le cas.

J'aimerais que désormais nos gouvernements engagent cette lutte contre le terrorisme le plus violent qui soit : celui infligé au vivant sous toutes ses formes.

Les crimes contre l'animalité seront reconnus

Poursuivre les entreprises et les responsables politiques et financiers pour « crime contre l'humanité » ne serait qu'un début, car les humains ne sont pas les seuls individus affectés par les pratiques criminelles de l'industrie : les animaux non humains en sont les premières victimes. Chaque année, 70 milliards d'animaux terrestres sont tués pour notre consommation de viande, ainsi que 1 000 milliards d'animaux marins. Des centaines de millions sont également sacrifiés pour leur peau ou leur fourrure. Et il y a tous les animaux sauvages que nous exterminons peu à peu et de plus en plus rapidement. En quarante ans, nous avons massacré la biodiversité comme jamais au cours de notre histoire. Le nombre de mammifères, de poissons, d'oiseaux, d'amphibiens et de reptiles a

---

1. « Peu de risques, beaucoup de bénéfices ».
2. T. Sotto, « Neyret : "la criminalité environnementale c'est gros profits pour petits risques" », *Europe 1*, 9 novembre 2015.

diminué de 58 % entre 1970 et 2012. Si nous ne modifions rien à nos comportements, ce taux de disparition des vertébrés atteindra 67 % en 2020. Et pas très longtemps après sans doute, 100 %[1].

La revue scientifique *Nature* estimait récemment que 75 % des espèces actuellement vivantes pourraient être éradiquées d'ici 2200[2], ce qui constituerait la sixième extinction de masse dans l'histoire de la planète. Sur la Liste rouge mondiale des espèces menacées dressée par l'UICN (Union internationale pour la conservation de la nature), 25 % des espèces de mammifères, 42 % des espèces d'amphibiens, 31 % des espèces de requins et de raies et 11 % des espèces oiseaux sont actuellement menacées d'extinction. Ces animaux sont victimes de l'action de l'homme. Ils subissent la perte ou la dégradation de leur habitat liées à la déforestation, à l'urbanisation, à l'accroissement des populations, au tourisme et à l'extraction de ressources naturelles (bois, minerai, pétrole et gaz). Ils sont également victimes du dérèglement climatique, de la chasse légale ou illicite et de la surpêche. Les dirigeants actuels continuent à prendre à l'égard des animaux sauvages des décisions qui sont des insultes à l'intelligence et à la compassion. En avril 2017, Donald Trump a autorisé à nouveau la chasse aux ours, aux loups et à leur progéniture en Alaska. Ils peuvent désormais être tués dans leur tanière, même pendant leur période de reproduction ou d'hibernation, en ce qui concerne les ours. Le but ? Tout simplement faire plaisir aux chasseurs tellement attachés à leur tradition barbare. Dans *Antispéciste*[3], je dressais le bilan suivant, ici mis à jour :

100 000 tigres vivaient en Asie il y a un siècle. Il en reste moins de 3 200 à l'état sauvage, soit une baisse de 97 %[4].

20 millions d'éléphants vivaient en Afrique il y a un siècle. Il en reste 500 000, soit une baisse de 97,5 %[5]. Plus de 20 000 éléphants sont tués chaque année en Afrique par des braconniers pour leur ivoire, alors que ce commerce est aujourd'hui interdit.

---

1. Rapport planète vivante 2016, WWF.
2. R. Monastersky, « Biodiversity : Life – a status report », *Nature*, 10 décembre 2014.
3. *Antispéciste, op. cit.*
4. « Tigres », WWF.
5. « Ivoire : l'Afrique lutte mieux que l'Asie contre la contrebande », *Sciences et Avenir*, 16 juin 2014.

100 000 éléphants vivaient en Asie il y a un siècle. Il n'en reste que 50 000, soit une baisse de 50 %.

200 000 lions vivaient en Afrique il y a un siècle. Il n'en reste que 40 000 selon les estimations les plus optimistes, soit une diminution de 80 % [1]. En Afrique de l'Ouest, ils ont quasiment disparu.

En 1960 on estimait à un million le nombre de chimpanzés vivant sur la planète. Il n'en reste que 220 000 au plus. Et d'ici une vingtaine d'années les chimpanzés auront été éradiqués de dix pays où on les trouve encore aujourd'hui [2].

Toutes les espèces de grands singes sont menacées d'extinction. En plus du braconnage et de la perte de leur habitat, ils sont également victimes de maladies infectieuses comme le virus Ebola. Le plus grand gorille du monde, le gorille de l'Est, est classé en danger critique par l'UICN. Il en restait 17 000 en 1995. Il en reste moins de 5 000 à l'heure actuelle, ce qui veut dire qu'en une vingtaine d'années seulement sa population a diminué de plus de deux tiers.

Il ne reste plus que 7 100 guépards en Afrique (on n'en trouve presque pas ailleurs dans le monde). Au Zimbabwe, depuis l'an 2000, leur nombre a chuté de 1 200 à 170, soit une diminution de 85 %.

La population de girafes a diminué de 40 % ces trente dernières années. Il en restait moins de 100 000 en 2015 [3].

Au XXe siècle on a dénombré jusqu'à 850 000 rhinocéros noirs. Il n'en restait plus que 100 000 en 1960. Et environ 5 000 aujourd'hui [4].

95 % des grands requins blancs ont été exterminés [5] et on estime à 100 millions le nombre de requins tués chaque année, généralement pour que les ailerons finissent dans des assiettes [6].

---

1. A. Garric, « Les lions d'Afrique menacés par les chasseurs américains », *Le Monde*, 3 mars 2011.
2. « Les chimpanzés », Institut Jane Goodall France.
3. « Liste rouge de l'UICN : les girafes et de nouvelles espèces d'oiseaux menacées », UICN, 7 décembre 2016.
4. A. Coulon, « Le guépard, la girafe et le rhinocéros noir risquent de disparaître en Afrique », *Le Monde*, 30 décembre 2016.
5. Y. Paccalet, *Éloge des mangeurs d'hommes*, Arthaud, 2014.
6. *Sciences et Avenir*, 20 septembre 2016.

En trente ans, les populations d'oiseaux ont diminué de plus de 400 millions d'individus en Europe [1].

Devant l'étendue des crimes dont nous nous rendons coupables à l'égard des animaux non humains, il faut instaurer le concept de *crime contre l'animalité*, afin de faire cesser au plus vite ce qu'on peut appeler, en pesant nos mots, un génocide. Cette révolution juridique bouleverserait évidemment les logiques économiques et philosophiques qui dominent aujourd'hui notre société. Certaines personnes sont prêtes sans doute à ouvrir le débat dès maintenant en distinguant le cas des animaux d'élevage et celui des animaux sauvages. Je ne fais pour ma part aucune distinction dans les responsabilités humaines à l'égard des uns et des autres. Aucun animal non humain sensible n'a destination à être tué, quelle qu'en soit la raison, et le cochon ou la poule ont tout autant le droit de vivre que le chien, le chat, le lion ou le gorille. J'ai longuement expliqué dans *Antispéciste* les droits fondamentaux que nous devrions accorder à tous les animaux non humains sensibles qui peuplent cette planète : celui de ne pas être tué, de ne pas être torturé, de ne pas être emprisonné et de ne pas être vendu. Sans doute la libération animale commencera-t-elle par la protection des animaux sauvages avant de s'étendre à celle des animaux d'élevage. C'est pourquoi je sais qu'il faudra du temps avant que ne s'impose comme un principe plein la notion de crime contre l'animalité. Et pourtant, j'en suis certain, ce jour viendra.

---

[1]. C. Schaub, « Loi biodiversité : le sort du vivant au Parlement », *Libération*, 18 janvier 2016.

Le mensonge de la nation

Je n'aime pas la France. Je ne la déteste pas non plus. En fait, elle m'inspire une indifférence polie qui ne m'empêche pas de reconnaître la beauté de ses forêts, de ses littoraux et de ses montagnes. Je sais apprécier ses monuments élégants et ses rues chargées d'histoire. Mais ce n'est pas pour autant que je la vénère. Il existe dans le monde des endroits plus agréables à vivre et des populations plus ouvertes d'esprit. La France est un pays de râleurs, de prétentieux, de donneurs de leçons, d'héritiers, de nucléaristes, de chasseurs, de bouffeurs de viande, de chauffards, de délateurs, de monarchistes, de faiseurs de bruit, de collaborationnistes et de magouilleurs. Je connais d'autres endroits sur la planète où je préférerais vivre. Mon pays est assurément ailleurs. Il est partout. Et nulle part. Mon pays est un endroit que l'on n'a pas encore découvert, un non-lieu, un ουτοπος.

Je mesure combien ces lignes sont audacieuses en ces temps où nous sommes tous priés de clamer notre chauvinisme. Si ma peau n'était pas si blanche et si je ne pouvais revendiquer des ancêtres européens et chrétiens depuis plusieurs générations, je pourrais être suspecté d'accointances terroristes. En ce début de XXIe siècle, il n'est recommandé à aucun Français d'écrire que le drapeau bleu-blanc-rouge et *La Marseillaise* ne lui procurent aucune émotion particulière. C'est pourtant mon cas. Ma patrie est celle du peuple animal sensible, indifférente aux frontières, aux nationalités, aux religions, à la couleur de peau ou à l'espèce.

Je suis donc ringard puisque la mode est au patriotisme, ce sentiment vulgaire générateur de bêtise et de guerres. Écoutez-les, raides comme des piquets, la main sur le cœur : tous, ils s'affirment

« patriotes », et même plus patriotes que les autres. À l'extrême droite bien sûr, mais aussi à la droite moins à droite, au centre, à gauche et à gauche de la gauche. « Nous sommes les vrais patriotes dans cette salle ! » hurle ainsi Macron en meeting à Marseille, trois semaines avant le premier tour de la présidentielle 2017[1]. Avant d'ajouter qu'« être patriote, c'est pas la gauche qui s'est rétrécie sur ses utopies[2] ». Quel rapport entre le patriotisme et l'utopie ? Le jeune Macron suggère sans doute qu'il serait irréaliste de militer pour un modèle politique qui néglige la notion de nation et qui promeut la tolérance culturelle la plus large possible. C'est en tout cas comme cela que je l'entends. Mais tous ceux qui mettent à l'honneur le patriotisme savent-ils réellement ce qu'ils veulent dire ? Je n'en suis pas sûr. C'est le moment d'aller chercher Robert.

PATRIOTE n. et adj. – 1460 ◊ bas latin *patriota*, grec *patriotês* « compatriote » ▪ 1 vx Compatriote ; citoyen ▪ 2 (1647 ; patriot 1561) MOD. Personne qui sert sa patrie et la sert avec dévouement.

PATRIE n. f. – 1511 ◊ latin *patria* « pays du père », de *pater* ▪ 1 Nation, communauté politique à laquelle on appartient ou à laquelle on a le sentiment d'appartenir ; pays habité par cette communauté.

Je ne suis donc pas patriote. Pour une raison simple : je n'aime pas « la communauté politique à laquelle j'appartiens ». Comment pourrais-je apprécier une communauté qui tolère entre cinq et neuf millions de pauvres[3], cinq à neuf millions de chômeurs, une précarité toujours accrue pour les travailleurs, des inégalités en augmentation, le nucléaire, la pollution qui tue, la chasse, la corrida ou l'abattage d'un milliard d'animaux chaque année ? Comment pourrais-je aimer une communauté qui ne fait pas le maximum pour permettre à chacun de s'épanouir et de se développer ? Comment

---

1. @TeamMacronPR, Twitter, 1er avril 2017 : twitter.com/TeamMacron2017/status/848172140897677312
2. @TeamMacronPR, Twitter, 1er avril 2017 : twitter.com/TeamMacron2017/status/848172835851862017
3. Tout dépend du revenu pris en considération. L'observatoire des inégalités s'insurge contre une conception trop large de la pauvreté qui nuit à la lutte contre la précarité en banalisant son sens.

pourrais-je aimer une communauté qui célèbre le retour du racisme assumé ?

Pourquoi devrais-je défendre bec et ongles un bout de territoire sous prétexte que j'y suis né ? Sur quelle intelligence s'appuie un tel *a priori* ? Si j'avais vu le jour en Corée du Nord et que j'étais en conséquence un citoyen de ce pays, me faudrait-il également « aimer la communauté politique à laquelle j'appartiens » ? Les Allemands « patriotes » qui habitaient l'Allemagne nazie dans les années 1930 et 1940 doivent-il être encensés pour leur clairvoyance et leur humanité ? Si le pays qui m'a vu naître se caractérise par des attitudes et des lois sociales qui me déplaisent fortement, pourquoi devrais-je le taire ? Par respect pour l'idée que je me fais de la raison, je me refuse à éprouver une indéfectible solidarité avec une population française dont je rejette souvent la pensée majoritaire. Le terme « patriote » ne devrait d'ailleurs être toléré qu'en période de guerre réelle, c'est-à-dire en cas d'invasion d'un territoire par une armée étrangère, pour désigner ceux qui se battent contre l'ennemi envahisseur plutôt que de collaborer avec lui. Dans ces circonstances exceptionnelles, le mot prend son sens et se rapproche de « résistant ». En revanche, il me semble indécent et inutilement belliqueux d'oser brandir ce terme « en pleine paix », comme dirait Audiard. Car, dès lors, il signifie qu'il y aurait des « bons » et des « mauvais » Français.

Il est des gens de mon pays, qui portent la même nationalité que moi, avec lesquels je n'ai pourtant rien de commun hormis l'appartenance à l'espèce humaine. Je n'ai par exemple aucune affinité avec ceux qui militent pour le Front national ou pour ses avatars. Les racistes, les haineux, les sectaires, les égoïstes, les avides de pouvoir, les bas de plafond, les collabos de la médiocrité : je ne les reconnais pas comme étant de ma famille, de mon groupe, ni même de ma patrie.

Pendant vingt ans, j'ai eu la chance de pouvoir beaucoup voyager dans le monde. Je me suis rendu dans une cinquantaine de pays, sur tous les continents habités. J'ai vécu dans certains d'entre eux. J'en ai acquis la certitude que le concept de « nation » est aujourd'hui complètement dépassé, spécialement à l'heure de la révolution numérique qui chamboule l'idée de « territoire ». Les nouveaux modes de communication recréent des passerelles entre des groupes d'humains dont les différences culturelles et physiques se sont développées après la dispersion des premiers hommes, lorsqu'ils ont quitté leur Afrique natale pour conquérir de nouveaux territoires, il y a environ 2 millions d'années.

Je me sens bien plus proche de Leanne, Zeinab, Ayman, Peggy, rencontrés en Chine, en Irak, au Liban et en Israël, que de certains Marine, Marion ou Florian, bien Français ceux-là. Je dénie à ces derniers le droit de prétendre que nous appartenons à la même famille, quand bien même nous avons grandi sur le même territoire, en apprenant les mêmes choses à l'école, et en parlant la même langue. L'attitude des Français face à l'Occupation, pendant la Seconde Guerre mondiale, a d'ailleurs montré toutes les limites de la revendication nationale : les Allemands n'ont pas affronté *les* Français, mais *des* Français, très différents les uns des autres dans leurs opinions et leurs réactions. Certains – la majorité – ont choisi la collaboration active ou passive, tandis que d'autres ont préféré la résistance, par des modes opératoires très divers. Certains ont trahi leurs compatriotes, tandis que d'autres ont pris des risques pour les sauver. La nationalité n'a pas protégé certains Français des exactions de la milice, composée d'hommes nés entre les mêmes frontières et pourtant si différents. Certains – beaucoup – se sont couchés, tandis que d'autres ont choisi de sacrifier leur vie. L'ont-ils fait pour leur pays ? Non. Ils s'y sont résolus en raison de la haute idée qu'ils se faisaient de la liberté et de l'âme humaine.

J'ai expérimenté « à l'étranger » des modes de vie et des philosophies de vie quotidienne qui me conviennent mieux que celles qui me sont imposées par la France, territoire où j'ai poussé mon premier cri, et beaucoup d'autres ensuite. J'ai mille fois plus d'affinités avec certains musulmans, bouddhistes ou juifs étrangers qu'avec certains chrétiens bien de chez nous. N'est-ce pas la meilleure preuve que le concept de « nation » tel qu'il est encore défendu aujourd'hui est une stupidité ? Dans une célèbre conférence [1], Ernest Renan (1823-1892) énonçait à la fin du XIXe siècle : « Une nation est une âme, un principe spirituel. Deux choses qui, à vrai dire, n'en font qu'une, constituent cette âme, ce principe spirituel.

---

1. « Qu'est-ce qu'une nation ? »

L'une est dans le passé, l'autre dans le présent. L'une est la possession en commun d'un riche legs de souvenirs ; l'autre est le consentement actuel, le désir de vivre ensemble, la volonté de continuer à faire valoir l'héritage qu'on a reçu indivis. [...] L'homme n'est esclave ni de sa race, ni de sa langue, ni de sa religion, ni du cours des fleuves, ni de la direction des chaînes de montagnes. Une grande agrégation d'hommes, saine d'esprit et chaude de cœur, crée une conscience morale qui s'appelle une nation [1]. »

Ne soyons esclaves d'aucune frontière, qu'elle soit naturelle ou administrative. Quant au passé et aux ancêtres communs qu'évoque Renan, pourquoi les limiter arbitrairement à quelques siècles d'histoire ? Pourquoi ne pas remonter en arrière de plusieurs millénaires, voire de plusieurs dizaines ou centaines de milliers d'années ? Pourquoi ne pas revenir à la vérité originelle d'une humanité qui n'était pas encore scindée en groupes géographiques et culturels distincts ? Notre passé commun ne s'arrête pas à des dates de batailles et de couronnements. Ou alors, c'est un bien triste passé. Notre histoire commune s'exprime à travers nos gènes, dans une mémoire à l'échelle de notre place dans le cycle du vivant. Et nos gènes nous disent que les humains sont tous frères, même si cela me semble parfois impossible à croire, tant mes chats me ressemblent plus que pas mal de zozos de mon espèce. La nation n'a rien de génétique, ni de naturel. Elle n'a jamais été qu'une construction artificielle, comme le rappelle l'historienne Anne-Marie Thiesse.

Dans un ouvrage intitulé *La Création des identités nationales*, cette chercheuse du CNRS écrit que « la nation naît d'un postulat et d'une invention mais elle ne vit que par l'adhésion collective à cette fiction [2] ». Car les Auvergnats et les Normands, par exemple, ont en réalité initialement peu en commun. L'identité nationale n'existe donc pas, car les traditions ont succédé aux nations, et non le contraire. Il est important d'admettre cette réalité pour apaiser les tensions au lieu de les attiser comme aujourd'hui. Car la nation est un principe qui exclut bien plus qu'il ne rassemble. Les discours actuels portés par l'extrême droite, qui contaminent peu à peu les autres partis, le prouvent. Revendiquer à tout bout de champ le

---

1. *Ibid.*
2. A.-M. Thiesse, *La Création des identités nationales*, Seuil, 1999, p. 14.

repli de la France sur elle-même, l'adhésion à « ses » valeurs, la connaissance de « son » histoire et de « sa » langue, est une manière de rejeter des individus ou des populations arrivés récemment et qui apparaissent gênants à certains égoïstes que je qualifierais volontiers de sales gosses immatures si les conséquences de leur militantisme n'étaient pas si néfastes. Mais la logique est bien celle-là : « C'est à moi ! C'est mon jouet ! C'est mon pays ! C'est ma culture ! T'y touche pas ! » Sauf que tout est bidon.

L'idée de nation, au sens moderne et politique, n'est apparue que dans la seconde partie du XVIIIe siècle. À l'époque, il y avait plus de différences entre un paysan du sud de la France et un domestique breton qu'entre des aristocrates de deux pays européens. Le français tel qu'il s'est imposé par la suite était peu pratiqué au quotidien, les langues régionales étant les plus parlées. Alors il a fallu faire appel aux dates, aux héros, aux monuments, au folklore, à la langue aussi, pour construire une identité commune autour de ce nouveau machin qu'était la nation. L'école a été le lieu de propagande de cette fiction, notamment par le biais de livres d'histoire contant notre « roman national ». La nation s'est imposée comme la structure politique la plus adaptée au contexte historique de l'industrialisation et de l'urbanisation, alors qu'il fallait repenser les rapports sociaux et économiques. En tant que telle, nous devons lui reconnaître des apports positifs. Elle a ainsi permis d'organiser et de développer l'exercice démocratique, l'égalité et la solidarité. L'admettre n'empêche pas de soutenir l'idée que le concept de nation a vécu et qu'il n'est plus adapté à notre siècle. Anne-Marie Thiesse ne dit pas autre chose lorsqu'elle écrit que cela « n'a rien de tragique, à condition qu'une nouvelle force de cohésion vienne la remplacer, associée à un véritable projet politique [1] ».

L'historienne Suzanne Citron s'est insurgée, il y a trente ans, contre l'idée d'une histoire de France conçue au XIXe siècle comme un « roman national » qui commence avec les Gaulois, se développe avec les rois capétiens qui « font la France », débouche sur la Révolution française qui fait de notre pays un modèle en matière de droits de l'homme, et aboutit à la formation solide de la République sur la défaite de 1871. Elle nous invite, elle aussi, à casser le

---

1. *Ibid.*, p. 284.

mythe obsolète des frontières-remparts : « Comment repenser la France complexe et chahutée de ce XXIe siècle ? écrit-elle. D'abord, déterritorialiser le regard historique coincé dans l'Hexagone, par l'éveil d'une conscience planétaire. L'approche initiale de l'aventure humaine dans son immense durée et sa diversité permettrait aux Françaises et aux Français de se reconnaître membres d'une collectivité terrienne aux multiples visages [1]. »

Car là est bien l'enjeu : nous avons tous besoin de nous trouver des alliés, des frères, des compagnons, avec qui partager et sur lesquels compter. L'État-nation a eu pour mission de remplir ce rôle, afin que chacun puisse se dire : « je suis rassuré de me réclamer d'un drapeau car celui-ci me protège telle une mère ». Le retour du nationalisme, qui s'exprime dans le « fabriquons et consommons français » désormais adopté par les partis de tous bords, est une réponse au désarroi causé par l'idéologie néolibérale qui domine toute instance supranationale, à commencer par les institutions européennes, coupables de leur fonctionnement antidémocratique et dévastateur. La belle et grande idée de l'Europe a été dévoyée par des groupes d'intérêts particuliers qui n'ont aucune considération pour les citoyens ni pour la démocratie.

Si le principe des nations est défaillant, cela signifie qu'il faut inventer un autre modèle pour le remplacer. Et ce modèle nouveau est forcément internationaliste. Tous les arguments raisonnables nous le font comprendre, à commencer par le fait que les décisions prises par quelques-uns d'un côté de la planète ont aujourd'hui des répercussions sur des populations situées de l'autre côté de cette même planète. La pollution n'a pas de frontières, ni les virus, ni le terrorisme, ni l'évasion fiscale. Se recroqueviller en autosuffisance sur un petit bout de territoire délimité par des barbelés est désormais un contresens absolu.

---

1. S. Citron, *Le Mythe national, l'histoire de France revisitée*, Ivry-sur-Seine, Les Éditions de l'atelier, 2008, réed. 2017, p. 16-17.

PROPOSITIONS UTOPIQUES

Les frontières seront partiellement abolies
Un gouvernement mondial sera mis en place

Les frontières seront partiellement abolies

Les nations dont les passeports sont les porte-parole représentent un concept dépassé et mensonger. La logique de notre évolution morale et politique veut qu'on admette qu'il n'y a pour les hommes qu'une seule nation, planétaire, qu'il s'agit de la nation humaine, et que cette nation a pour unique frontière notre atmosphère. C'est ce qu'il adviendra si une vie extraterrestre vient un jour à notre rencontre. Alors nos différences revendiquées et nos localités politisées s'effaceront comme par enchantement. Face à l'altérité réelle, nous retrouverons notre fraternité perdue. En attendant, le concept de nation doit s'actualiser pour se recentrer sur ce qu'il est censé incarner : un regroupement d'hommes et de femmes unis par une conscience morale. Alors les nations devront s'affranchir des frontières géographiques aujourd'hui dépassées par la technologie et se trouver des peuples transfrontaliers. Des Français, des Américains, des Chinois, des Allemands ou des Mexicains partageant la même conscience morale pourront constituer des nations spirituelles, et non plus physiques. Leurs membres auront toujours en commun une histoire et une culture, mais celles-ci n'auront rien à voir avec le récit romancé ou inventé des rois, des conquêtes et des héros nationaux. Cette histoire et cette culture communes s'affranchiront des chronologies et des rites. Elles puiseront leur vitalité dans des intérêts et des repères moraux partagés. C'est exactement ce qu'il est en train de se passer sur Internet, où les humains se regroupent déjà en « communautés », qui n'ont rien à voir avec les communautés française, allemande, russe, musulmane ou juive. La « nation » gardée par des douaniers à casquette est morte. Et ceux qui s'accrochent à elle comme à un repère indépassable sont dans l'erreur.

Un gouvernement mondial sera mis en place

L'avenir politique est à un gouvernement mondial fédéral, orchestrant la vie sur une planète divisée en grandes zones administratives possédant chacune une autonomie en différents domaines : l'Europe, l'Amérique du Nord, l'Amérique du Sud, l'Asie, l'Océanie et l'Afrique. Les États ne disparaîtront pas, mais constitueront simplement un échelon de cette nouvelle organisation démocratique. Cela signifie-t-il que tout le monde devra agir de la même manière en tout point du globe ? N'y aura-t-il plus de différences, de particularités, de singularités ? Pas du tout. Tout tient à la manière dont on organise les choses. Dans un gouvernement mondial, les risques d'aboutir à un régime dictatorial sont réels mais il est possible de s'en prémunir. Pour cela il faut reconsidérer les piliers moraux des démocraties que l'on cite en exemple, à commencer par la nôtre. En créant un cadre qui empêche les discriminations, les fraudes, le clientélisme, la corruption ou le carriérisme politicien, ce gouvernement mondial aura pour mission de garantir la liberté d'expression et de conscience de tous : loin d'exiger une pensée uniforme, cette gouvernance organisera au contraire la coexistence pacifique sur Terre de toutes les croyances et religions, ainsi que de tous les modes de vie, à partir du moment où ceux-ci ne nuisent pas à d'autres citoyens. Cette gouvernance devra être garante de diversité.

Bien sûr, et tel est l'objectif d'une instance de cette ampleur, certains sujets nécessiteront une position mondiale commune : l'environnement et l'économie en font partie. Et cela est logique, puisque dans ces domaines les décisions des uns impactent tous les autres. Cela ne signifie pas que le gouvernement mondial dira à tous les pays du monde les politiques qu'ils doivent mener. Ce gouvernement aura plutôt un rôle de garde-fou, en interdisant certaines pratiques : il instaurera des règles internationales précises sur les normes de pollution, les processus industriels, un revenu garanti pour tous, des droits essentiels pour tous les animaux, des principes de solidarité entre régions du monde, et ainsi de suite. Les parlements nationaux garderont leur autonomie dans tous les domaines qui n'impactent pas directement les voisins et partenaires, comme l'éducation, la culture, la politique des paysages et de l'urbanisation ou la sécurité des citoyens.

Pour résumer et bien comprendre les choses, il suffit de transposer le modèle Municipalités → Départements → Régions → État à une échelle supérieure. Désormais nous aurons Pays → Régions du monde → Gouvernement mondial, en conservant la logique de prérogatives partagées entre les échelons. Ceux qui s'esclaffent en lisant cette prédiction devraient faire preuve de davantage de prudence, car dans un monde d'échanges commerciaux et affectifs sans frontières, l'instauration d'un gouvernement mondial est non seulement souhaitable, mais surtout inéluctable.

LE MENSONGE DE LA LIBERTÉ

Libéral, libertaire, libertarien : la liberté à géométrie variable

La liberté est la condition d'où découlent toutes les autres. Elle est « ce bien qui fait jouir des autres biens », écrivait Montesquieu. Tous les individus s'en réclament, tous les partis la promeuvent. Elle est au cœur de toute idéologie politique moderne : « Le principe du gouvernement démocratique, c'est la liberté », écrit Aristote. Le problème, c'est que personne ne s'accorde tout à fait à la définir, ni ne s'entend sur les moyens de la gagner ou de la préserver. De quelle liberté parle-t-on ? Celle de l'entrepreneur qui réclame l'absence de contraintes fiscales et réglementaires ? Celle du financier qui veut spéculer à sa guise ? Celle du travailleur qui veut pouvoir choisir son emploi ? Celle du patron qui veut licencier sans contrepartie ? Celle du citoyen qui veut pouvoir s'exprimer comme il l'entend ? Celle de l'individu qui veut pouvoir se promener dans la rue sans risquer d'être attaqué par un malfrat ? Celle du malade qui veut qu'on atténue sa souffrance ? Celle de la femme qui veut louer son ventre ? Celle du prostitué qui veut louer son sexe ? Celle du joueur qui veut pouvoir tricher ? Celle de l'assassin qui veut tuer parce qu'il l'a décidé ? Dans *Les Caves du Vatican* d'André Gide, Lafcadio ne voulait-il pas éprouver la liberté de l'acte gratuit en jetant un vieil homme du train, sans la moindre raison apparente ? Je laisse délibérément de côté le débat sur l'empreinte de l'inconscient sur nos décisions, si déstabilisatrice pour les défenseurs d'un libre arbitre quasi absolu. Le sujet est passionnant mais ce n'est pas vraiment le nôtre ici. Je rappellerai tout de même que nous sommes prisonniers des circonstances de notre naissance car la famille, la ville et le pays où l'on émerge au monde conditionnent une bonne partie de ce que nous allons devenir, pour le meilleur et pour le pire. Prenez Tye Trujillo, 12 ans. Un petit génie de la basse électrique. Il a déjà accompagné sur scène le groupe de métal alternatif Korn – des millions d'albums vendus, deux Grammy Awards. Il se trouve être le fils de Robert Trujillo, le bassiste de Metallica. Sans cette filiation, le petit Tye n'aurait probablement pas côtoyé la basse au berceau. C'est ainsi : nous sommes pétris par le milieu de notre enfance et conditionnés par les gènes des générations qui nous ont précédés. Cette réserve étant posée, revenons à l'interrogation initiale : quels rapports notre République entretient-elle avec sa promesse de liberté ? Notre société est-elle libérale ? ou libertaire ? ou ni l'un, ni l'autre ?

Le terme « libéral » peut désigner des choses extrêmement diverses, au point que l'on s'emmêle les pinceaux. François Fillon est libéral, mais Olivier Besancenot aussi, ce qui pose tout de même un gros problème, car on comprend bien que l'on ne parle pas du tout de la même chose dans un cas et dans l'autre. Le libéralisme politique, le libéralisme économique et le libéralisme social (ou libéralisme des mœurs) n'ont rien à voir. Et en fonction des pays, l'utilisation du mot peut varier. Le *libéral* américain est ainsi l'inverse du *libéral* français. Chez nous, est qualifié de *libéral* le partisan du libre marché et de l'intervention minimale de l'État dans la vie économique. Mais outre-Atlantique, le *libéral* est un progressiste. Il croit au rôle de l'État dans l'économie et il est ouvert sur les questions de société. On pourra dire aussi de lui qu'il est *social-libéral*. En fait, il est *keynésien* et l'équivalent d'un *social-démocrate* français, plutôt classé à gauche mais très éloigné de la gauche marxiste. Du coup, celui qu'on appelle *libéral* en France, c'est-à-dire le libéral traditionnel qui se méfie de l'interventionnisme de l'État, s'appelle aux États-Unis un *libertarian*. Attention ! D'une part le *libertarian* n'est pas un conservateur comme le sont les libéraux français, et d'autre part il ne faut pas traduire ce mot par *libertaire*, car ce terme revêt chez nous une autre signification. En France, le *libertaire* se rapproche de l'*anarchiste*, lequel rejette certes l'État, mais est en revanche égalitariste, anticapitaliste et opposé à la propriété privée. Par ailleurs, l'expression *être libéral* peut signifier « être tolérant » ou « ouvert d'esprit » – on parlera d'*éducation libérale* pour qualifier une éducation qui autonomise les enfants et qui est ouverte à la nouveauté. C'est ici que ça se complique encore un peu, avec les *libertariens*. Pour bien comprendre, il nous faut convoquer le philosophe anglais John Locke, qui est considéré comme l'inspirateur du libéralisme politique.

Le « libéralisme » est à l'origine le nom donné à la doctrine de gouvernement prônée par Locke au XVIIe siècle. Locke était farouchement opposé à l'absolutisme monarchique, celui des Stuarts, de Richelieu ou de Louis XIV. Pour Locke, l'important était la souveraineté du peuple. Contrairement à Thomas Hobbes (1588-1679), né quarante-quatre ans plus tôt, il ne considérait pas que les hommes font société pour se protéger les uns les autres de leur sauvagerie naturelle. Comme Jean-Jacques Rousseau un peu plus tard, Locke estime que les hommes sont naturellement calmes et bienveillants. Pour lui l'état de nature n'est donc pas un état de guerre. En revanche, dans l'état de nature, le droit à la propriété privée n'est pas garanti, et cela pose problème dans un monde aux ressources limitées. Car le droit à la propriété fait partie des « droits naturels » identifiés par Locke. Ce sont des droits propres à chaque individu dès qu'il paraît sur Terre, indépendants de tout législateur, et inaliénables. Ils sont au nombre de trois : la vie, la liberté et la propriété. Par « propriété », il faut entendre celle des biens mobiliers ou immobiliers mais aussi et avant tout la propriété de soi-même, de son corps, de son esprit. Si les hommes acceptent d'être gouvernés, c'est donc en premier lieu pour bénéficier d'une justice équitable qui garantisse leurs droits naturels. Locke va influencer les révolutions américaine et française. Les droits naturels qu'il revendique sont retranscrits ainsi dans l'article 2 de la Déclaration des droits de l'homme et du citoyen de 1789 : « Le but de toute association politique est la conservation des droits naturels et imprescriptibles de l'Homme. Ces droits sont la liberté, la propriété, la sûreté, et la résistance à l'oppression. » La Déclaration d'indépendance américaine de 1776 énonce, elle aussi, des droits naturels (« inaliénables »), mais elle remplace la propriété par « la recherche du bonheur ».

Le siècle des Lumières, avec pour apogée la Révolution, a représenté une période de développement essentielle pour un libéralisme se caractérisant par la revendication des droits de l'individu et du droit à la propriété privée. La Révolution française n'a paradoxalement pas représenté une période d'avancées notables pour les travailleurs. Elle a aboli le système des corporations, qui soumettait les compagnons aux maîtres et à leurs privilèges, mais elle a voté en 1791 la loi Le Chapelier qui interdit les syndicats et les rassemblements ouvriers ainsi que les grèves, ce qui donnera lieu à de multiples répressions au cours du siècle suivant. Officiellement, il s'agissait de lutter contre les intérêts particuliers, ceux des différents métiers, et de privilégier l'intérêt général. En réalité, cette loi était une loi de défense des entrepreneurs que Karl Marx qualifiera de « coup d'État des bourgeois ». Elle a été abrogée en 1884 par la loi Waldeck-Rousseau, qui autorise officiellement les syndicats.

Le *libertarianisme* ou *libertarisme* fait reposer sa philosophie sur les trois droits définis par Locke : la vie, la liberté, la propriété. Selon les *libertariens*, l'État doit juste garantir ces droits fondamentaux en s'occupant de sécurité et de justice, mais ne doit pas se mêler du reste. Les prérogatives de l'État doivent donc soit être restreintes (c'est le *minarchisme*), soit carrément abolies (*anarcho-capitalisme*). Les *libertariens* réclament la liberté individuelle la plus grande possible, sur tous les plans, y compris les mœurs (liberté sexuelle et droit de se droguer, par exemple). Mais évidemment, tous les libéraux (économiques) ne partagent pas ce point de vue ! Il existe donc des *libéraux libertariens*, et des *libéraux conservateurs*.

Mais les *libertaires* alors (ceux qu'on rapproche des *anarchistes*) ? Leur doctrine ne s'appelle-t-elle pas également le *libertarisme* ? Si, c'est vrai. Et là, il y a de quoi s'arracher les cheveux. On parlera donc pour eux de *libertarisme de gauche* : ils sont d'accord sur les deux premiers principes de Locke (la vie, la liberté individuelle) mais diffèrent sur la propriété privée : ils croient au contraire au collectivisme, au partage, et à une juste répartition des ressources.

On a par ailleurs tendance, par facilité ou méprise, à confondre *libéralisme* et *capitalisme*. Si les deux notions sont liées, elles ne sont pas identiques. Comme nous venons de le voir, le libéralisme est une philosophie issue des Lumières qui revendique les libertés individuelles contre la monarchie de droit divin. Le courant libéral promeut le pouvoir du peuple qui décide désormais des lois, mais aussi l'individualisme économique. Le libéralisme économique implique le libre-échange, avec ces deux principes : 1. rien ne doit entraver le marché ; 2. l'État doit être réduit à sa plus simple expression et au rôle de gendarme pour garantir justement la liberté de chacun. Le libre-échange, souvent confondu avec le libéralisme et le capitalisme, désigne un « système qui assure la distribution des marchandises du producteur au consommateur, accordant au passage un profit au marchand [1] ».

Le libéralisme est en outre une doctrine économique qui trouve son expression dans le capitalisme. Le capitalisme, qui remonte à la Renaissance, désigne un mode de gestion qui consiste en la concentration du capital et des moyens de production, et en la division du travail afin d'augmenter la productivité et de réaliser des économies d'échelles. Ainsi, une entreprise qui réunit un capital de 100 sera plus efficace que dix entreprises qui fabriquent la même chose avec un capital de 10. Le capitalisme n'est donc pas une *doctrine* à proprement parler (comme le libéralisme), mais plutôt un *système*, qui repose sur une déclaration de principes : « la propriété privée est un droit naturel » et « la recherche de l'intérêt individuel mène à l'intérêt collectif ». D'un point de vue marxiste, le capitalisme est un système fondé sur la question de la répartition du capital, et donc des moyens de production. Le principe est que certains sont propriétaires des outils de production tandis que les autres, dépossédés de ces outils, sont obligés de vendre leur force de travail. Alors les premiers salarient les seconds et « volent » le fruit de leur travail. L'économiste Paul Jorion explique que le capitalisme désigne un mode de partage du profit (le « surplus économique ») entre les employés, les dirigeants et les actionnaires. Il faut enfin noter que le capitalisme ne s'est pas toujours incarné sous les formes agressives qu'on connaît aujourd'hui. Le capitalisme marchand, né à la Renaissance, était une forme de pré-capitalisme : on échangeait des biens. Puis il y eut la révolution industrielle à la fin du XVIIIe siècle. Les capitaux ont été investis dans la production, ce qui a donné naissance au capitalisme industriel, aux XIXe et XXe siècles, qui a lui-même précédé le capitalisme financier sous sa

---

[1]. P. Jorion, *Le Capitalisme à l'agonie, op. cit.*, p. 28.

forme actuelle. Notons enfin que libéralisme et capitalisme ne sont pas forcément associés. L'URSS a appliqué un communisme assimilable à un capitalisme d'État. Pour sa part, Lénine a nommé ainsi l'étape de transition censée déboucher sur le socialisme. On peut donc défendre les grandes entreprises et être antilibéral. Cette précision étant faite, on observe que le libéralisme, qui réclame l'absence d'intervention étatique, repose sur deux illusions : la croyance en des agents rationnels et en un marché « pur et parfait » qui s'équilibrerait tout seul. Le principe de réalité oblige à reconnaître que ces prémisses sont parfaitement fausses.

L'économie libérale ne libère pas

Le libéralisme se veut la philosophie de la liberté absolue : liberté d'entreprendre, liberté de faire circuler les capitaux et les marchandises, liberté de réaliser ses ambitions, liberté d'abattre les frontières, les barrières, les murs et les entraves en tout genre. La brochure est tentante. Mais attention au piège : les photos ont été retouchées, et le texte a été rédigé par des spécialistes de la communication qui vendraient leur mère avec talent. La réalité est tout autre. Dans un système économique libéral, la liberté de quelques-uns s'applique au détriment de celle de tous les autres. Non seulement le néolibéralisme ne peut permettre la liberté de tous, mais en plus il a besoin d'esclaves pour survivre et se développer.

La première contrainte imposée par le libéralisme économique allié au capitalisme est celle du travail. Chacun d'entre nous, à moins d'être né dans une famille particulièrement aisée, est obligé de trouver un emploi pour vivre. Cette contrainte est loin d'être anecdotique. Dans une société du plein emploi telle que celle des trente glorieuses, la nécessité de travailler est compensée par le choix laissé au citoyen : si l'emploi occupé ennuie, si les conditions de travail ne conviennent pas ou si le chef déplaît, le travailleur est libre de quitter le job en question pour en trouver un autre. Dans une situation de crise économique et de chômage de masse, lorsque même les gens diplômés et expérimentés ne trouvent pas d'entreprise qui veuille les embaucher, le travailleur est privé de toute marge de manœuvre et n'a le choix de rien. Il n'est pas libre. Il prend le boulot qui vient, et il s'accroche ensuite pour le garder en se soumettant aux volontés de l'employeur. Sous peine de sanction, il est obligé de se taire face à des supérieurs injustes ou incompétents. Il est par ailleurs contraint d'accepter des conditions contractuelles et salariales défavorables. C'est exactement ce qui se passe depuis plus de trente ans avec la logique néolibérale qui détricote peu à peu les droits du salarié pour ramener celui-ci au rang d'esclave corvéable à merci, comme nous l'avons vu dans un chapitre précédent. Les patrons – laissons de côté les artisans et les dirigeants de toutes petites entreprises, au statut différent – ne cessent de brandir leur propre droit à la liberté : liberté de licencier, liberté d'augmenter la charge de travail des salariés, liberté d'alléger les contrôles sanitaires, liberté d'augmenter la part des bénéfices reversée aux dirigeants et aux actionnaires, liberté de payer le moins d'impôts possible. Sauf que évidemment, chacune de ces libertés ne s'obtient qu'au détriment des libertés des salariés, priés d'être manipulables à souhait ce qui, en langage diplomatique de l'économie moderne, se traduit par « flexibles ».

Pour parvenir à briser les acquis sociaux, les employeurs se sont attaqués à l'unité des travailleurs. La sociologue Danièle Linhart explique qu'après les grandes grèves de 1968 les entreprises ont commencé à « individualiser » leur rapport au salarié, afin de l'isoler : « Le management se focalise de plus en plus sur la dimension intime de l'individu, au détriment de sa dimension professionnelle, c'est-à-dire bien plus sur le savoir-être que sur le savoir et le métier, dimensions par nature plus collectives. Les objectifs fixés par la hiérarchie autant que leur évaluation sont très fortement individualisés et revendiquent explicitement l'implication subjective, émotionnelle, affective des salariés dans le cadre d'une mise en concurrence systématique. On leur demande d'être ambitieux, d'être passionnés, de faire la démonstration de leur talent, de s'engager à fond ou même de parvenir à épater leur hiérarchie. Une ancienne manager de France Telecom nous a ainsi confié qu'elle avait fixé comme objectif à l'un de ses subordonnés : "Rendre possible l'impossible"[1]. » Pour sauver les apparences, les patrons ou les chefs de service mettent en musique de jolis slogans qui

---

1. D. Linhart, « Imaginer un salariat sans subordination », *Le Monde diplomatique*, juillet 2017.

contiennent les mots « réussite », « développement personnel », « réalisation », et autres lunes baratinesques. Un ouvrier ou un agent administratif cantonné à des tâches répétitives ne se laisse pas abuser longtemps. En revanche, une multitude de diplômés enthousiastes sont bernés, persuadés qu'ils vont s'éclater dans des univers « cool » qui se révèlent rapidement des prisons lobotomisant les audacieux. Voyez tous ces jeunes sortis d'écoles de commerce à qui on a vanté l'imagination, la créativité, l'originalité et la force de proposition. Ils débarquent dans des entreprises qui mettent ces critères en avant, tout en revendiquant une atmosphère « familiale » propice aux tapes dans le dos et aux bières d'après-boulot. Et patatras. Les boîtes en question se révèlent des univers codifiés bâtis sur des « process » où nulle place n'est laissée à la singularité ni au regard critique. L'autonomie est annihilée. Chacun est au contraire obligé de se soumettre à une vision, celle du boss. Rapidement les caractères forts sont matés ou liquidés. Chacun est prié d'avaler sa pilule rose avant de franchir la porte du bureau. La liberté en entreprise, dans un monde néolibéral, est une illusion.

La presse est libérale mais pas libre

Liberté d'expression, quelle drôle de tronche tu affiches en ce moment... Je me souviens de toi lorsque tu permettais un débat ouvert, foisonnant, passionnant, agité, vivifiant, stimulant. Je me souviens de ces soirs où tu encourageais les vents contraires à tourbillonner ensemble. Certes, il t'est arrivé d'être bien plus malmenée que tu ne l'es aujourd'hui. Les pouvoirs religieux et royal t'ont mise au pas pendant des siècles. À l'époque des Lumières, Voltaire a été emprisonné à la Bastille, Diderot a été condamné à la prison pour des écrits contraires à la religion et aux bonnes mœurs, Montesquieu a été obligé de publier en Suisse, tout comme Rousseau. Lorsque la monarchie est tombée, tu ne t'es pas portée mieux. *Madame Bovary* a valu à Flaubert un procès pour « outrage à la morale publique et à la religion », Baudelaire a été condamné pour « outrage à la morale publique » à cause de ses *Fleurs du mal*, Victor Hugo a été contraint de s'exiler à la suite du coup d'État du 2 décembre 1851 perpétré par Louis-Napoléon Bonaparte. Plus tard de nombreux socialistes, anarchistes et communistes sont passés par la case prison, au premier rang desquels Louise Michel et Élisée Reclus. Il y a eu des lois, importantes, comme celle du 29 juillet 1881, sur la liberté de la presse, qui supprime la censure préalable au profit de la notion de délit, telles que l'injure ou la diffamation. La censure a pourtant été parfois rétablie dans des situations dites exceptionnelles, comme la Première Guerre mondiale ou la guerre d'Algérie, avec la loi de 1955 sur l'état d'urgence qui permettait au ministère de l'Intérieur de prendre « toute mesure pour assurer le contrôle de la presse et de la radio ». En Allemagne, pendant la Première Guerre mondiale, Rosa Luxembourg a été emprisonnée en raison de son militantisme pacifiste. En Italie, en 1926, les fascistes ont envoyé au trou le secrétaire général du Parti communiste, Antonio Gramsci. Il y passa onze ans et mourut à sa sortie.

Aujourd'hui en France, évidemment, ni geôle ni expatriation ne sanctionnent une pensée iconoclaste. Nous devons reconnaître notre chance en regard de ceux qui sont nés en Turquie, en Érythrée, en Corée du Nord, en Chine, en Ouzbékistan, en Arabie saoudite, en Iran, en Égypte et dans quantité d'autres pays où l'opinion est criminalisée. Mais cette consolation comparative n'est pas suffisante. Nous ne pouvons nous contenter de faire mieux que des régimes aux mécanismes dictatoriaux. Surtout lorsqu'en réalité nous remplaçons les méthodes ostentatoires de censure par d'autres moyens de restriction moins visibles mais tout aussi inquiétants.

« Dans une libre république chacun a toute latitude de penser et de s'exprimer », écrit Baruch Spinoza (1632-1672), le philosophe du désir joyeux et vivifiant. La Déclaration des droits de l'homme de 1789 reprend ce principe en le complétant : « Nul ne doit être inquiété pour ses opinions, même religieuses, pourvu que leur manifestation ne trouble pas l'ordre public établi par la loi. La libre communication des pensées et des opinions est un des droits les plus précieux de l'homme ; tout citoyen peut donc parler, écrire, imprimer librement, sauf à répondre de l'abus de cette liberté dans les cas déterminés par la loi [1]. » Or la liberté d'expression implique le pluralisme et l'indépendance. En 1944, le programme du Conseil national de la Résistance réclamait « la liberté de la presse, son honneur et son indépendance à l'égard de l'État, des puissances d'argent et des influences étrangères ». En 2017, nous en sommes loin.

Les médias appartenant à l'État, radios et télévisions, se sont affranchis d'une tutelle trop visible. Les textes des journalistes ne sont plus contrôlés par un ministère de l'Information, voire de la Propagande – c'était son nom sous Léon Blum, pendant la

---

[1]. Articles 10 et 11 de la Déclaration des droits de l'homme et du citoyen de 1789.

IIIᵉ République. Mais les hommes et les femmes qui dirigent les médias payés par l'État sont toujours choisis par le Président, malgré des procédures officielles qui tendent à donner l'illusion du contraire. Il est difficile d'imaginer actuellement à la tête de France Télévisions ou de Radio France un candidat qui n'aurait pas d'abord donné des gages de fidélité au gouvernement sous lequel il a été nommé. Et il en est de même pour toutes les sous-antennes, dont les directions sont généralement distribuées en fonction des réseaux d'amitié politique. Impossible dans ces conditions de parler d'indépendance des médias publics à l'égard du pouvoir en place. Celui-ci exerce, pour le moins, une influence.

En ce qui concerne les médias privés, c'est-à-dire la grande majorité des radios et télévisions et la totalité des journaux papiers, ils sont pour l'essentiel détenus ou contrôlés par quelques industriels et financiers qui défendent bien entendu le modèle économique néolibéral dont ils profitent. On appelle cela *la concentration des médias*. Une douzaine de milliardaires se partagent le gâteau : Patrick Drahi (*Libération*, *L'Express*, BFMTV, RMC, Numéro 23), le trio Xavier Niel, Matthieu Pigasse et feu Pierre Bergé (*Le Monde*, *L'Obs*, *Télérama*, *La Vie*), Matthieu Pigasse seul (*Les Inrockuptibles*, Radio Nova), Vincent Bolloré (Canal+, *CNews*, C8, *Direct Matin*), Bernard Arnault (*Les Échos*, *Le Parisien*, Radio Classique), Arnaud Lagardère (Europe1, RFM, Virgin Radio, *Paris-Match*, *Le Journal du dimanche*, *Elle*, *Télé 7 jours*), Martin Bouygues (TF1, LCI, NT1, HD1, TMC), la famille Dassault (*Le Figaro*), François-Henri Pinault (*Le Point*) ou encore Ariane et Benjamin de Rothschild (*Slate*). On pourrait également ajouter à cette liste de médias concentrés le groupe allemand Bertelsmann, qui appartient à la famille Mohn, et qui détient en France RTL, RTL2, Fun Radio, M6, W9 et 6Ter, mais nous avons au moins affaire ici à un éditeur historique.

Le groupe Lagardère s'est récemment concentré sur les médias après avoir renoncé à ses activités historiques dans l'aéronautique, l'armement, l'espace, les télécommunications et l'automobile. Les autres patrons de presse poursuivent les affaires qui ont fait leur fortune : les telecoms, l'aviation civile et militaire, le luxe, le bâtiment, le film plastique, les terminaux portuaires, la distribution d'énergie, le transport, la banque et les investissements. Aucun de ces propriétaires de journaux ou de télés n'est journaliste ni spécialiste de la presse. Curieux, non ? Ces décideurs, qui n'ont aucune appétence personnelle pour l'information et qui la détestent même pour certains, sont les donneurs d'ordres qui verrouillent et balisent nos médias quotidiens. Ils censurent parfois, mais, plus sûrement, ils créent les conditions d'une plus discrète autocensure de leurs salariés et hommes de main.

Les problèmes posées par cette configuration sont multiples. D'abord, les hommes d'affaires propriétaires de médias sont extrêmement proches des milieux politiques libéraux qu'ils fréquentent assidûment et qui partagent les mêmes intérêts. Ces milliardaires ont besoin de la puissance publique pour faire fructifier leurs affaires, soit parce qu'ils en sont clients (Dassault et ses avions Rafale, ou Bouygues et les travaux publics), soit parce qu'ils comptent sur l'État pour alléger au maximum les coûts engendrés par la fiscalité et le droit du travail. Réciproquement, le personnel politique a besoin de la presse pour se faire élire ou réélire. Le cas « Macron » en est l'illustration la plus récente. Cet inconnu du grand public, gaffeur répétitif et piètre orateur, n'aurait jamais pu se présenter à l'élection présidentielle de 2017 sans le soutien actif d'une partie des médias qui ont œuvré à lui forger une image à la hauteur de ses ambitions. Le fait qu'Emmanuel Macron a été le proche conseiller puis le ministre de l'Économie d'un chef d'État au bilan rejeté par les électeurs aurait dû, en toute logique, compromettre son destin. Seule une campagne de publicité d'envergure a permis de placer le produit Macron dans le panier des électeurs. Le futur Président a bénéficié pendant deux ans d'un nombre record de couvertures de magazines et d'articles laudateurs, sans rapport avec sa dimension réelle ni avec la qualité de ses idées.

On ne peut plus rien dire : l'affaire du tweet qui tortille

Les médias contrôlés ne sont pas les seuls à limiter la liberté d'expression. Des millions d'anonymes, solitaires ou agglomérés en groupes de pression, prennent le relais et se chargent de limer toute pensée hardie ou piquante. Tous les mots sont désormais suspects. Derrière chaque phrase se dissimule un salopard potentiel qui doit être démasqué. Les réseaux sociaux, les médias, les associations et les politiques traquent le déviant. Ils guettent le propos homophobe, sexiste, raciste, antisémite, anti-handicapés, antigros, antiminorité quelconque, et le dénichent là où il n'existe souvent pas. Il y a toujours quelqu'un pour se sentir insulté par quelques mots banals dénués de toute intention haineuse ou injurieuse. Au moindre bruit les chiens sont lâchés, bien décidés à mordre jusqu'au sang, jusqu'à ce que la victime, même si elle n'a commis aucun crime, avoue et se mortifie. Inquiétant début de siècle qui combat l'esprit sous toutes ses formes – critique, analytique ou humoristique – et lui intime de se taire, par l'invective et la violence. Étrange paradoxe : alors que jamais la technique ne nous a autant encouragés à nous exprimer publiquement, la parole est cadenassée et ses aspérités sont abrasées. Il ne doit plus rien se dire d'autre que des banalités trop polies pour être honnêtes, de peur de froisser on ne sait qui et d'être traîné devant un tribunal médiatique qui n'attend que de nouvelles proies à mâchonner. Les humoristes l'ont parfaitement intégré, qui choisissent aujourd'hui de brasser du vent plutôt que de dénoncer quoi que ce soit. L'ironie, la causticité, la dérision, pourtant présentées comme traditions littéraires de la liberté d'expression à la française, sont maintenant accusées de dissimuler les intentions les plus malsaines.

L'offense et l'outrage sont des paravents derrière lesquels les régimes non démocratiques se réfugient généralement pour empêcher toute voix dissidente. Que les représentants de l'État se servent de cette arme pour défendre leur position privilégiée n'est pas acceptable, mais malheureusement attendu. En revanche, le phénomène nouveau est la généralisation de la victimisation à outrance : elle est devenue un principe revendicatif pour tout groupe qui cherche à faire reconnaître ses droits. On pourrait appeler cela la *paranoïa affirmative*. Soumis à une stratégie qui mêle désespoir, bêtise et malhonnêteté, de plus en plus d'individus ont pris l'habitude de hurler à la discrimination pour un oui ou pour un non, et de jeter des coupables à la vindicte populaire.

Il y a un peu plus d'un an, à l'occasion de la sortie de mon livre *Antispéciste*, j'ai participé à un débat à la radio en compagnie d'une philosophe opposée à mon combat pour les droits des animaux. La discussion fut âpre, et j'y pris un malin plaisir à démonter tous les arguments de mon interlocutrice en faveur de l'exploitation des autres espèces animales. Je pus même lui démontrer qu'elle n'avait en réalité pas lu mon livre, qu'elle avait pourtant éreinté dans la presse. Lorsque l'émission s'acheva, elle m'envoya cette remarque à la figure : « C'est parce que je suis une femme que vous m'avez parlé sur ce ton ? » Le seul ton employé avait pourtant été celui de la contradiction, propre à tout débat. Et à aucun moment pendant notre discussion je ne m'étais interrogé sur le genre de mon « adversaire ». Homme, femme, transgenre, je n'en avais strictement rien à faire : j'aurais argumenté exactement de la même manière. Mais, ayant le sentiment de n'avoir pas pu remporter la joute, mon interlocutrice a tenté de s'imposer sur le fil au moyen d'une accusation déloyale, une attaque *ad personam* destinée à me discréditer et à invalider toute notre conversation. Elle a tenté de se poser en victime prise à partie pour son sexe. Quelle défaite de la pensée ! Les exemples de ce type sont pléthore. Je me contenterai d'évoquer ici l'affaire du tweet qui tortille.

Un samedi soir au milieu de l'été, tranquillement allongé sur mon canapé, je lis dans le fil d'actualité de mon téléphone une dépêche indiquant que la chanteuse Rihanna, après avoir interpellé le président français sur Twitter, va être reçue par celui-ci pour évoquer un projet humanitaire sur l'éducation. L'information m'amuse et m'agace. Il est évident qu'il s'agit pour Emmanuel Macron d'une opération de communication qui va lui permettre de s'afficher au côté de l'une des chanteuses les plus populaires au monde. On peut d'autant moins douter du caractère publicitaire de la démarche que quelques jours auparavant le gouvernement a annoncé que l'aide publique au développement de la France, déjà largement inférieure à ses engagements internationaux, serait diminuée dans le prochain budget, preuve que là ne réside pas la priorité du Président nouvellement élu. Par ailleurs, c'est la méthode employée par Rihanna pour obtenir le rendez-vous qui me fait sourire : ainsi, un simple message sur le compte Twitter du Président suffirait pour obtenir audience ? Si c'est aussi simple, voilà une aubaine pour tous les militants des droits des animaux, auxquels le Président reste sourd pour l'instant. Non sans ironie, je tente ma chance : je fais un tweet dans lequel je relaie l'info sur Rihanna et j'ajoute en commentaire une demande de rendez-vous faite à Emmanuel Macron, que je mets en destinataire : « M. le Président, je ne sais pas chanter en me tortillant, mais pourriez-vous me recevoir pour parler des droits des animaux ? » Puis je passe à autre chose. Le lendemain, ô surprise, alors que le message a été largement partagé et « liké », je commence à recevoir des commentaires négatifs et agressifs m'accusant de « mépris », de « sexisme » ou de « misogynie ». Je mets quelques instants à comprendre de quoi il retourne : c'est l'emploi du mot « tortiller » qui crée la polémique. Selon certains Twittos, il me servirait à « rabaisser » et à « insulter » la chanteuse Rihanna. Un peu interloqué, j'écris de nouveaux tweets pour rappeler la définition que donne le Robert du verbe « se tortiller » (« se remuer en ondulant »), et pour expliquer mon étonnement concernant l'intérêt soudain du président Macron pour l'aide aux pays en développement alors qu'il compte justement diminuer ladite aide. La polémique continue néanmoins d'enfler. Un journaliste des *Inrocks*, connu pour ses papiers acides, relaie mon premier message en expliquant qu'il le trouve très gênant. Une animatrice musicale d'Europe 1 m'insulte. Hé, messieurs dames, vous savez lire ? Vous avez un minimum de distance et d'humour ?

Je n'ai pas écrit, en référence à Rihanna, « grosse chaudasse qui trémousse son cul », j'ai écrit « se tortiller » ! Me voilà au cœur de la micropolémique la plus stérile et la plus surréaliste de l'été 2017. Dans l'usage certifié par les dictionnaires, le mot « tortiller » est applicable à des personnes de sexe masculin et féminin, il s'adapte à des contextes très différents, et n'est ni vulgaire ni agressif. Pourtant, en quelques heures, ce verbe devient l'objet de débats furieux sur les réseaux sociaux, relayés par la radio et la presse généraliste. Une journaliste me pose très sérieusement cette question : « Comprenez-vous que l'emploi du mot "tortiller" dans votre tweet pose problème ? » Des commentateurs(-trices) sur Twitter convoquent des concepts féministes anglo-saxons tels que *slut-shaming* ou *mansplaining* pour offrir de la contenance universitaire aux insultes proférées à mon encontre et tenter de démontrer l'entreprise de domination masculine à laquelle je participerais par l'usage du « tortillement ».

Parmi les réactions de soutien que je reçois de la part d'internautes affligés par cette « affaire », plusieurs relaient la vidéo d'un sketch de Florence Foresti dans lequel cette dernière n'hésite pas à qualifier Rihanna de « pute » en raison de sa propension à bouger d'une manière particulièrement évocatrice dans des tenues inexistantes. L'humoriste n'a, à ma connaissance, provoqué aucun tollé pour ce jugement bien plus sévère que le pauvre tortillement dont j'ai affublé la chanteuse. Mais Florence Foresti est une femme, par ailleurs jeune, caustique et très populaire. Sans doute cela la protège-t-elle de l'accusation de misogynie qui tomberait forcément à plat si elle lui était adressée. Prétendre que Florence Foresti mépriserait les femmes parce qu'elle a osé se moquer de Rihanna serait non seulement risible, mais apparaîtrait en plus comme une atteinte à la liberté des humoristes, déjà sacrément rabotée, comme je l'ai fait remarquer plus haut.

Trois leçons à tirer du *tortillementgate* : premièrement, il démontre la négation progressive du langage, qui n'impose plus son autorité ; deuxièmement, il illustre le retour de la criminalisation de l'esprit critique ; troisièmement, il témoigne de l'émergence d'un communautarisme qui gagne tous les sous-ensembles de la société plurielle : culturel, sexuel, social, physique, alimentaire et autres, chacun étant prié de se ranger dans un camp ou d'en devenir l'ennemi.

Reprenons ces points l'un après l'autre, à commencer par le négationnisme de la vérité sémantique. Dans le cas de mon tweet faisant référence à Rihanna, ceux qui m'ont sauté à la gorge n'ont pas voulu entendre la vraie définition du terme qui les a prétendument choqués. Ils ont fermé les oreilles et leur cerveau avant d'ouvrir leur gueule. Le mot ne comptait plus, dépassé par l'intention. Quelle intention ? Pas la mienne, mais celle que quelques lecteurs ont voulu me prêter. La situation – une plaisanterie pour attirer l'attention sur les droits des animaux – a été complètement évacuée, alors que tout discours ne peut être compris que dans son contexte. « Se tortiller » est donc devenu pour certains un verbe à connotation sexiste, voire raciste. Si, si. J'ai eu droit à quelques commentaires expliquant le plus sérieusement du monde que Rihanna, en plus d'être une femme, est noire, ce qui rend mon propos non seulement sexiste mais aussi raciste car il ferait soi-disant référence aux pires préjugés sur la manière dont dansent les Noirs – enfin, si j'ai bien compris ce que j'ai lu... D'autres ont même poussé l'analyse encore plus loin en m'accusant d'attitude « patriarcale ». Pourquoi ? Parce que j'avais répondu que cette polémique ridicule autour de l'emploi du verbe « tortiller », et les insultes afférentes, m'inquiétaient sur l'évolution du féminisme. Ce simple avis me plaçait maintenant dans la catégorie des machos dominateurs.

Pour résumer l'affaire en une phrase : la Commission populaire du vocabulaire et des bonnes mœurs de Twitter, adoubée par une partie de la presse généraliste, a statué en juillet 2017 et a conclu qu'il est autorisé de dire d'un homme blanc qu'il se tortille, mais pas d'une femme noire. Reste à voir si la décision fera jurisprudence.

Venons-en maintenant aux vestiges de la liberté critique. Dans mon tweet, je n'ai pas été très sévère à l'égard de la chanteuse Rihanna. Tout au plus légèrement goguenard. Mais imaginons que j'aie réellement souhaité exprimer un appétit modéré pour les performances scéniques de cette artiste. Imaginons encore que j'aie voulu affirmer que Rihanna ne rend pas service à la cause féministe en se soumettant à des codes que l'on peut interpréter comme ceux des diktats porno-esclavagistes des mâles dominateurs et capitalistes : mélange de postures sexuelles de femme soumise et de bling-bling consuméro-spéciste avec valorisation du dollar et de la fourrure. Cela ferait-il de moi un affreux misogyne ? Si j'avais publié un avis sur Rihanna beaucoup plus critique et plus méchant que le contenu de mon tweet, que se serait-il passé ? De quoi aurais-je été accusé cette fois ? La question est donc : est-il encore possible d'exprimer une pensée qui sorte de la tiédeur sans s'exposer aux représailles d'une opinion vindicative et souvent très mal informée ? Observez d'ailleurs la pathétique ironie de la situation : après avoir écrit un tweet caustique ne contenant aucun mot blessant, me voici confronté aux agressions et à la calomnie d'anonymes réfugiés derrière leur clavier, se défoulant en insultes pour réclamer tolérance et respect des personnes. Il serait donc interdit de se moquer de la manière de danser de Rihanna, car ce serait porter atteinte à sa liberté et à son honneur de femme, mais il serait en revanche normal de m'interdire d'exprimer mon opinion et tout aussi normal de m'insulter de toutes les manières, pour avoir osé penser en liberté.

Dernier point : pourquoi Florence Foresti a-t-elle pu allumer Rihanna sur scène sans être poursuivie par des hordes de féministes outragées ? Parce que c'est une femme, voilà. Et qu'en tant que telle, elle a été autorisée à donner son point de vue critique sur l'attitude d'une autre femme. Mais je suis un homme. Argument suffisant pour que certaines exigent que je me taise : « vous n'avez pas le droit de parler de féminisme », m'a écrit une fille. Ben non, puisque je suis un homme. Ce qui sous-entend que tout propos de ma part sur une femme est forcément entaché de suspicion en raison de mon statut de mâle blanc dominateur, et qu'il m'est interdit de prendre part au débat sur la définition du féminisme. L'aveu est on ne peut plus clair. Je n'ai « pas le droit ». Menace et intimidation pour réduire au silence le contradicteur et imposer un monde où les hommes sont désormais interdits de parole sur les femmes, mais du coup aussi les femmes sur les hommes, les Blancs sur les Noirs, les Noirs sur les Blancs, les juifs sur les musulmans, les musulmans sur les juifs, les végétariens sur les omnivores, les omnivores sur les végétariens, les hétérosexuels sur les homosexuels, les homosexuels sur les hétérosexuels, les homosexuels sur les bisexuels, les bisexuels sur les transgenres, les transgenres sur les travestis, les boulistes sur les tennismen, les tennismen sur les boulistes, les jardiniers sur les ingénieurs, les ingénieurs sur les jardiniers, les hommes sur les chiens, les chiens sur les hommes, les campagnards sur les ruraux, les ruraux sur les campagnards, les riches sur les pauvres, les pauvres sur les riches, et ainsi de suite. L'espace d'expression autorisé se réduit comme peau de chagrin : désormais, pour émettre un avis non suspect de perversité quelconque, il faut dans l'idéal appartenir au milieu touché par le jugement. Un non-Juif qui critique la politique d'Israël sera accusé d'être antisémite, un homme qui critique une femme sera accusé d'être sexiste, etc. Résultat : chacun ne parle plus que de lui-même et de ses revendications personnelles, coupées du reste de la vie puisque celui-ci est désormais interdit de commentaire.

Il faut voir dans ce symptôme de repli sur soi généralisé le malaise provoqué par une société de la frustration, qui gêne l'épanouissement personnel et la réalisation de soi. Puisque le carcan de l'économie libérale m'accule et m'empêche de me définir par une activité émancipatrice librement choisie, il ne me reste que la revendication identitaire pour exister. Dès lors, dépossédé des moyens de porter un projet créatif dans lequel il pourrait se distinguer, chacun est encouragé à se recroqueviller sur sa singularité et à la revendiquer avec véhémence comme un témoignage de sa présence. Pire : on cherche des ennemis faciles à dénoncer, des boucs émissaires inoffensifs pour endosser le poids de toutes nos frustrations. Nous assistons actuellement à un morcellement identitaire où chacun se raccroche à un bout de lui-même pour tenter de s'affirmer. Par la religion bien sûr, mais aussi par n'importe quel autre biais qui permette d'établir une différence. Ce qui peut surprendre et qui pose problème, c'est la violence à l'égard du hors-groupe accusé souvent à tort d'un mépris qu'il ne manifeste pas. Les invectives pleuvent, les anathèmes, les calomnies. Il règne un climat de terreur dans les ruelles où l'on cause, et beaucoup préfèrent se réfugier dans un silence protecteur, de peur de choquer ou de froisser quelqu'un, plutôt que de s'en prendre plein la tronche en retour.

Cette dérive est particulièrement inquiétante : la victimisation communautaire est en train d'éradiquer le débat en menaçant les esprits libres et audacieux. Pire : en dénonçant des attaques imaginaires, les groupes concernés génèrent de la méfiance et du rejet à leur égard. Entendons-nous bien : tout appel à la haine et à la violence, de quelque nature que ce soit, doit être combattu et empêché. La loi y veille. Mais en transformant en haine et en violence imaginaires de simples objections, de salutaires sourires ou d'innocentes remarques, nous créons les conditions d'un totalitarisme intellectuel qui annihile la pensée et la remplace par une bouillie sans saveur. Une pensée sans esprit.

Le mensonge de l'égalité

On n'est pas tous Brian, mais...

La liberté et l'égalité composent le mariage le plus houleux qui soit. Une théorie classique affirme que les deux sont incompatibles et qu'il faut choisir : soit l'une, soit l'autre. En effet, si les hommes sont libres, alors leurs différences naturelles doivent pouvoir s'exprimer librement et par conséquent ils ne peuvent être égaux. Les théoriciens du libéralisme économique s'appuient sur cet argument pour promouvoir une société où prédomine la liberté mais qui admet les inégalités, en opposition à une organisation communiste qui restreint les libertés pour imposer l'égalité.

Il est vrai que, contrairement à l'affirmation républicaine, les hommes ne naissent pas égaux – pas plus qu'ils ne naissent libres d'ailleurs. Certains sont beaux, sportifs, intelligents, drôles, imaginatifs. D'autres sont moches, fainéants, stupides, ennuyeux, sans idées. Certes la répartition des qualités est souvent moins caricaturale. On rencontre des beaux stupides. Ou des moches très futés. Des beaux sans humour et des moins beaux hilarants. Cette distribution aléatoire équilibre les choses et permet à la majorité des humains de trouver leur place, tant bien que mal. Mais c'est ainsi : certains cumulent les avantages, d'autres les tares. La nature a doté quelques individus de capacités leur permettant d'exceller en de multiples domaines, tandis que d'autres sont condamnés à des ambitions plus modestes, voire à la galère. Tenez, Benjamin Franklin, encore lui : cet homme manifestait des aptitudes qu'on trouve en principe réparties chez plusieurs personnes. Il fut avec la même réussite entrepreneur, inventeur et homme politique. Et on pourrait encore évoquer son talent d'écrivain. Il y a de quoi être jaloux. Autre cas de figure, plus contemporain : Brian May, du groupe Queen. Considéré comme l'un des meilleurs guitaristes de tous les temps, il est par ailleurs pianiste et excellent compositeur (« Who wants to live forever », « Show must go on », « Too much love will kill you », « We will rock you »…). Mais surtout, il n'est pas seulement musicien : il détient un doctorat en astrophysique. Il a même participé à un livre sur le big bang. Et il a lui-même fabriqué sa guitare. Enfin, pour compléter le portrait, apprenez qu'il est végétarien et défenseur des animaux, des qualités cependant beaucoup plus faciles à acquérir que les précédentes. D'ailleurs, Benjamin Franklin a lui aussi été végétarien, au moins pendant une partie de son existence.

La vie est donc naturellement injuste, il est difficile de le nier. Aucune société ne peut effacer toutes les différences liées aux qualités génétiques. En revanche, le devoir d'un gouvernement est de ne pas engendrer de nouvelles inégalités, tout en limitant les effets négatifs de celles préexistantes. Notre société a ainsi affirmé le principe qui interdit à un homme baraqué d'utiliser sa force pour détrousser un malingre. Afin d'éviter que cela arrive, nous avons créé la police, les juges et la prison. Mais si nous nous en tenions aux inégalités naturelles en considérant qu'il faut les laisser s'exprimer, alors nous autoriserions la loi du plus fort. Puisque nous compensons les inégalités liées à la force physique, pourquoi ne compenserions-nous pas celles liées à d'autres caractéristiques non choisies, comme l'intelligence ou le courage, afin de permettre à chacun d'atteindre le bonheur auquel il a droit ?

Les inégalités de richesses se creusent

Le révolutionnaire Gracchus Babeuf (1760-1797) avait parfaitement compris la nécessité, dans une société juste, de limiter les écarts de revenus et de richesses entre les individus : « Il ne faut point de commentaire pour expliquer que, dans la meilleure forme de gouvernement, il faut qu'il y ait impossibilité à tous les gouvernés de devenir, ou plus riches, ou plus puissants en autorité, que chacun de leurs frères ; afin qu'au terme d'une juste, égale et suffisante portion d'avantages pour chaque individu, là, la cupidité s'arrête et l'ambition rencontre des bornes judicieuses [1]. » Le moins que l'on puisse dire, c'est que le capitalisme puis le néolibéralisme ont complètement tourné le dos à cet idéal.

Les classements se suivent d'année en année, qui tous reflètent cette même obscénité transformée en banalité : les riches sont toujours plus riches. L'information ne cause plus d'émoi particulier, même quand son degré d'indécence devrait obliger nos dirigeants à présenter leurs excuses ou à démissionner pour tant d'incompétence ou de complicité pareillement coupables. Allez, je prends la dernière étude qui vient d'être publiée ce jour : le classement 2017 du magazine *Challenges* sur les cinq cents Français les plus riches. Le premier classement *Challenges* a été établi en 1996, c'est-à-dire vingt et un ans plus tôt. Pendant cette période, le produit intérieur brut (PIB) français a doublé : 2 222 milliards d'euros en 2017 contre 1 259 milliards d'équivalents euros en 1996. Cependant, la

---

1. G. Babeuf, *Le Manifeste des plébéiens* [1795], Mille et une nuits, 2010.

fortune des cinq cents plus riches a été multipliée par sept, et la fortune cumulée des dix plus riches a été multipliée par douze. Le patrimoine de Bernard Arnault et de sa famille, numéro un du classement, a été multiplié par dix-sept depuis 1996[1] : elle atteint désormais 46,9 milliards d'euros. Au début des années 1990, le classement ne comptabilisait qu'une dizaine de milliardaires, contre plus de quatre-vingt-dix de nos jours. Enfin, dernière donnée significative : la fortune cumulée des cinq cents Français les plus riches représente aujourd'hui 25,7 % du PIB français, contre 6,4 % en 1996.

En octobre 2015, le rapport annuel sur la richesse mondiale éditée par le Crédit suisse pointait une fois de plus que les grands gagnants de la crise financière des récentes années sont ceux-là mêmes qui l'ont provoquée et qui ont ensuite fait appel aux gouvernements pour se sortir d'affaire, à savoir les plus riches. « Les inégalités de richesse se sont [...] aggravées à la suite de la crise financière, explique le rapport, et cette année n'a pas fait exception. En 2015, la hausse des cours des actions et l'accroissement du volume des actifs financiers dans les économies très riches ont induit une augmentation du patrimoine pour certains des pays et des personnes déjà les plus fortunés, creusant ainsi les inégalités. Le centile supérieur des détenteurs de richesse possède actuellement un peu plus de la moitié du patrimoine mondial, et le plus riche décile en détient 87,7 %[2]. »

Selon ce rapport, la richesse mondiale s'élève actuellement à 250 000 milliards de dollars. Rapportée aux 4,8 milliards d'adultes que compte la planète, cette somme correspond à un patrimoine théorique de 53 000 dollars par personne. Pourtant, dans les faits, la moitié de la population adulte de cette planète possède moins de 3 210 dollars – d'après un calcul qui tient compte de la déduction des dettes. Seuls 10 % possèdent au moins 68 800 dollars. Et 1 % seulement possède l'équivalent de 759 900 dollars[3]. La Chine, qui a beaucoup rattrapé son retard sur les pays développés ces dernières années, détient aujourd'hui 10 % du patrimoine mondial

---

1. E. Treguier, « Classement 500 fortunes de France 2017 : les secrets d'une hausse sans précédent », *Challenges*, 27 juin 2017.
2. R. Kersley et M. Stierli, « Richesse mondiale en 2015 : les tendances sous-jacentes restent positives », *Crédit suisse*, 13 octobre 2015.
3. *Ibid.*

mais sa population compose 25 % de la population totale de la planète. Dans le monde, seuls 14 % des adultes appartiennent à ce qu'on appelle la classe moyenne, ce qui représente 664 millions d'adultes. Enfin, voici quelques chiffres éloquents sur la situation nationale :

En France, les 10 % les plus riches touchent 27,3 % des revenus.
Les 10 % les plus riches possèdent 47 % du patrimoine.
60 % des enfants d'ouvriers non qualifiés n'obtiennent pas le bac, contre 9 % des enfants d'enseignants.
Le nombre de pauvres a augmenté de près d'un million entre 2004 et 2014. On en compte aujourd'hui cinq millions – par « pauvre », on entend une personne dont les revenus ne dépassent pas 50 % du revenu médian.
Le nombre de chômeurs de longue durée a doublé entre 2006 et 2016.
Les cadres vivent en moyenne 6,4 années de plus que les ouvriers.
Les accidents du travail touchent pour 62,6 % des ouvriers, pour 25,2 % des employés, pour 10 % des professions intermédiaires et pour 2,2 % des cadres supérieurs.
43 % des cadres supérieurs partent en vacances, contre 10 % des ouvriers [1].

La montée des inégalités est telle qu'elle commence même à inquiéter les dominants, dont certains se demandent s'ils n'ont pas poussé le bouchon un peu loin. Le 18 août 2017, une note de conjoncture de la banque Natixis est passée inaperçue, alors que son contenu est éloquent. Elle évoque la possibilité d'une « révolte des salariés » excédés par les inégalités persistantes et grandissantes. La note, signée Patrick Artus, mélange étrangement réalisme, cynisme et indifférence. Car l'auteur, loin d'être révolté par la situation qu'il décrit, s'inquiète surtout des conséquences d'un éventuel soulèvement pour le portefeuille des plus riches : « Dans les pays de l'OCDE, les salariés (particulièrement ceux à revenus moyens

---

1. Tous ces chiffres sont issus du Rapport sur les inégalités en France 2017 de l'Observatoire des inégalités.

ou bas) pourraient-ils un jour se "révolter" contre les inégalités de revenu, la déformation du partage des revenus en faveur des profits (là où elle a lieu), la pauvreté, la stagnation de leur revenu réel ? La faible inflation est aujourd'hui essentiellement liée à la faiblesse des hausses de salaires, et celles-ci sont plus durement ressenties parce qu'elles sont moins compensées que dans le passé par le crédit aux ménages. Si les salariés se "révoltaient", le choc inflationniste, et donc le taux d'intérêt, qui en résulterait aurait des effets très négatifs sur les détenteurs d'obligations, sur les États et les entreprises. Les investisseurs doivent donc s'interroger sur la possibilité de cette "révolte" des salariés [1]. » L'oligarchie sent le vent de la révolte se lever contre les injustices grandissantes.

---

1. « Peut-il y avoir "révolte des salariés" », Natixis, 18 août 2017.

L'inégalité face au chômage

Celui qui se fait licencier est prié d'accepter rapidement sinon la première, au moins la deuxième proposition de reclassement présentée par Pôle emploi, sous peine de suspension d'allocations. Peu importe si le poste ne correspond ni aux capacités réelles ni aux envies du demandeur : celui-ci devra s'en contenter. L'obligation faite au chômeur de se satisfaire d'une offre qui ne lui convient pas est un principe de l'économie libérale qui s'impose de plus en plus. En Allemagne, la personne licenciée est tenue d'accepter un contrat à temps partiel ou un « minijob » payé au mieux 450 euros par mois, avec très peu de charges sociales à payer pour l'employeur. Interdiction de refuser une offre et obligation de se rendre à tous les rendez-vous imposés par le Pôle emploi allemand, sinon la sanction sur les allocations est immédiate. La durée d'indemnisation du chômage a par ailleurs été largement rabotée lors des réformes entreprises par Gerhard Schröder il y a quelques années. L'Allemagne a également mis en place des emplois partiels payés entre 1 et 2,50 euros de l'heure, obligatoires pour les chômeurs de longue durée qui perçoivent une aide sociale. Résultat : le chômage en Allemagne a baissé, mais la précarité est devenue la règle, comme en Angleterre et aux Pays-Bas, et les anciens chômeurs sont devenus des travailleurs pauvres. L'Angleterre a développé les « contrats zéro heure » : le contrat ne mentionne aucune durée minimale de travail : l'employé, qui est payé au lance-pierre, est convoqué en fonction des besoins de l'employeur, lequel peut annuler sa convocation au dernier moment. L'employé n'a donc aucune certitude sur ses revenus mensuels, ce qui le prive de toute possibilité de projet, et il ne peut pas disposer de son temps libre comme il le souhaiterait puisqu'il est mobilisable à tout moment.

Tel est désormais l'esprit des politiques de l'emploi mises en place dans notre belle Europe : chacun est sommé de travailler coûte que coûte, même lorsqu'il n'y a pas de travail, et tout chômeur doit accepter le principe de l'humiliation d'un sous-travail et d'une sous-carrière [1]. Oui, il s'agit bien d'humiliation : être forcé de consacrer ses journées à une activité non choisie, mal rémunérée, sans lien avec les études, ne peut être appelé autrement.

Cette politique de l'emploi est décidée et mise en place depuis des années par des hommes et des femmes qui perçoivent une rémunération élevée et qui ne subiront jamais l'humiliation du vrai chômage. Il s'agit hier de Nicolas Sarkozy, François Fillon, Xavier Bertrand, François Hollande, Manuel Valls, Michel Sapin, François Rebsamen, Myriam El Khomri, aujourd'hui d'Emmanuel Macron, Édouard Philippe ou Muriel Pénicaud. Ces personnalités ont en commun de n'avoir jamais eu à se confronter à la dureté du marché du travail, comme le confirment leurs CV. Elles n'auront jamais non plus à accepter d'aller bosser à une heure trente de chez elles, pour un salaire diminué de moitié, dans une activité qu'elles n'ont pas souhaitée mais qui apparaît aux yeux de quelques agents administratifs « raisonnable » et « compatible » avec leur parcours professionnel. J'aimerais voir l'un de ces anciens Présidents, Premiers ministres et ministres du Travail obligé d'accepter une mission d'intérim dans une boîte quelconque, comme comptable par exemple. Ou un poste de prof d'économie remplaçant dans un collège en difficulté. « Ah mais non, ça n'a rien à voir ! » Ben tiens !

La majorité de ceux qui décident du sort des Français face au travail et qui leur imposent les règles du chômage n'auront jamais affaire à Pôle emploi, même en cas d'échec professionnel, c'est-à-dire en cas de défaite électorale. La caste politique est ainsi organisée qu'il y a presque toujours « recasage » pour les loosers : le ministre remercié retrouve son poste de député, le député battu est

---

1. En France, Pôle emploi dispose de 300 000 annonces non pourvues, pour plus de cinq millions de chômeurs officiels.

exfiltré au Parlement européen ou au Sénat. Si ça ne suffit pas, l'administration, la diplomatie ou l'entreprise sont des familles prêtes à ouvrir les bras aux politiques en mal de mandat et à leurs collaborateurs les plus prestigieux. Le barreau est aussi un refuge confortable. En deux temps trois mouvements, l'ancien ministre devient avocat (d'affaires, évidemment, il ne s'agit pas d'aller défendre un dealer de shit) et, grâce à son carnet d'adresses, s'assure de confortables revenus en prodiguant de précieux conseils sur... eh bien... sur des tas de choses qui méritent conseil. Les politiques ont également à leur disposition une réserve d'organismes reliés à l'État dont ils peuvent prendre la direction. *Le Canard enchaîné* a fourni une liste précise des recasés de François Hollande avant l'élection présidentielle de 2017 : un conseiller aux affaires stratégiques devenu numéro 2 de l'ambassade de France à Londres, un conseiller Afrique et Moyen-Orient devenu ambassadeur à Stockholm, un conseiller aux affaires européennes devenu consul général à Barcelone, une conseillère communication devenue conseillère culturelle à Londres, un conseiller des relations avec les élus devenu « conseiller maître » à la Cour des comptes, une conseillère chargée des sommets internationaux et des Nations unies devenue conseillère référendaire à cette même cour, une conseillère justice nommée au Conseil d'État, un chef de cabinet devenu préfet, un conseiller au développement et à l'énergie recasé chez Enedis (filiale à 100 % d'EDF), un conseiller social et emploi devenu commissaire général de France Stratégie, un conseiller aux finances et aux comptes publics de l'Élysée devenu directeur général des douanes, une directrice de la coopération internationale au ministère de l'Intérieur nommée chez EDF...

Nul besoin donc pour la plupart des ministres, parlementaires, ou conseillers privés de fonction d'affronter le questionnement d'un(e) employé(e) sous-payé(e), dans un bureau aux parois de carton, pour redéfinir leur avenir professionnel. En ce qui les concerne, quelques coups de fil suffisent à prolonger favorablement leur carrière. Chacun d'entre eux a ses relations, et c'est bien plus efficace qu'une agence nationale de placement sous-dotée.

En réalité, vous l'avez bien compris, la question du travail est dominée par l'hypocrisie : les règles ne sont pas les mêmes pour tous. Nous sommes dans la société du travail obligatoire pour les pauvres, et du travail désiré pour les riches – voire, pour ces derniers, du non-travail.

Le mensonge de la fraternité

Délit de solidarité

À peine élu président, Emmanuel Macron a fait une jolie déclaration dans laquelle il rappelait combien il était attaché à l'aide aux pays les moins favorisés : « J'adresse en votre nom aux nations du monde le salut de la France fraternelle. Je dis à leurs dirigeants que la France sera présente et attentive à la paix, à l'équilibre des puissances, à la coopération internationale, au respect des engagements pris en matière de développement et de lutte contre le réchauffement climatique [1]. » Quelques semaines plus tard, le gouvernement annonçait une réduction de 141 millions d'euros de l'aide publique au développement dans son prochain budget. L'ONG Oxfam a immédiatement souligné les conséquences concrètes de ce rabotage : « 141 millions d'euros en moins, [...] c'est l'équivalent de 1,9 million de personnes qui n'auront plus accès à des soins de santé primaire [2]. » Au même moment, le gouvernement renonçait également, provisoirement en tout cas, à la taxe européenne sur les transactions financières (TTF) qui aurait été utilisée pour la lutte contre le réchauffement climatique et l'aide aux pays en développement – elle aurait pu rapporter jusqu'à 22 milliards d'euros par an. La raison ? La crainte de faire fuir les financiers britanniques : il ne fallait pas que la place de Paris manquât

---

1. « Solidarité et climat : Emmanuel Macron est-il le nouveau champion du renoncement ? », *Le Monde*, 17 juillet 2017.
2. M. de Vergès, « Les ONG s'alarment de la réduction de l'aide au développement », *Le Monde*, 12 juillet 2017.

d'attractivité[1]. La fraternité, oui, mais surtout envers les banquiers. Moins envers les 800 millions de personnes qui vivent dans l'extrême pauvreté dans le monde et les 1,8 million de personnes qui n'ont pas accès à l'eau potable.

Nos gouvernements sont tout aussi réticents à s'occuper des exilés qui fuient les guerres et la misère économique. Entre 2015 et 2016, la France a enregistré 160 000 demandes d'asile, pour un pays de 67 millions d'habitants. Les Suédois, qui ne sont que 9,8 millions, en ont reçu davantage : 191 000. Les Allemands, quant à eux, ont enregistré 1,2 million de demandes. En revanche, des pays dont nous critiquons régulièrement les mœurs politiques ont su ouvrir leurs frontières aux réfugiés syriens : la Turquie, la Jordanie, l'Irak et le Liban. En 2015, les Libanais ont accueilli plus d'un million de Syriens, ce qui équivaut à 20 % de leur population. Dans le même temps, en France, les 5 000 Syriens acceptés équivalaient à 0,01 % de la population française[2]. L'année suivante, le total des Syriens accueillis par notre pays depuis 2011 s'élevait à 10 000, sur les 5 millions qui avaient fui leur pays. Une goutte d'eau[3].

Dans leur ensemble, les pays de l'Union européenne ne se soucient que trop peu des centaines de milliers d'hommes, de femmes et d'enfants expulsés de leur pays par des guerres et des désastres économiques le plus souvent provoqués par les décisions des pays riches. En 2016, selon l'ONU, plus de 5 000 migrants sont morts en essayant de traverser la Méditerranée. L'année précédente, le nombre de victimes s'élevait déjà à près de 4 000. Ces chiffres créent parfois l'émoi lorsqu'ils sont divulgués, surtout s'ils sont accompagnés de la photo du cadavre d'un enfant échoué sur une plage, mais l'émotion est fugace et ne provoque jamais d'indignation populaire de grande ampleur. Rien à voir avec les 3 000 morts du 11 septembre 2001, dont il est inutile de rappeler ici toutes les

---

1. S. Roger, « Le recul du gouvernement sur la taxe européenne sur les transactions financières », *Le Monde*, 7 juillet 2017.
2. « Dupont-Aignan à la masse sur l'accueil des réfugiés syriens », *Libération*, 2 octobre 2016.
3. P. Mouterde, « La France a accueilli 10 000 Syriens depuis 2011 sur les 5 millions qui ont fui leur pays », *Le Monde*, 15 mars 2016.

conséquences, tant sur l'opinion que sur l'Histoire. Est-il pourtant plus ignoble d'être tué dans un attentat que dans une tentative désespérée de sauver sa peau ? Il y a certes entre les deux situations une différence. La victime d'un attentat est une personne fauchée dans son quotidien alors qu'elle menait tranquillement sa vie, sans rien demander à personne. Un père de famille, une sœur, un petit ami, un collègue : la victime d'un attentat est bien évidemment innocente. Le migrant ou le réfugié a quant à lui « choisi » d'entreprendre un voyage loin de son pays d'origine. « À ses risques et périls », est-on presque tenté de compléter. Plus ou moins consciemment, le migrant mort est facilement mis en accusation. Que faisait-il sur ce bateau ? N'aurait-il pas mieux fait de rester chez lui ? Avait-il vraiment besoin de partir pour s'installer ailleurs ? Qui est-il exactement ? Un opposant politique ? un terroriste en puissance ? un piqueur de boulot ? Fuyait-il réellement la misère ou est-il parti pour des raisons plus honteuses ? N'est-ce pas sa faute à lui s'il n'a pas réussi dans son pays ? On ne peut de toute façon pas « accueillir toute la misère du monde ». Telle est, dans l'esprit de beaucoup, la grande différence entre un tué du 11 septembre et un noyé en Méditerranée : le premier est innocent, mais le deuxième beaucoup moins. À moins qu'il ne s'agisse d'un petit enfant échoué, le visage planté dans le sable. Lui, on lui accordera le plein statut de victime. Pourtant, la barbarie à l'œuvre dans le terrorisme est cousine de celle qui chasse un homme de son pays et l'oblige à en trouver un autre en risquant sa vie et en abandonnant ses proches.

La fraternité est un devoir de la collectivité à l'égard de chacun des citoyens qui la composent. Elle est aussi une obligation morale qui s'impose à chacun d'entre nous, dans notre vie quotidienne, à l'égard de congénères, familiers ou non. Cette valeur est d'ailleurs louée par toutes les religions, qui recommandent unanimement de partager avec ceux qui ont moins et de prendre soin des plus faibles et des moins bien lotis. Saint Martin de Tours nous a montré l'exemple en partageant son manteau à Amiens avec un malheureux. Mais a-t-on vraiment besoin de saint Martin pour comprendre l'évidente nécessité de la charité ? Le seul bon sens ne suffit-il pas ? Pour toutes ces raisons, la fraternité est encensée par une classe politique unanime qui la revendique comme un indispensable outil du vivre ensemble. Toutefois, une bonne partie d'entre elle s'empresse d'y apporter de nombreuses restrictions : « Nous devons bien sûr être à l'écoute des plus faibles, mais… »

Les arguments opposés à la politique de solidarité sont bien connus et simplistes. Le premier consiste à affirmer que nous n'avons pas assez de travail pour nos concitoyens et que nous ne pouvons donc en fournir à des étrangers qui chercheraient refuge chez nous. Pourtant, à la fin de l'année 2015, la Commission européenne avait estimé que « l'afflux de réfugiés, s'il est géré correctement, aura un léger effet favorable sur la croissance dans le court et le moyen terme », en favorisant notamment l'apparition de nouveaux emplois [1].

Autres inquiétudes mises en avant : un afflux massif d'étrangers représenterait un risque pour l'ordre public, et leur religion, qui n'est pas la nôtre, déstabiliserait notre mode de vie.

Étrangement, beaucoup parmi ceux qui s'opposent à l'accueil des migrants ou qui souhaitent réduire l'aide sociale aux plus démunis revendiquent par ailleurs leur foi catholique et leur attachement aux « racines chrétiennes » de la France. Laurent Wauquiez, président des Républicains de la région Auvergne-Rhône-Alpes, fait partie de ceux-là. Ce catholique revendiqué n'a pas hésité à demander aux maires de refuser l'accueil de migrants après l'évacuation du camp de Calais. Les opposants à l'accueil des réfugiés finissent généralement leur démonstration par cette injonction faite à ceux qui prônent la compassion envers les migrants : « Vous n'avez qu'à les accueillir chez vous ! » Argument éminemment démagogique qui inverse la problématique, puisque ceux qui militent pour la prise en charge des réfugiés réclament une réponse morale, politique et économique de la part de la collectivité, afin que l'effort d'accueil et d'intégration soit réparti sur tous, et non sur quelques âmes plus généreuses que les autres, qui ne représenteront jamais qu'une bouée temporaire.

La fraternité figure au fronton de nos monuments officiels et pourtant, il y a peu, il était officiellement interdit en France de venir en aide à un étranger irrégulier. Toute personne qui aurait

---

1. C. Simon, « L'Europe et les migrants, faits et chiffres », AFP, 19 mars 2017.

facilité l'entrée, le séjour et la circulation d'un sans-papiers risquait cinq ans de prison et 30 000 euros d'amende. Les associations avaient rebaptisé cette disposition légale le « délit de solidarité ». Mais en 2012, sous l'impulsion de François Hollande et de Manuel Valls, le texte de loi a été récrit pour que les humanitaires et les bénévoles ne soient plus assimilés aux trafiquants et aux passeurs et qu'il leur soit possible de travailler sans être inquiétés. Le « délit de solidarité » a donc officiellement disparu et il est en principe autorisé d'aider un migrant, de l'héberger chez soi, dès lors que l'aide est totalement désintéressée et n'appelle aucune contrepartie. Mais il subsiste tout de même différentes manières d'importuner les âmes généreuses. Début 2016, un Britannique nommé Rob Lawrie a ainsi été condamné par le tribunal de Boulogne-sur-Mer pour avoir essayé de faire passer en Angleterre, dans sa camionnette, une fillette de quatre ans que lui avaient confiée ses parents afghans coincés dans la jungle de Calais. Le procureur ne pouvait le condamner pour l'illégalité de son action puisqu'il s'agissait bien d'un geste humanitaire et désintéressé destiné à préserver la dignité de l'enfant. Lawrie a tout de même écopé d'une amende de 1 000 euros avec sursis pour « mise en danger de la vie d'autrui » : l'enfant voyageait sans ceinture de sécurité.

Plus emblématique encore est le cas de Cédric Herrou, cet agriculteur condamné le 8 août 2017 par la cour d'appel d'Aix-en-Provence à quatre mois de prison avec sursis pour avoir aidé deux cents migrants, principalement venus du Soudan et d'Érythrée, à passer de l'Italie à la France par la vallée de la Roya. La justice reprochait à Cédric Herrou d'avoir favorisé l'entrée de ces « illégaux » en France. L'argument du mis en cause était pourtant on ne peut plus cohérent : ces personnes sont prêtes à tous les risques pour passer cette frontière et certaines se tuent dans leur tentative. Les aider revient donc à leur sauver la vie. Cette explication n'a pas suffi. Par ailleurs, Cédric Herrou a été condamné à verser 1 000 euros de dommages et intérêts à la SNCF pour avoir installé provisoirement certains de ces migrants dans un de ses locaux désaffectés, afin de les soigner. À l'issue du verdict, Cédric Herrou livra cette réflexion : « J'invite le parquet à venir dans la vallée de la Roya entendre les familles des quinze personnes mortes en tentant de franchir la frontière. J'attends avec impatience les trente prochaines décennies et on verra qui se retrouvera devant les tribunaux [1]. »

Quel bien étrange pays que celui qui condamne l'homme compassionnel au lieu de lui remettre une décoration ! C'est le même pays qui prétend défendre les droits de l'homme mieux que tous les autres mais dont la police harcèle réfugiés et bénévoles. Ce fut le cas récemment à Calais, là où se concentrent depuis des années des centaines d'exilés venus de différentes régions du monde. Les associations ont rapporté des scènes de gazage, des violences physiques, des intimidations, de la nourriture jetée par terre et piétinée, des perturbations lors des distributions d'eau et de vêtements. Elles ont également témoigné du harcèlement des forces de l'ordre sur les véhicules des humanitaires, verbalisés pour des motifs futiles afin de les décourager ou, peut-être, pour les punir. En visite sur place au mois de juin 2017, le tout nouveau ministre de l'Intérieur avait d'ailleurs demandé aux bénévoles d'aller « déployer leur savoir-faire ailleurs ». Ce ministre aurait été bien inspiré de se replonger dans la Déclaration universelle des droits de l'homme de 1948, qui stipule le devoir de tout pays d'accueillir un individu dont la sécurité n'est plus assurée dans son propre pays [2] :

Article 13
1. Toute personne a le droit de circuler librement et de choisir sa résidence à l'intérieur d'un État.
2. Toute personne a le droit de quitter tout pays, y compris le sien, et de revenir dans son pays.

Article 14
1. Devant la persécution, toute personne a le droit de chercher asile et de bénéficier de l'asile en d'autres pays.

En 2015, plus de 65 millions de personnes ont dû quitter leur foyer ou leur pays en raison de persécutions, selon le Haut-Commissariat de l'ONU pour les réfugiés (HCR), soit près de dix fois

---

1. L. Leroux, « Coupable d'avoir aidé des migrants, Cédric Herrou "continuera à se battre" », *Le Monde*, 8 août 2017.
2. Déclaration universelle des droits de l'homme, 1948.

plus que l'année précédente [1]. L'ONU prévoit par ailleurs 250 millions de « réfugiés climatiques » en 2050 : des réfugiés (ou « migrants » ou « déplacés ») victimes de typhons, d'ouragans, d'inondations, de la montée du niveau de la mer ou de sécheresses. Ces événements naturels sont favorisés ou accentués par les émissions de gaz à effet de serre et le réchauffement climatique, dont nous sommes en partie responsables. Tout comme nous sommes responsables des guerres qui incitent à fuir les habitants de Syrie et d'Irak. Nos dirigeants fuient aussi. Mais eux, ils fuient leurs responsabilités. Telle est la réalité : le nombre d'individus obligés d'abandonner leur maison, leur région ou leur pays va croître au cours des prochaines décennies. Nos gouvernements font comme si de rien n'était. Chacun chez soi, et tout ira bien. Sauf que beaucoup n'ont déjà plus de chez eux. Et ça ne va pas aller en s'arrangeant. La solidarité à leur égard est non seulement un devoir moral, mais une nécessité politique basique. Refuser de l'admettre consiste à s'enfermer dans le déni.

Pour info, il y a en France 2,6 millions de logements vides, soit 40 % de plus que dix ans auparavant [2]. On dénombre 140 000 sans-abris et environ 80 000 personnes qui demandent l'asile chaque année. Même sans avoir fait Math Sup, on peut comprendre qu'il y a quelque chose qui cloche, et qu'il serait extrêmement simple de fournir un toit à tout le monde, si on le désirait vraiment.

---

1. « Plus de 65 millions de réfugiés et déplacés dans le monde en 2015 », *Le Parisien*, 20 juin 2016.
2. Chiffres de 2015. « 2,6 millions de logements vacants », France Info, 5 mars 2015.

Les humains méritent-ils d'être aimés ?

S'il me faut parler avec franchise, je me vois obligé de reconnaître que je tiens aujourd'hui la majorité des humains en mésestime. Ce sentiment n'a pourtant rien d'inné. Je crois même me souvenir avoir été l'un des enfants les plus sociables qui soient. Longtemps je n'ai rien aimé autant que la compagnie de mes camarades. Mais le cuir a vieilli et le cheveu a blanchi. Les clous se sont plantés, année après année, dans le cœur et dans le bois. Et au fil du temps j'ai constaté que l'animal humain se caractérise par un degré de lâcheté et de cruauté mêlées qui le rend presque infréquentable. Étant moi-même un spécimen humain, je désespère des bassesses dont je me rends forcément coupable malgré les précautions que je tente d'observer. Certes, je croise régulièrement le chemin d'êtres merveilleux qui alimentent ma foi en une progression morale de notre espèce. Ceux-là me donnent envie de rire et de parler. Mais, aussi surprenant que cela puisse paraître pour quiconque n'a pas éprouvé la comparaison lui-même, je crois qu'aucun regard humain ne peut irradier autant de bonté que celui d'un chien. Je parle de ces chiens dont les yeux débordent d'innocence, ceux qui ignorent la possibilité du mal, ceux qui semblent n'être nés que pour aimer leurs prochains, et pas juste leurs semblables. À côté, je nous trouve bien minables.

Sur l'homme, et sur la capacité qu'il a d'être bon ou méchant, deux théories s'affrontent. Il y a d'un côté la vision de Jean-Jacques Rousseau, qui prétend que tout individu est originellement bon à la naissance mais qu'il est ensuite perverti par la vie en communauté. Et il y a de l'autre côté la vision de Thomas Hobbes, l'auteur du *Léviathan*, qui explique que les hommes sont par nature violents les uns envers les autres et que l'État est donc indispensable pour canaliser les forces destructrices découlant du désir de puissance de chacun. Il est impossible, en l'état actuel de nos connaissances, d'affirmer avec certitude qui de Rousseau ou de Hobbes est dans le vrai, tant l'esprit humain renferme encore de mystère. Mais les faits donnent pour l'instant plutôt raison à Hobbes.

Les tempêtes, le froid glacial, les incendies, les virus, les cellules capricieuses, les prédateurs éventuels, les météorites, la vieillesse ne sont pas les plus graves fléaux pour l'être humain. Le pire ennemi de l'homme est lui-même. Voilà sans doute le « propre de l'homme » que nous essayons de nous attribuer depuis tant de siècles et sur lequel on échoue à chaque tentative. Le langage ? L'intelligence ? La conscience ? Le rire ? La sociabilité ? L'empathie ? Tous ces soi-disant privilèges humains ont été balayés l'un après l'autre par la connaissance : nous savons désormais que d'autres espèces animales partagent ces caractéristiques. En revanche, est-il une autre espèce qui se nuit autant à elle-même que la nôtre ? Non. Voilà donc notre spécificité dans le règne animal : l'autodestruction. Nous organisons notre propre suicide, tandis que les autres espèces travaillent à leur survie. Les autres animaux sont pourtant eux aussi en proie à des rivalités, des luttes de pouvoir, des jalousies, des tensions, des violences. Mais aucun animal ne traite aussi mal ses congénères que ne le font les humains. Aucun animal autre que l'homme n'a dans son histoire asservi ou massacré par millions les membres de sa propre espèce. Aucun n'a autant méprisé et humilié ses frères. Aucun n'a autant vomi sur lui-même.

En 2002, l'Organisation mondiale de la santé (OMS) a publié le premier *Rapport mondial sur la violence et la santé*, rédigé avec le concours de 160 spécialistes à travers le monde [1]. Outre le chiffre de deux millions de vies perdues chaque année dans le monde à cause de violences diverses, le rapport fournit les estimations des morts liées aux guerres des siècles derniers :

---

1. *Rapport mondial sur la violence et la santé*, OMS, 2002.

XVIᵉ siècle : 1,6 million
XVIIᵉ siècle : 6,1 millions
XVIIIᵉ siècle : 7 millions
XIXᵉ siècle : 19,4 millions
XXᵉ siècle : 109,7 millions
Total : 143,8 millions de morts.

Parmi les événements en cause, le rapport cite la traite des Noirs, 6 millions de morts – il existe des estimations différentes liées à cet événement – et le massacre des autochtones des Amériques par les colons européens, 10 millions de morts. On peut mentionner également la Première Guerre mondiale, 10 millions de morts, et la Seconde, 55 millions de morts[1]. Aux 143,8 millions de victimes citées plus haut, il convient d'ajouter, dit l'OMS, le décès de 191 millions de personnes qui ont perdu la vie « directement ou indirectement dans les vingt-cinq plus grands cas de violence collective au XXᵉ siècle » – parmi lesquels la terreur stalinienne et le Grand Bond en avant en Chine.

Il est envisageable de se déculpabiliser, au moins en partie, en constatant que la nature, dont nous sommes l'un des accidents, est intrinsèquement violente. Puisque les humains sont un phénomène naturel parmi tant d'autres, il peut sembler logique que nous ne soyons pas des créatures spontanément bienveillantes. Depuis qu'elle est apparue sur Terre il y a 3,8 milliards d'années, la vie est un enfer dont nous sommes, nous humains, à la fois victimes et complices. Victimes, puisque chacun d'entre nous subit l'épreuve douloureuse de la maladie et de la mort à travers son propre cas et celui d'êtres aimés. Coupables, puisque notre espèce perpétue la violence en massacrant avec obstination ses semblables humains et ses cousins non humains. Et nous éliminons les uns et les autres sans nécessité. Voilà un point qui nous différencie fondamentalement des multitudes d'entités tueuses engendrées par la nature : les autres formes de vivant détruisent de la vie pour pouvoir prolonger la leur. Les humains ont inventé la tuerie par plaisir. Ce plaisir est

---

1. Les estimations sur le nombre de morts de la Seconde Guerre mondiale varient généralement entre 50 et 70 millions.

le plaisir narcissique du conquérant, le plaisir sadique du déséquilibré ou le plaisir gustatif du mangeur. Quelle autre espèce que la nôtre se livre à tant d'exactions gratuites ?

Le lion tue la gazelle par nécessité, pour répondre aux impératifs que lui a imposés la nature en faisant de lui un animal carnivore. Puisqu'il ne peut se nourrir de racines, de fruits ou de céréales, il est bien obligé de se soumettre à son identité physiologique. De même pour la bactérie pathogène qui tue son hôte : comme elle est dépourvue de cerveau et de capacité de réflexion, on ne peut douter qu'elle agit par pur mécanisme de survie. Mais nous, humains, pourrions en revanche éviter la très grande majorité des morts que nous causons. Les animaux que nous mangeons méritent évidemment tous d'être épargnés, puisque nous n'avons nul besoin de nous en nourrir pour survivre. Les régimes végétariens et véganes ont prouvé depuis des millénaires leur parfaite adaptation à l'être humain qui n'est pas, faut-il encore le souligner, un carnivore. Le bon sens et la plus élémentaire dignité nous commandent également de cesser les sacrifices d'animaux dans les arènes, les élevages pour la fourrure, les chasses et les laboratoires. En ce qui concerne les massacres que nous organisons régulièrement entre nous, entre frères d'humanité, me faut-il vraiment argumenter pour démontrer leur inutilité totale et la folie dont ils témoignent ?

Les collabos de la médiocrité

L'Histoire nous a appris à ne pas oublier les épisodes les plus tragiques pour essayer de comprendre le pire dont l'homme est capable. Syrie, Libye, Centrafrique, Rwanda, ex-Yougoslavie, Viêtnam, Indochine, Algérie, Seconde Guerre mondiale : depuis que nos atrocités sont répertoriées sur film et qu'elles ne peuvent plus être édulcorées par la patine du temps, nous savons que nous abritons le diable en nous [1]. Massacres, exécutions, exterminations, viols, tortures, décapitations, délations... La liste des saloperies dont l'homme est capable en situation de guerre est très longue. Mais il serait réducteur de ne s'arrêter que sur les situations paroxystiques pour étudier les ressorts retors de notre âme. Elles ne sont pas les seules preuves de notre affligeante et cruelle stupidité. Il y a aussi les gouttes de violence à l'état pur qui s'abattent chaque jour en d'innombrables endroits de la planète, que les livres d'histoire ne retiendront pas, et que l'actualité oublie aussi vite qu'elle les a mentionnées. Au moment où j'écris ces lignes, le 13 août 2017, je pense à la mort de Heather Heyer. La jeune Américaine a été tuée hier par un suprémaciste blanc, c'est-à-dire un abruti profond, alors qu'elle manifestait contre son idéologie nazie à Charlottesville. Hier encore en France, un militant anticorrida s'est fait

---

1. *J'ai serré la main du diable* est le titre du livre du général Romeo Dallaire, commandant des forces de l'ONU au Rwanda entre 1993 et 1994. En une centaine de jours, 800 000 Rwandais, principalement tutsis et hutus modérés, ont été massacrés.

tabasser par un *aficionado*, c'est-à-dire un dangereux imbécile, sur la piste des arènes de Dax. Hier toujours, un pyromane, c'est-à-dire un pervers dangereux, a été arrêté en Corse, soupçonné d'avoir déclenché volontairement plusieurs incendies. Notre espèce héberge nombre de cogneurs, d'assassins, de salopards, d'ordures et de décérébrés qui altèrent régulièrement le moral des plus fervents utopistes.

Mais si la violence agit de manière ostentatoire à travers le meurtre ou le viol, elle se dévoile aussi sous des formes plus discrètes, sans ôter la vie ni porter atteinte à l'intégrité physique. En période de paix apparente, comme celle que traverse l'Occident aujourd'hui, le quotidien nous livre à la pelle des exemples affligeants de mécanismes comportementaux pervers. Pas de balles ni de coups, mais de la mesquinerie, de la perfidie, du sadisme, de la jalousie, de la trahison, de l'opportunisme, du mensonge, de l'irrespect. Ces attitudes s'expriment à travers ceux que j'appelle les *collabos de la médiocrité*.

Ces collabos sont tout d'abord des anonymes croisés au hasard de la vie. Ils se révèlent en quelques secondes de nullité qui pourrissent une après-midi et filent un coup au moral. Une copine raconte. Elle, sur un vélo rue de Rivoli à Paris, en train de rouler comme il se doit dans le couloir réservé aux bus et aux deux roues non motorisés. Lui, assis au volant de sa voiture à l'arrêt, en plein milieu du couloir, en totale infraction. Elle : « Vous êtes garé dans un couloir de bus monsieur, vous m'obligez à rentrer dans la circulation, c'est dangereux. » Lui : « Ta gueule, connasse. » *No comment.*

Les collabos de la médiocrité, ce sont surtout ceux qui disposent d'un pouvoir, aussi minuscule soit-il, et qui en font usage pour leur bénéfice personnel, qu'il soit matériel ou psychologique – plaisir d'humilier ou de manifester sa puissance. Nous les croisons chaque jour et nous pouvons nous-mêmes en faire partie si nous n'y prenons pas garde. Ils travaillent dans une administration, une poste, un hôpital, un commissariat, dans une entreprise quelconque, ils sont chef de service, collègue, patron, peu importe. Ils auraient pu agir autrement mais ils ont choisi de suivre un règlement ridicule ou au contraire de le contourner pour satisfaire leur ego. Ils pensent avoir raison malgré l'évidence qui prouve le contraire, ou bien ils savent qu'ils ont tort mais ils persistent : leur poste leur confère une assurance dangereuse. Dans un article consacré aux étrangers obligés de renouveler leur titre de séjour à la préfecture de Nanterre, le journal *Libération* cite le témoignage d'Ahmed, un étalagiste de trente ans, forcé de faire la queue pendant une nuit entière devant la préfecture pour espérer obtenir un rendez-vous. « Le plus dur, raconte-t-il, ce n'est pas de passer la nuit dehors, mais de patienter cinq à six heures pour qu'au bout on vous manque de respect. Il y a des agents qui se lâchent dès qu'ils se sentent un petit pouvoir sur vous, parce qu'ils savent que vous ne pouvez rien dire [1]. »

S'ils détiennent la délégation d'un tampon libérateur ou s'ils portent un uniforme, les collabos de la médiocrité aiment prétexter le respect strict d'une règle réelle ou imaginaire, et tirent fierté de leur rigidité. Ils se féliciteront auprès de leurs supérieurs d'avoir bien rempli leur mission et ils en seront probablement récompensés. Pourtant leur attitude est nuisible : le sadisme dont ils font preuve attise la colère et le ressentiment, lesquels encouragent les victimes à devenir elles-mêmes bourreaux. En toute logique, toute personne qui outrepasse les prérogatives que lui octroie sa fonction devrait être sanctionnée, comme doivent l'être tous ceux dont le comportement est une menace pour l'ordre général.

Évidemment, les humains sont également capables de sentiments tels que la bienveillance, la générosité, la tolérance, la probité, la pitié, la justice ou l'équité. Aristote parle de « vertus », qu'il définit comme des justes milieux entre deux défauts, deux vices, dont l'un est un manque et l'autre un excès – le courage, par exemple, est une juste moyenne entre la crainte et la hardiesse. Des hommes et des femmes adoptent des comportements remarquables, n'hésitant pas à prendre des risques ou à se sacrifier pour une cause plus grande qu'eux-mêmes. Pendant la Seconde Guerre mondiale ont cohabité des lâches, des délateurs, des sadiques, des amorphes, des profiteurs, et des courageux, des altruistes, des résistants, des sacrifiés. « À mesure qu'on a de lumière on découvre plus de grandeur et plus de bassesse dans l'homme », écrit Pascal (1623-1662). Les sentiments vertueux ne sont pas partagés équitablement parmi les hommes et ils ne se manifestent que rarement, voire jamais, chez certains d'entre eux.

---

1. D. Hadni, « Files d'attente à la préfecture : "Je joue mon travail sur un putain de ticket" », *Libération*, 21 août 2017.

La banalité du mal

Hannah Arendt a théorisé le concept de « banalité du mal » dans son reportage consacré au procès d'Adolf Eichmann, haut fonctionnaire nazi chargé de la déportation des Juifs pendant la Seconde Guerre mondiale, arrêté en Argentine en 1960 et jugé en Israël l'année suivante. La philosophe, qui couvrait le procès pour le *New Yorker*, avait été frappée par le manque d'envergure du prisonnier. Plutôt qu'un monstre, elle avait décrit un homme ordinaire, sans haine ni idéologie aveuglante, un petit bonhomme qui avait simplement répondu aux ordres, sans chercher à comprendre leur implication, un simple fonctionnaire concentré sur l'obligation de remplir sa tâche pour satisfaire ses supérieurs. Hannah Arendt avait étendu sa réflexion à la plupart des nazis, fonctionnaires ou soldats, guidés par l'espoir d'une promotion ou par la peur du déclassement. Elle met en avant l'incapacité de penser de ces sujets lambda. Selon elle, le mal s'abrite ainsi dans les êtres les plus insignifiants, dénués de pathologies particulières, soumis à une autorité qui anesthésie leur cerveau – ce qui ne les exonère pas de responsabilité. Le portrait psychologique qu'elle dresse d'Eichmann a beaucoup choqué à l'époque – notamment la communauté juive dont la philosophe était membre. Elle a été remise en cause quelques années plus tard par des auteurs affirmant, preuves à l'appui, qu'Eichmann a volontairement simulé la naïveté et la médiocrité pendant son procès, alors qu'il était en fait antisémite assumé et au courant des conséquences de ses actes.

À l'époque du procès Eichmann, aux États-Unis cette fois, le psychologue américain Stanley Milgram (1933-1984) lance une expérience dans les locaux de l'université de Yale à New Haven, dans le but de tester notre degré de soumission à l'autorité. Il recrute des cobayes par petite annonce, en échange d'une rémunération intéressante. Puis il les met dans les conditions suivantes : dans un labo, il réunit le cobaye et deux comédiens complices. L'un des comédiens joue un chercheur qui dirige une expérience. Le second comédien joue un volontaire installé sur une chaise électrique. Le faux chercheur explique au cobaye qu'il va devoir l'assister et il lui présente le travail exigé : le cobaye a pour mission de faire mémoriser des listes de mots au faux volontaire dans le fauteuil. Si ce dernier se trompe, le cobaye devra lui infliger des décharges électriques au moyen de manettes disposées devant lui. On informe le cobaye que les manettes délivrent des décharges de valeurs différentes et que plus le sujet apprenant se trompe, plus l'intensité du choc qu'il subit augmente. En réalité aucun courant n'alimente le dispositif, mais le comédien dans le fauteuil a pour mission de se plaindre et de manifester une douleur de plus en plus vive. Pour que le cobaye soit tout de même convaincu que tout ce qu'on lui raconte est vrai, on l'installe sur la chaise et on lui délivre une charge minimale, 45 V, mais cette fois bien réelle. De cette manière, le cobaye a une idée de ce qu'il va faire subir à l'autre, et surtout il ne peut mettre en cause la véracité de l'expérience. Le comédien dans le fauteuil sait qu'il doit adapter sa réaction aux charges annoncées. D'abord gémir, puis hurler, jusqu'à supplier d'être libéré. Une charge maximale est annoncée à 450 V. Le comédien qui joue le chercheur est chargé de diriger le cobaye en lui ordonnant d'actionner les boutons. Il ne manque pas de l'encourager si le doute le saisit, en lui expliquant que les cris du mauvais élève ne doivent pas l'empêcher de mener à bien la mission pour laquelle il a été embauché.

L'expérience a été menée avec beaucoup de variantes sur des panels de vingt ou quarante cobayes. Dans la première variante, décrite dans ces lignes, vingt-cinq cobayes sur quarante sont allés au bout et ont actionné plusieurs fois les manettes censées infliger la décharge la plus douloureuse. Tous ont accepté le principe de l'expérience et ont atteint au minimum 135 volts avant de refuser de continuer. Les résultats de l'expérience de Milgram sont terrifiants puisqu'ils indiquent un taux de soumission à l'autorité extrêmement élevé, même pour une tâche aussi cruelle que torturer un homme. C'est bien de cela qu'il s'agit : une blouse blanche, un titre, et le faux chercheur se voit doté d'un ascendant psychologique qui suffit à faire taire toute velléité de rébellion. L'une des variantes de l'expérience est particulièrement instructive : en plaçant le cobaye au milieu d'un groupe de faux cobayes (des acteurs, évidemment) qui font mine de se rebeller ensemble contre le chercheur qui ordonne d'envoyer les décharges électriques, le vrai cobaye suit presque toujours (9 fois sur 10) le mouvement de révolte. L'homme est un animal grégaire.

Un résultat similaire est ressorti d'une autre expérience menée en 1971 par le psychologue Philip Zimbardo (né en 1933), « l'expérience de Stanford », du nom de l'université de Stanford, au sud de San Francisco. Zimbardo a choisi d'étudier les comportements d'hommes ordinaires confrontés aux circonstances de la détention. Il a enfermé des étudiants, recrutés par annonce, dans un bâtiment de l'université où des cellules de prison avaient été installées. Les étudiants-cobayes ont été divisés en deux groupes : certains avaient pour ordre de jouer les gardiens, les autres étaient les prisonniers. Et on les a observés, sans autre consigne. Le test aurait dû durer deux semaines, il a été interrompu au bout de six jours en raison du sadisme des cobayes qui avaient revêtu l'uniforme de gardien. Un tiers d'entre eux avaient adopté des comportements « cruels et durs ». En quelques jours, le pouvoir de l'autorité a réussi à métamorphoser des étudiants banals en tortionnaires violents et humiliants. « Ce qui nous semblait singulièrement dramatique et affligeant, explique Zimbardo, était de constater avec quelle facilité des comportements sadiques apparaissaient chez des individus qui ne relevaient pas du "type sadique". La seule situation carcérale était une condition *suffisante* pour produire un comportement aberrant, antisocial [1]. »

Un ouvrage de Christopher R. Browning (né en 1944) donne également matière à réfléchir sur la question de la nature humaine,

---

1. Cité par C. R. Browning, *Des hommes ordinaires*, 1992, Tallandier, 2007, p. 248.

de la barbarie et de l'autorité. Dans *Des hommes ordinaires*, ce professeur d'histoire américain, spécialiste de la Shoah, retrace l'histoire d'Allemands du 101ᵉ bataillon de réserve de police qui fusilla 38 000 juifs en Pologne et en déporta 45 200 au camp d'extermination de Treblinka, entre 1942 et 1943. Les hommes de ce bataillon n'étaient pas des SS pétris d'idéologie, pas des fous furieux, mais des types ordinaires, « Hambourgeois d'origine ouvrière ou petite-bourgeoise, des hommes d'âge mûr qui ont laissé derrière eux femme et enfants. Trop vieux pour servir dans l'armée allemande, ils ont été mobilisés dans la police[1]. » Presque tous ont accepté d'être des acteurs de massacres de masse perpétrés contre des civils innocents. « Pourquoi les hommes du 101ᵉ bataillon de réserve de la police, à l'exception de peut-être 10 % d'entre eux – et certainement pas plus de 20 % – sont-ils devenus des tueurs ? se demande Browning. Un certain nombre d'explications ont été avancées par le passé pour rendre compte de ce type de comportement : brutalité inhérente à la guerre, racisme, segmentation et caractère routinier des tâches, sélection des tueurs, carriérisme, obéissance aux ordres, déférence à l'égard de l'autorité, endoctrinement idéologique, conformisme enfin. Ces facteurs s'appliquent ici à divers degrés, mais aucun sans réserves[2]. » Browning rappelle que les « guerres raciales » ont toujours généré des atrocités, que ce soit la guerre des nazis contre les Juifs, mais aussi celle des Américains contre les Japonais dans le Pacifique. Pour appuyer son propos, il évoque les soldats américains se vantant de ne pas faire de prisonnier et collectionnant des bouts de corps de leurs ennemis japonais comme souvenirs.

L'historien fait le récit précis d'un massacre perpétré par le 101ᵉ bataillon le 13 juillet 1942 à Jozefow. Le groupe composé de 500 hommes a reçu l'ordre de rafler les 1 800 Juifs du village et de n'épargner que les hommes en âge de travailler. Tous les autres, femmes, vieillards et enfants, doivent être abattus sur place. Le commandant Trapp, qui dirige le bataillon, a distribué ses instructions mais il se cache toute la journée. Il ne mettra pas les pieds dans la forêt, là où ont lieu les exécutions. Il ne supporte pas l'opération qu'il est pourtant en train de diriger. L'un des policiers racontera quelques années plus tard qu'il l'a vu « pleurer comme un

---

1. *Ibid*, p. 37.
2. *Ibid*, p. 237.

enfant ». Un autre dira l'avoir aperçu faisant les cent pas dans l'école du village : « Il avait l'air déprimé et s'est mis à me parler. Il m'a dit quelque chose comme : "Vieux... ce genre de boulot ne me convient pas. Mais les ordres sont les ordres." [1] »

Au matin de ce jour-là, celui du premier massacre demandé au bataillon, les policiers ont été réunis au centre du village où Trapp leur a expliqué le travail qui les attendait. Puis il leur a demandé si certains refusaient de s'y soumettre. Seule une douzaine d'entre eux sont spontanément sortis des rangs. Sur cinq cents. Plus tard, comprenant ce qu'ils étaient en train de faire, d'autres demanderont à être relevés ou se cacheront. Mais la plupart des policiers ont accepté de suivre les ordres, malgré parfois des réticences. L'effet de groupe a joué. « Si on me demande pourquoi j'ai tiré avec tout le monde, racontera un participant, je répondrai en premier lieu que personne ne veut passer pour un lâche [2]. » Il semble qu'un certain nombre des policiers qui ont accepté de se transformer en tueurs n'ont pas pris la mesure de ce à quoi ils consentaient. C'est ce qui ressort du témoignage de l'un d'entre eux, une vingtaine d'années plus tard : « Je pensais être en mesure de dominer la situation et que de toute façon, sans moi, les Juifs n'allaient de toute manière pas échapper à leur sort... Honnêtement je dois dire qu'à ce moment nous n'avons pas du tout réfléchi à tout ça. Ce n'est que des années plus tard qu'on a pris vraiment conscience de ce qui s'était passé à l'époque... C'est seulement plus tard qu'il m'est venu pour la première fois à l'esprit que ça n'avait pas été juste [3]. » Au total, moins de 20 % des hommes du bataillon ont choisi de se soustraire à l'obligation de massacrer. Les autres ont tué jusqu'à ce qu'il ne reste plus personne à tuer. Chose curieuse, relève Browning, rares sont ceux qui ont utilisé des arguments politiques ou moraux pour exprimer leur désapprobation. L'historien note encore que parmi ceux qui ont refusé de s'associer aux tueries, certains expliquent qu'ils ne souhaitaient nullement faire carrière dans la police, ce qui leur a permis d'exprimer leur opinion en toute liberté, contrairement à d'autres qui craignaient qu'un refus les bloque dans

---

1. *Ibid.*, p. 108-109.
2. *Ibid.*, p. 125-126.
3. *Ibid.*, p. 126.

leur avancement. Les différentes expériences et études historiques laissent entendre que presque tout le monde est capable du pire dès lors qu'il est placé dans des circonstances particulières : une autorité conférée ou subie, une situation de conflit ou de guerre, spécialement lorsqu'elle met en présence des considérations raciales, la déresponsabilisation liée à la parcellisation de l'horreur, etc. Y aurait-il donc un tueur ou un sadique qui sommeille en chacun ? La question est complexe. On note d'abord le rôle que joue à chaque fois une minorité de meneurs face à une majorité de suiveurs qui oscillent entre indifférence et approbation sans enthousiasme. Par ailleurs, les rebelles existent, qui refuseront quoi qu'il arrive de se transformer en assassins, mais ils ne représentent qu'une petite minorité – 10 à 20 % dans le cas du 101e bataillon de réserve de police allemand. Pourquoi certains d'entre nous sont-ils capables de basculer dans la violence la plus impitoyable, voire de l'encourager, tandis que d'autres, même peu nombreux, s'y refuseront systématiquement ? Les psychologues et les historiens n'ont pas épuisé le sujet. Il semble entendu que nous ne sommes pas complètement égaux face à la tentation de la barbarie. Il existe des prédispositions chez les uns et chez les autres. Mais à quoi imputer ces prédispositions ? À des facteurs génétiques, éducatifs, sociaux, culturels ? Sans doute un cocktail de ces saveurs. En tout cas, la thèse de Hannah Arendt, qui permet de justifier les totalitarismes par l'absence de pensée des agents complices plutôt que par leur idéologie féroce, mérite certainement d'être affinée. L'énergie qui met en branle les bataillons d'exécutants de l'horreur est aussi celle de la conviction, de la vengeance, de la revanche, de la bêtise. Certains agents prennent du plaisir aux atrocités qu'ils commettent, au point qu'ils ne se contentent pas d'obéir, mais imaginent des stratégies pour réaliser avec zèle des ordres parfois vagues. Les exécutants des projets ignobles ne sont donc pas que des fonctionnaires sans carrure ou des engagés involontaires victimes de leur passivité. Il y a parmi eux nombre de personnes persuadées d'agir en toute légitimité, dans un but qu'ils soutiennent et qu'ils assimilent au Bien. Le totalitarisme, qu'il soit nazi, stalinien ou d'une autre nature, s'appuie sur ces complicités conscientes qui le soutiennent. Il n'en reste pas moins vrai que la rage pure, proche de la démence, qui anime un Hitler ou un Staline, n'est sans doute pas le sentiment naturel qui dirige la majorité des humains. Terrifiante en revanche est la tendance de la masse à se laisser convaincre par cette rage destructrice sans avoir la volonté de s'y opposer. L'écrivain Primo Levi (1919-1987), survivant du camp d'Auschwitz, écrit à propos de Richard Baer qui fut le commandant d'Auschwitz après Rudolf Hoess : « Baer appartient au type d'homme qui est le plus dangereux au siècle qui est le nôtre. Pour qui sait regarder, il est clair que sans lui, sans les Hoess, Eichmann, Kesselring, sans les mille autres fidèles, exécutants aveugles des ordres reçus, les grands fauves, Hitler, Himmler, Goebbels auraient été impuissants et désarmés. Leurs noms ne figureraient pas dans l'histoire : ils seraient passés comme de sinistres météores dans le ciel sombre de l'Europe [1]. » Levi a parfaitement raison : ce ne sont pas les monstres purs, facilement identifiables, qui doivent le plus nous inquiéter, mais leurs complices. Des hommes ou des femmes comme les autres, bien sous tous rapports en apparence, et qui se révèlent tout autres soudainement, métamorphosés par la mission dont ils se sentent investis par un leader démoniaque. Il y a plusieurs siècles, Étienne de La Boétie (1530-1563), dans son *Discours de la servitude volontaire*, avait identifié qu'aucun tyran ne peut régner sans le concours de collaborateurs nombreux. Un système politique injuste ne perdure pas à cause des quelques-uns qui l'ont mis en place ou le dirigent, mais bien grâce au concours d'une majorité consentante.

---

1. Cité dans *ibid.*, introduction, p. 22.

La dictature du bien

La vie ne tient qu'à un fil, ou parfois à un millimètre. Alors qu'il combattait les fascistes en Espagne, l'écrivain et journaliste George Orwell (1903-1950) a été blessé par une balle qui lui a transpercé le cou. Ce projectile a failli nous priver de deux romans essentiels de la littérature contemporaine, *La Ferme des animaux* et *1984*. D'ailleurs, Orwell raconte lui-même que juste après avoir été touché, il fut persuadé qu'il était en train de vivre ses tout derniers instants, avant de se rendre compte qu'il ne perdait pas connaissance et que sa blessure ne devait donc pas être fatale. À l'hôpital, un médecin lui expliqua que le projectile avait frôlé son artère d'un millimètre seulement. Pendant les jours qui suivirent, la moindre personne qu'il croisa lui répéta qu'il était « le plus veinard des êtres ». Sa réaction brille par sa justesse : « Je ne pouvais m'empêcher de penser que c'eût été encore plus de la veine de n'avoir pas été blessé du tout. »

George Orwell, de son vrai nom Eric Blair, ne gardera pas qu'une cicatrice de son séjour en Espagne. Il conservera aussi le souvenir d'un cruel apprentissage politique qui marquera son œuvre littéraire à venir et qu'il raconte en détail dans l'un des plus instructifs essais politiques qui soit, *Hommage à la Catalogne*. En décembre 1936, lorsqu'il débarque à Barcelone, Orwell est pétri d'idéalisme socialiste : il n'a que trente-trois ans et vient de quitter son confort anglais pour risquer sa vie au nom d'un idéal ; la démocratie. Son œuvre la plus connue, *1984*, puise son inspiration dans ces heures espagnoles et la découverte d'un totalitarisme alors inattendu ; le stalinisme. Désormais, même s'il continuera toute sa vie à se définir comme un militant du « socialisme démocratique », Orwell devient l'adversaire de tous les totalitarismes, de droite comme de gauche, et renvoie dos à dos fascisme et stalinisme, cousins d'intolérance et de violence.

Lorsqu'il arrive en Espagne, il s'engage par le plus grand hasard aux côtés des trotskistes du Parti ouvrier d'unification marxiste (le POUM). À son grand étonnement, il découvre rapidement l'inimitié que témoigne à ce mouvement un autre groupe « de gauche » combattant parallèlement les troupes de Franco : les communistes du Parti socialiste unifié de Catalogne (le PSUC). Il n'y a donc pas « LES » antifascistes, mais des partis concurrents qu'une cause et une famille de pensée apparemment communes ne suffisent pas à unir. Orwell raconte son exaspération devant la multitude de partis politiques et de syndicats : PSUC, POUM, FAI, CNT, UGT, JCI, JSU, AIT, etc. Rapidement, les objectifs entre les deux principaux courants divergent : les marxistes et les anarchistes œuvrent sans arrière-pensée à la révolution sociale, tandis que les communistes aux ordres de Moscou cherchent à empêcher cette révolution que l'Union soviétique perçoit comme une menace [1]. Pourtant, en prenant les armes au nom de la démocratie, la seule chose qui importait à Orwell était de gagner la guerre contre Franco, et sa sympathie était acquise aux communistes de toutes tendances, qu'il ne différenciait même pas. Il était loin de s'imaginer qu'il deviendrait la cible d'une partie d'entre eux. Il fut interloqué de découvrir la répression dont le POUM allait être l'objet par les staliniens du Parti communiste espagnol (PCE) et du PSUC en Catalogne. Ceux-ci s'en prennent rapidement aux trotskistes, aux marxistes et aux anarcho-syndicalistes de la Confédération nationale du Travail (CNT). Officiellement coupables d'hérésie et de trahison, ces « opposants » désignés sont pourchassés, emprisonnés et parfois exécutés. George Orwell assiste aux règlements de comptes, aux querelles politiciennes et aux dénonciations mensongères qui visent d'honnêtes et courageux militants. « Des milliers de gens de la classe ouvrière, écrit-il, y compris huit ou dix mille soldats en train

---

1. L. Gill, *George Orwell, de la guerre civile espagnole à 1984*, Lux éditeur, 2012.

de se geler dans les tranchées de première ligne, et des centaines d'étrangers venus en Espagne pour combattre le fascisme en ayant souvent sacrifié pour cela famille, situation et nationalité n'étaient que des traîtres à la solde de l'ennemi. Et cette histoire fut répandue dans toute l'Espagne par voie d'affiches, et autres, et répétée à satiété dans la presse communiste et pro-communiste du monde entier. [...] Ainsi donc, voilà ce que nous étions aux dires des communistes : des trotskistes, des fascistes, des traîtres, des assassins, des lâches, des espions, etc. [...] Imaginez tout l'odieux de voir un jeune Espagnol de 15 ans ramené du front sur une civière, de voir, émergeant des couvertures, son visage exsangue, hébété, et de penser que ces messieurs tirés à quatre épingles sont, à Londres et à Paris, tranquillement en train d'écrire des brochures pour prouver que ce petit gars est un fasciste déguisé. L'un des traits les plus abominables de la guerre, c'est que toute la propagande de guerre, les hurlements et les mensonges et la haine, tout cela est invariablement l'œuvre de gens qui ne se battent pas [1]. » Orwell lui-même se fait tirer dessus par des hommes du PSUC puis il découvre avec effroi qu'un ami belge, qui avait « tout sacrifié » pour venir en Espagne combattre le fascisme, a été arrêté. « Depuis octobre 1936, écrit Orwell, il était sur le front où, de simple milicien, il était devenu chef de bataillon, avait pris part à je ne sais combien de combats et avait été blessé une fois. Pendant les troubles de mai, comme j'en avais été personnellement témoin, il avait empêché un combat local et avait ainsi probablement sauvé une dizaine ou une vingtaine de vies. Et en retour, tout ce qu'ils savaient faire, c'était le jeter en prison [2] ! »

L'Histoire grouille de ces épisodes affligeants où les idées les plus vertueuses, prises en otage par des forcenés, arment le bras de fanatiques contre des frères de combat souvent bien plus réfléchis et pas moins courageux. Sur ce point, les communismes russe et chinois ont engendré le pire. Au nom d'une idée on a accusé, fait des procès, mis en prison, envoyé dans des camps, fait disparaître... Tout ça pour un mot à côté, une nuance, une désobéissance, réels ou imaginaires. Le plus souvent, la faute n'existe pas. Elle naît dans

---

1. G. Orwell, *Hommage à la Catalogne*, 10/18, année, p. 253-254.
2. *Ibid.*, p. 206.

le cerveau d'un exalté à l'intelligence défaillante, dans celui d'un chefaillon à l'ambition démesurée ou dans celui d'un fonctionnaire en quête de reconnaissance. L'autre n'est pas assez pur, l'autre complote, l'autre pactise en secret avec l'ennemi : toujours les mêmes prétextes pour exclure et éliminer. On se disait prêt à mourir pour des idées, on se retrouve à crever pour des conneries.

L'engagement à haute densité trouble-t-il l'entendement ? J'ai tendance à le penser. Trop d'atrocités ont été commises au nom des valeurs les plus hautes. La Révolution française, avec la Terreur, en est la parfaite illustration. Le mot « liberté » hurlé sur tous les tons, sur les places publiques et dans les tribunaux, ainsi que dans les oreilles de condamnés qui avaient souvent été les accusateurs et les amis de la veille. Que de sang versé au nom du peuple, de l'égalité et de la justice ! Que d'intentions trahies ! Robespierre (1758-1794) le vertueux citant Rousseau au début de la Révolution, transformé quelques années plus tard en fiévreux coupeur de têtes guettant l'hérétique. Combien d'innocents envoyés à la guillotine ? Et parmi les coupables, quelle « faute » valait réellement la mort ? Pourquoi Olympe de Gouge a-t-elle été exécutée ? Robespierre avait perdu la tête bien avant qu'elle ne tombe dans un panier.

Il faut croire hélas que tous les mouvements révolutionnaires ont leur Tribunal populaire qui décide des candidats pour l'échafaud. Et que tous s'entretuent comme se sont entretués montagnards, hébertistes, enragés, indulgents et girondins. Tous les mouvements révolutionnaires ont leurs Danton, Fouquier-Tinville, Marat et autres Saint-Just, accusateurs un jour, accusés le lendemain. L'Histoire compte trop de morts, d'humiliés et de déshérités au nom d'une pureté imaginaire et d'une stupidité réelle. Les familles politiques sont le théâtre des pires vengeances et des plus sordides complots, comme si l'ennemi n'était pas en face mais ici, dans la tranchée. Le « traître » est souvent traqué avec plus de soin que l'adversaire réel. La violence se déchaîne avec plus de bestialité contre lui. En septembre 1793, peu avant que sa vie et son corps soient raccourcis, Robespierre écrit ces mots qui semblent avoir été pensés par de nombreux révolutionnaires aveuglés par le poison d'un idéal dont ils ont perdu le contrôle et qui s'est transformé en délire paranoïaque : « Onze années à diriger, le poids de l'Europe entière à porter, partout des traîtres à démasquer, des émissaires soudoyés par l'or des puissances étrangères à déjouer, des administrateurs infidèles à surveiller, tous les tyrans à combattre, toutes les conspirations à intimider, partout à aplanir les obstacles, telles sont mes fonctions [1]. »

Si vous militez dans un mouvement qui aspire à changer le monde, sachez-le, viendra le moment où vous deviendrez la cible de camarades de combat qui vous accuseront de « ne pas en faire assez » ou d'être « conciliant avec l'ennemi ». Vous serez scruté, épié dans le moindre de vos gestes, jusqu'à ce que soit repérée la preuve de votre duplicité. Une fois qu'il sera établi que vous avez trahi, vous serez lynché. À moins que vous ne réussissiez à établir que vos accusateurs se trompent. Souvent, c'est ainsi, les militants de mouvements révolutionnaires se surveillent entre eux et guettent chez l'autre le moindre faux pas qui dévoilerait le « social-traître ». Ce terme a été inventé par Lénine lors de la révolution russe de 1917 pour désigner des socialistes qui auraient trahi la classe ouvrière. Les sociaux-traîtres sont donc les membres de la SFIO en 1920, mais aussi les socialistes allemands avec lesquels les communistes refusent de constituer une alliance contre Hitler dans les années 1930. À l'époque, l'Internationale communiste considère que les premiers adversaires se trouvent à gauche – ce sont les socialistes « sociaux-démocrates » soumis à la bourgeoisie – et non à droite.

À ce propos, il est important de distinguer *radicalisme* et *extrémisme*. Il est fréquent que les deux notions se rencontrent, mais leur alliance n'est pas obligatoire. La radicalité appelle à considérer les *racines* de la problématique ciblée, et à mener en conséquence une réflexion qui remue généralement les habitudes. Le radical affiche une exigence de cohérence en souhaitant mettre en application sans concession les leçons qu'il tire de son analyse. Le radical n'est donc pas un modéré qui se contente de demi-mesures. La tiédeur n'est pas son fort. En ce qui me concerne, par exemple, j'assume pleinement ma radicalité d'antispéciste qui prône la fin de toute forme d'exploitation animale et qui demande la mise en place de droits pour le vivant. Il faut distinguer le radical de l'*intégriste*, qui est un jusqu'au-boutiste conservateur et intransigeant. En cela

---

1. Maximilien de Robespierre, Larousse.

l'intégriste se rapproche de l'*extrémiste*, qui affirme également des positions radicales mais qui souhaite en plus les imposer envers et contre tout, indépendamment des conséquences concrètes de son action. Il est hermétique à tout dialogue et rejette ceux qui défendent des points de vue différents du sien. Ce qui distingue le *radical* de l'*extrémiste* se mesure aussi par les moyens d'action choisis pour faire avancer la cause, le second considérant que la violence, verbale ou physique, est une option acceptable. Rien d'étonnant à cela dans la mesure où cette violence nourrit l'extrémiste lui-même : haine de la différence, haine de l'autre et souvent haine de sa propre personne. L'extrémiste est rarement bien dans sa peau, c'est pourquoi il veut celle des autres. J'aime à me définir comme un radical non extrême.

J'observe depuis quelques années la police de la pensée végane désigner ses ennemis. Leurs premières victimes sont souvent les végétariens, auxquels les véganes extrémistes s'en prennent plus vigoureusement qu'aux omnivores. Ne sont-ils pas indignes du grand combat dont ils osent se réclamer ? Puis leurs cibles sont d'autres véganes accusés de « nuire à la cause ». Cette hystérie au nom des meilleurs sentiments m'épuise et me décourage parfois du combat d'idées. Plus une idée est généreuse, plus elle exige que celui qui la défend en soit digne. Promouvoir les vertus sans être capable de les observer soi-même est le meilleur service que l'on puisse rendre à la barbarie, trop heureuse de voir ses ennemis se déchirer. Au nom de l'égalité, de la liberté ou de la fraternité on a trahi, pendu, fusillé, bâillonné, torturé ou exilé. Y a-t-il plus terrible que les porteurs de certitudes prêts à tout pour éliminer les ennemis de leur vérité ? Aujourd'hui, dans notre démocratie occidentale, la violence à l'égard du « traître » désigné a pris des formes plus douces : on se contente d'insulter ou d'exclure. Mais à chaque acte de ce genre, la conséquence est la même : l'humanité régresse.

Quel est le point où la raison vacille ? Comment la folie s'empare-t-elle des hommes de foi pour troubler leur jugement ? Comment la haine s'y prend-elle pour endormir les meilleurs sentiments ? Quels sont les agents mutagènes qui transforment la conviction en sectarisme ? Quelle maladie oculaire métamorphose le héros en lâche ? La faiblesse du caractère des hommes y est pour beaucoup. Quand on lui accorde une estrade pour faire entendre sa voix, l'animal humain perd souvent en intelligence ce qu'il gagne en visibilité. Comme si l'attention et l'admiration que l'on peut porter à un individu nuisaient à sa clairvoyance. Les courants politiques sont gangrenés par les ego malades des dirigeants et par l'aveuglement de militants éblouis par leur quête, comme un soleil qui fait plisser des yeux et qui floute la réalité. Porter un rêve haut et fort est une chose, en rester digne en est une autre. Voilà le mal qui menace l'utopie : qu'elle soit portée par des esprits fragiles facilement corruptibles.

Propositions utopiques

La société sera encadrée par un nombre minimal de lois

Les individus seront encouragés à refuser plutôt qu'à vouloir

L'égalité découlera des règles économiques et politiques mises en place par le gouvernement

Le programme du CNR sera remis au goût du jour

La société sera encadrée par un nombre minimal de lois

La conception classique de l'État nous apprend à sacrifier certaines de nos libertés pour en gagner d'autres. Pour résumer en quelques mots, si nous étions livrés à nous-mêmes dans la nature, nous rencontrerions rapidement de sérieux problèmes : les plus tordus d'entre nous tenteraient de voler ou de trucider des plus gentils ou des moins costauds. Par commodité, nous avons donc choisi de nous réunir en communauté, afin de nous entraider, de nous protéger mutuellement, de créer ensemble et de partager. Il est vrai que s'il était parfaitement isolé, un individu devrait savoir construire une maison, coudre des vêtements, récolter sa nourriture ou fabriquer des armes pour se défendre, ce qui lui laisserait peu de temps pour d'autres activités qui seraient de toute façon limitées, puisqu'il serait seul au monde. On voit bien que cet état de solitude absolue est purement théorique, et que quand Rousseau ou Hobbes parlent de l'homme à « l'état de nature », ils évoquent une période de l'humanité dont ils savent qu'elle n'a jamais existé sous cette forme.

La vie en société exige des règles, afin de permettre la coexistence des uns et des autres. C'est pourquoi nous sacrifions certaines libertés individuelles. Si la communauté qui m'accueille choisit d'interdire le meurtre, alors je n'ai plus le droit de tuer mon voisin, même si celui-ci est un insupportable abruti qui me pourrit la vie. Ma liberté de tuer est rognée, mais en échange personne n'a le droit de me trucider non plus, ce qui n'est pas négligeable. De la même manière, si ma communauté interdit le tapage nocturne, cela me prive de la liberté d'écouter de la musique à fond dans mon appartement à trois heures du matin, mais en échange je gagne moi-même la liberté de passer de douces nuits sans être dérangé par un fan de Johnny qui n'en a strictement rien à carrer du sommeil de ses voisins. Mais une fois que l'on est d'accord sur le principe qui nous demande d'abandonner une part de liberté pour en gagner une autre, le débat ne fait que commencer. Est-on forcément libre quand on obéit à la loi ? Bien sûr que non, surtout si la loi est injuste. Une loi qui interdit les publications critiquant le gouvernement, par exemple, prive les citoyens d'une liberté fondamentale : celle de donner son avis sincère. En période d'état d'urgence, le droit de manifester est restreint et les perquisitions de domiciles sont facilitées. Ces restrictions aux libertés individuelles sont imposées au nom de l'intérêt commun, puisque ces mesures sont officiellement destinées à protéger l'ordre public et la sécurité des citoyens. Mais jusqu'à quel point cela est-il vrai ? Une loi peut en effet rapidement servir un objectif antidémocratique, voire dictatorial. L'Histoire est jalonnée d'exemples qui le confirment.

Quelles libertés est-on en droit d'exiger de l'État, et que peut s'autoriser l'État en leur nom ? Pour répondre à ces questions, la vision défendue par le philosophe Ruwen Ogien (1949-2017) est très inspirante. Ce penseur utile se définissait comme « libertaire et égalitaire » (libertaire pour les mœurs, égalitaire sur le plan économique et social). À ses yeux, il n'y a qu'un seul principe moral qui vaille : ne pas nuire aux autres. Le penseur reprend à son compte une injonction qui figure dans tous les textes religieux et même dans la Déclaration des droits de l'homme et du citoyen de 1789, article 4 : « la liberté consiste à pouvoir faire tout ce qui ne nuit pas à autrui. Ces bornes ne peuvent être déterminées que par la loi ». Faisons en sorte que ces bornes soient aussi peu nombreuses que possible.

Ruwen Ogien se méfiait terriblement du paternalisme moral ou politique, et rejetait l'État qui prétend faire le bien du citoyen, même contre son gré, à l'aide de lois qui multiplient les interdits et dictent les comportements adéquats. Il prônait une *éthique minimale* qui laisse par exemple à chacun le droit de faire ce qu'il veut de son propre corps. Prostitution, GPA, suicide, euthanasie, drogue : il n'y a pour lui aucune justification morale à interdire ces pratiques à un adulte consentant, au nom d'une dignité qu'on a définie pour lui. Le philosophe se posait en défenseur d'une *liberté négative*, opposée à une *liberté positive* : « Selon la conception négative, comme je la comprends, écrivait-il, nous sommes libres dans la mesure où personne n'intervient concrètement dans nos vies pour nous empêcher de faire ce que nous voulons, ou nous forcer à faire ce que nous ne voulons pas. Les contraintes qui portent atteinte à notre liberté négative sont *purement extérieures* : ce sont celles que nous impose la volonté d'autrui [1]. » La liberté négative, qui s'inscrit dans la plus pure tradition anarchiste, peut s'entendre comme le fait de n'être ni dominé, ni exploité, ni persécuté : « être libre au sens négatif, c'est ne pas avoir de maître », ajoutait le philosophe.

Comme Ruwen Ogien, je considère que l'État n'a pas à imposer à ses citoyens des lois morales. Il doit laisser chacun agir comme bon lui semble, mais dans le cadre d'une liberté qui ne nuit pas aux autres.

Voici le moment d'expliquer pourquoi, en vertu de ce principe, la consommation de viande n'est pas acceptable dans une société éclairée. Les accros au bifteck revendiquent en effet la liberté de leur estomac pour s'insurger contre les militants des droits des animaux qui souhaitent l'abolition de la viande : « Faites ce que vous voulez, mais ne nous obligez pas à manger des végétaux ! On est en démocratie ! » Présentées ainsi, les choses semblent on ne peut plus logiques : ceux qui ne souhaitent pas manger de viande n'en mangent pas, et ceux qui souhaitent en manger en mangent, personne n'étant contraint dans aucun des deux cas, ce qui semble donc parfait. N'est-ce pas justement la liberté négative que prône Ogien ? On pourrait le croire, mais non. Car les steakeux, dans leur raisonnement, ne tiennent compte que de deux agents : les végétariens et eux-mêmes. Ils oublient de considérer une troisième catégorie d'agents, la plus importante : les animaux destinés à être consommés. Chacun de ces animaux possède une personnalité, ressent ses propres émotions – souffrance, peine ou joie. Bref,

---

1. R. Ogien, *L'État nous rend-il meilleurs ?*, Gallimard, coll. « Folio », 2013, p. 16.

chaque animal non humain sensible est un individu. Or cet individu, comme tout individu, souhaite bénéficier de la plus fondamentale liberté octroyée par la nature : la liberté de vivre. Par conséquent, quiconque affirme vouloir manger une tranche de jambon au nom du principe de liberté contrevient précisément à ce principe dont il se réclame puisqu'il entend nuire à la liberté d'autrui, autrui étant en l'occurrence une truie.

Même en défendant une approche négative de la liberté, il faut néanmoins admettre des cas où il est possible, et même indispensable, d'entraver la liberté d'autres individus : lorsqu'on en a la tutelle. Nous sommes logiquement amenés à contrarier les envies des enfants et des animaux dits « de compagnie ». Il faut bien interdire à un enfant ou à un chien de traverser une route quand arrive une voiture. Il faut bien obliger un enfant à aller se coucher à certaines heures, comme il faut bien parfois obliger son chien ou son chat à rentrer à la maison, pour leur sécurité. Il faut bien donner des ordres, à la manière d'un maître. Cela, pour tout dire, me déplaît, car je hais l'autorité au point où il me répugne d'en user moi-même contre un individu sans capacité de répliquer ou d'imposer son point de vue. Il est pourtant des circonstances où cette autorité est obligatoire. Entre l'étude et le jeu, l'enfant préférera souvent le jeu. Mais n'est-ce pas pour son bien qu'on le force à apprendre sa géographie et ses tables de multiplication ? Il s'agit de paternalisme, mais il est alors acceptable puisqu'il s'applique à des individus non responsables – l'enfant et l'animal de compagnie.

En tant qu'antispéciste, je ne cesse de m'interroger sur la relation qu'un humain peut entretenir avec un animal non humain. Je suis convaincu que la cohabitation entre les deux peut nourrir une relation de bénéfice réciproque et c'est pourquoi, contrairement à certains véganes, je ne la condamne pas par principe. J'affirmerai même que, compte tenu du nombre d'animaux domestiques laissés à l'abandon dans les refuges, tout végane qui milite pour une réduction de la souffrance animale peut agir en adoptant un, deux ou trois de ces animaux actuellement en cage. Il n'en reste pas moins vrai qu'il résulte de la relation d'hébergement un rapport de domination dont il peut être facile pour l'humain d'abuser, puisque ce dernier choisit quasiment tout en lieu et place de l'animal adopté.

Prenons l'exemple de la promenade du chien. L'animal est généralement tenu en laisse, afin d'éviter qu'il s'échappe ou qu'il lui vienne l'idée de se jeter sous les roues d'une voiture qui passe. C'est donc pour son bien que le chien est empêché de se mouvoir comme il le souhaite. Soit. L'humain choisit l'itinéraire de la promenade ainsi que sa durée. Là encore, l'animal n'a pas grand-chose à dire. À la décharge de l'humain, ce dernier fait souvent au mieux en fonction des parcours auxquels il a accès et du temps dont il dispose. Puis arrive le moment où le chien manifeste son mécontentement : il refuse soudain d'avancer et tire la laisse en arrière. Il vous guide vers une autre rue. Ou alors il vous demande de rester plus longtemps à l'endroit où vous vous trouvez : il souhaite renifler davantage les lieux avant de continuer. L'humain a le devoir, en pareil cas, d'écouter l'animal. En effet, cela ne lui coûte absolument rien d'emprunter une autre rue ou de rester quelques minutes de plus à l'endroit que l'animal veut inspecter. Pourquoi lui refuser cette faveur ? Ce moment où le chien dit non et propose un autre chemin est fondamental : il lui permet de se distinguer de l'objet. Il s'affirme en tant que sujet pensant et désirant. Trop d'humains se sentent injuriés si par malheur l'animal leur désobéit. Ceux-là comblent dans leur relation à l'animal leur désir de puissance, celui qu'ils ne peuvent généralement pas exercer dans leur vie professionnelle. Dès que l'on n'écoute rien des volontés de celui sur lequel on veille, la domination et le despotisme s'installent. Quant au refus, qu'il soit manifesté par un humain ou par un non-humain, il est souvent une expression salutaire.

Les individus seront encouragés à refuser plutôt qu'à vouloir

Un point développé par Ruwen Ogien me semble particulièrement mériter l'attention : « Comme projet politique, affirme-t-il, la liberté négative consiste à savoir ce qu'on ne veut pas, ce qu'on ne veut plus. Ce n'est pas avoir en tête une idée très précise de ce qu'on aimerait avoir à la place [1]. » Éliminer une à une les mauvaises

---

1. *Ibid.*, p. 16.

options en choisissant le chemin qui permet de les éviter, et découvrir où celui-ci nous mène : telle est, selon moi, la meilleure des méthodes pour diriger une vie ou une communauté. Le but n'est plus un point fixe à l'horizon, il est un espace que l'on modèle selon nos convictions. Non pas un espace immobile, mais un espace-temps soumis au mouvement de l'horloge. Il nous mène donc quelque part et c'est cette destination inconnue qui, rétroactivement, devient le but.

Mes choix ont souvent été des refus. J'ai beaucoup dit non, ou alors vite renoncé après avoir compris que je m'étais trompé. Chacun de ces « non » et abandons m'a poussé vers un endroit que je n'avais pas forcément anticipé mais qui s'est révélé être le bon endroit. Définir un chemin par la négative ouvre la voie à un imaginaire luxuriant qui constitue, justement, un espace de liberté infini.

Alors inversons la manière dont nous formulons nos exigences. Identifions d'abord ce que nous refusons, et bâtissons ensuite un monde pour l'empêcher. Je refuse l'injustice, l'inégalité, et la souffrance évitable. En partant de cette triple protestation, il est possible d'élaborer des réponses politiques riches et variées. Identifier *ce qui ne doit pas être* plutôt que *ce qui doit être* est la garantie du monde le plus ouvert qui soit, éloigné des totalitarismes. Même s'ils se nourrissent également de « je ne veux pas », les totalitarismes sont avant tout des volontés de puissance démultipliées, et donc des « je veux » exacerbés et incontrôlables. Voilà pourquoi les plus beaux idéaux peuvent être dévoyés par ceux qui s'évertuent envers et contre tout à les imposer. À trop vouloir, on oblige, et pour obliger, on violente. La logique enfantine et égocentrée du « je veux » se révèle une catastrophe pour tout individu qui s'y soumet. Je veux du fric, une carrière, de l'amour, de beaux hôtels et des tas d'autres choses. Je veux, donc je prends. J'essaie en tout cas, car le résultat est rarement à la hauteur de la demande. On ne gagne jamais assez, on n'occupe jamais vraiment le poste dont on avait rêvé et l'être aimé nous désaime un jour. J'anticipe le reproche : le « je veux » est l'expression d'un rêve, et l'utopie est un appel au règne du rêve. N'y a-t-il pas contradiction ? Celle-ci se dépasse d'abord en s'imposant des rêves doux, et non des rêves sanglants. On peut choisir des rêves qui grandissent, et non qui avilissent. Ensuite, les rêves eux-mêmes peuvent se définir par la négative. Rêver de ce qu'on refuse de subir ou de faire subir. Satané désir ! Nécessaire parfois, nous ferions pourtant mieux de nous en passer en ces trop nombreux moments où il exprime le pire de nous : la cupidité, la jalousie, l'égoïsme. Mais qu'il soit la manifestation d'une âme vertueuse ou qu'il émane d'un caractère méprisable, le désir est dans tous les cas notre bourreau. Comme le fait remarquer le philosophe Arthur Schopenhauer (1788-1860), nos désirs nous obligent à endurer la douleur du manque puis, une fois qu'ils sont comblés, ils nous imposent la déception d'une satisfaction imparfaite et éphémère. C'est pourquoi, selon le philosophe allemand, « la vie oscille, comme un pendule, de droite à gauche, de la souffrance à l'ennui [1] ».

Limiter ses désirs au strict minimum est un principe qui favorise l'absence de malheur, et donc le bonheur. Vouloir l'air, le ciel, la pureté d'un sentiment généreux, le calme du jour, le respect et la reconnaissance. Cela suffit pour vivre, et le reste ne peut qu'encourager la déprime. À côté de cela, refuser. Refuser ce qui pollue, ce qui avilit, ce qui assassine, ce qui rapetisse, ce qui méprise, ce qui réduit, ce qui trahit, ce qui rend con. Avant d'être des créatures de désir, soyons des êtres de refus : ainsi nous serons vraiment humains. En effet, l'acquiescement tient du réflexe et du troupeau, tandis que la désobéissance mobilise l'intelligence et définit la singularité. Celui qui dit qu'il ne veut pas est l'éclaireur qui alerte le groupe endormi.

Le programme du CNR sera remis au goût du jour

En France, l'après-Seconde Guerre mondiale avait laissé augurer un monde différent. Après des années de violence aveugle et d'abominations, des individus de toutes obédiences politiques étaient tombés d'accord sur la nécessité de mettre en place des mesures sociales et économiques qui expriment la solidarité et l'unité. Ces mesures sont celles du programme du Conseil national de la Résistance (CNR), adopté en mars 1944, et opportunément intitulé « Les Jours heureux ».

---

1. A. Schopenhauer, *Le Monde comme volonté et comme représentation*, Félix Alcan, 1912.

Parce que ses auteurs étaient souvent très jeunes, idéalistes, confrontés à l'urgence et donc à l'essentiel, parce qu'ils risquaient leur vie à chaque instant et savaient ce qu'est la barbarie, le programme du CNR a su identifier, sans détour ni tergiversation, les priorités indispensables à une société apaisée, respectueuse de la vie, des droits de l'homme et du bien général. Ce texte court qui en appelait à l'instauration d'une « démocratie économique et sociale » fait partie des utopies qui ont changé le visage de notre société. Le catalogue des mesures préconisées il y a plus de soixante-dix ans par le CNR paraît évidemment insuffisant aujourd'hui puisque l'époque était ignorante des enjeux écologiques, mais nombre de ces revendications sont restées très actuelles. En relisant aujourd'hui « Les Jours heureux », on constate à quel point notre époque est celle de la régression de l'humanisme. Parcourez les vœux formulés par ce groupement de résistants, et rendez-vous compte par vous-même. Ils réclamaient alors :

```
« – l'établissement de la démocratie la plus
large en rendant la parole au peuple français par
le rétablissement du suffrage universel ;
 – la pleine liberté de pensée, de conscience et
d'expression ;
 – la liberté de la presse, son honneur et son
indépendance à l'égard de l'État, des puissances
d'argent et des influences étrangères ;
 – la liberté d'association, de réunion et de
manifestation ;
 – l'inviolabilité du domicile et le secret de la
correspondance ;
 – le respect de la personne humaine ;
 – l'égalité absolue de tous les citoyens devant
la loi ;
 – l'instauration d'une véritable démocratie
économique et sociale, impliquant l'éviction des
grandes féodalités économiques et financières de
la direction de l'économie ;
 – une organisation rationnelle de l'économie
assurant la subordination des intérêts particu-
liers à l'intérêt général et affranchie de la dic-
tature professionnelle instaurée à l'image des
États fascistes ;
```

— le retour à la Nation des grands moyens de production monopolisés, fruit du travail commun, des sources d'énergie, des richesses du sous-sol, des compagnies d'assurances et des grandes banques ;
— le développement et le soutien des coopératives de production, d'achats et de ventes, agricoles et artisanales ;
— le droit d'accès, dans le cadre de l'entreprise, aux fonctions de direction et d'administration pour les ouvriers possédant les qualifications nécessaires, et la participation des travailleurs à la direction de l'économie ;
— le droit au travail et le droit au repos, notamment par le rétablissement et l'amélioration du régime contractuel du travail ;
— un rajustement important des salaires et la garantie d'un niveau de salaire et de traitement qui assure à chaque travailleur et à sa famille la sécurité, la dignité et la possibilité d'une vie pleinement humaine ;
— la garantie du pouvoir d'achat national par une politique tendant à la stabilité de la monnaie ;
— la reconstitution, dans ses libertés traditionnelles, d'un syndicalisme indépendant, doté de larges pouvoirs dans l'organisation de la vie économique et sociale ;
— un plan complet de sécurité sociale, visant à assurer à tous les citoyens des moyens d'existence, dans tous les cas où ils sont incapables de se les procurer par le travail, avec gestion appartenant aux représentants des intéressés et de l'État ;
— la sécurité de l'emploi, la réglementation des conditions d'embauchage et de licenciement, le rétablissement des délégués d'atelier ;
— une retraite permettant aux vieux travailleurs de finir dignement leurs jours ;
— la possibilité effective pour tous les enfants français de bénéficier de l'instruction et

d'accéder à la culture la plus développée quelle que soit la situation de fortune de leurs parents, afin que les fonctions les plus hautes soient réellement accessibles à tous ceux qui auront les capacités requises pour les exercer et que soit ainsi promue une élite véritable, non de naissance mais de mérite, et constamment renouvelée par les apports populaires. »

Le programme du Conseil national de la Résistance a inspiré les mesures de solidarité mises en place par les gouvernements d'après-guerre, donnant ainsi naissance à l'État-providence en France : on lui doit la Sécurité sociale [1] et le régime d'assurance chômage mis en place en 1958 sous l'impulsion du général de Gaulle. On lui doit aussi le pouvoir des syndicats dans l'entreprise, la liberté de la presse et la fonction publique moderne. Il a inspiré également les nationalisations entre 1944 et 1948 : les Charbonnages de France, le gaz, l'électricité, Renault, les quatre plus grandes banques privées, les transports aériens, les compagnies d'assurances... La fin des trente glorieuses, dans les années 1970, a provoqué la remise en cause progressive et accentuée des idéaux humanistes du CNR. Depuis une dizaine d'années maintenant, nous assistons au démantèlement ou à l'affaiblissement des mécanismes de fraternité. Il faut faire marche arrière. Refuser les arguments financiers qui cherchent à briser la solidarité.

---

1. Et donc la solidarité autour de la maladie, de la retraite et de l'invalidité.

LIVRE III
RÊVES

WHAT A FEELING

Elle recouvre ses pieds d'une bande protectrice de sparadrap blanc. Puis les pieds, protégés par un bas de laine noire laissant les doigts à l'air libre, se posent sur le sol. L'un d'eux se relève aussitôt tandis que l'autre s'étire et se met à tournoyer sur lui-même. Plan serré sur les cuisses et les fesses qui se découvrent dans un mouvement circulaire, tandis que de fines gouttes de sueur font briller sa peau bronzée. Retour sur les pieds qui frappent maintenant le sol l'un après l'autre, rapidement, frénétiquement, dans une course immobile rythmée par la scansion inimitable d'une batterie Simmons jouée par Carlos Vega. Alors son visage apparaît, auréolé d'une chevelure châtain qu'un contre-jour allume d'une lumière sauvage. Elle souffle sur le tempo. La voix de Michael Sembello démarre. *She's a maniac*. Nouveau cadrage serré, cette fois de profil, sur la danse de ses fesses bombées et musclées à côté desquelles basculent ses bras détendus. Les plans s'enchaînent pendant trois minutes, frénétiques et humides. Jennifer Beals vient d'entrer dans la légende de ma vie, grâce à la séance d'entraînement la plus sensuelle du cinéma. Ellipse. Sublimée par la lumière d'Adrian Lyne, Jennifer fume maintenant une cigarette sur le plancher de son appartement, adossée à un mur de briques blanches, enveloppée dans un tee-shirt qui dénude son épaule gauche, tandis que ses genoux respirent aux fenêtres déchirées de son jean. Kim Carnes déverse sur l'écran une rocailleuse mélancolie avec le langoureux *I'll be here where the heart is*. Une génération de garçons découvre la femme idéale, bombe érotique et bonne copine, caractère fort mais cœur bonbon.

Le film s'appelle *Flashdance*, il est sorti en 1983 et reste aujourd'hui encore l'un des meilleurs du genre. L'action se déroule à Pittsburg, petite ville touchée comme tant d'autres par le chômage. Jennifer Beals est Alex, une jeune fille passionnée par la danse qui travaille le jour comme soudeuse pour gagner sa vie et qui se déchaîne le soir sur la scène d'un modeste bar-club où elle propose ses chorégraphies explosives. Évidemment, le job d'ouvrière est alimentaire et les prestations au club ne sont qu'un moyen provisoire d'exprimer sa passion. Alex rêve en réalité d'intégrer une école de danse prestigieuse, mais elle n'a suivi aucune formation classique et craint d'échouer au concours. Elle n'ose pas le tenter. Le scénario, qui imagine le riche patron d'Alex tombant amoureux de son employée, est romantique à souhait, tout comme le *happy ending* que tout spectateur sait anticiper.

On pourrait à première vue penser qu'il n'y a pas grand-chose à retenir de ce film hollywoodien, si ce n'est la plastique parfaite de Jennifer Beals (et de sa doublure), ainsi que les mélodies particulièrement réussies de la BO orchestrée par un Giorgio Moroder au meilleur de sa forme, comme le prouve le cultissime *What a feeling*. Et pourtant. Aussi étrange que cela puisse paraître, *Flashdance* n'est pas un film léger à consommer sans modération. Il contient une réplique qui n'a jamais quitté un coin de ma tête depuis que je l'ai entendue, il y a plus de trente ans. Quelques minutes avant le dénouement final, alors qu'Alex est sur le point de renoncer, par peur, à l'audition dont elle a toujours rêvé pour entrer dans une grande école de danse, son amoureux-patron lui balance : « *Don't you understand ? You give up your dream, you die.* » Et il s'en va, laissant Alex à sa perplexité. Ces mots simples que l'on peut traduire par « Tu ne comprends donc pas que, si tu abandonnes ton rêve, tu meurs », se sont imprimés dans l'esprit de l'ado que j'étais alors, et constituent depuis l'une de mes règles de vie fondamentales. J'ai toujours cherché à céder le moins possible sur mes rêves, afin de rester vivant. Y a-t-il chose plus terrible que d'errer dans ce monde en n'y étant plus vraiment ?

Flashdance est un film sur la réalisation de soi et sur le rêve qui habite chacun d'entre nous. Sommes-nous celui que nous aimerions vraiment être ? Et nous sommes-nous donné les moyens de le devenir ? Loin des mièvreries manichéennes comme il s'en produit tant, le film n'élude pas la question du talent nécessaire, en principe, à la réussite. Ainsi, l'amie d'Alex est patineuse, mais se voit contrainte d'oublier ses ambitions après une compétition ratée qui lui ouvre les yeux sur son potentiel réel. Le rêve est en effet soumis à un dosage délicat : s'il est déconnecté des possibilités de celui qui l'émet, ou si au contraire il est trop modeste, il produit une vie de frustrations.

Sweet dreams

À ceux qui ne goûtent pas le cinéma commercial américain, j'aimerais proposer une alternative francophone. Jacques Brel a arrêté les concerts au sommet de sa gloire. Il a continué à enregistrer des albums mais il s'est tourné vers le cinéma. Puis, malade, il a changé de vie. D'abord un tour du monde en bateau, ensuite l'installation aux Marquises, et enfin la reconversion en avion-taxi pour les habitants de l'île. Il mourra à 49 ans après avoir finalement réalisé un dernier disque. Dix ans auparavant, alors qu'il venait de décider d'arrêter les tours de chant, il avait tenu à remonter sur scène pour interpréter l'homme de l'inaccessible étoile, Don Quichotte, en adaptant une comédie musicale américaine, *L'Homme de la Mancha*. Ce personnage qui plaçait le rêve au-dessus de tout ne pouvait que fasciner Brel, l'un des rares artistes de la chanson française à avoir tout obtenu : il a écrit et interprété des chefs-d'œuvre, il a connu un énorme succès commercial et il a gagné le respect de la critique. À la question de savoir ce qu'est la réussite, il répondait ceci : « On ne réussit qu'une seule chose, on réussit ses rêves. On a un rêve et on essaye de bâtir, de structurer ce rêve. [...] [Mon] rêve n'était même pas de chanter, mais de projeter mon rêve à l'extérieur, ce qui est un phénomène de compensation. [...] Les hommes ne sont malheureux que dans la mesure où ils n'assument pas le rêve qu'ils ont [1]. »

Enfant, je rêvais de devenir grand reporter et/ou présentateur de journal télévisé. La chance m'a permis de tester les deux métiers, à

---

1. Jacques Brel, interview inédite à la RTB, « Et si nous n'allions pas au cinéma ce soir », Ina, 3 septembre 1979.

la mesure qui me convenait, avec une très nette préférence pour le premier. L'envie d'être utile à la cause animale m'est également venue assez tôt, sans que je sache tout à fait comment y parvenir. Là encore, le destin a favorisé les choses en me permettant de devenir l'un des porte-parole français du combat pour les droits des animaux, par un biais que je n'aurais pas imaginé il y a trente ans. Je me rappelle aussi avoir répondu à ma mère, alors que j'avais une dizaine d'années et qu'elle me questionnait sur la carrière qui m'attirait, que ce dont j'étais sûr, c'était de vouloir fuir un travail répétitif et prévisible, avec des horaires fixes. J'étais convaincu qu'un boulot de ce type me rendrait malheureux : je souhaitais que mon métier me surprenne et m'enrichisse en permanence. Jusqu'à présent, ce fut le cas. Mon activité professionnelle a presque toujours été une source d'étonnement et d'apprentissage. Et chaque fois que la lassitude s'est pointée, j'ai pu essayer une autre route pour renouveler l'enthousiasme – il me semble d'ailleurs que l'on peut mener sa vie privée selon les mêmes principes. Pour dire l'entière vérité, mes bifurcations sont aussi liées à cette satanée nécessité qui nous limite à une seule existence. Puisque nous bénéficions d'un pass à entrée unique, et que toute sortie est définitive, autant essayer de le rentabiliser au maximum en se créant plusieurs vies dans celle qui nous est allouée. Si l'on considère une espérance de vie moyenne de soixante-quinze ans, dont vingt-cinq sont consacrés à l'apprentissage des choses basiques, il apparaît raisonnable de s'accorder ensuite entre trois et cinq vies.

Je ne crois pas à la réincarnation telle qu'elle est décrite dans le bouddhisme sous le nom de *samsara*. D'après ce concept, un même esprit se promène pendant des siècles d'un corps à l'autre jusqu'à l'extinction du désir, de la haine et de l'erreur. Le fait d'atteindre cette sagesse permet la délivrance de l'âme et l'accès au *nirvana*. Mais inutile de prendre à la lettre cette théorie pour l'embrasser. Il faut la lire comme une métaphore. Les vies multiples et les renaissances perpétuelles décrites par les textes bouddhistes sont en réalité celles qu'il nous est donné de construire pendant notre unique passage sur Terre. Le bouddhisme classique considère que l'enveloppe corporelle qui nous est attribuée dépend de nos actions : si elles sont dominées par le mal, alors nous renaissons dans le corps d'animaux non humains ou d'hommes condamnés à une existence misérable ; si en revanche nos actions sont bonnes, nous nous réincarnons en un humain considéré, riche et en bonne santé. Les transmigrations ne cessent qu'au moment où nous sommes devenus des saints, imperméables aux passions génératrices de souffrance. Alors seulement l'esprit disparaît et ne renaît plus. Traduit en langage non mystique et rationnel, cela signifie que notre vie est un long parcours au cours duquel nous devons sans cesse tenter de nous réinventer, en apprenant de nos erreurs et en comprenant ce que nous générons de destructions et de malheurs. Il nous faut dompter nos sentiments mauvais tels que l'envie, la jalousie ou la frustration, en devenant un autre, meilleur. On inverse alors le propos métaphorique de la sagesse bouddhiste : nous gardons le même corps, mais notre esprit change. Dès lors l'existence se régénère en nous sous des formes nouvelles, afin d'entrer en cohérence avec nos exigences morales évolutives.

Je suis loin d'avoir atteint le nirvana, et je traîne en moi des insatisfactions qui m'obligent à quelques réincarnations encore, mais s'il me fallait dresser un bilan d'étape biographique, je devrais admettre que je fais partie de ces veinards qui ont pu suivre un chemin à peu près conforme à leurs espérances. Le hasard m'a même conduit à devenir ami avec quelques artistes qui ont nourri ces rêves que j'échafaudais dans la solitude de ma petite ville du nord de la France coupée de tout, à une époque où le Minitel venait à peine d'être inventé. Lorsque ces stars à la belle âme viennent aujourd'hui à la maison, je redeviens l'ado qui regarde leurs posters punaisés dans sa chambre. Inaccessibles étoiles.

J'aurais pu accomplir beaucoup mieux, évidemment, mais faute d'ambition suffisante ou de talent, je partirai en laissant derrière moi des rêves inaccomplis. Il y a des bouts de vie que j'aurais aimé expérimenter et qui resteront malheureusement hors d'atteinte. Je mourrai, par exemple, avec la frustration de n'avoir été ni Jimmy Page ni David Gilmour. Pas plus Keith Moon, John Bonham ou Jeff Porcaro. J'aurais voulu, derrière une guitare électrique ou une batterie, pouvoir créer l'un de ces moments hors du temps dont seule la musique est capable. Les seuls instants où je consens à envisager l'existence de Dieu sont ceux où l'inspiration foudroie certains d'entre nous en leur procurant la clé universelle de l'âme.

Dire Straits. Wembley. 11 juin 1988. Concert hommage pour les soixante-dix ans de Nelson Mandela, alors toujours emprisonné. Des dizaines de milliers de personnes dans le stade. Six cents millions de téléspectateurs. L'orgue Hammond démarre. « Une seule humanité, une seule justice », murmure Mark Knopfler. Puis les premières notes s'élèvent de ses cordes, comme une plainte, et les mots suivent, d'une voix grave et blessée : « *These mist covered mountains are a home now for me. But my home is the lowlands and always will be.* » Clapton accompagne. Les solos poignardent en plein cœur. Avec *Brothers in arms*, récit de l'absurdité de la guerre, hymne à la paix et à la vie trop courte, Knopfler a écrit l'une des plus belles chansons qui soient. La plus belle ? Peut-être. Il offre au monde une prière parfaite qui contient une vérité simple : « *There's so many different worlds, so many different suns, and we have just one world but we live in different ones...* [1]. » J'aime à rappeler combien, derrière la légèreté d'une mélodie qui coule dans nos oreilles, la chanson regorge de pépites métaphysiques plus efficaces que d'abscons traités sur lesquels on fait plancher les étudiants en philo. En quelques mots, Knopfler résume la réalité cosmologique de l'univers, les centaines de milliards d'étoiles de notre galaxie, les centaines de milliards de galaxies, et notre finitude sur notre petit caillou insignifiant. Il évoque les frontières artificielles que nous avons dressées entre des humains embarqués sur le même vaisseau fragile, qui appartiennent tous à une seule et même famille, et il suggère de préserver notre bien commun, cette Terre unique dont nous ne pouvons nous passer. Antiracisme, pacifisme, écologie : un triple message de sagesse et de lucidité en une seule phrase à l'allure simpliste.

Le monde est complexe et son décryptage nécessite parfois des efforts considérables. Mais je crois aussi qu'il est possible d'en résumer les grands principes vitaux, moraux et politiques de façon claire, sans fioriture ni effets de manches. La chanson y parvient parfois. Je crois même que les messages véhiculés par la musique populaire en disent long sur l'état de santé d'une société. Et, en ce moment, le diagnostic livré par cet instrument de mesure est

---

1. « Il y a tant de mondes différents, tant de soleils différents, et nous n'avons qu'une planète mais pourtant nous vivons dans des mondes séparés... »

dramatique. En plus de ses messages légers traditionnels (« *I love you, yeah yeah yeah* », « *Don't leave me ouh ouh ouh* »), la chanson a longtemps représenté un espace de révolte, d'alerte, voire... d'utopie. « Je rêvais d'un autre monde », revendiquait Téléphone. Dylan, Lennon, Sting, Springsteen, U2 et beaucoup d'autres ont maintenu nos consciences en éveil. En France, Vian, Ferré, Brassens, mais aussi, plus récemment, Renaud et Balavoine ont fait de même. Mais que chantent les artistes aujourd'hui ? Un rapide coup d'œil sur le classement des ventes de disques permet de constater le peu d'engagement des textes portés par des interprètes qui, pour beaucoup, ne savent plus parler que d'eux-mêmes et de leur quotidien. Ils évoquent leurs amours, le goût du voyage, le sens de la fête, les rappeurs répètent à l'envi que c'est dur la vie, mais presque plus aucun chanteur populaire n'ose égratigner les instances politiques ou l'obscénité de la société du profit et de la surconsommation imposée. Certains d'entre eux sont tentés sans doute, mais comment faire lorsqu'il est nécessaire, pour exister et vendre des disques, de se soumettre aux stratégies mercantiles de maisons de disques désormais gérées par des financiers qui n'entravent rien à une partition et qui sont précisément des rouages de ce système politico-économique ? La chanson, qui est un *art* (mineur, peut-être), est fabriquée par des *artisans*. Alors pourquoi parle-t-on aujourd'hui à son sujet d'« industrie musicale » et non d'« artisanat musical » ? Parce que tout s'y passe comme dans une usine : on fabrique un produit, en investissant un minimum et en cherchant la rentabilité immédiate. Et si les ventes ne suivent pas, on jette le produit et on passe à un autre. C'est aussi cela, la société du bonheur ultralibéral : un art censuré parce qu'il est soumis au marché et aux sponsors.

J'ai conscience de la digression que je viens de m'accorder, tandis que je vous parlais des envies dont je me suis résolu à faire le deuil. Je reviens donc à nos moutons, comptés tandis que j'essayais justement de pénétrer le pays des songes. Rêves de métiers, rêves de sensations, rêves de pays, rêves de sentiments... Une obsession : bouger et faire bouger. Ne pas rester au même endroit. N'être attaché à aucun lieu mais en chercher toujours de nouveaux. L'immobilité, l'immobilisme ou le sur-place nous sclérosent et nous privent des nutriments de l'esprit. Afin de maintenir le niveau d'énergie vitale propre à l'animal humain, il est indispensable de fréquenter sans cesse de nouveaux visages, de nouveaux milieux, de nouveaux climats, de nouveaux métiers, de nouveaux avenirs. Je n'ai personnellement jamais supporté l'idée d'être cimenté à un lieu, à une personne ou à un employeur. En 1999, alors que j'avais vingt-sept ans, la chaîne Canal+ m'a offert mon premier CDI. Contrat à durée indéterminée. Embauché à vie, tout au moins officiellement. Quatre ou cinq ans plus tard, passé la joie du confort matériel indéniable apporté par ce statut, les premières angoisses ont commencé à m'envahir : il m'était difficilement supportable d'accepter que ma vie professionnelle se résume à une seule et même entreprise. Je refusais que le tampon Canal+ imprime ma peau de manière indélébile jusqu'à ce que celle-ci se décompose ou parte en fumée. J'aimais pourtant ce groupe et le travail que l'on m'y avait confié. Mais je me méfiais de cette unique mère nourricière dont le lait allait bien vite commencer à m'écœurer. Il y avait forcément autre chose.

Malgré notre proximité biologique avec les arbres, nous différons d'eux en de nombreux points, et notamment dans le fait de posséder des jambes en lieu et place de racines. Et si l'espèce humaine me désespère par bien des aspects, j'admire en revanche son aptitude à l'exploration. L'espèce *homo* s'est développée non parce qu'elle s'est mise à manger de la viande, comme le veut la légende urbaine carnivore, mais parce qu'elle a exploré. Elle a exploré les territoires et les secrets de la nature. Il a fallu expérimenter et tâtonner longuement avant de découvrir le potentiel combinatoire du silex et du minerai de fer pour maîtriser le feu, étape fondamentale et indispensable de l'histoire de notre intelligence – l'humain est toujours le seul animal à savoir faire un feu. Grâce au feu, nous avons pu cuire les aliments, ce qui a eu pour conséquence d'éliminer les parasites, de développer le plaisir du goût, de faciliter la mastication et la digestion, d'augmenter le rendement métabolique de la nourriture, ce qui a profité à notre volume cérébral et donc à notre QI. Le feu nous a par ailleurs permis d'améliorer les outils, d'habiter les grottes sombres, de décupler notre capacité de nous défendre et surtout de développer le lien social organisé, puisque autour des foyers se sont réunis des hommes et des femmes qui partageaient des repas et que la tombée de la nuit ne séparait plus. Quant à la viande, si elle a été un recours pour l'être humain, un jour, c'est surtout parce qu'elle lui a permis de se nourrir en des endroits hostiles où la végétation lui offrait peu. La nourriture carnée a donc facilité notre liberté de mouvement et d'adaptation.

L'histoire de l'espèce humaine n'est que celle d'une longue exploration de territoires nouveaux, géographiques et intellectuels. Et qu'est-ce que l'utopie, sinon une expédition en pays inconnu ? Notre espèce n'a progressé que dans ces moments où elle a tenté la nouveauté et où elle a accepté de remettre en cause ses certitudes. L'être humain n'a donc grandi qu'en parcourant les territoires de l'utopie et seul l'utopiste vit pleinement son humanité, lorsque le résigné et le réactionnaire en sont amputés d'une partie vitale.

« Il faut toujours viser la lune car même en cas d'échec on atterrit toujours dans les étoiles », a écrit un jour Oscar Wilde. Quelle énormité ! Comment une telle contre-vérité a-t-elle pu passer comme une lettre à la poste ? Je ne veux pas chipoter, mais la Lune est située à 380 000 km en moyenne de la Terre (ça varie un peu). Or l'étoile la plus proche de la Terre est notre soleil, situé à 150 millions de kilomètres. La deuxième étoile la plus proche est ensuite Proxima du Centaure, à plus de quatre années-lumière, c'est-à-dire 270 000 fois la distance Terre-Soleil. Bref, vous avez compris : toutes les étoiles sont beaucoup, beaucoup plus éloignées de la Terre que la Lune. Donc en réalité, si on vise la Lune, on n'atteindra jamais une étoile. En cas d'échec, on risque simplement de retomber comme une grosse crêpe sur la Terre et de s'exploser en mille morceaux. C'est bien pour cela que beaucoup hésitent à viser la Lune.

Le rêve n'est pas toujours une partie de plaisir. Il peut même devenir la cause d'une souffrance continue, trop provisoirement apaisée. Jacques Brel, dont j'ai cité quelques mots précédemment, disait qu'« il faut choisir : donner priorité au rêve ou au petit confort intérieur ». Il considérait par ailleurs que « vers 16-17 ans, un homme a eu tous ses rêves. Il ne les connaît pas, mais ils sont passés en lui. Il sait s'il a envie de brillance, ou de sécurité, ou d'aventure… Il sait ! Il ne sait pas bien, mais il a ressenti le goût des choses, […] et il passe sa vie à vouloir réaliser ces rêves-là [1] ».

---

1. Jacques Brel, interview inédite à la RTB, « Et si nous n'allions pas au cinéma ce soir », Ina, 3 septembre 1979.

Je souscris à ce que dit le chercheur de l'inaccessible étoile. Je crois que nos rêves se forgent dans l'enfance puis qu'ils nous alimentent pendant notre vie d'adulte. Mais il me semble aussi que certains s'éteignent en route tandis que d'autres s'affinent, inspirés par une meilleure connaissance du monde. Je suis persuadé que notre survie dépend de notre capacité d'entretenir ces rêves, ou même plutôt de la capacité qu'ont ces rêves de nous entretenir.

Le rêve est-il notre oxygène ? Quitte à prolonger la métaphore astrale, je le verrais plutôt comme notre hydrogène. Il me semble en effet que le rêve agit en nous comme l'hydrogène d'une étoile qui la fait briller en se consumant. Lorsque après quelques milliards d'années cet hydrogène est entièrement consommé par la combustion, l'étoile disparaît. De la même manière, nous mourons lorsque toute notre réserve de rêves est consumée, parce que la fatigue a chassé tout projet, toute envie, toute ambition. Je crois que dans la plupart des cas, les hommes décèdent d'usure psychologique et non pas physique.

Stairway to heaven

Estimons-nous heureux de devoir mourir un jour. La mort est notre meilleure ennemie. Elle s'épanouit dans un déconcertant paradoxe : chaque heure de notre vie est une victoire contre elle, et en même temps le vaisseau qui nous y amène. Chaque anniversaire est en effet à la fois un an de plus et un an de moins. Le serment que nous fait la mort à notre naissance est à la fois un mauvais sort et une bénédiction. Elle est ce néant qui appelle à remplir le vide initial par la morale et par l'action. Au moment où elle nous rencontre, elle nous pose ces questions qui nous obligent : « Qu'avez-vous fait de votre existence et qu'a-t-elle fait de vous ? » « Avez-vous réussi à lui arracher des instants de bonheur ? » « Avez-vous été utile aux autres et à vous-même ? » « Êtes-vous devenu quelqu'un de bien ou un salaud ? » Si votre existence n'a été qu'une suite d'épreuves et de douleurs, ce n'est pas la mort qu'il faut blâmer, puisqu'elle vous délivre, mais la vie elle-même qui n'a pas su être assez généreuse pour faire fructifier votre capital initial. En ce sens, la mort est une amie beaucoup plus fiable que la vie, car elle au moins tient sa promesse et ne déçoit pas. Elle est toujours au rendez-vous.

Lassitude et fatigue étreignent lorsque l'existence a suffisamment coulé, que les espoirs ont été accomplis ou déçus et que, repu ou résigné, l'on n'attend plus grand-chose de sa présence au monde. La chair est désormais trop dure pour s'imbiber de nouveaux souvenirs et les plus beaux d'entre eux, on le sait, ne seront jamais égalés. Nous avons assez prouvé et éprouvé. L'essentiel a enfin été compris, les règles ont été décryptées, les exaltations se sont éteintes au fil des déceptions, les humains ont livré leurs mystères et révélé leur médiocrité. Les quelques êtres d'exception qui servent de lumières sont partis ou ne parviennent plus à motiver ni à réconforter.

Les paupières se sont alourdies. Les épaules affaissées. Répondre, on l'aurait fait avant dans l'instant. Mais l'on choisit de plus en plus souvent le silence, sans doute parce que l'on se prépare à celui, très long, qui se rapproche inéluctablement. Et l'on se surprend à se boucher les oreilles pour se soustraire à un brouhaha qui charrie des échos que l'intelligence a désertés. Où trouver la saveur, dans tant de déjà-vu et déjà-entendu ? Les nouvelles musiques répètent presque toutes ce qui a déjà été mieux joué avant, les nouveaux films racontent des histoires mille fois relatées, leurs ralentis noir et blanc sur fond de violons ne produisent plus d'effet, les nouveaux humoristes recyclent des blagues éculées, les nouveaux romans récitent une littérature sans idées, la télévision rabâche les mêmes programmes et les mêmes animateurs, tandis que les partis politiques pataugent du copié-collé sans esprit.

La jeunesse est l'âge de l'espoir et de l'apprentissage. Elle suce l'insouciance comme un nectar. Chaque expérience inédite, bonheur ou souffrance, est un monde nouveau qui éduque notre conscience et la maintient dans un état d'excitation. Les ressentis sont excessifs, à la hauteur de l'effet de surprise que ces moments provoquent. Mais plus on avance en âge, plus on s'habitue aux épreuves, aux joies et aux gens. On commence à comprendre. On pardonne plus souvent. On désire moins fort. On ne se met plus le cœur en lambeaux pour trop peu. Dans un premier temps, le processus est apaisant. Puis vient le temps où l'enthousiasme lui-même se met de plus en plus souvent en veille. Peu à peu le désir déserte. D'heureuses surprises le revigorent parfois pour quelques mois ou quelques années – une rencontre, un changement, une utilité nouvelle que l'on se découvre… Les plus chanceux parviennent à faire brûler la flamme jusqu'à très tard. Mais ils sont peu nombreux.

Des accidents et des maladies interrompent souvent l'existence prématurément, avant qu'elle ait eu le temps de s'assécher. Mais la vie qui a pu suivre son cours s'éteint par fatigue d'elle-même, en panne de rêve. Souvent, l'esprit renonce avant le corps, parfois sans même s'en rendre compte. Jack London est mort à quarante ans d'une surdose de morphine dans son ranch de Glen Ellen au nord de San Francisco. S'est-il vraiment suicidé comme beaucoup de biographes l'ont soutenu ? Certains n'excluent pas l'accident (une prise de morphine mal dosée) ou la crise d'urémie mortelle. Ce qui est certain, c'est que Martin Eden, lui, s'est donné la mort. Eden, le double biographique de London [1], décide de mettre fin à ses jours en se jetant à la mer depuis la cabine de son bateau. Après de longues minutes de lutte contre le réflexe de survie qui l'incite à se débattre ou à rechercher son souffle, il parvient finalement à se laisser sombrer, et le roman s'achève par l'une des plus belles fins qui soient : « Il avait coulé dans les ténèbres. Et à l'instant où il le sut, il cessa de le savoir [2]. » Martin Eden se rêvait écrivain à succès, et il choisit de quitter le monde au moment où il parvient enfin à la reconnaissance et à l'aisance financière. Il se tue parce que l'indifférence coule désormais dans ses veines. « Je suis un homme malade, explique-t-il à Ruth dont il refuse l'amour. Oh ! ce n'est pas mon corps qui souffre, c'est mon âme, mon cerveau. J'ai l'impression d'avoir perdu tous mes repères. Plus rien n'importe pour moi. [...] Quelque chose est mort en moi. Je n'ai jamais eu peur de la vie, mais je n'aurais pas cru que je m'en lasserais. La vie m'a tellement donné que je suis vidé de tout désir de quoi que ce soit [3]. » « La vie était pour lui comme la lumière blanche qui blesse les yeux fatigués d'un malade, écrit London. À chaque instant de conscience, la vie brillait autour de lui d'un éclat trop vif qui, en le touchant, le blessait, le blessait intolérablement [4]. » Désemparé, supportant de moins en moins le poids des jours, Eden parcourt par hasard un ouvrage du poète Algernon Swinburne. Et tombe sur ces vers qui lui inspirent son acte :

> *Nous avons trop aimé la vie, et sommes à cette heure*
> *Sans espoir et sans peur.*
> *Reconnaissants, nous faisons nos adieux*
> *Brièvement aux dieux*
> *Qui ont voulu que toute vie s'achève*

---

[1]. Même si London s'en défend, jugeant son personnage individualiste alors que lui se revendique socialiste.
[2]. Jack London, *Martin Eden* [1909], Folio, 2016, p. 544.
[3]. *Ibid.*, p. 523-524.
[4]. *Ibid.*, p. 537.

Un jour, que les morts jamais ne se relèvent,
Et que même la plus lasse rivière
Se jette pour finir à la mer

London a choisi le suicide pour son personnage le plus célèbre. Faut-il vraiment y voir un hasard ? Ce qui est avéré en tout cas, c'est que l'écrivain-baroudeur ne souhaitait pas faire durer sa vie sans être sûr d'en pouvoir pleinement jouir : « J'aimerais mieux être un superbe météore, écrit-il, chacun de mes atomes irradiant d'un magnifique éclat, plutôt qu'une planète endormie. La fonction propre de l'homme est de vivre, non d'exister. Je ne gâcherai pas mes jours à tenter de prolonger ma vie. Je veux brûler tout mon temps [1]. »

Stefan Zweig s'est empoisonné en 1942, désespéré par un monde que la barbarie du nazisme avait transformé, épuisé par l'exil qui l'avait poussé jusqu'à Petrópolis, au Brésil. L'écrivain autrichien a choisi d'absorber du Véronal et son épouse Lotte, de vingt-cinq ans sa cadette, l'a imité. Il a laissé une lettre dans laquelle il évoque cette usure qui a eu raison de lui : « [...] à soixante ans passés il faudrait avoir des forces particulières pour recommencer sa vie de fond en comble. Et les miennes sont épuisées par les longues années d'errance. Aussi, je pense qu'il vaut mieux mettre fin à temps, et la tête haute, à une existence où le travail intellectuel a toujours été la joie la plus pure et la liberté individuelle le bien suprême de ce monde. Je salue tous mes amis. Puissent-ils voir encore l'aurore après la longue nuit ! Moi je suis trop impatient, je pars avant eux [2]. »

Gilles Deleuze s'est défenestré, Guy Debord s'est tiré une balle, dans la solitude d'une ferme où il avait trouvé refuge – ils étaient tous les deux malades : la liste des suicidés célèbres est longue. Les quelques noms qui me viennent immédiatement à l'esprit et que je cite dans ces pages appartiennent à la famille des écrivains et penseurs lucides, concentrés vers le progrès moral de l'humanité dont ils avaient su décrypter les travers et les dangers. Jack London fait-il vraiment partie de ceux-là ? Bien sûr ! London n'est pas seulement le romancier d'aventures auquel on le réduit trop souvent. Avant

---
1. Cité par N. Mauberret dans sa préface au *Peuple d'en bas*, Libretto, 1999.
2. S. Zweig, *Le Monde d'hier, souvenirs d'un européen.*

de devenir un écrivain et journaliste à succès, riche et célèbre, l'auteur de *Croc-Blanc* et de *L'Appel de la forêt* a connu la misère, et ce, dès sa naissance. À treize ans, il travaillait déjà comme ouvrier dans une conserverie, douze heures par jour. Il allait alors enchaîner les boulots, plus pénibles les uns que les autres, jusqu'à devenir pilleur de parcs à huîtres, marin ou chercheur d'or. Il fut même condamné pour vagabondage. Ayant vécu « l'humiliation d'être pauvre », il conservera toute sa vie une conscience politique aiguë qui fera de lui un « socialiste révolutionnaire » revendiqué. Résolument opposé au capitalisme libéral, cet insoumis s'est toujours rangé du côté des exploités et des exclus qu'il n'a jamais oubliés dans son œuvre. Il était aussi un amoureux des animaux, dont il n'hésitait pas à dénoncer le calvaire, comme dans *Michael, chien de cirque*. Même si Jack London était un homme complexe, je suis certain que s'il était né un siècle plus tard, soit en 1976, il aurait été antispéciste. Mais il était déjà certainement utopiste. Jack London s'est donné la mort (à moins que la mort ne se soit donnée à lui), en 1916. Soit quatre cents ans très exactement après la sortie d'*Utopia* de Thomas More.

Thomas More s'est lui aussi suicidé, à sa manière, c'est-à-dire par éthique, avec élégance. Certes, il n'a pas tenu la hache qui lui a tranché la tête le 6 juillet 1535. Mais c'est tout comme. Les ennuis de Thomas More ont commencé en 1527, alors qu'il était chancelier d'Angleterre, et que le roi Henry VIII Tudor souhaitait divorcer. Le roi, dont les contes se souviennent sous le surnom de Barbe Bleue, était alors marié à Catherine d'Aragon, l'ex-femme de son frère, mort prématurément. Ensemble ils avaient eu plusieurs enfants, mais seule une fille, Marie, avait survécu. Catherine était désormais trop âgée pour lui donner un nouvel enfant qui soit potentiellement un fils – un héritier. Et de toute façon le roi s'était entiché d'une jeune fille de la cour, Anne Boleyn. Soucieux de respecter les usages, il avait demandé au pape Clément VII l'autorisation de divorcer afin de pouvoir se remarier avec cette demoiselle plus fraîche. Mais le pape refusa, notamment pour satisfaire Charles Quint, opposé à cette opération matrimoniale. Les théologiens et les juristes allaient alors s'acharner sur cette affaire pendant plusieurs années. En 1533, Henry VIII épousa finalement Anne, après avoir répudié Catherine, passant outre l'avis de l'Église de Rome avec laquelle il rompit, initiant l'anglicanisme. Catholique convaincu, Thomas More n'accepta pas le schisme provoqué par le roi. Et malgré la proximité que les deux hommes entretenaient depuis longtemps, More refusa de reconnaître l'autorité religieuse que s'était octroyée Henry VIII. Pour être en paix avec sa conscience, il démissionna en 1532 de son poste de chancelier. L'année suivante, toujours par respect pour ses convictions, il n'assista pas au couronnement d'Anne Boleyn : une insulte pour le nouveau couple souverain. Thomas Cromwell, conseiller principal du roi, chercha une ruse pour accuser More de trahison, et il y parvint finalement. Thomas More refusa d'approuver l'Acte de succession voté par le Parlement qui non seulement déclarait valide le mariage de Henry VIII et Anne Boleyn, mais qui établissait également que Marie Tudor, la fille que le roi avait eue avec Catherine, ne saurait être son héritière sur le trône. Tous les citoyens de plus de quatorze ans devaient approuver l'Acte sous peine d'emprisonnement à vie. Or plus que l'Acte lui-même, c'est son préambule qui rebutait More, car il faisait de Henry VIII le chef de l'Église d'Angleterre, et renvoyait le pape au simple rang d'évêque [1]. Tous les ecclésiastiques anglais, ou presque, acceptèrent de se soumettre. Thomas, lui, n'en dé-More-dit pas. Sa conscience l'obligea à résister. En avril 1534, il fut emprisonné à la Tour de Londres. Il refusa de renier sa fidélité à sa foi et à l'Église de Rome pour sauver sa tête et jouir tranquillement de sa retraite dans sa maison de Chelsea, comme l'en implorait son épouse Alice. Dans sa cellule, où il allait croupir pendant plus d'un an, il écrivit. Notamment *Le Dialogue du réconfort dans les tribulations*, dont l'action se situe en Hongrie occupée par les Turcs musulmans – le décor n'est qu'un prétexte pour décrire la tyrannie qui s'abat sur l'Angleterre. Dans ce récit, le jeune Vincent s'entretient avec son vieil oncle, Antoine, et il lui tient ce discours : « Mais à présent, mon cher oncle, le monde ici est devenu tel, et de si grands périls semblent prêts à fondre sur nous, qu'à mon sens le plus grand réconfort que l'on puisse goûter est de pouvoir se dire que l'on sera bientôt parti. Et nous qui risquons de vivre longtemps dans cette

---

1. M.-C. Phélippeau, *Thomas More*, Folio, 2016.

misère, nous avons besoin de conseils réconfortants à la tribulation [1]. »

Ces mots ne sont pas sans rappeler ceux de Stefan Zweig, quelques instants avant sa propre mort. Thomas More les complète dans une lettre à sa fille, Margaret, en mai 1535 : « Je ne fais de mal à personne, ni ne dis du mal de personne, ni ne pense du mal de personne, mais souhaite du bien à tous. Et si cela ne suffit pas à garder un homme en vie, en toute bonne foi je n'aspire plus à vivre [2]. » More fut exécuté à l'issue d'un procès factice, télécommandé, au cours duquel les jurés n'eurent pas le courage de la vérité contre l'iniquité du roi et de Cromwell. Thomas More fut déclaré coupable de haute trahison pour des propos indémontrables ou, plus sûrement, pour son silence. Jusqu'au dernier moment il refusa de prononcer les quelques mots qui l'auraient délivré. Pour la paix de son âme, il choisit la mort.

---

1. *Ibid.*, p. 220.
2. *Ibid.*, p. 232.

RÉVEIL

Les livres se referment afin que de nouveaux soient ouverts. Pour continuer à naviguer, il nous faut écrire des territoires.

Le premier Terrien à avoir visité les étoiles est une chienne nommée Laïka, inutilement embarquée et sacrifiée par les Soviétiques à bord du satellite Spoutnik 2 il y a très exactement soixante ans, en novembre 1957. Les animaux nous ont devancés dans l'espace. Cet événement, qui inquiéta alors les États-Unis, a donné le coup d'envoi de la conquête spatiale, sur fond de guerre froide et de concurrence entre deux superpuissances. La NASA a été créée l'année suivante. En 1961, Youri Gagarine fut le premier homme dans l'espace, ce qui décida le président Kennedy à lancer un programme pour permettre à des Américains de marcher sur la Lune avant la fin de la décennie. Objectif atteint le 19 juillet 1969 avec la mission Apollo 11, qui rendit célèbre la semelle de Buzz Aldrin.

Les voyages dans l'espace constituent la plus magnifique des prouesses humaines car elle est celle qui extirpe l'homme de la glaise. En s'affranchissant de la terre qui l'a vu naître, et donc de sa mère nourricière, l'être humain se libère de sa condition de bipède cloué par la pesanteur et commence enfin à s'écrire un destin choisi. Aussi, lorsque le monde découvre en direct à la télévision Neil Armstrong et Buzz Aldrin en train de fouler la poussière lunaire, il découvre la promesse d'un avenir radieux : si *Homo sapiens* peut désormais s'envoler à l'infini, parcourir 400 000 kilomètres jusqu'à une autre planète, se dégourdir les jambes puis rentrer à la maison comme si de rien n'était, alors chacun peut espérer le meilleur pour l'humanité et pour lui-même. L'homme aluni était une utopie millénaire réalisée, qui ouvrait la voie à toutes les autres.

LIVRE III – RÉVEIL

Mais que s'est-il passé de grand depuis ? Rien, ou presque. Le jour où l'homme a déambulé sur l'astre mort est le dernier jour où l'humanité a rêvé. Depuis, plus aucun projet d'envergure n'est venu nourrir son imaginaire. Quelques nouveautés technologiques ont logiquement imprimé leur marque, comme le téléphone portable ou Internet. Mais ces outils n'aident pas à voir au-delà de nous. Ils ne modifient pas profondément nos perspectives. Ils nous encouragent au contraire à cultiver l'entre-soi dans une société dépressive qui ne sait pas voir plus loin que le bout de son néant. L'espoir a été rangé au placard avec les combis des astronautes. Notre société marche sur la tête, mais plus personne ne marche sur la Lune. La crise économique déclenchée dans les années 1970 et le néolibéralisme triomphant qui a suivi nous ont coupé les ailes. Et nous laissons faire le pire en fermant les yeux.

Organisons la révolte. Que la possibilité d'un monde meilleur nous obsède. Gueulons, luttons, griffons, éradiquons, refusons. Poignardons le conformisme. Plastiquons la lâcheté. Imaginons. Proposons. Risquons. Tant pis s'il nous faut pour cela sacrifier un morceau de carrière et quelques relations sociales. À quoi servent nos pas sur Terre, si nous passons pour nous taire ?

Réveillez-vous, rêvez.

DÉBUT

Remerciements

Merci à mon éditeur Guillaume Robert et à son assistante Virginie Garrett pour leur enthousiasme, leur lecture attentive et leurs suggestions.
Merci à Colette Malandain pour ses corrections millimétrées.
Merci à Éric Heyer pour son expertise économique.
Merci à Chloé, Jean-Jacques, Edmond, Lulu et Nina de m'avoir accompagné.
Merci à tous les porteurs d'idéaux qui ont guidé ma plume et ma vie.

Table

Il sera une fois 7

LIVRE I
SONGE

Des origines	23
De More, de Hythlodée et des utopistes	35
Des villes et de la nature	41
Des droits des animaux	48
De l'argent et de la propriété privée	51
Du logement	56
De la liberté	60
Du communisme	63
Du travail et du revenu universel	67
Du salaire maximum	73
Du temps libre	77
De l'écologie	78
De la démographie	82
De la biodémocratie	84
Du bonheur	88
De la justice	90
Du mariage	95
De la religion	98
De l'esclavage	104

LIVRE II
MENSONGES

Utopie & Réalité 109

Le mensonge de la démocratie 117
    Urnes funéraires 117
    Mai 2017 : autopsie d'une déroute démocratique 121
    Une ambition Commune 132
    Ploutocratie & Oligarchie 133
    Le néolibéralisme est un totalitarisme,
        c'est Hayek qui le dit 146
    Le peuple ne décide de rien par les urnes 155
    La dictature de la majorité : allégorie du fou,
        du myope et du sage 163
    Les philosophes rois de la com. 168
    Propositions utopiques 177

Le mensonge du travail 203
    Êtes-vous en train de travailler en lisant ce livre ? 203
    Je sue donc je suis 213
    Se tuer au travail 218
    L'esclavage n'a pas été aboli 223
    Le mensonge sur l'émancipation 237
    Le mensonge sur la réduction du temps de travail 242
    L'ère du vide emploi 245
    Propositions utopiques 251

Le mensonge de l'argent 265
    L'étiquette décortiquée 265
    L'argent qui corrompt 268
    L'argent perturbateur démocratien 276
    Histoire très rapide mais très instructive de l'argent ... 286
    L'argent qui circule n'existe pas 296
    Le mensonge de la dette 304
    Guerre et Paie 311
    Les Diafoirus de l'expertise économique 317
    À l'origine était Adam 329

Histoire très rapide mais très instructive des économistes... 333
Les règles incompréhensibles de l'économie............ 343
L'argent ne récompense ni le risque, ni le mérite............ 347
Se vendre............ 352
L'homme qui valait 3 millions............ 355
Propositions utopiques............ 363

Le mensonge du terrorisme............ 377
    La diarrhée tue trente fois plus que le terrorisme............ 377
    Les terroristes les plus dangereux sont soutenus
        par les gouvernements............ 382
    Propositions utopiques............ 391

Le mensonge de la nation............ 401
    Propositions utopiques............ 409

Le mensonge de la liberté............ 415
    Libéral, libertaire, libertarien :
        la liberté à géométrie variable............ 415
    L'économie libérale ne libère pas............ 421
    La presse est libérale mais pas libre............ 424
    On ne peut plus rien dire :
        l'affaire du tweet qui tortille............ 428

Le mensonge de l'égalité............ 437
    On n'est pas tous Brian, mais…............ 437
    Les inégalités de richesses se creusent............ 439
    L'inégalité face au chômage............ 443

Le mensonge de la fraternité............ 447
    Délit de solidarité............ 447
    Les humains méritent-ils d'être aimés ?............ 454
    Les collabos de la médiocrité............ 458
    La banalité du mal............ 461
    La dictature du bien............ 468
    Propositions utopiques............ 475

LIVRE III
RÊVES

What a feeling 489
Sweet dreams 493
Stairway to heaven 501

RÉVEIL 509

Remerciements 513

Cet ouvrage a été mis en pages par

\<pixellence\>

Cet ouvrage a été achevé d'imprimer en novembre 2017
dans les ateliers de Normandie Roto Impression s.a.s.
61250 Lonrai
N° d'impression : 1705087
N° d'édition : L.01EBNN000434.A002
Dépôt légal : novembre 2017

Imprimé en France